G. L Plitt

Die Apologie der Augustana geschichtlich erklärt

G. L Plitt

Die Apologie der Augustana geschichtlich erklärt

ISBN/EAN: 9783743657601

Hergestellt in Europa, USA, Kanada, Australien, Japan

Cover: Foto ©ninafisch / pixelio.de

Weitere Bücher finden Sie auf **www.hansebooks.com**

DIE APOLOGIE

DER

AUGUSTANA

GESCHICHTLICH ERKLAERT

VON

GUSTAV PLITT,
Doctor und a. o. Professor der Theologie in Erlangen.

ERLANGEN.
VERLAG VON ANDREAS DEICHERT.
1873.

DER HOCHWÜRDIGEN

THEOLOGISCHEN FACULTÄT IN DORPAT

ALS ZEICHEN HERZLICHSTEN DANKES

FÜR DIE IHM VERLIEHENE DOCTORWÜRDE

EHRERBIETIGST GEWIDMET

VOM

VERFASSER.

Wir haben die Apologiam mit höchsten Freuden empfangen, guter Hoffnung, die werde noch bey vnsern nachkommen vil nutz vnd guts schaffen.

Lazarus Spengler.

Inhaltsangabe.

	Seite
I. Der Reichstag zu Augsburg	1— 65
II. Die Apologie des Bekenntnisses	86—260.
1. Die Entstehung der Apologie	86— 94.
2. Der Inhalt der Apologie	94 - 236.
Der I. Artikel: von Gott	95— 98.
Der II. Artikel: von der Erbsünde	98—107.
Der III. Artikel: von Christo	107—109.
Der IV. (zugleich der V., VI, XX.) Artikel: von der Rechtfertigung	109 - 136.
Der VII. und VIII. Artikel: von der Kirche	136—146.
Der IX. Artikel: von der Taufe	147—150.
Der X. Artikel: vom Abendmahl	150—158.
Der XI. Artikel: von der Beichte	158—161.
Der XII. Artikel: von der Busse	161—168.
Der XIII. Artikel: von Zahl und Gebrauch der Sacramente	168—174.
Der XIV. Artikel: vom Kirchenregiment	174 - 190.
Der XV. Artikel: von den Kirchenordnungen	190—196.
Der XVI. Artikel: vom weltlichen Regimente	196—202.
Der XVII. Artikel: von der Wiederkunft Christi zum Gericht	202—204.
Der XVIII. Artikel: von dem freien Willen	204—206.
Der XIX Artikel: von der Ursache der Sünde	206—208.
Der XX. Artikel: von den guten Werken	208 - 209.

	Seite
Der XXI. Artikel: vom Dienst der Heiligen	209—213.
Der XXII. Artikel: von der Kelchentziehung	213—217.
Der XXIII. Artikel: vom Ehestand der Priester	217—222.
Der XXIV. Artikel: von der Messe	222—230.
Der XXVII. Artikel: von den Klostergelübden	230—233.
Der XXVIII. Artikel: von der Bischöfe Gewalt	233—236.
3. Nächste Geschichte der Apologie	236—260.

I.

Der Reichstag zu Augsburg.

Geraume Zeit hatte die reformatorische Bewegung in Deutschland sich ohne unmittelbares persönliches Eingreifen des Kaisers, „des weltlichen Hauptes gemeiner Christenheit", entwickeln können. Die Angelegenheiten seiner angestammten Länder, vor Allem die Kämpfe mit Frankreich, nahmen ihn derartig in Anspruch, dass er die deutschen Verhältnisse nur aus der Ferne beobachten und sie nur durch Andere beeinflussen konnte. Dies war für die Reformation günstig und ermöglichte ihre schnelle Ausbreitung und Befestigung. Denn Karl V., der wohl eine Reinigung der Kirche und vorzüglich des geistlichen Standes von manchem Misbräuchlichen wünschte, wollte doch keineswegs eine so gründliche Erneuerung, wie sie nun von Wittenberg aus durch die Predigt des göttlichen Wortes anhub. Er sah in dem in Deutschland Geschehenden einen verwerflichen Abfall, dem er nur deshalb nicht von Anfang an kräftiger entgegentrat, weil es ihm an frei verfügbarer Macht dazu fehlte. Wie er es meinte, erfuhren die Evangelischen, als er im Jahre 1529 mit dem Könige von Frankreich und mit dem Pabste seinen Frieden gemacht hatte. Der Reichstag zu Speier, gegen dessen die Religionshändel betreffenden Beschluss sie ihr Gewissensrecht verwahren mussten, zeigte ihnen unzweideutig, was sie vom Kaiser, dessen Hände frei geworden waren, zu erwarten hatten.

Karl näherte sich über Italien den Grenzen des Reiches, um als Vorkämpfer der Christenheit den Türken, den Feinden des christlichen Namens, entgegenzutreten und sie nachhaltig zurückzuwerfen. Zuvor aber wolle und müsse er die religiösen Irrungen beilegen und den Frieden in der Kirche wieder herstellen[1]). Sein nächstes Ziel war also die Unterdrückung der Reformation und er lebte der guten Zuversicht, dass ihm dies nach Wunsch gelingen werde. Zwar wusste er, dass die kirch-

---

1) Vgl. W. Maurenbrecher, Karl V. und die deutschen Protestanten 1545—1555, S. 20 ff. Ranke, deutsche Geschichte im Zeitalter der Reformation Bd. III.

liche Bewegung in Deutschland sehr um sich gegriffen habe und dass es hohe Zeit sei, ihr mit ganzem Ernste zu begegnen. Auch war er entschlossen, wenn es nöthig sein sollte, Gewalt gegen sie anzuwenden und die vom Pabste verdammten „Ketzer" auszurotten. Aber er hoffte, dass sie es nicht bis zum Aeussersten kommen lassen würden. Sein persönliches Auftreten, so erwartete er, das Erscheinen der kaiserlichen Majestät würde in Deutschland des Eindrucks nicht verfehlen und die Abfälligen zur Nachgiebigkeit bewegen [1]). Er wollte zunächst friedliche Mittel anwenden und die Gegenpartei mit süssen Worten behandeln, ihnen Zusicherungen geben und ein allgemeines Concil in Aussicht stellen.

Diesem Bestreben, wo möglich im Reiche den Frieden zu erhalten, entsprach denn auch die Einladung zum Reichstage, welche in unerwartet freundlichen Worten erging. „Fürder — so lautete die für die Evangelischen so wichtige Stelle des Ausschreibens — wie der Irrung und Zwiespalt halben in dem heiligen Glauben und der christlichen Religion gehandelt und beschlossen werden möge und solle; und damit solches desto besser und heilsamlicher geschehen möge, die Zwietrachten hinzulegen, Muthwillen zu lassen, vergangne Irrsal Christo, unserm Seligmacher, zu ergeben und Fleiss anzukehren, alle eines Jeglichen Gutbedünken, Opinion und Meinung zwischen uns selbst in Liebe und Gütigkeit zu hören, zu verstehen und zu erwegen, die zu einer einigen christlichen Wahrheit zu bringen und zu vergleichen. Alles, so zu beiden Theilen nicht recht ist ausgelegt oder gehandelt, abzuthun; durch uns alle eine einige und wahre Religion anzunehmen und zu halten, und wie wir alle unter Einem Christo sind und streiten, also alle in Einer Gemeinschaft, Kirche und Einigkeit zu leben" [2]). — Damit war die Absicht einer Verständigung und eines friedlichen Ausgleiches, welche der Kaiser in der That damals hegte, ausgesprochen und wen hätte das mehr erfreuen können als die Evangelischen? Ihr entschiedener Wunsch war, dass der Friede erhalten bleiben möge. Die meisten der reformatorisch gesinnten

---

[1]) K. Lanz, Korrespondenz des Kaisers Karl V. 1, 364; ein Brief des Kaisers an seinen Bruder Ferdinand vom 11. Jan. 1530. Dazu *Annales ecclesiastici, ed. Raynaldus, Colon. 1691, tom XX pag. 573 sqq.*

[2]) Vgl. meine Einleitung in die Augustana 1, 517. Ich werde diese Schrift, deren erste Hälfte die Geschichte der evang. Kirche bis zum Augsburger Reichstage enthält, bei ferneren Anführungen einfach als Einleitung bezeichnen.

Stände hatten sich fest und bestimmt in dieser Richtung erklärt und die Sächsischen Theologen hatten eben erst in einem abverlangten Gutachten ihrem Kurfürsten vorgehalten, dass Gewalt gegen den Kaiser zu üben sich selbst dann nicht gebühre, wenn er das Evangelium unterdrücken wolle. „Nach der Schrift — schrieb Luther im Namen seiner Mitarbeiter — will sichs in keinem Weg ziemen, dass sich Jemand, wer ein Christ sein will, wider sein Oberkeit setze, Gott gebe, sie thue Recht oder Unrecht; sondern ein Christ soll Gewalt und Unrecht leiden, sonderlich von seiner Oberkeit. Denn obgleich kaiserliche Majestät Unrecht thut und ihr Pflicht und Eid übertritt, ist damit sein kaiserlich Oberkeit und seiner Unterthanen Gehorsam nicht aufgehebt, weil (so lange) das Reich und die Kurfürsten ihn für Kaiser halten und nicht absetzen. Thut doch wohl ein Kaiser oder Fürst wider alle Gottes Gebot und bleibt dennoch Kaiser und Fürst; und ist doch Gotte viel höher verpflicht und vereidet denn Menschen. Sollte es nun genug sein, dass man sich wider kaiserliche Majestät setzet, so sie Unrecht thut, so möcht man in allen Stücken, so oft er wider Gott thut, sich wider ihn setzen; und bliebe mit der Weise wohl gar keine Oberkeit noch Gehorsam in der Welt, weil ein jeglicher Unterthan könnte diese Ursach fürwenden, sein Oberkeit thät Unrecht wider Gott"[1]).

Die Evangelischen, die noch eben geglaubt hatten, das Schlimmste befürchten zu müssen, wurden durch die neuen Friedensaussichten auf das Angenehmste überrascht. Zwar konnten sie sich begreiflicher Weise noch nicht gleich von allem Mistrauen freimachen, aber sie waren doch ihrerseits bestrebt, dem Kaiser allen billigen Gehorsam zu leisten und nach Kräften zu thun, was nur irgend den Frieden fördern könnte. Und am kaiserlichen Hofe hielt man die Hoffnung auf günstige Erfolge fest. Der Schwager Karls, der vertriebene König Christian II. von Dänemark, der durch Grausamkeit gegen die Bischöfe und durch Begünstigung der Reformation sich an der römischen Kirche schwer vergangen hatte, stellte in seiner Noth sich in Insbruck ein und erschien vor dem Kaiser als ein reumüthiger

---

1) Dr. Martin Luthers Briefe u. s. w. herausgeg. v. de Wette, 3, 560; Br. v. 6. März 1530. Fernerhin wird die Sammlung einfach citirt als: de Wette. Selbst der Jesuit *Maimbourg* in seiner *Histoire du Lutheranisme 1, 189* muss dieser friedfertigen Gesinnung der Evangelischen Zeugnis geben, vgl. *Seckendorf, historia Lutheranismi lib. II sect. 20.*

und nach Aussöhnung mit der Kirche begieriger Sünder[1]). Man glaubte diese Bekehrung als ein gutes Angeld, als ein folgenreiches Beispiel, nehmen zu dürfen. Der am Hofe anwesende päbstliche Legat Campegius berichtete sie sogleich nach Rom und der Pabst beeilte sich, den Kaiser darob zu beglückwünschen, dass es ihm gelungen sei, alsbald, nachdem er den Boden Deutschlands betreten habe, die Finsternisse der lutherischen Ketzerei zu zerstreuen und eine Seele zum Heile zurückzuführen. In demselben Briefe vom 29. Mai fasste Campegius seine Eindrücke dahin zusammen, es sei zu hoffen, dass Alles nach Wunsch gehen werde; man habe durch Johann Eck gute Nachrichten; der Kurfürst von Sachsen sei schon im Weichen begriffen und habe nach einer Visitation in 30 Puncten die alten Ordnungen wieder hergestellt. Vor Allem gebe der Umstand Grund zum Hoffen, dass zwischen Johann von Sachsen und Philipp von Hessen Mistrauen und Uneinigkeit aufgekommen sei! Durch diesen Zwiespalt der gegnerischen Führer werde man um so leichter zum erwünschten Ziele gelangen. Den Wiederhall dieses Berichtes giebt ein Brief des nach Rom gesandten kaiserlichen Beichtvaters Garcia de Loaysa, den er am 3. Juni an den Kaiser richtete[2]). „Man schreibt mir — heisst es da —, dass die Angelegenheit mit Deutschland zu Ehren des Glaubens und Eurer Majestät ausschlage." Dieser Mann, der bei dem Kaiser viel galt, spornte ihn an, Alles an die schnelle Lösung der ihm hier gestellten Aufgabe zu setzen. „Nichts ist in der Gegenwart so wichtig in diesem Leben, als dass Ew. Majestät glorreich aus der deutschen Angelegenheit hervorgehe. In Italien werdet Ihr für den besten Fürsten der Erde gelten, wenn Gott uns die Gnade erweist, dass durch Eure Hand die Ketzereien geheilt werden, die in dieser Nation sich erhoben haben." Er versicherte ihn der Freundschaft des Papstes, die aufrichtig und herzlich sei und ganz etwas anderes als die Complimente von früher. Der Kaiser möge immer dahin arbeiten, dass sie erhalten und gemehrt werde, koste es, was es koste; es könne nicht so theuer kommen, dass er sie nicht immer noch wohlfeil erhalte.

In Insbruck, wo der Kaiser längere Zeit verweilte, kamen ihm die ersten deutschen Fürsten entgegen. Es waren die Her-

---

[1]) *Monumenta Vaticana historiam ecclesiasticam saeculi XVI illustrantia, ed. Laemmer, p. 35. Annales ecclesiastici XX, 575.*

[2]) **Briefe an Kaiser Karl V.**, geschrieben von seinem Beichtvater in den Jahren 1530—32. Herausgeg. v. Dr. G. **Heine**, S. 5.

zöge Georg von Sachsen, Wilhelm und Ludwig von Baiern und der Kurfürst Joachim von Brandenburg, alles erklärteste Gegner der Reformation. Sie erwiesen sich den Ermahnungen des päbstlichen Legaten als sehr zugänglich und versprachen, ihr Bestes zu thun [1]). Während man glaubte, die Gegenpartei schwinden und zerfallen zu sehen, schien die Schaar der Getreuen zu wachsen und sich enger zusammen zu schliessen. So mochte Campegius denken, Rom sei des vollen Sieges gewiss, als er in eben jenen Tagen dem Kaiser einen schriftlichen Rathschlag überreichte, wie man am einfachsten und sichersten die „Ketzer reduciren" könne [2]). Auch er rieth für den Anfang Güte und nur gegen Einzelne grösseren Ernst. Nach und nach müssten dann aber schärfere Massregeln folgen, und zuletzt Anwendung der Waffengewalt.

Aber eben hier in Insbruck sollte der Kaiser schon den Widerstand erfahren.

Die evangelischen Fürsten, der alternde Kurfürst von Sachsen voran, eilten, sich sobald sie konnten in Augsburg einzustellen. Sie waren von der Wahrheit und Gerechtigkeit ihrer Sache überzeugt und hofften, dass eben dieser Reichstag, den sie wie eine Art Nationalconcil betrachteten, derselben zu allgemeinerer Anerkennung verhelfen werde. Solcher Ueberzeugung froh konnten sie der Versuchung, auf äussere Gewaltmittel zu sinnen, widerstehen. Sie hofften von der Wahrheit den Sieg und wollten den Gang der Dinge Gott überlassen, um dessen Reich es sich handle. Eine Hauptwaffe, auf welche sie in diesem geistigen Kampfe sich verliessen, war das Gebet der heimischen, von ihnen vertretenen, Gemeinden [3]) und um sich und

---

1) *Monumenta Vaticana p. 34.* Br. v. 13. Mai.

2) Vgl. Maurenbrecher a. a. O. S. 23 und im Anhang S. 1 ff. Zuerst bei Ranke, Fürsten und Völker von Süd-Europa 2, 111. Wie man durchweg von dieser Seite hetzte, zeigt auch eine Schrift des herzoglich Sächsischen Hoftheologen, die unter dem Titel: *In obscuros viros, qui decretorum volumen infami compendio Theutonice corruperunt, Expostulatio Johannis Cochlaei*, noch im Mai 1530 zu Augsburg erschien. Sie lief in den Nachweis aus, dass man nicht nur nach dem päbstlichen, sondern auch nach dem von den Evangelischen anerkannten kaiserlichen Rechte und nach der Schrift die Ketzer am Leben strafen dürfe, ja müsse. Der letzte Satz: *constat igitur, haereticos pertinaces omni jure interimi posse. Nos tamen longe magis optamus et precamur, ut redeuntes ad ecclesiam convertantur, sanentur et vivant.*

3) Einleitung 1, 522. Dazu vgl. de Wette 4, 22, 69, 70, 71; *Corpus Reformatorum* (fortan kurz: *C. R.*) *2, 121.*

den Ihrigen täglichen Trost und Stärkung zu sichern, hatten mehrere von ihnen neben den berathenden Theologen evangelische Prediger mitgenommen. Dazu gab es in der Stadt selbst schon einige Geistliche, die evangelisch predigten. Das Wort Gottes sollte bei ihnen im Schwange gehen. Aber eben dies war den Römischen, war auch dem Kaiser ein Aergernis. Sie wollten, dass es abgestellt würde.

Der Kurfürst von Sachsen war nicht nach Insbruck gekommen, obwohl auch sein Sohn es ihm anrieth, obwohl der Kaiser es wünschte. Er wollte die Sonderverhandlungen vermeiden, schon um die Einigkeit unter den Evangelischen zu sichern und allem Mistrauen vorzubeugen. Nur einige Räthe schickte er dem Kaiser entgegen, um ihn zu begrüssen und um durch sie der Belehnung wegen anfragen zu lassen. Gegen diese sprach der Kaiser den Wunsch aus, die Predigten möchten eingestellt werden. Zunächst äusserte er sich mit dem Scheine vollster Unparteilichkeit [1]). Das Gegeneinanderpredigen würde Aergernis und Unruhe der Gemüther erregen. Er werde die Religionssache als die erste vornehmen und den Frieden herzustellen suchen. Da sei es gut, wenn bis zum Gelingen dieses Versuches die Prediger überhaupt, sowohl die des Kaisers als der übrigen Fürsten als auch die Stadtgeistlichen schweigen. Auf ein Verbot, das göttliche Wort zu predigen, sei es damit durchaus nicht abgesehen. Die Gesandten berichteten dies dem Kurfürsten mit der Bitte, die Sache zu überlegen, damit man zur Antwort entschlossen sei, wenn eine bestimmte Forderung käme. Hierauf hin wurden die in Augsburg anwesenden Theologen und brieflich auch Luther befragt. Ihre Antwort war im Wesentlichen eine durchaus gleichlautende [2]). Sie riethen, vorläufig noch den Versuch zu machen, ob man nicht durch Vorstellungen solche Forderung abwenden könne. Man möge den Kaiser darauf hinweisen, dass über die Religionssache ja noch nicht entschieden sei, das Verbot der Predigten aber wie eine Verurtheilung ausgelegt werden könne. Die evangelischen Prediger verkündigten nur Gottes Wort und liessen die eigentlichen Streitfragen jetzt bei Seite; sie bekämpften den schon verworfenen Irrthum der Sacramentirer, der gerade auch in Augsburg seine Anhänger habe, offen und nachdrücklich; ihnen selbst, den evangelischen Ständen, sei das tägliche Hören des Wortes ein unabweisliches

---

1) *C. R.* 2, 43.
2) *C. R.* 2, 54, 71; de Wette 4, 18.

Bedürfnis. Wenn der Kaiser dennoch das Predigen in den Kirchen verbiete und es nur in den Privatwohnungen gestatten wolle, so solle man ihm darin nachgeben. Ja selbst wenn er auch das verwehre, solle man ihm gehorsam sein; „der Kaiser ist unser Herr; die Stadt und Alles ist sein. Man muss lassen Gewalt für Recht gehen; wir haben das Unsre gethan und sind entschuldigt."

Etwas anders lautete der Rath des Sächsischen Kanzlers Brück[1]). Er sah in dem Verlangen eine Hinterlist der römischen Partei, „und dass der Vorschlag ein fügsamer Anfang der Niederlegung des Evangelii sein sollt, bis dass der Kaiser vollends zu dem Beschluss komme, der vielleicht den Päbstlern gefällig und sonderlich den Herzögen von Baiern und Oesterreich zu gefallen an diesem Ort zu Augsburg, dieweil die Stadt nahe an ihren Landen gelegen ist." Er rieth daher, dem Ansinnen nicht Statt zu geben, denn so es im Anfang eingeräumt würde, würde man die Evangelischen darnach in der ganzen Hauptsache damit übereilen. Dieser Rath des erfahrenen Staatsmannes entsprach den Neigungen des Kurfürsten. Er antwortete durch seine Gesandten ablehnend und beharrte bei dieser Ablehnung, als von Insbruck her dasselbe Verlangen noch einmal an ihn gebracht ward. Man erkannte am kaiserlichen Hofe, dass man jedenfalls einen sehr zähen Widerstand werde zu überwinden haben. Aber man gab darum die bisherigen Hoffnungen nicht auf. Der Zug durch Baiern, die Aufnahme in München belebten sie, und an letzterem Orte machte noch einmal der päbstliche Legat dem Kaiser die nachdrücklichsten Vorstellungen in Betreff der fraglichen Sache. Er müsse auf seiner Forderung beharren und sie der Hartnäckigkeit der Ketzer zum Trotze durchsetzen[2]). So sprach der Kaiser denn, nachdem er am Abende des 15. Juni feierlich in Augsburg eingezogen war, die Forderung mit aller Bestimmtheit gleich nach seiner Ankunft gegen die evangelischen Fürsten, welche ihn in die Pfalz geleitet hatten, aus; dem Rath der Stadt befahl er einfach, seinen Geistlichen Schweigen aufzuerlegen. Als die Fürsten unter Berufung auf ihr Gewissen sich wieder weigerten, kam es zu einem fast erregten Auftritte. Doch vertagte der Kaiser die Entscheidung noch und nach mehrfachen Verhandlungen einigte man sich am 18. Juni dahin, dass während des Reichstags in der

---

1) *C. R.* 2, 75.
2) *Monum. Vaticana p. 41.* Bericht des Legaten vom 26. Juni

Stadt überhaupt nicht gepredigt werden solle; nur dem Kaiser solle die Befugniss zustehen, einige Prediger zu ernennen, die keiner Partei angehörten und das Evangelium rein lehrten. Man war begierig darauf, zu sehen, wie er das Unmögliche möglich machen würde und eilte am nächsten Morgen mit grosser Spannung in die Kirchen, um die Prediger zu hören, die weder papistisch noch evangelisch seien. Da hörte man einfach den Text vorlesen, nachdem vorher die allgemeinen Fürbitten gesprochen waren; den Schluss machte das gemeine Beichtbekenntnis.

Im Volke lachte man über diese Lösung des Räthsels und auch die Evangelischen waren geneigt, mitzulachen. Aber in Wirklichkeit liess sich doch nicht verkennen, dass sie die Geschädigten waren. Die Römischen verloren damit nichts Wesentliches, dass ihnen das Predigen untersagt ward; der ganze Messdienst blieb ja unangetastet. Den Evangelischen dagegen ward der Theil des Gottesdienstes genommen, auf welchen sie mit Recht das Hauptgewicht legten; sie wurden des vorzüglichsten Mittels beraubt, durch welches sie hoffen konnten, bisherige Gegner von der Wahrheit und Gerechtigkeit ihrer Sache zu überzeugen. Nur dadurch ward es ihnen erleichtert, diese Niederlage zu ertragen, dass sie sich einmal sagen mussten, sie hätten weder Recht noch Beruf, in Augsburg predigen zu lassen[1]), und dass der Kaiser ausdrücklich verhiess, er wolle ihre Vertheidigung und Rechtfertigung anhören. Als einen Sieg seinerseits sah auch der Kaiser jenes Abkommen an. Voll Freuden schrieb er am 8. Juli an seine Gemahlin: „Man hat schon begonnen, mit der Heilung der Glaubensangelegenheit sich zu beschäftigen, um diese Ketzereien mit der Wurzel auszureissen. Eins, was am meisten Schaden gethan hatte, waren die Reden der Prediger, welche diese lutherischen Fürsten mit sich brachten. Deshalb ist, obschon mit vieler Schwierigkeit, doch mit Bewilligung Aller bekannt gemacht und verkündet worden, dass Keiner bei grosser Strafe predigen dürfe, die Prediger ausgenommen, die ich ernenne und beibehalte. Dies war ein sehr guter Anfang für das, was wir wünschen, da es mit diesen Reden so übel erging"[2]). Und ganz übereinstimmend damit berichtete der Legat nach Rom, „der Anfang ist so, dass er auf das erwünschte Ende hoffen lässt"[3]).

---

1) *C. R. 2, 112: quia non sumus parochi Augustanorum.*
2) Heine, Briefe an Kaiser Karl V. S. 11.
3) *Monumenta Vatic. p. 41.*

In einer andern Sache gieng es freilich nicht so gut.

Der Einzug des Kaisers fand am Vorabende des Frohnleichnamsfestes statt, und Karl richtete sogleich an die Evangelischen das Begehren, ihn am nächsten Morgen bei der Procession zu begleiten. Allein sie lehnten dies ab und blieben trotz aller Vorstellungen standhaft. Man verlangte die Theilnahme von ihnen als einen „Gottesdienst"[1]), aber eben dies war für sie der zwingende Grund, sich zu weigern. Der Einzug war absichtlich auf diesen Tag gelegt worden, um die Evangelischen zu überraschen und sie zu einer That zu veranlassen, die sie mit ihrer Lehre in Widerspruch gebracht hätte. Dies mislang. Der Kaiser musste damit zufrieden sein, dass er die mehrere Jahre in der Stadt unterlassene Procession wieder hatte halten können, und musste sich hinlänglich belohnt fühlen durch die Lobsprüche seines Beichtvaters, der ihm von Rom aus schrieb: „Gelobt sei Gott, der geruht hat, Euch zu seinem Apostel zu machen, dass Ihr mit That und Wort die Leute lehrt, ihren Erlöser zu kennen und zu verehren! Ew. Majestät mag diese Gnade nicht für gering schätzen, denn mit ihr werden Eure Sünden bezahlt und erwerbt Ihr Euch im Paradies eine sichere Stätte. Ich kann die Freude nicht ausdrücken, die mein Herz empfindet, so oft Nachricht von geistiger Frucht kommt, die Ew. Majestät in dieser verkehrten und getäuschten Nation macht"[2]).

So zeigte gleich das erste Zusammentreffen wieder die Grösse des Gegensatzes klar genug und drängte alle Hoffnung auf eine schnelle und friedliche Lösung des Streites zurück. Dem Kaiser ward es nicht so leicht, sie fahren zu lassen und bei aller Entschiedenheit für die Römische Kirche gab er sich Mühe, gegen die Evangelischen eine freundliche Haltung zu bewahren. Melanthon, der unter der Hand mit dem kaiserlichen Secretär verhandelte und diesem die Lehrunterschiede als gering darzustellen suchte, ward nicht müde, von der friedlichen Gesinnung des Fürsten, der darin seinesgleichen am Hofe nicht habe, zu berichten[3]). Aber Karl war nicht Herr der Lage. Er konnte die Römische Mehrheit am Reichstage nicht nach

---

1) Archiv für die Geschichte der kirchlichen Reformation in ihrem gesammten Umfange, herausgeg. v. Förstemann, S. 30. Dies Heft enthält des Canzlers Dr. Brück Geschichte der Religionshandlungen auf dem Reichstag zu Augsburg i. J. 1530. — *C. R.* 2, 110.

2) Heine a. a. O. S. 10.

3) *C. R. 2, 117, 118* v. 19. Juni; der Wiederhall, de Wette 4, 48.

seinem Willen leiten, sondern sah sich von ihr unablässig zu Massregeln hingedrängt, die er nur zuletzt und im Nothfalle ergreifen wollte.

Es gab nicht viele Gemässigte unter den anwesenden Fürsten. Zunächst erwiesen sich als solche nur Herzog Heinrich von Braunschweig und Kurfürst Albrecht von Mainz, welcher klug genug war, zu erkennen, dass, wenn es jetzt zum Kriege käme, die Geistlichen vor Allen darunter zu leiden haben würden. Bei diesen selbst fehlte Erkenntnis ihres Unrechtes und guter Wille es zu bessern, am meisten. Luther hatte nach dieser Richtung noch einmal auf sie einzuwirken gesucht in einer Vermahnung, die er von Koburg aus durch den Druck an sie gelangen liess [1]). Seine Schrift war ein scharfes und eindringliches Wort an das Gewissen der Bischöfe. Er erwehrte sich dessen, dass er Neuerung treibe und wies nach, dass das Neuern auf Seiten der Römischen sei und dass sie es ohne Schriftgrund und zum grossen Schaden der Kirche trieben. An einer Reihe einzelner Stücke legte er das eingerissene Verderben dar und gieng dann zur Mahnung an die Bischöfe über, ihr Unrecht zu bereuen und sich unter Gottes Wort zu beugen. Aber was war von einer Schrift zu erwarten, nachdem die Römischen dem Mahnruf, der länger als ein Jahrzehnt durch den Verlauf der Geschichte an sie ergangen war, ihre Ohren verschlossen hatten? Die geistlichen Reichsstände dachten nicht an ein Einlenken, sondern wollten wenigstens der Mehrzahl nach ein gewaltsames Vorgehen. Ganz besonders liess man von Rom her diesen Wunsch immer wieder an den Kaiser gelangen und jubelte, wenn die Nachricht von entschiedeneren Schritten Karls kam. „Gnädiger Herr — meldete der Beichtvater — in dem heutigen Consistorio sagten fast alle Cardinäle, nachdem die Briefe des Legaten gelesen waren, dass Ew. Majestät der Engel sei, der zur Heilung der Christenheit vom Himmel gesandt. Gott weiss, wie sehr ich mich freute, und obgleich die Sonne heiss brannte, als ich nach Hause gieng, mit welcher Geduld ertrug ich es! Ich fühlte nichts davon vor lauter Freude, so süsse Worte über meinen Herrn von denen zu hören, die vor einem Jahre ihn verlästert hatten. Aber der Haupttrost war, zu sehen, dass sie Recht

---

1) Vermahnung an die Geistlichen, versammlet auf dem Reichstag zu Augsburg. 1530. Luthers Werke, Erlanger Ausgabe (künftighin einfach: WW.) 24, 329—379. De Wette 4, 15, 33. *Seckendorf l. l.* *II §. 71.*

hatten, denn es scheint, dass Gott Wunder durch Ew. Majestät thut, und nach dem Anfang, den die Kur dieser Krankheit genommen, ist es klar, dass wir hoffen dürfen, das Ende werde viel günstiger ausfallen, als unsre Sünden verdienen" [1]). Es war der Bericht des Legaten über die Vorgänge in Augsburg bis zur Verlesung der Confession hin, der in Rom solche Freude erweckt hatte, also die Nachricht von der gegen die Evangelischen schroffen und aufhetzenden Rede des Nuntius Pimpinelli, welche dieser als Stellvertreter des Pabstes bei Eröffnung des Reichstags hielt und in welcher er die Evangelischen als verworfene und zu unterdrückende Ketzer behandelte [2]), die Nachricht von der durchaus nicht mehr unparteilichen Stellung des Kaisers, dem man nur durch Beharrlichkeit die öffentliche Verlesung des Bekenntnisses hatte abdringen können. Man blieb auf dieser Seite unwandelbar bei der Anschauung, dass die bisher in der Kirche herrschende Lehre, welche man keiner neuen Prüfung unterworfen haben wollte, nebst den dadurch bedingten Gebräuchen die schlechthin richtige sei, dass keine andere in der Christenheit aufkommen dürfe und dass die weltliche Macht die Aufgabe habe, dies als göttliches Recht mit aller Gewalt durchzuführen. Und man freute sich nun der Aussicht, dass die weltliche Macht in ihrem ersten Vertreter diese Aufgabe als die ihrige anerkennen und darnach handeln werde.

Das musste wohl den Evangelischen alle Hoffnung auf einen friedlichen Ausgleich nehmen. Sie sagten es einander und meldeten es denen in der Heimat, aber nicht alle mit so weinerlicher Stimme wie Melanthon. Man drohte ihnen Verderben, wenn sie sich nicht unbedingt der römischen Kirche als der höchsten Autorität unterwürfen. Aber dies verbot ihnen, die sie eine höhere Autorität als die Kirche kannten, das Gewissen und im Gewissen fest fanden sie Kraft, allen Drohungen zum Trotze Widerstand zu leisten. Auch sie vertraten ihren Standpunct mit der grössten Entschiedenheit. Schon in jener Vermahnung an die Geistlichen hatte Luther geschrieben: „ihr dürft von meinen oder meiner gleichen wegen nichts handeln; denn der rechte Helfer und Rather hat uns und unsre Sachen soweit bracht und dahin gesetzt, da sie bleiben soll und da wirs auch

---

1) Heine a. a. O. S. 16; Br. v. 6. Juli. Den Bericht des Legaten v. 26. Juni vgl. *Monum. Vatic. p. 41.*

2) *Coelestinus, historia comitiorum anno MDXXX Augustae celebratorum I, 106—115.*

lassen wollen, dass wir für uns keines Reichtags, keines Rathes, keines Meisters bedürfen, dazu auch von euch nicht haben wollen, als die wir wissen, dass ihrs nicht besser, ja nicht so gut zu machen vermögt. Denn wir kommen gleich unter Türken oder Tatern, unter Pabst oder Teufel, so stehet unsre Sache gewiss, dass wir wissen, wie wir glauben und leben, wie wir lehren und thun, wie wir leiden und beten, wie wir genesen und sterben, wo wir alles gewarten, holen und finden und wo wir endlich bleiben sollen nach dem Wort St. Pauli Röm. 8: den Auserwählten schaffet der Geist alle Ding zum Besten" [1]).

Es war die christliche Gewissheit, in welcher der Reformator hier redete und dem, was man als im Namen der Kirche von ihm verlangte, getrost den Gehorsam weigerte. Aber diese Gewissheit darf nicht, wie ihm so oft von Gegnern vorgeworfen ist und wie Andre es beistimmend für sich ausnützen möchten, als das Belieben und die willkürlich festgehaltene Meinung des Einzelnen angesehen werden. Luther hat sich gerade in jenen Jahren mehrfach über diese Gewissheit ausgesprochen; er wusste sehr wohl, wie sie zu Stande kommt und worauf sie sich gründet. Und solche Aussprache war gegen den zügellosen Subjectivismus der mancherlei Schwärmer ebenso nöthig wie gegen den mit der Kirchenautorität sich deckenden Subjectivismus der Römischen. Es muss eine solche unerschütterliche Gewissheit geben; das liegt im Wesen des Christenthums. Und ein rechter Christ muss sie haben und sich ihrer getrösten. „Das ist die Art unsrer christlichen Lehre, dass sie soll gewiss gefasset sein, dass ein jeglicher denke und es dafür halte: wohlan, die Lehre ist recht und gewiss, sie kann nicht fehlen. Wer aber in die Gedanken kommt und bei sich selbst wanket: Lieber, meinest du, es sei auch wahr u. s. w., ein solch Herz macht nimmermehr einen rechten Christen" [2]). Er bezeichnet diese Gewissheit als Glauben, fügt aber sogleich hinzu: „Darum wollte ich auch, dass das Wort Glaube entweder nicht so gemein wäre oder in seinem rechten Verstand oder Brauch gienge, dass man den Glauben das hiesse, dass Einer des Dinges ganz gewiss und ungezweifelt ist."

Ueber die Nothwendigkeit solcher Gewissheit war kein Streit mit den Gegnern, aber bei der Frage nach ihrem Grunde begann das Auseinandergehen. Auch darüber, darf man sagen,

---

1) WW. 24, 333, 359.
2) WW. 18, 120 in einer 1530 zu Koburg gehaltenen Predigt.

bestand noch Uebereinstimmung, dass der letzte Grund dieser religiösen, das Heil betreffenden Gewissheit Gott ist und nur Gott sein kann. Aber wie wird sie von ihm mitgetheilt, wie vom Menschen gewonnen und worauf hin festgehalten? Luther leugnete, dass die Autorität der Kirche es sei, an welche man sich zu halten habe, um gewiss zu werden, und zwar kurzweg darum, weil die Kirche selbst in ihren Aeusserungen irren könne und oft geirrt habe [1]). Sie sei nicht unfehlbar; deshalb könne man sich nicht auf sie verlassen; das schied ihn scharf und bestimmt von den Römischen. Aber nicht minder scharf und bestimmt unterschied er sich von allen Schwärmern, welche die Gewissheit vom innern Worte, dem Zusprechen Gottes blos im Geiste u. dgl. ableiteten und darauf gründeten. Gott hat geredet und redet noch. Er hat geredet durch Christum, seinen einigen Sohn, und durch die von seinem Geiste erfüllten Männer. Er hat sein Wort, die Offenbarung seiner Heilsgedanken und seines heiligen Willens gegeben. Und er redet noch zu den Menschen durch eben dies äussere, geschriebene Wort und durch die fortlaufende Verkündigung desselben Wortes innerhalb der Kirche. Da und nur da redet er klar und deutlich; dahin hat der Mensch sich zu wenden, um Gewissheit zu erlangen; da findet er sie. „Wer da will sicher fahren, der muss schlecht keine äusserliche Larven in der Christenheit ansehen noch darnach richten, sondern allein nach dem Wort, das zeigt uns das rechte Wesen, das für Gott gilt" [2]). Auch die Kirche ist nur so lange vom Irrthum frei und kann die Wahrheit sicher lehren, als sie sich ganz ans Wort hält und ihm im unbedingten Gehorsam sich unterwirft [3]). In dem Worte, wo immer es geredet wird, hört man Gott selbst; daran soll man nicht zweifeln. Darum soll man es hören und sich daran halten. Man soll es aber hören mit der lautern Absicht, Gott zu hören. Dann wird Gott durch das äussere Wort, welches die Ohren trifft, zum Herzen reden und in ihm die Gewissheit schaffen. Denn diese Gewissheit ist allein seine Gnadengabe und will mit Demuth und Geduld erharret und erbetet sein. „Allhie werden zweierlei Schüler und theilen sich die Zuhörer des gött-

---

1) WW. 40, 234 in der Auslegung des 111. Psalms von 1530; 25, 60, 61, 64 von 1530; 31, 332, 387, 394 von 1533.

2) WW. 43, 317 in der Auslegung von Mtth. 5—7 von 1530—32.

3) WW. 48, 145 von 1532; 31, 387, 394 von 1533; *Opera latina* 20, 266, 269, 271 aus der *enarratio in XV psalmos graduum* von 1531—33.

lichen Worts; denn ein Haufe höret das äusserliche Wort Christi und weiss, dass sie es gewiss hören, als dann die Juden auch thun; aber sie könnens nicht glauben noch dafür halten und sagen, dass es Gottes, des Vaters, Wort sei; es gehet nicht ein, das Wort klinget und schallet nur äusserlich vor ihren Ohren und kommt nicht ins Herz. Und dieweil Einer sich des nicht erwegen kann noch das gewiss hinzu setzen, dass es des Vaters Wort sei, so kommt er zu Christo nicht. Denn er bleibt noch im Klügeln und Forschen, will Meister sein und wird nicht Jünger, dieweil er sichet, ob sichs reime; er kann sich nicht brechen, dass er sagete: das ist Christi und Gottes, des himmlischen Vaters, Wort; sondern er klügelt, gleichwie ein Apotheker oder Bäcker klügelt, der aus Zucker oder Teig machet Schäflein, Hündlein und allerlei Döcklein[1]) von Manns- und Frauenbildern. Also haben die Gottlosen auch wohl das wahrhaftige Wort Gottes und hörens, gleichwie der Teig gut und recht ist; aber es mangelt daran, dass sie es nicht halten dafür, dass es Gottes Wort und Teig sei. Da gehöret nun zu der ander Zug, dass man nicht allein Gottes Wort höre, sondern auch dran nicht zweifle, es sei Gottes Wort. Dann heissets geglaubet und gelernet, dass wenn du hörest das Wort aus dem Munde Christi, so kannst du dazu setzen, dass es nicht eines Menschen Wort, sondern gewisslich Gottes Wort sei; und dann bist du Gottes und des Herrn Christi Schüler und glaubest recht und Gott der Vater lehret dich dann inwendig; da bist du vom Vater gezogen. Es kann aber Niemand das thun, es sei denn, er habs vom Vater gelernt und der Vater hab ihn gezogen. — Das meinet nu der Herr Christus, dass wir bei dem äusserlichen und mündlichen Wort bleiben und dabei festhalten sollen, und hat damit die Vernunft niedergelegt, auf dass wir ihm schlecht auf den Mund sehen sollen und uns dazu gewöhnen, dass man das Wort fleissig höre und lerne. Bist du noch nicht geschickt dazu, dass du es für Gottes Wort hältst, so thue noch das dazu und höre es noch mehr, so wird eine Stunde kommen, dass unser Herr Gott einmal dir solches ins Herz drücken wird und du dann sagst: was hast du für ein Wort gehört? Ei, es war eine gute Predigt, du hast Gott, den himmlischen Vater, gehört. Wenn du das hinzusetzest: der Vater hats geredet, so fällt dann alles Fragen darnieder; du fragest nicht viel mehr. Denn so es Gott gesprochen hat, so sagest du: ich wills wahrlich

---

1) Puppen.

glauben; und dann fehlets nicht, du bist gläubig und ein Jünger Christi und der zu ihm kommen ist, denn der Vater hat dich gezogen und zu Christo gebracht" ¹). „Also sollen wir uns auch fein dazu gewöhnen zu einem rechten gewissen Glauben, und ein Jeglicher gehe in sein Kämmerlein oder wo er allein ist, und prüfe sich selbst, ob er gewiss glaube. Fühlet er sich, wie er sich denn fühlen muss, dass es noch schwach und geringe mit ihm ist, so kniee er fein nieder und bitte unsern Herrn Gott um Gnade und sage: ach lieber Vater, du hast mir das Leben gegeben und dein göttlich Wort dazu; lieber Vater, drücke nach und gieb mir auch einen gewissen Geist und festen Glauben an dein Wort, so wird dich Gott gewiss erhören" ²).

Mit dieser christlichen Gewissheit, in welcher der Reformator stand, war ihm auch der unbeugsame Muth erwachsen und die grosse Freudigkeit, mit welcher er dem Gang der Dinge zusah, ein Beobachter dessen, was Gott durch Menschen und Menschen zum Trotz wirkte.

Und dieselbe Gewissheit beseelte die, welche sich durch Luther hatten zur Schrift und in die Schrift führen lassen und nun in Augsburg die von ihnen geglaubte und erkannte Wahrheit vertraten.

Dies waren zunächst nicht die Theologen, welche man nur als Berather und als Prediger mitgenommen hatte, sondern es waren die Reichsstände selbst, Fürsten und durch Gesandte vertretene Reichsstädte. Melanthon wünschte, dass man die Theologen allein das Bekenntnis ablegen liesse. Er hoffte, es würde das zur Erhaltung des Reichsfriedens dienen, indem dann auch sie allein als Einzelpersonen das Bekenntnis zu verantworten und dessen Folgen zu tragen haben würden. Allein darin täuschte er sich. Als eigentlicher Bekenner stand ja immer hinter den am Reichstage Hervortretenden die evangelische Gemeinde und die Reichsstände selbst konnten gar nicht umhin, als solche sich über ihr Verhältnis zur Römischen Kirche auszusprechen. Eben dies sollte ja jetzt klar gestellt werden. Dazu wollten dann auch die Stände, der Kurfürst von Sachsen

---

1) WW. 47, 352 in der Auslegung von Joh. 6—8 von 1530—1532; 48, 70, 136, 143. Opp. 22, 115 aus den *scholia in Isaiam* von 1532—1534. Die Forderung, nicht daran zu zweifeln, dass die Schrift Gottes Wort sei, begründet Luther nicht näher. Es war ihm unnöthig, da dies auch die Gegner ihm zugestanden und rein wissenschaftliches Interesse ihn nicht trieb.

2) WW. 18, 130.

voran, sich das Recht des Bekennens, welches sie als eine
Christenpflicht, eine Ehrensache betrachteten, nicht nehmen
lassen. Sie erklärten das mit einer Freudigkeit und Entschiedenheit, die, wie Brenz schrieb, die Theologen wegen etwa noch
gehegter Besorgnisse beschämen musste [1]).

Entgegen dem vorher bezeichneten Römischen Standpuncte
behaupteten nun die in ihrer Ueberzeugung festen Evangelischen,
dass bei ihnen die christliche Wahrheit gepredigt werde, in
Uebereinstimmung mit der Schrift und der alten Kirche, und
dass sie sich des Vorzugs rühmen dürften, von später einge-
schlichenen Irrlehren und Misbräuchen wieder frei zu sein. Auf
Grund dessen verlangten sie, dass nicht nur ihre Zugehörigkeit
zu dem unter dem Kaiser stehenden christlichen Reiche unbe-
anstandet bliebe, sondern dass auch in den übrigen Theilen des
Reiches die nach dem göttlichen Worte zu verwerfenden Irrlehren und Misbräuche abgethan und so Friede und Einigkeit
gewahrt würden. Sie wollten sich in keine kirchliche Sonder-
stellung drängen lassen, die nach den damaligen Anschauungen
den Ausschluss aus dem Reiche zur Folge haben musste. In
dieser Absicht wiesen sie von Anbeginn an alle Gemeinschaft
mit den Schweizerischen, mit denen sie sich auch im vorigen
Jahre zu Marburg nicht hatten völlig einigen können und deren
weiter gehende Lehren und Pläne sich eben jetzt wieder klar
genug zeigten, von der Hand. Sie erwehrten sich des hämischen
Versuches von Eck und Genossen, welche auch ihnen alles, was
man den Schweizern mit und ohne Grund vorwarf, aufbürden
wollten. Von diesem Zwecke war das von Melanthon unter
Beihülfe der übrigen anwesenden Theologen verfasste Bekenntnis, welches sie am 25. Juni vor Kaiser und Reich verlesen
liessen und überreichten, beherrscht. Die Vorrede knüpft an
das Frieden athmende Ausschreiben des Kaisers an, ergreift
gewissermassen die damit dargereichte Hand der Versöhnung
und hält sie fest. Sie bezeichnet das Bekenntnis als ein in der
Schrift begründetes und erbietet, wenn auch die andere Partei
ihre Meinung schriftlich werde eingereicht haben, freundliche
Besprechung und, soweit es irgend möglich sei, Vergleichung.
Sei eine solche, vielleicht durch Schuld der Gegenpartei, jetzt
nicht zu erzielen, so solle das die Friedensliebe der Evangelischen nicht erschüttern. Ihrerseits erinnere man an das schon
öfter in Aussicht gestellte allgemeine Concil, vor welchem man

---

1) *C. R. 2, 125.*

jederzeit erscheinen und sich rechtfertigen werde. Man habe schon mehrfach an ein solches Concil in aller Form Rechtens appellirt und wiederhole hiermit feierlich diese Berufung.

Die Anlage des Bekenntnisses selbst ist dann bekanntlich die, dass zuerst die Lehre der Evangelischen dargelegt wird, und zwar geschieht dies überall mit möglichster Betonung und Hervorkehrung dessen, was man mit der Römischen Kirche gemeinsam lehrt. Die Unterschiede werden auf das Schonendste behandelt, dagegen eine Reihe älterer und neuerer Irrlehren ausdrücklich verworfen [1]).

So hielt man sich für berechtigt zu erklären, die vorgetragene Lehre sei in heiliger Schrift klar gegründet, dazu auch gemeiner christlicher, „ja Römischer Kirchen, soviel aus der Väter Schrift zu vermerken, nicht zuwider noch entgegen." Weiter konnte man im Unionsbemühen nicht gehen. Erst nachdem so eine breite Grundlage der Gemeinsamkeit hergestellt war, fügte man die Artikel, von welchen Zwiespalt sei, hinzu. Und hierin beschränkte man sich auf das Aeusserste. Man hätte viele schon von Alters her gerügte Misbräuche aufzählen können, aber man übergieng sie „im Besten und Glimpfs willen", damit man die fürnehmsten Stücke in dieser Sache desto bass vermerken möchte.

Wahrlich, das Bekenntnis, welches der Reinheit der evangelischen Lehre, wie Luther sie predigte, dem Inhalte nach nicht das Mindeste vergab, war der Form nach mit einer Milde und einem Entgegenkommen abgefasst, dass man sich sagen durfte, man habe das Aeusserste gethan. Der ängstliche Melanthon zwar hielt die Darlegung noch für reichlich scharf und fürchtete, die Sprache sei zu freimüthig und werde die Gegner beleidigen, weshalb er gern noch gemildert und Spitzen abgefeilt hätte [2]). Und er hatte Recht, insofern die Gegner überall nicht den leisesten Widerspruch vertragen wollten, sondern volle Unterwerfung forderten. Aber ebenso hatten die Andern Recht, Luther, wenn er das Bekenntnis eine Leisetreterin nannte [3]), die Nürnberger Gesandten, wenn sie nach Hause schrieben, der Unterricht sei „allenthalb aufs Glimpflichste gemacht" [4]). Ein weiteres Mildern in der Form würde den Inhalt gefährdet haben.

---

1) Vgl. den 2. Band meiner Einleitung in die Augustana.
2) *C. R. 2, 140, 141.*
3) de Wette 4, 17, 52, 110.
4) *C. R. 2, 129.*

Die Verlesung des Bekenntnisses fand, wie man weiss, am 25. Juni statt. Es fragte sich nun, welches die nächsten Folgen dieses bedeutsamen Vorganges sein, ob und wie die beiden Parteien ihren Standpunct wahren würden.

Die öffentliche Kundgebung des evangelischen Glaubens blieb durchaus nicht ohne Eindruck auf manche der Gegner; man erzählte sich in den Kreisen der Evangelischen bald und gern Aeusserungen angesehener Männer, aus denen dies hervorgieng [1]). Zwar beim Kaiser war kein besonderer Eindruck zu merken; aber dem Bischofe von Augsburg legte man das Wort in den Mund: das Vorgelesene sei die reine Wahrheit; das könne man nicht in Abrede stellen [2]). Der Erzbischof von Salzburg sollte wie mehrere Andere die Nothwendigkeit einer Reformation in vielen Puncten zugegeben und nur das als unerträglich bezeichnet haben, dass die Reformation von einem einzelnen Mönche ausgehe. Kurz „die Wahrheit ist es — so schrieb ein Augenzeuge nieder [3]) — dass viel frommer, christlicher und gutherziger Leute, die nicht von gemeinem Volk gewesen, geredet, die Sachen wären ihnen der benannten Kurfürsten, Fürsten und Städte halben viel anders angezeigt, denn wie sich aus öffentlicher Vorlesung der Confession verstanden. Es haben sich auch Etliche vernehmen lassen, wieviel sie nicht wollten dafür nehmen, dass sie bei der Vorlesung nicht sollten gewest sein."

Das deutete bei denen, die nun doch im Gegensatze gegen das Bekenntnis verharrten, auf einen Stachel im Gewissen. Ueberall glaubten die Evangelischen nach solchen Aeusserungen und nach der so gar schwachen Widerlegung, welche dann die gegnerischen Theologen vorbrachten, nur um so mehr zu der Behauptung berechtigt zu sein, dass die Römischen einmal nicht gewillt seien, der offenbaren Wahrheit die Ehre zu geben und dass sich schon das Gericht der Verstockung an ihnen vollziehe. „Denn so unverständig ist der grössere Theil unter ihnen nicht, dass sie nicht lange erkannt hätten, dass sie unrecht sind" [4]). Besonders bei Luther kann man nachweisen, wie durch die Vorgänge in Augsburg diese Ueberzeugung in ihm gestärkt

---

1) Zuerst *C. R. 2, 143, 145,* 151.
2) *C. R. 2, 154;* de Wette 4, 70. Dazu stimmt die vertrauliche Unterhaltung, welche dieser Bischof 1531 mit Scepper, dem Secretär des Kaisers, hatte; vgl. Lanz, Correspondenz des Kaisers Karl V., 1, 472 ff.
3) **Brück in Förstemann's Archiv S. 59.**
4) **Förstemann,** Archiv S. 127.

und gefestigt ward. In den Briefen, die er von Coburg aus an die Freunde schrieb, sprach er sie aus¹) und oft genug dann auch in anderen Schriften der nächsten Zeit. „Ich halt, — schrieb er von jener Burg einem befreundeten Edelmanne — dass wohl für euch kommen ist, wie jetzt auf dem Reichstag zu Augsburg unser Widertheil selbst bekannt hat, dass unser überantwortete Schrift und Lehre nicht sei wider die Artikel des Glaubens oder die h. Schrift und hat Viele gar fast verwundert, dass so ein reine Lehre ist, als die bisher durch ihre giftigen Ohrenbläser so übertäubt gewest sind, dass sie gedacht, es wäre nie kein schädlicher Lehre auf Erden kommen und würde nimmermehr so freudig sein, dass sie für dem Kaiser und Reich sich dürfte darstellen und lassen ansehen. Ja sie haben auch bekennet, dass ihr Ding, nämlich die Papisterei, sei nicht in der h. Schrift gegründet; also dass auch ein grosser Herr gesagt hat von ihren eigen Doctoren: wahrlich, unser Doctores vertheidigen uns fein; sie bekennen auf beiden Seiten, dass unser Ding sei nicht gegründet in der Schrift. Noch toben sie über solch ihr eigen Gewissen und Zeugnis und wollen unser Lehre vertilgen und des Pabstes Greuel erhalten"²). Er blieb bei dem richtigen Satze, dass die Wahrheit, welche der Christ nach der Schrift erkennen könne und solle, sich nicht ungestraft verläugnen lasse; eine solche Verläugnung aber, erklärte er, ein bewusster Widerspruch der Römischen Kirche gegen erkannte Wahrheit liege eben jetzt vor.

Und die gegnerische Partei that wirklich Alles, um ihn in letzterem Urtheil zu bestärken. Die, welche etwa einen vorübergehenden Eindruck vom Bekenntnis empfangen hatten, gaben ihm keine Folge und die Mehrheit zeigte sich jetzt nur um so schroffer und unnachgiebiger. Die Evangelischen erwarteten, wie vorher schon bemerkt ist, dass nun auch die Gegenpartei würde angehalten werden, ihr Bekenntnis vorzulegen. Aber hierzu wollte sie sich schlechthin nicht verstehen. Dem Kaiser wäre es wohl recht gewesen, wenn solches geschehen wäre, allein er musste erfahren, wie wenig die Dinge in seiner Hand lagen. Seine persönliche Ueberzeugung zog ihn zu den römisch gesinnten Ständen, auf welche er sich überhaupt stützen musste,

---

1) de Wette 4, 73 u. s. w., 103, 171, 172, 176, 179.
2) WW. 40, 195, Vorrede zur Auslegung des 111. Psalms; 18, 129 in einer Coburger Predigt; 48, 231 in der Auslegung von Joh. 6—8; Opp. 22, 51, 177 in den *scholia in Isaiam*.

um im Reiche eine Macht zu haben und etwas durchzusetzen. An sie schloss er sich also an, statt dass er, wie der Wortlaut seines Ausschreibens erwarten liess, als Richter über ihnen stehend, sie zur Darlegung und Rechtfertigung ihres Glaubens aufforderte. Wie hätte er auch seinen eignen Glauben so als zweifelhaft hinstellen können? Von da an aber ward er mehr gedrängt und getrieben, als dass er frei entschieden hätte. Als er während dieser Wendung am nächsten Tage die Römischen Stände zusammenrief, um mit ihnen zu berathen, was denn nun zu thun sei, zeigten sie sich uneinig. Es gab sehr Heftige, die gleich losschlagen wollten, und Andere, die gemässigter auftraten[1]. Aber darin stimmten alle überein, dass man den Evangelischen nicht Recht geben könne und dass man selbst für sich keiner Rechtfertigung bedürfe. Der Cardinal Campegius hatte betont, dass man die Lehre der Kirche nicht in Frage stellen lassen und Disputationen aussetzen dürfe[2], und dem folgte man. Es ward nach mehrfachen Berathungen beschlossen, dass man die bedeutendsten der anwesenden Römischen Theologen beauftragen wolle, eine Widerlegung des Bekenntnisses auszuarbeiten[3], um dann nach Verlesung auch dieses Schriftstückes die Evangelischen zur Unterwerfung auffordern zu können.

Bis die Theologen diesen Auftrag ausgeführt hatten, konnte natürlich nichts Entscheidendes geschehen. Auch stand die Uneinigkeit der Römischen vorläufig noch kräftigem Handeln im Wege. „Es ist — berichteten am 6. Juli die Nürnberger Gesandten ihrem Rath[4] — vom Artikel des Glaubens seither weiter nichts gehandelt. Wir können auch noch nicht wissen, worauf der Gegentheil darin sein Gemüth endlich stellen will, denn es redet Einer auf, der Andre nieder, also dass wir nichts davon schreiben können."

Von verschiedenen Seiten wurden nun in der Zwischenzeit Verhandlungen mehr privater Natur begonnen, um eine Verständigung anzubahnen und Hindernisse hinwegzuräumen. Dahin gehört nicht, dass der Kaiser von den Städten, welche im vorigen Jahre gegen den Abschied des Reichstags zu Speier protestirt hatten, verlangte, sie sollten jenen Protest zurück-

---

1) *C. R. 2, 175.*
2) *Monumenta Vatic. ed. Laemmer p. 43; C. R. 2, 145.*
3) *C. R. 27, 2 ff.*; über jene Theologen vgl. Salig, Vollständige Historie der Augsburgischen Confession 1, 229 ff.
4) *C. R. 2, 165.*

nehmen und sich fügen, eine Forderung, welche sie als ihr Gewissen verletzend zurückwiesen¹). Wohl aber ist dahin zu rechnen, dass Brück und einige Theologen dem Kurfürsten riethen, inzwischen noch eine Einwirkung auf den Kaiser, den sie für zugänglich erachteten, zu versuchen und ihm in einer eignen ganz kurzen Schrift darzulegen, worin man nachgeben könne und worin nicht²). Ebenso dass Melanthon mit kurfürstlicher Genehmigung sich selbst an den Cardinal Campegius wandte, um ihn versöhnlich zu stimmen und zur Geltendmachung seines Einflusses für den Frieden zu bewegen³). Es waren erniedrigende und über das Maass billiger Nachgiebigkeit hinausgehende Briefe, welche er dem Römischen Kirchenfürsten schrieb, und doch erreichte er, ja gerade darum erreichte er nichts.

Andere Versuche giengen vom Kaiser aus, der dabei zunächst den Standpunct als Schiedsrichter noch festzuhalten suchte. Doch machten ihm dies schon die Römischen Stände unmöglich, indem sie auf das Bestimmteste erklärten, dass sie in dieser Sache sich nicht als Partei ansehen und behandeln lassen würden⁴). Und bald warnte von Coburg her auch Luther. Wenn der Kaiser darauf dringe, dass man ihn schlecht Richter sein lasse, so möge der Kurfürst mit aller Freudigkeit antworten: ja es solle sein, er wolle es alles annehmen und leiden, sofern und ausgenommen, dass der Kaiser nicht wider die helle Schrift oder Gottes Wort richte. Denn man könne den Kaiser nicht über Gott setzen noch sein Urtheil wider Gottes Wort annehmen⁵). Karl gab denn auch bald dem Andrängen der Stände des „alten Glaubens" nach, welche ihm riethen, er solle mit den Evangelischen in dieser Sache aus kaiserlicher Höhe und Machtvollkommenheit handeln, als welches ihm nicht

---

1) Förstemann, Urkundenbuch zur Geschichte des Reichstages zu Augsburg im Jahre 1530. II, 5. Siebenunddreissigster Jahresbericht des historischen Vereins von Mittelfranken, 1869 u. 1870, S. 77 ff., wo durch Pfr. Höchstetter in Windsheim 9 Briefe veröffentlicht sind, welche Sebastian Hagelstein, Bürgermeister der Stadt Windsheim und ihr Vertreter in Augsburg, nach Hause schrieb. Die standhaften Städte waren: Strassburg, Nürnberg, Constanz, Ulm, Reutlingen, Heilbronn, Memmingen, Lindau, Kempten, Windsheim, Isny, Weissenburg.

2) *C. R. 2, 153, 155.*

3) *C. R. 2, 168 ff.* Ueber den Brief an Teupulus vgl. Spieker in der Ztschr. für histor. Theol. 1845, 1, 116. *Monum. Vatic. p. 52.*

4) Förstemann, Urkundenbuch 2, 10; vgl. 105; *C. R. 2, 175.*

5) de Wette 4, 83 v. 9. Juli.

allein in Kraft des Edicts, sondern als einem Römischen Kaiser, Vogt, Advokaten und obersten Beschirmer der Kirche und des h. christlichen Glaubens und Jener rechtem, einigen, natürlichen obersten Herrn gebühre und wohl zustehe[1]). Er liess sie also vorerst am 9. Juli fragen, ob sie neben dem verlesenen Bekenntnis noch Weiteres vorbringen wollten. Die Evangelischen sahen hierin eine Falle und antworteten erst nach gemeinsamer Berathung mit ihren Theologen und Juristen, welche darauf aufmerksam machten, dass man den Schein vermeiden müsse, als habe man es mit der Zurückhaltung und dem glimpflichen Ton im Bekenntnisse nicht ernst gemeint. Sie antworteten demgemäss am nächsten Tage, dass sie dem Frieden zu Liebe nicht alle Misbräuche namhaftig angezogen, sondern nur eine allgemeine Confession ihrer Lehre überantwortet hätten. Ihr Wunsch wäre gewesen, Weitläufigkeiten zu vermeiden, aber sie wollten doch mit ihren Artikeln alle ungewisse und unrechte Lehre und Misbräuche, die denselben überreichten Artikeln und ihren Ursachen entgegen, dadurch auch widerfochten haben und achteten derhalben ohne Noth, mehr Artikel einzubringen[2]). Wenn die Gegner ihre Lehre anfechten, jene Misbräuche vertheidigen würden, so wären sie bereit, aus Gottes Wort ferner Bericht zu thun. Der Kaiser möge nun doch verfügen, dass seinem Ausschreiben gemäss endlich auch von den Gegnern gehandelt werde.

Damit war dieser Versuch beseitigt. Die Evangelischen blieben dabei, die Römischen auch als eine vorgeforderte Partei zu betrachten, und sahen sich nun aufs Warten angewiesen; wenigstens kam in Sachen des Bekenntnisses in den nächsten Tagen nichts an sie[3]). Dagegen versuchte man jetzt auf andere Weise sie zum Wanken zu bringen. Man drohte und stellte Schaden an Besitz in Aussicht.

Der Kurfürst von Sachsen hatte neben einigen andern Bitten auch das Ersuchen an den Kaiser gerichtet, ihn als den Nachfolger seines verstorbenen Bruders auf dem Reichstage mit der Kur zu belehnen. Nun eröffneten ihm am 16. Juli einige Fürsten als im Namen des Kaisers, dieser werde ihm keine seiner Bitten erfüllen, wenn er nicht zum Glauben der Kirche, den er, eine

---

1) Förstemann, Urkundenbuch 2, 9. Dieser Bericht offenbar vom Nachmittag des 9. Juli; Archiv S. 67. Spalatin, Annalen S. 142.
2) Ebend. 2, 18; *C. R. 2, 181.*
3) Ebend. 2, 78 v. 15. Juli; *C. R. 2, 199.*

Hauptstütze des Abfalles, verlassen habe, zurücktrete¹). Zugleich liess der Kaiser den Markgrafen Georg durch seine verschiedenen Brandenburgischen Verwandten zur Unterwerfung auffordern, wobei diese ihm mit schwerer kaiserlicher Ungnade und dem Verluste seiner Schlesischen Herrschaften drohten. Die Gefahr erschien jetzt grösser als je zuvor, denn nach dem bestehenden Rechte und den herrschenden Anschauungen war die Weigerung des Reichsoberhauptes einem ketzerischen Fürsten ein Reichslehen anzuvertrauen unanfechtbar und nicht zu tadeln; und als Ketzer stand einmal der Kurfürst für die grosse Mehrheit der Reichsstände da. Es kam viel darauf an, wie jetzt die evangelischen Fürsten, vor Allem der von Sachsen, sich halten würden. Zwar nicht der Bestand der Wahrheit, wohl aber die ruhige und geordnete Fortentwicklung einer evangelischen Kirche in Deutschland hieng davon ab.

Mit der Uebergabe des Bekenntnisses hatten sie bewiesen, dass es ihnen nicht an Glaubensmuth und Zeugenfreudigkeit fehlte, und eben diese That wirkte stärkend und erhebend auf sie zurück. Ihre Zuversicht wankte nicht. Die Städte freilich, die unter einander nicht ganz einig waren und zum Theil das entschiedene Vorgehen von Nürnberg und Reutlingen nicht billigten²), glaubten zunächst, recht vorsichtig auftreten zu müssen. Besonders die kleineren waren ängstlich und schoben die Entscheidung, so lange sie konnten, hinaus. Erst als der Kaiser von allen einzelnen Städten wiederholt verlangte, sie sollten sich in lateinischer und deutscher Schrift über ihre Religion erklären, traten Heilbronn, Kempten und Windsheim dem überreichten Bekenntnisse bei³). So blieben doch die in sich für das Evangelium entschiedenen Städte treu. Und sie konnten sehr wohl ohne Schaden der Sache „aufs Einfältigste hintennach gehen und die Fürsten vorfechten lassen", weil sie sahen, dass diese ihrer Pflicht genügten, dass „Sachsen mit den Seinen im Handel nur sorgfältig war"⁴).

Die Fürsten thaten in den kirchlichen Händeln begreiflicher Weise nichts, ohne ihre Räthe hinzuzuziehen; und an diesen hatten sie einen trefflichen Rückhalt. Melanthon schwebte zwar

---

1) *C. R. 2, 200 ff.*; Förstemann, Archiv S. 68; Urkundenbuch 2, 80 ff.
2) *C. R. 2, 151.*
3) So nach Sebastian Hagelstein a. a. O. S. 82.
4) *C. R. 2, 152, 153.*

in tausend Aengsten und konnte zeitweilig Anderen mehr Muth nehmen als geben. Er war in grosser Furcht, nicht sowohl für sich als für die Kirche und für das Reich, und auch körperliche Erschöpfung trug dazu bei, seinen Geist niederzudrücken. Aber die andern Theologen erhielten sich frischer, der alte Kanzler Brück bewahrte ein muthiges, unerschrockenes Herz, und vor Allem stärkte Luther die, welche zu Augsburg im Vordertreffen standen. Was er während dieser Zeit in seiner Einsamkeit auf der Coburger Feste that, kann nicht hoch genug angeschlagen werden. Sein Verhalten in diesen für die Kirche so schweren Tagen war ein mustergültiges, ein Vorbild, zu welchem die evangelischen Christen in allen Zeiten aufschauen sollen, um von ihm zu lernen, um ihm nachzueifern. Was er den Seinen zum Trost und zur Ermuthigung schrieb, kann und soll immerdar die um den Gang der Kirche besorgten Christen erquicken und aufrichten.

Von der ihm unerschütterlichen Gewissheit, dass seine Sache die rechte, d. h. die Sache Gottes selbst sei, ist schon die Rede gewesen. Und weil er diese Gewissheit hatte, konnte er bei allen Gefahren einen freudigen Muth behalten. Er wusste, dass aller Menschen Macht, ja auch die Macht des Teufels, der hinter den Bestrebungen der verblendeten Gegner stecke, gering sei gegen die Kraft Gottes, der seine Gläubigen schützen könne und wolle. Ihm befahl er daher Alles in zuversichtlichem Gebet und war dann ruhig, ja war guter Dinge. „Eins ist es, worauf ich in dieser ganzen Sache mich verlasse, nämlich dass Christus verheissen hat, unsre Gebete zu erhören, wie denn geschrieben steht: der Herr ist nahe allen, die ihn anrufen, allen die ihn mit Ernst anrufen; und abermals: die Gerechten riefen und der Herr erhörte sie. Ja er hat es uns auch geboten, indem er sprach, rufe mich an in der Noth, so will ich dich erretten, so sollst du mich preisen. Das sei unsere eherne Mauer. Amen"[1]). „Kein Tag vergeht, — schreibt Veit Dietrich, der Genosse seiner Einsamkeit[2]), — an welchem er nicht wenigstens drei Stunden, so für die Studien am brauchbarsten sind, auf das Gebet verwendete. Einmal traf sich's, dass ich ihn beten hören konnte. Guter Gott, welch ein Geist, welch ein Glaube sprach aus den Worten. Mit solcher Ehrfurcht betete er, dass man sah, er redete mit Gott, und doch wieder mit solchem Glauben und

---

1) de Wette 4, 45.
2) *C. R. 2, 159.* Vgl. WW. 43, 290.

solcher Hoffnung, wie Einer, der mit seinem Vater und Freunde redet. Ich weiss, sagte er, dass du unser Vater und Gott bist. Daher bin ich gewiss, du wirst die Verfolger deiner Kinder zu Schanden machen. Thust du es nicht, so ist es deine Gefahr so gut als unsre. Ist doch der ganze Handel dein eigen; wir sind nur gezwungen worden, ihn anzugreifen; du magst ihn also schützen, u. s. w. So etwa hörte ich, der ich von ferne stand, ihn mit lauter Stimme beten. Da brannte auch in mir das Herz mächtig, als er so vertraulich, so ernst und andächtig mit Gott redete und beim Gebet auf die Verheissungen in den Psalmen drang als einer, der gewiss war, dass geschehen werde, was er bete. Darum zweifle ich nicht, sein Gebet werde eine grosse Hülfe thun in der verzweifelt bösen Sache dieses Reichstags."

Es war der freie Verkehr eines gläubigen Gotteskindes mit seinem Vater im Himmel, der persönliche Zusammenschluss des Menschen mit seinem Gott, in welchem der Mensch alles dessen, was ihn drückte, sich entlastete und von Gott erbat und hinnahm, was er für sich bedurfte. Und vom Gebete wendete Luther sich zur Schrift, in welcher er Gott sich nahe fühlte, in welcher er die Stimme Gottes hörte. Vornehmlich der Umgang mit ihr war ihm eine Stärkung. „Tag und Nacht beschäftige ich mich mit der Sache, ich denke darüber nach, durchforsche die ganze Schrift und stetig wächst mir die Freudigkeit zu unsrer Lehre, ich werde mehr und mehr fest, dass ich mir, ob Gott will, nun nichts mehr werd nehmen lassen, es gehe drüber, wie es wolle"[1]). Auf die Schrift waren daher damals auch vor Allem seine Studien gerichtet, denn durch nichts, wusste er, werde er sich selbst und der Gemeinde mehr Nutzen schaffen. Er nahm die Uebersetzungsarbeit wieder auf und beschäftigte sich jetzt vorzüglich mit den Propheten[2]). Doch war ihm, den in jenen Wochen häufiges Ohrensausen plagte, diese Anstrengung fast zu gross; besonders Ezechiel machte ihm viel zu schaffen[3]). Eine Erholung gewährten ihm dann die Predigten vor den Schlossbewohnern[4]), eine Erholung die erbauliche Auslegung einzelner Psalmen, die er in Wittenberg drucken liess. Mit grosser Liebe arbeitete er an dem 118. Psalm, „sei-

---

1) de Wette 4, 52.
2) de Wette 4, 12, 15, 43 u. s. w.
3) Ebend. 4, 121, 134. Vgl. WW. 41, 220 ff., 232 ff.
4) WW. 18, 88 ff. Auf den Reichstag wird in diesen Predigten sehr wenig Bezug genommen.

nem Psalm, den er lieb habe", dem schönen Confitemini[1]). Dass er gerade diesen Psalm vornahm und die Art, wie er ihn behandelte, ist bezeichnend für seine damalige Stimmung. Er redete voll hohen Glaubensmuthes und freudiger Zuversicht, hielt darum auch die Auslegung durchweg erbaulich und gab sich wenig mit dem Bestreiten der päbstlichen Gegner ab. „Sie sind nicht werth, dass man in diesem feinen Psalmen ihrer gedenken soll." Am 117. Psalme wollte er zeigen, welches eine sorgfältige und fruchtbare Betrachtung der h. Schrift sei[2]). Die Auslegung des 111. Psalmes sollte das Christenvolk zum Dank für Gottes geistliche Wohlthaten, an dem es sehr mangle, ermahnen[3]), während er mit der Erklärung des 82. Psalms ein Loblied auf das obrigkeitliche Amt als ein von Gott gestiftetes sang, zugleich aber mit den damaligen Trägern desselben, besonders den Römischen, scharf ins Gericht gieng"[4]).

Dazwischen verfasste er auf besondre Anregung von aussen her auch andre Schriften, in denen er einzelne Streitfragen behandelte. Jener ernstlichen Ermahnung an die zu Augsburg versammelten Geistlichen ist schon Erwähnung geschehen. Als er dann zu bemerken glaubte, dass die Gegner übermüthig würden, weil er längere Zeit nichts Scharfes gegen sie geschrieben habe, und darin eine Art Rückzug sähen, veröffentlichte er einen „Widerruf vom Fegfeuer"[5]). Er erwählte diesen Punct als den ersten, weil er dagegen noch nie etwas Sonderliches geschrieben habe, liess aber bald darnach eine Schrift „von den Schlüsseln" folgen, in welcher er den mit dieser Lehre getriebenen Römischen Misbrauch gründlich darthat und dem das, was die Schrift hierüber lehrte, entgegen stellte[6]). Und weil man seine Uebersetzung der Schrift als eine willkürliche und unrichtige angriff, erliess er noch ein treffliches Sendschreiben von „der Heiligen Fürbitte und vom Dollmetschen", in welchem er meisterhaft die Aufgabe eines rechten Uebersetzers zeichnete[7]).

Schon dieser Ueberblick lässt erkennen, dass Luther es auch jetzt nicht scheute, das Schwert zur Hand zu nehmen, wenn er

---

1) de Wette 4, 43, 51, 57; WW. 41, 7 ff.
2) de Wette 4, 121; WW. 40, 281 ff.
3) WW. 40, 193 ff.
4) WW. 39, 225 ff.
5) de Wette 4, 104; WW. 31, 185 ff.
6) WW. 31, 126 ff. Die Reihenfolge der beiden Schriften ist also in dieser Ausgabe falsch.
7) de Wette 4, 163; WW. 65, 102 ff.

es für nöthig erachtete, dass er aber vor Allem darauf bedacht war zu bauen, zu erhalten und zu stärken. Er wusste, dass Gott seine Sache führe. Um so lieber wollte er warten und zuschauen und sich mehr mit den Seinen als mit den Gegnern beschäftigen. Ihnen wollte er mit jenen Schriftauslegungen dienen; für sie schrieb er „eine Predigt, dass man die Kinder zur Schule halten soll"[1]), um damit an seinem Theile dem durch Verachtung der Schulen drohenden Verfalle von Kirche und Staat vorzubeugen. Ja er fand die Stimmung, die Fabeln Aesops zu übersetzen, um sie so den Deutschen nutzbar zu machen[2]). Er war in dieser Zeit der andringenden Entscheidung für die Kirche so ruhig, ja wenn nicht gerade körperliche Leiden ihn niederdrückten, so heiter, dass er nicht nur Schwermüthige trösten konnte[3]), sondern auch Briefe voll fröhlichen Scherzes schrieb[4]).

So lebte, so betete und arbeitete der Reformator auf seiner einsamen Feste, ein wohlgeübter Streiter Gottes, und von ihm ergoss sich dann ein Strom reichen Trostes und erquickender Zusprache auf die den sichtbaren Feinden gegenüberstehenden Genossen.

Es hält fast schwer, auszuwählen aus der Fülle der erhebenden Worte, die wir in den Briefen jener Wochen lesen. Keiner bedurfte der Stärkung so sehr, wie sein Melanthon; auf keinen liess er aber auch so die Kraft seiner Rede wirken, wie auf diesen. Von allem Anfang an forderte er ihn auf, sich körperlich zu schonen[5]). „Ich gebiete Dir und dem ganzen Freundeskreise, dass sie Dich unter Strafe des Bannes zwingen, Deinen schwachen Leib zu pflegen, damit Du Dich nicht selbst umbringest und Dir noch einbildest, es geschehe im Gehorsam gegen Gott. Man kann Gott auch mit Stillehalten dienen, ja mit nichts mehr als mit Stillehalten. Darum hat er die Sabbatsruhe so sehr eingeschärft. Verachte das nicht. Es ist Gottes Wort, was ich schreibe." Als dann die Klagebriefe kamen, erwiederte er[6]): „ich hasse Deine grossen Sorgen, von denen Du Dich verzehren lässt, von ganzem Herzen; dass sie Dich so überwältigen, macht nicht die Grösse des Handels, sondern die

---

1) de Wette 4, 116; WW. 20, 1 ff.
2) de Wette 4, 12; WW. 64, 350 ff.
3) de Wette 4, 39, 130.
4) Ebend. 4, 37, 41.
5) Ebend. 4, 16.
6) Ebend. 4, 49.

Grösse unseres Unglaubens; denn die Sache war grösser unter Johann Hus und vielen Anderen, als unter uns. Lass sie aber auch noch so gross sein, gross ist auch, der sie handelt und angefangen hat; denn unsere Sache ist es ja nicht. Warum quälst Du Dich so stetig und ohne Unterlass? Ist die Sache unrecht, so lass uns widerrufen; ist sie aber recht, warum machen wir dann den mit seinen hohen Verheissungen zum Lügner, der uns heisst ruhigen und gelassenen Geistes sein? Wirf Dein Anliegen auf den Herrn, hat Er gesprochen. Denen, die bekümmerten Herzens sind, ist der Herr nahe, Allen, die ihn anrufen. Redet Er das etwa in den Wind oder für die Thiere? Auch ich werde öfter geängstet, aber nicht ohne Unterlass. Deine Philosophie ist es, die Dich so plagt, nicht die Theologie, jene die auch Deinen Joachim (Camerarius) plagt, der von ähnlicher Sorge verzehrt wird. Als ob ihr mit Euerer unnützen Sorge irgend etwas ausrichten könntet! Was kann denn der Teufel mehr thun, denn dass er uns erwürge? Und was dann? Ich bitte Dich, der Du in allen andern Stücken so streitbar bist, kämpfe gegen Dich selbst, Deinen grössten Feind, und schmiede dem Satan nicht soviel Waffen gegen Dich." Und damit nicht zufrieden, fuhr er nach zwei Tagen fort [1]): „Ende und Ausgang des Handels quält Dich, weil Du ihn nicht absehen kannst. Ja wenn Du den Ausgang absehen könntest, möchte ich an dem Handel kein Theil haben, viel weniger, wie Du sagst, ihn angefangen haben. Gott hat diese Sache in ein Kapitel gesetzt, das Du weder in Deiner Rhetorik noch Deiner Philosophie hast. Es heisst „Glaube", in welches Kapitel alle die Dinge gehören, die man nicht sicht und die nicht wahrnehmbar sind. Wenn Jemand diese Dinge sichtbar und begreifbar machen will, wie Du thust, der soll Sorgen und Thränen als Lohn seiner Arbeit davon tragen, wie Du es jetzt hast, der du uns alle vergeblich mahnen lässest. Der Herr hat gesagt, dass er im Dunkel wohne und hat Finsternis zu seinem Orte gemacht. Wer da will, der machs anders. Wenn Mose erst hätte den Ausgang begreifen wollen, den es mit Pharaos Heer nehmen würde, Israel wäre wohl noch heutigen Tages in Aegypten. Der Herr gebe Dir und uns allen mehr Glauben. Haben wir den, was kann Satan mit der ganzen Welt uns thun? Und wenn auch wir keinen Glauben haben, warum trösten wir uns denn nicht

---

1) Ebend. 4, 53. Falsche Deutung dieser Briefe bei C. Schmidt, Philipp Melanthon S. 213.

wenigstens mit dem Glauben Anderer? Denn es muss Solche geben, die statt unserer glauben, oder es giebt keine Kirche mehr in der Welt und Christus hat vor dem Ende der Tage aufgehört bei uns zu sein. Wenn er nämlich bei uns nicht ist, ich bitte Dich, wo in der Welt soll er sein? Wenn wir nicht die Kirche oder doch ein Theil der Kirche sind, wo ist dann die Kirche? Sind etwa die Herzöge von Baiern, Ferdinand, der Pabst, der Türke und deren gleichen die Kirche? Wenn wir nicht das Wort Gottes haben, wer hat es dann? Wenn aber Gott für uns ist, wer ist dann wider uns? Freilich sind wir Sünder und Undankbare, aber darum wird Er nicht lügen. Ja in dieser so heiligen und göttlichen Sache können wir nicht Sünder sein, auch wenn wir in unserm Eignen viel Böses thun. Aber das verstehst Du nicht. Der Satan plagt Dich zu sehr und macht Dich krank. Wolle Christus Dich heilen."

Ja auch hiermit begnügte Luther, der am nächsten Tage die Augsburger Freunde ermahnte, Melanthon aufzurichten, sich noch nicht. Die Sorgen des Mannes liessen ihm keine Ruhe und so legte er an eben dem Tage auch für ihn noch einen Trostbrief bei[1]). „In meinen eignen Kämpfen — schrieb er ihm — bin ich der Schwächere, Du der Stärkere; dagegen in den Händeln um das Allgemeine bist Du so wie ich in den persönlichen Kämpfen und ich in jenen so, wie Du in diesen, wenn man nämlich private oder persönliche Kämpfe die nennen darf, bei welchen zwischen dem Menschen und dem Satan gestritten wird. Denn Dein Leben schätzest Du gering, bist aber in Furcht um das allgemeine Wohl; ich dagegen habe hinsichtlich des Allgemeinen einen guten und ruhigen Muth, denn ich weiss, dass es eine gerechte und gute Sache ist, ja die Sache Christi und Gottes selbst, die nicht so an Sünden krankt, wie ich armer Heiliger, der ich darum zittern muss. Darum kann ich ruhig zuschauen und achte das Drohen und Wüthen der Papisten nicht gross. Fallen wir, so fällt auch Christus, er der Herr der Welt. Dann sei es, falle er; ich will lieber mit Christo fallen als mit dem Kaiser stehen. Ihr seid es auch nicht allein, welche die Sache tragt. Ich bin treulich mit Gebeten und Seufzern bei euch, und wäre es, Gott weiss, wie' gern, auch dem Leibe nach. Denn es ist meine Sache, ja weit mehr meine als euer aller, die ich weder leichtsinnig noch aus Sucht nach Ehre oder Gewinn angefangen habe; das bezeugt mir der Geist selbst, der

---

[1]) de Wette 4, 62.

Verlauf der Dinge hat es gezeigt und wird es bis zum Ende zeigen. Daher bitte ich Dich um Christi willen, verachte nicht jene göttlichen Verheissungen und Trostworte, wenn er sagt: wirf dein Anliegen auf den Herrn; harre des Herrn, sei getrost und unverzagt; solche Worte, von denen die Psalmen und Evangelien eine Fülle bieten: seid getrost, ich habe die Welt überwunden. Es wird ja nicht falsch sein, das weiss ich fürwahr, dass Christus der Weltüberwinder ist. Warum fürchten wir denn die überwundene Welt so, als sei sie der Ueberwinder? Sollt einer doch einen solchen Spruch auf seinen Knieen von Rom oder Jerusalem holen. Die Worte scheinen uns gering, weil wir ihrer so viele haben und sie so lange kennen. Das ist aber nicht gut. Ich weiss, es ist Schwäche des Glaubens; aber lass uns mit den Aposteln bitten: Herr, mehre uns den Glauben."

In ähnlicher Weise tröstete Luther die übrigen Theologen, wenn sie der Zusprache bedurften, besonders den auch oft zaghaften Spalatin. Und sie fühlten an ihren Herzen die Kraft seiner Worte und schickten seine Briefe in Abschriften auch Anderen zu, so dass sie weit herum kamen [1]). Er schrieb dem Kanzler Brück, von dem er erfuhr, „dass er vor allen Andern einen guten Muth und ein getrostes Herz habe in dieser Anfechtung", die beiden schönen Gleichnisse vom Himmelsgewölbe, welches ohne Pfeiler fest stehe, und von den schweren dicken Wolken, die da schwebeten ohne Stütze [2]). Er gedachte vor Allem dessen, auf den am meisten ankam, des Kurfürsten. Schon im Mai ergieng ein Trostschreiben an diesen [3]), in welchem er demselben zeigte, woran er erkennen könne, dass Gottes Gnade mit ihm sei. Und im Juli schrieb er wieder [4]) und schloss: „Ew. Gnaden sei nur getrost, Christus ist da und wird Ew. Gnaden wiederum bekennen vor seinem Vater, wie Ew. Gnaden jetzt ihn bekennt vor diesem argen Geschlecht, wie er sagt: wer mich ehret, den will ich wieder ehren. Derselbige Herr, der es angefangen hat, wirds wohl auch hinausführen. Amen. Ich bet für Ew. Gnaden mit Fleiss und Ernst; könnt ich mehr thun, so bin ichs schuldig."

---

1) *C. R. 2, 164, 186, 189. Anecdota Brentiana, ed. Pressel S. 96.* Manche dieser Briefe wurden damals ohne L.'s Zuthun gedruckt; de Wette 4, 135.

2) de Wette 4, 128.

3) Ebend. 4, 20.

4) Ebend. 4, 82.

Wer will sich wundern, wenn die Evangelischen in Augsburg für diesen Zuspruch herzlich dankbar waren und nach solchen Briefen sich sehnten? Der stete Verkehr mit dem Reformator war ihnen ein Bedürfnis. Wo möglich suchten sie vor jeder wichtigeren Entscheidung seinen Rath und seine Zustimmung einzuholen. So auch jetzt, als es sich darum handelte, wie die ihres Bekenntnisses wegen vom Kaiser in ihrem Besitzthume bedrohten Fürsten antworten sollten. Von den Theologen ward ein Gutachten verlangt und sie betonten nachdrücklich, als sie es abgaben, dass man auch Luther noch zu Rathe ziehen möge [1]). Wie der Reformator sich hierüber aussprach, wissen wir nicht; es konnte auch zunächst nicht verwendet werden, da die Fürsten ihre Entscheidung schon am 21. Juli abgaben. Die Theologen in Augsburg aber äusserten sich, so weit wir sehen können, alle in gleichem Sinne [2]). Sie riethen dem Kurfürsten, er möge in seiner Antwort dabei beharren, dass er im Glauben nicht irre, sondern zum Worte Gottes und zur wahren Lehre der Kirche halte; er sei seiner Sache gewiss und könne daher hierin nicht weichen, ohne Gott zu verläugnen. Er wolle es dulden, dass die Bischöfe die ihnen gebührende Jurisdiction ausübten. Wolle der Kaiser dagegen durch andre Leute in seinen Landen den Gottesdienst ändern lassen, so müsse er das Gott befehlen. Die Theologen wollten vor Allem von keinem Widerstande mit Waffengewalt etwas wissen und widerriethen auch Bündnisse der Religion wegen. Der Kurfürst möge, wenn der Kaiser schärfer vorgehe, nur jeden seiner Unterthanen für sich selbst eintreten und bekennen lassen.

Ganz damit übereinstimmend schrieb Joh. Brenz am 23. Juli an den Rath von Schwäbisch-Hall, der ihn gesandt hatte, in bezeichnender Weise [3]): „Ich weiss Ew. Weisheit in dieser Sach nicht anders zu rathen, denn dass Ew. W., so ein Abschied gefiele, der die Wahrheit göttliches Wortes verbieten würde, denselben Abschied nicht annehme noch darin bewillige, sondern dawider protestire und auf ein künftig Concilium appellire mit dem Vorsatz, der Römischen kaiserlichen Majestät als natürlicher Obrigkeit mit Gewalt nimmermehr zu widerstehen. Denn hiermit würde Ew. W. vor unserm Herrgott als Christen bestehen, und würde doch gemeine Stadt, auch die unrechten Christen,

---

1) *C. R. 2, 203, 205;* Förstemann, Urkundenbuch 2, 83, 91.
2) *C. R. 2, 200 sqq.;* Förstemann, Urkundenb. 2, 80 ff.
3) *Anecdota Brentiana p. 94.*

so in der Stadt wohnen, in kein Gefahr oder Nachtheil ihres Leibs und Guts gesetzt." Protestiren und Appelliren sei einmal ein geordnetes Rechtsmittel, das man mit gutem Gewissen brauchen dürfe. „So aber kais. Maj. der Appellation kein Statt noch Raum wollt geben und führe fort mit der Acht und Aberacht und thätlichem Krieg, alsdann würde es Ew. W. gebühren, kais. Majestät unterthäniglich zu verständigen und anzuzeigen, dass Ew. W. Gemüth und Meinung gar nicht dahin gerichtet sei, seiner Majestät mit Gewalt zu widerstreben, sondern dieweil Ew. W. die erkannte Wahrheit nicht verleugnen könne, wolle sie leiden, dass kais. Majestät ihre jetzigen Prediger und Pfarrer vertreibe, andre verordne und in der Kirche aufricht, was ihrer Majestät gefällig sei. Damit würde die gemeine Stadt in keine Gefahr gesetzt, sondern allein die Prediger und diejenigen, so der Predigt glaubten und wollten auf demselben Glauben verharren. Es soll auch also zugehen, dass das Bad von des Evangeliums wegen nicht über ein gemein Land oder Stadt, sondern über die Prediger und beständigen Gläubigen, deren allweg der geringste Theil in einem Flecken erfunden werden, ausgehen soll. Denn es soll ein jeglicher Christ glauben seinem Nachbarn ohne Schaden. So sagte auch Christus, da die Juden ihn fingen: wenn ihr mich suchet, so lasset diese, vermeinte aber seine Jünger, ledig gehen[1]). Es soll aber Ew. W. nicht gedenken, dass sie in diesem Fall von wegen gemeiner Stadt protestire und appellire, denn wer wollte von des Glaubens wegen für böse leichtfertige Buben oder schon ehrbare, doch ungläubige Leute, deren man allwegen viel in einer gemeinen Stadt findet, protestiren? Sondern Ew. W. protestirt für ihr selbst Person, wie sie ihre Unterthanen regiren wolle. Gefällt dasselb kais. Majestät nicht, so mag ihre Maj. diese Person, so dem Evangelio glaubt, des Amts entsetzen und einen Andern dahin verordnen, dass doch hierin gemeiner Stadt kein Ueberlast geschieht."

Die Theologen, die von Anfang an gewillt gewesen waren, die Bekenntnispflicht auf sich zu übernehmen, bemühten sich jetzt vornehmlich dahin zu wirken, dass nicht durch das Auftreten der evangelischen Fürsten die Ruhe des Reiches und der vielen Unterthanen dieser Fürsten gefährdet werde. Sie erkanten an, dass die Fürsten als Christen ihren Glauben auch bekennen müssten; sie schärften und festigten ihnen in dieser

---

[1] C. R. 2, 202, 204.

Richtung das Gewissen. Aber dieselben hätten das dann lediglich als Privatpersonen zu thun und nicht als auch im Namen ihrer Unterthanen, deren viele vielleicht ganz anders glaubten. Sie gaben zu, dass die Fürsten in ihrem fürstlichen Amte auch insofern Gott dienen müssten, als sie die Verkündigung seines Wortes förderten und Misbräuchen steuerten, aber sie sollten ihre Macht nicht zur gewaltsamen Vertheidigung ihres Glaubens brauchen und Andere, vor Allem ihre Unterthanen, nicht in Mitleidenschaft ziehen, wenn sie selbst ihres Glaubens wegen leiden müssten. Soweit entfernt waren die evangelischen Theologen von allen kriegerischen Gedanken und Umsturzplänen. Sie suchten das Schwert der Ihrigen möglichst zu binden und ermahnten sie, auch in dieser Gefahr sich ganz Gott und nur ihm zu überlassen. Das mag unpolitisch gewesen sein; jedenfalls war es schwer, in dieser Frage die Stellung der Fürsten als Privatpersonen und ihr Auftreten als Landesherren so auseinander zu halten; aber dass jener Rath ein unchristlicher gewesen sei, wird Keiner sagen können.

Der Markgraf Georg antwortete zuerst, schon am 19. Juli[1]), indem er sich auf sein Gewissen berief und ausführte, dass zu Gewalt weder Anlass noch Recht sei. Er betonte das Ausschreiben des Kaisers, welches gütliche Unterhandlungen nach der christlichen Wahrheit, das heisse doch nur, nach Gottes Wort verspreche. So suchte er den Kaiser beim Wort zu nehmen, von welchem derselbe werde weder abgehen können noch wollen. Er berief sich auf den in Speier wieder bestätigten Landfrieden, unter dessen Schutz auch die Evangelischen noch stünden; denn ihre dort eingereichte Protestation habe sich nur auf Einen Punct bezogen; im Uebrigen sei der Abschied anerkanntermaassen auch von ihnen angenommen. Man könne daher nicht glauben, dass der Kaiser jetzt so gegen alles Recht verfahren werde.

Die Verhandlungen mit dem Markgrafen giengen fort und dabei zeigte sich sehr schnell, dass seine fürstlichen Verwandten vom Kaiser gar nicht beauftragt waren, zu drohen, sondern solches aus eigenem Ermessen gethan hatten. Diese Entdeckung schwächte natürlich den Nachdruck ihrer Vorstellungen sehr, wie denn überall von den Evangelischen nicht unbemerkt blieb, dass der Kaiser maassvoller auftrat und lange nicht so entschieden, wie die, welche am meisten lärmten und drohten. Sie sahen, dass das Reichsoberhaupt selbst noch sehr überlegte,

---

1) **Förstemann**, Urkundenb. 2, 93 ff.

was zu thun sei, und zu allen entscheidenden Schritten erst von den Heisspornen der Gegenpartei gedrängt ward. Auf Grund dieser Erkenntnis liessen sie sich durch die weitgehenden Forderungen der Gegner nicht mehr so schrecken, sondern fiengen an, zwischen dem Kaiser selbst und der kaiserlichen Maske, deren ihre Feinde sich bisweilen bedienten, zu unterscheiden[1]). Dass sie dies konnten, war ihnen wohlthuend bei der Ehrfurcht, die sie vor dem kaiserlichen Amte hatten, und erleichterte ihnen den Widerstand, zu welchem ihr Gewissen sie nöthigte.

Nach ruhiger Ueberlegung erklärte sich auch der Kurfürst Johann[2]), und zwar that er es nicht, ohne zuvor den Glaubensgenossen das Ergebnis seiner Erwägungen mitzutheilen[3]). Er wusste, dass sie alle auf ihn sahen; daher wollte er nur öffentlich handeln, ihr Führer und der Mann ihres Vertrauens. Und sie billigten seine Erklärung als „überaus eine schöne unterthänige Antwort von einem Kurfürsten" wie Sebastian Hagelstein, der Bürgermeister der Stadt Windsheim den Seinen berichtete. Auch der Kurfürst knüpfte an das Ausschreiben des Kaisers an, welches gütig und friedlich laute. Er und seine Genossen hätten ihr Bekenntnis auf Grund göttlichen Wortes abgelegt und gebeten, sie des Irrthums zu überführen. Dies sei aber bisher noch nicht geschehen. Würden sie also der blosen Aufforderung zu Folge widerrufen, so käme das einer Gotteslästerung gleich. Sie beharrten demnach bei ihrem Erbieten, sich aus Gottes Wort belehren zu lassen, und bäten, wenn eine Verständigung hier auf dem Reichstag nicht möglich sei, um das schon so oft in Aussicht gestellte freie, allgemeine Concil.

Durch diese so entschiedene und zugleich so versöhnliche Erwiederung wurden die nächsten ränkevollen Pläne der Römischen vereitelt. Vom Kaiser erhielt der Kurfürst vorerst keine Antwort; dagegen erfuhr er, wie die Herzen der Evangelischen im Reiche sich ihm zuwandten. Ein schöner Brief der Rathmannen und Innungsmeister der Stadt Magdeburg sprach ihm das von der Ferne her aus[4]) und in Augsburg schaarten sich die Glaubensgenossen immer fester um ihn.

Die erste der beiden Forderungen, welche der Kurfürst im Namen der Evangelischen gestellt hatte, der Versuch einer Wi-

---

1) de Wette 4, 97.
2) Förstemann, Urkundenb. 2, 113 ff.
3) Sebastian Hagelstein a. a. O. S. 84.
4) Förstemann, Urkundenb. 2, 131 v. 29. Juli.

derlegung, sollte bald erfüllt werden. Der Kaiser hatte, wie schon erwähnt, im Einvernehmen mit den päbstlich gesinnten Ständen die ihm zu Gebote stehenden Theologen[1]) alsbald beauftragt, eine Widerlegung des evangelischen Bekenntnisses auszuarbeiten. Und sie machten sich gleich mit allem Eifer ans Werk. Aber es gieng dann nicht so schnell, wie sie wünschten[2]). Da der Kaiser immer noch auf einen friedlichen Ausgleich, oder richtiger, auf endliche Nachgiebigkeit der Evangelischen hoffte, erhielten sie die Anweisung, „mässig und sittiglich" zu verfahren. Allein dies fiel ihnen zu schwer. Die Stimmführer unter ihnen waren Eck, Faber und Cochleus, Männer, die schon seit Jahren unaufhörlich gekämpft und dabei an Heftigkeit einander überboten hatten. Sie konnten sich auch jetzt nicht mässigen, sondern folgten ganz ihrer Erbitterung. Dazu waren sie überrascht durch die Milde und das Entgegenkommen in dem Bekenntnis der protestirenden Stände. Sie hielten es für eine feine List des gewandten Melanthon, welche den wahren Stand der Dinge verdecke. Was hier geboten werde, sei doch etwas ganz Anderes, als was der schroffere Luther bisher in seinen Streitschriften vertreten habe, und nach dem, den Worten des eigentlichen Führers, müsse man doch die Protestirenden beurtheilen. Sie erachteten es also für ihre Hauptpflicht, solche vermeintliche Verschiebung der Sachlage zu beseitigen und die Gegensätze in der Grösse und Schärfe, wie sie ihnen erschienen, hinzustellen, um damit allen Täuschungen der päbstlich gesinnten Stände vorzubeugen. Von ihrem Standpuncte aus, den sie als den allein kirchlich richtigen und rechtlichen nicht verlassen wollten, konnten sie keine Verständigung wünschen, und sie sagten sich auch mit vollem Rechte, dass selbst, wenn sie jetzt nachgäben, der Pabst, die übrige Hierarchie, die theologischen Körperschaften es nicht thun würden, dass also kirchliche Einigkeit daraus doch nicht erwüchse[3]).

---

2) Im Vorwort der Confutatio, *C. R. 27, 81* heisst es: *nonnullis eruditis, maturis, probatis ac honestis viris diversarum nationum eandem confessionem videndam examinandamque dedit.* Von dieser Seite zog man so die auswärtigen Nationen als Partei gegen die Evangelischen heran. Um so mehr musste es dann Melanthon geboten scheinen, bei der Antwort auch sie zu berücksichtigen.

2) Die beste literargeschichtliche Untersuchung hierüber vgl. *C. R. 27, 1 ff.* Daneben auch *Annales ecclesiastici* ed. *Raynaldus 20, 581.*

3) Vgl. hierüber *Philippicae quatuor Johannis Cochlei, in Apologiam Philippi Melanchthonis ad CAROLUM V. Imperatorem Romanorum,*

Demgemäss erwuchs, was sie zunächst mit vereinten Kräften zu Stande brachten, statt zu einer Widerlegung aus der Schrift, vielmehr zu einer langathmigen Schmäh- und Hetzschrift. Am 13. Juli reichten sie ihre Arbeit ein, ein Werk von ungefähr 280 Blättern. Es war eine in schärfster Sprache gehaltene Ermahnung an den Kaiser, er möge den evangelischen Fürsten ihre Irrthümer, die als solche bezeichnet waren, vorhalten. Und wie bei Beginn des Reichstages Eck 404 Artikel veröffentlicht hatte [1]), um Luther und seine Anhänger als aller möglichen Ketzereien schuldig hinzustellen, so versuchten die römischen Theologen es hier wieder. Wo sie zugeben mussten, dass in dem Bekenntnis Wahres gelehrt sei, bemühten sie sich nachzuweisen, dass Luther und Melanthon früher ganz anders gelehrt hätten, und zogen noch eine Reihe von andern, bisher nicht berührten Puncten heran, in denen jene auch irrten. Und um dem rechten Nachdruck zu geben, legten sie noch verschiedene andere Arbeiten bei, die förmliche Sammlungen ketzerischer und angeblich sich widersprechender Stellen aus den Schriften Luthers und seiner Schüler enthielten [2]). Der Kaiser und die Römischen Fürsten sollten auf alle Weise gegen die Evangelischen aufgereizt und wo möglich zu Gewaltmaassregeln fortgerissen werden.

Doch der Plan mislang. Der Kaiser und die zu ihm haltenden Stände waren durch das Machwerk der Theologen unangenehm berührt. Sie erkannten, dass dasselbe sowohl wegen seiner Länge [3]) als auch wegen seines Inhaltes zum Verlesen schlechthin ungeeignet sei und die gegnerischen Stände, die sich doch zum Frieden erboten hatten, nur verletzen und erbittern könne. Als besonders unpassend erschien es, dass Alles, was in früheren Jahren irgend einmal geäussert war, hier wieder hervorgesucht ward. Die Theologen erhielten also ihr Werk zum Umarbeiten zurück mit der Weisung, sich nur an das Bekenntnis der Evangelischen zu halten und maassvoller zu schreiben. Und dies war nicht das einzige Mal, dass ihnen solches

---

pium, foelicem, triumphatorem, semper Augustum. Lipsiae MDXXXIIII. A 2ª. Geschrieben sind diese *Philippicae* schon 1531. Dazu *Velitatio Johannis Cochlaei in Apologiam Philippi Melanchthonis. MDXXXIIII.* Geschrieben 1532. Die Schriften des Cochleus sind von den Evangelischen für die Geschichte noch nicht genug ausgebeutet.

1) Vgl. meine Einleitung in die Augustana 1, 527.

2) Die Besonnenen der Partei billigten auch diese Beilagen nicht; *Monumenta Vaticana p. 84.*

3) *Cochlei Philippicae quattuor C 3ª.*

widerfuhr. Erst die fünfte Bearbeitung, die sie vorlegten, ward als annehmbar erfunden. Theils nämlich ward es ihnen so gar schwer, den ruhigen Ton zu treffen, den man von ihnen verlangte, theils waren der Kaiser und die Stände noch darüber im Unklaren, wen man denn eigentlich zum Subjecte der Widerlegung machen sollte. Nach mehreren Berathungen beschloss man, auch hierin dem Vorgange des Bekenntnisses zu folgen und dem Kaiser die Confutatio in den Mund zu legen. Ja soweit gieng man in der Nachahmung, dass man eine Vorrede und einen Schluss hinzufügen liess, den nicht die Theologen, sondern die kaiserlichen Räthe abfassten, wie beim evangelischen Bekenntnisse das Gleiche vom Kanzler Brück geschehen war.

So war man endlich mit vieler Mühe dahin gekommen, dass am 3. August in einer öffentlichen Sitzung des Reichstages die Widerlegung des evangelischen Bekenntnisses, und zwar gleichfalls in deutscher Sprache, verlesen werden konnte.

Das Schriftstück trug ungeachtet jenes Beschlusses immer noch den Charakter eines theologischen Gutachtens, welches den Kaiser über das Verhältnis der im evangelischen Bekenntnis ausgesprochenen Lehren zur römisch kirchlichen Lehre unterrichtete und ihm zeigte, was man billigen könne, was man zu beanstanden habe und wovon man Aenderung oder gar Widerruf fordern müsse. Man kann es eine alle einzelnen Stücke treffende und vom Standpuncte Roms aus beleuchtende Beurtheilung nennen. Dabei muss zugegeben werden, dass dies jetzt wirklich in milder Form geschah. Nicht einmal die dann üblich gewordene Bezeichnung als Confutatio oder Widerlegung war gebraucht; man gab das Verlesene einfach als „Antwort." Der Unterschied wird besonders ersichtlich, wenn man die letzte Form mit der ersten vergleicht. In dem Verlesenen ward der erste Artikel des Bekenntnisses einfach als mit der Glaubensregel und der Römischen Kirche ganz übereinstimmend angenommen. Im ersten Entwurfe dagegen war die Berufung jenes Artikels auf das Nicänische Concil auch gebilligt; dann aber war hinzugefügt, der Kaiser möge auf Grund jener Berufung die bekennenden Stände ermahnen, nun auch Alles anzunehmen, was die katholische Kirche lehre, selbst wenn es in der Schrift nicht wörtlich so enthalten sei, wie z. B. das Messopfer, die Quadragesimalfasten, die Anrufung der Heiligen u. A. Der Wortlaut der Dreieinigkeitslehre komme ja ebensowenig in der Schrift vor, wie die eben genannten Stücke. Ferner möge er sie auffordern, jene Nicänische Synode nun auch in allen Stücken anzuerkennen, also auch die Rangklassen der Hierarchie mit ihren Befugnissen, die kirchlichen Satzungen u. s. w. beizubehalten. Er möge sie ermahnen, ihre Prediger und Lehrer zum Widerruf alles dessen zu nöthigen, was sie gegen jene Synode geredet und geschrieben hätten, besonders Luther und Melanthon, die öffentlichen Lästerer der Synode. Erfolge solcher Widerruf nicht, so habe die Berufung auf die Synode gar keinen Werth, sondern erscheine nur als ein Täuschungsmittel. Endlich seien sie zu ermahnen, dass sie überall ihren Lehrern, einzelnen Menschen, in Nichts gegen die Aussprüche der allgemeinen Kirche Glauben schenkten.

In ähnlicher Weise war durchweg, soweit wir es noch verfolgen können, jene erste Form der Erwiederung gehalten. Ueberall zeigte sich das Bestreben, die Unterschiede zu vergrössern, schlimme Folgerungen zu ziehen, die Gegner zu verdächtigen und beim Kaiser und der Mehrheit in ein übles Licht zu stellen. Das geschah in der schliesslich verlesenen Antwort nicht mehr. Die Behandlung der eigentlichen Lehrartikel des Bekenntnisses war derartig, dass es den Anschein gewinnen konnte, als sei in der That der Unterschied in der Lehre nicht so gar gross. Die Artikel 1. 3. 8. 9. 13. 14. 16. 17. 18. 19. wurden einfach gebilligt, nur dass man zu 14 und 18 noch bemerkte, der Wortlaut der Artikel sei richtig zu deuten. Eine andre Reihe von Artikeln, nämlich 2. 4. 5. 6. 7. 10. 11. fand freilich nur eine bedingte Anerkennung, aber bei den Ausstellungen, die gemacht wurden, schien es, als sei auch hier noch Hoffnung auf Verständigung. Von zwei Artikeln, nämlich 12 und 15 nahm man die erste Hälfte an, verwarf aber die zweite. Und nur zwei Artikel, den 20. und den 21., traf ein entschiedenes Verwerfungsurtheil.

Ueberblickt man noch einmal die Puncte, so sieht man, dass Tadel und Widerspruch sich vornehmlich gegen die Lehren richtete, welche von der Heilsaneignung handelten oder sich auf sie bezogen, also eben die, um welche der damalige Kampf in der Kirche sich drehte. Man muss den Römischen Theologen zugestehen, dass sie hierin ein ganz richtiges Gefühl zeigten, und man könnte versucht werden, ihnen einen schärferen Blick zuzuschreiben, als Melanthon, der im Bekenntnis den Unterschied als so gar geringfügig hingestellt hatte, wenn man nicht sich des erinnern müsste, dass, wenn Melanthon die Uebereinstimmung mit der allgemeinen Kirche betonte, er damit die alte Kirche, überhaupt die Kirche, soweit sie sich den Irrthümern noch nicht hingegeben hatte, meinte. Die Römischen Theologen dagegen konnten und wollten solche Unterscheidung nicht zulassen, sondern giengen davon als einem Feststehenden aus, dass die Kirche von jeher nicht anders gelehrt habe als jetzt die Römische Kirche. Was Melanthon als kirchlich noch nicht förmlich anerkannten Misbrauch und Verirrung behandelt und darum soweit möglich verschwiegen hatte, fassten sie als allgemein angenommene Wahrheit und kirchliches Recht. Daher mussten sie den Unterschied stärker hervorkehren.

Um vieles schärfer ward der Gegensatz im zweiten Theile geltend gemacht, wo es sich um die Misbräuche handelte. Man verwarf diesen Theil des Bekenntnisses durchweg. Was die Evangelischen als unerträglichen Misbrauch gebrandmarkt hatten, stellten die Gegner jetzt rundweg als rechte kirchliche Ordnung und Sitte hin, die man aufrecht erhalten müsse. Es fehlte ihnen nicht an einem Schriftbeweise, der freilich in hohem Maasse ungeschickt ausfiel. Als die Hauptsache aber betonten sie dabei, dass die Evangelischen mit ihrem Tadel und ihren Forderungen in diesen Stücken gegen die Autorität der Kirche verstiessen. Die von ihnen beanspruchte Freiheit sei eine ungehörige und unzulässige. Man müsse Gehorsam und Beugung unter diese Autorität von ihnen verlangen. Darin sprach sich ihr Standpunct, der Römisch-kirchliche, am deutlichsten aus. Und dies war auch der Standpunct des Kaisers. Schon vor der Verlesung hatte er erklären lassen, er werde bei der Römischen Kirche und diesem Bedenken der Theologen bleiben. Und in dem an seinem Hofe hinzugefügten Schlussworte hiess es: er habe erkannt, dass die evangelischen Stände in vielen Stücken mit der Römischen Kirche übereinstimmten und mit den gottlosen Lehren, die in Deutschland mündlich und schriftlich weit verbreitet würden, nichts gemein haben wollten. So hege er denn die Hoffnung und feste Ueberzeugung, dass sie nach Vernehmung gegenwärtiger Antwort auch in den übrigen Stücken, in denen sie bisher mit der katholischen Kirche etwa noch nicht einig seien, fortan friedfertigen Sinnes beistimmen und überhaupt in allen Dingen der katholischen Kirche und dem christlichen Glauben, wie er seither in der ganzen Christenheit einmüthig festgehalten sei, sich gehorsam anschliessen und unterwerfen würden. Den Gehorsamen sei er zu allen Gnaden bereit. Sollten sie aber wider Verhoffen solcher christlichen Ermahnung nicht Folge geben, so müssten sie sich selbst sagen, dass ihm nichts anderes übrig bleibe, als das zu thun, was sein Amt, das eines Römischen

Kaisers und Vertheidigers und Schirmherrn der katholischen christlichen Kirche von ihm erheische.

Römischerseits stellte man es demnach so dar, als sei mit der aus Güte und Friedensliebe noch gegebenen ausführlichen Antwort nun Alles erledigt; als müssten die Evangelischen, die ja selbst in allen wesentlichen Lehrpuncten ihre Uebereinstimmung mit ihren bisherigen Gegnern ausgesprochen hätten, sich nun in kirchlichem Gehorsam auch fügen und ganz unterwerfen. Damit würde dann der Friede in Kirche und Reich hergestellt sein. Und vom Römischen Standpuncte aus, der bisher kirchlich und reichsgesetzlich der allein anerkannte war, konnte man gar nicht anders. Aber wieder sollte man erfahren, dass es nun noch einen andern Standpunct gab, der sich mit Kraft und Sicherheit dem bisherigen gegenüber behauptete. Mit der Verlesung der Confutatio trat ein Wendepunct in der Geschichte des Reichstages ein. Am Nachmittage des 3. August begann ein neuer Abschnitt, die Zeit der öffentlichen Ausgleichversuche.

Den Eindruck, welchen die Verlesung auf die Evangelischen, deren Einige sich des Lächelns nicht erwehren konnten [1]), machte, spiegelt der Bericht der Nürnberger Gesandten an ihren Rath [2]): „die Antwort stehet in Summa also, dass die vor eingelegten Artikel alle repetirt, derselben etliche, die vor im Pabstthum nicht spännig gewest, als für christlich angenommen und die Fürsten derhalb gelobt worden, dass sie dieselben für christlich halten, aber die andern fast alle, die wider das Pabstthum sein, gar verworfen, und etliche aus ihnen mit einem Anhang und Limitation, wo man sie dermaassen verstehen wolle, auch bleiben lassen, aber im Ende die grossen Hauptartikel, die Priesterehe, das Sacrament unter beider Gestalt zu nehmen und dass die Mess kein Opfer sei, desgleichen dass die Klostergelübde nicht zu halten seien, gänzlich verworfen und für unchristlich geachtet worden und mit seltsamen Argumenten beschützt und verantwortet."

Man hatte also die Schärfe und Bestimmtheit der Antwort gleich hinlänglich gefühlt. Aber weit entfernt dadurch eingeschüchtert zu werden, entnahmen die Evangelischen aus der Confutatio gerade eine Kräftigung ihrer Ueberzeugung. Sie sahen, dass die Gegner nur längst widerlegte Sachen einfach

---

1) *Cochlaei Velitatio* A 3b.
2) C. R. 2, 250. Vgl. dazu Seb. Hagelstein a. a. O. S. 87.

wiederholt hatten, sie erkannten die Schwäche und Unhaltbarkeit der Gründe, den Mangel an christlicher Erfahrung und christlicher Erkenntnis. „Es ist ja kein Zweifel, dass da die Kirche nicht sein kann, wo man so wenig von Christo weiss und ihn so verkennt 1)." Selbstverständlich konnten sie sich zu dem, was man zunächst von ihnen verlangte, der einfachen Unterwerfung, nicht verstehen. Sie erwiederten unter Berufung auf ihre so oft ausgesprochene Friedensliebe, da die Schrift, in der etliche ihrer Artikel angenommen, etliche ganz verworfen, etliche zum Theil zugelassen seien, ziemlich lang sei, so müssten sie nothwendig die Artikel besser übersehen; besonders erforderten die angeführten Schriftstellen eine Prüfung, ob sie richtig gebraucht seien. Sie bäten also den Kaiser, ihnen das Schriftstück zu übergeben, um sich nach genauer Durchsicht mit einer christlichen Antwort, die Niemandem misfallen solle, vernehmen zu lassen. Vor wenigen Tagen hatte die Mehrheit eine solche Uebergabe selbst noch beabsichtigt 2), aber sie war andern Sinnes geworden und liess jetzt nach kurzer Berathung erwiedern, es sei für eine Entscheidung an diesem Abend zu spät, man werde den Handel bedenken und weiter antworten. Dies geschah zwei Tage darauf 3). Die Evangelischen wurden zuerst abermals ermahnt, sich zu fügen und ihnen dann erklärt, man wolle ihren Wunsch ererfüllen, doch sollten sie den Kaiser mit Gegenschriften verschonen und in keiner Weise die Confutatio an die Oeffentlichkeit kommen lassen. Man blieb also einfach dabei, sie seien widerlegt, und wollte sich, was vor Allem die Römischen Theologen betrieben, auf keine Disputation über die von der Kirche angenommenen Glaubenslehren einlassen; das sei geradezu durch die Reichsgesetze verboten 4).

Das waren Bedingungen, welchen man sich evangelischerseits nicht fügen konnte, haltbar nur von einem Standpuncte aus, der so sehr aller natürlichen Billigkeit widerspricht, wie der päbstliche. Man sah in dem Verlangen, die Confutatio nicht aus den Händen zu geben, nur eine neue Falle. Denn wenn dann irgendwie gegnerischerseits eine Veröffentlichung geschähe, würde man es den Evangelischen zuschieben und ihnen es zum

---

1) *C. R. 2, 260, 253, 254;* de Wette 4, 133; WW. 25, 17.
2) Förstemann, Urkundenb. 2, 142.
3) *C. R. 2, 255;* Förstemann, Urkundenb. 2, 179. *C. R. 2, 254* Melanthon falsch: *postridie.*
4) Förstemann, Urkundenbuch 2, 189.

grossen Verbrechen anrechnen als einen Versuch, den Glauben der Römischen Kirche allem Hohne auszusetzen. Zugleich meinte man, jene Forderung als ein Zeichen der Unsicherheit der Gegner deuten zu dürfen, denn wenn sie ihrer Sache so gewiss wären, müssten sie es ja geradezu wünschen, dass ihre Widerlegung als eine siegreiche allerorten bekannt würde. „Ihr Herz dacht: böse ist unser Sachen, das wissen wir wohl; aber wir wollen sagen, der Lutherischen Sache sei verlegt, so ists genug; wer will uns zwingen, dass wir solche Lügen müssten wahr machen? Denn wo sie nicht hätten gefühlet, dass solch Rühmen eitel Lügen wäre, sie hätten ihre Verlegung nicht allein ungeweigert gern von sich gegeben, wie man doch höchlich begehrt, sondern auch durch alle Druckerei lassen ausgehen und mit allen Posaunen und Trommeln lassen ausrufen, und sollt solch Trotzen sich erhebt haben, dass die Sonne nicht wohl dafür hätte scheinen können" [1].

Die Mehrheit der Stände mit dem Kaiser behauptete, die Kirche habe gesprochen und entschieden; dabei müssten nun alle Angehörigen des Reiches bleiben und sich fügen. Die Evangelischen hingegen wollten in Glaubenssachen keine höhere Autorität gelten lassen als das klare Wort Gottes; und das spreche für sie. So wuchs die Entzweiung. Der Ausbruch eines Krieges schien nicht fern zu sein.

Unter den päbstlich gesinnten Ständen gab es solche, die um die Macht der Kirche mehr als um die Ruhe des Vaterlandes besorgt, den Krieg wünschten; und von Rom her ward unaufhörlich gehetzt. Selbst diejenige Nachgiebigkeit, zu welcher der Legat Campegius gerathen hatte, ward dort verweigert. Man verlangte unbedingte Unterwerfung und ermahnte, sie mit Gewalt durchzusetzen. In diesem Sinne bearbeitete nun auch der Cardinal den Kaiser [2]), und ebenso schrieb diesem sein Beichtvater [3]): „Ich sehe, wenn Ihr entschlossen seid Deutschland zurückzubringen, kein andres besseres Mittel als mit Geschenken und Schmeichelworten die zur Rückkehr zu unserem Glauben zu bewegen, die auf wissenschaftlichem Standpunct oder im Reiche die Höchsten sind; und ist das geschehen, so habt Ihr für das übrige niedrige Volk zuerst Eure kaiserlichen Edicte und christlichen Ermahnungen öffentlich zu erlassen, und wollen

---

1) WW. 25, 54, 56.
2) *Monumenta Vaticana* p. 51.
3) Heine a. a. O. S. 20. Br. v. 18. Juli.

sie dann nicht gehorchen, dann ist der wahre Rhabarber, um
sie zu heilen, — die Gewalt. Diese allein heilte den Aufstand
Spaniens gegen seinen König, sie wird es auch sein, die Deutschlands Untreue gegen Gott curiren wird; es müsste denn geschehen, dass die göttliche Gnade nicht so wie sonst mit Ew.
Majestät wäre. — Gott will in dieser Angelegenheit erkennen,
ob Ihr ihm ein treuer Sohn seid, und findet er das, so verspreche ich Euch, dass Ihr unter allen Geschöpfen keine Kraft
antreffen werdet, die hinreichen würde, Euch zu widerstehen.
Alle werden nur dazu sein, dass Ihr an ihnen die Krone in dieser Welt gewinnt."

Aber eben jetzt, wo die Gefahr wuchs, bildete sich aus den
Reihen der Mehrheit heraus eine Mittelpartei, die den Frieden
zu erhalten bemüht war. „Der Kaiser — erzählt der päbstliche
Geschichtschreiber [1]) — neigte sich zu der vom Pabste vertretenen Anschauung, dass man die unnützen Wortstreitigkeiten
fahren lasse und im Kampfe Christi und der Kirche die Hartnäckigen mit dem Schwert breche, nachdem sie ja durch Concile und Päbste schon verdammt seien. Aber die Rathschläge
der Politiker, die nichts vom Geiste Gottes vernehmen und sich
scheuen für Christum in einen nur leichten und doch ruhmrei-
chen Kampf mit gewisser Hoffnung auf Belohnung einzutreten,
liessen es zu keinem guten Ausgange kommen. So verdarb man
die Zeit mit eiteln Verhandlungen." An Spitze dieser Mittelpartei stand der Kurfürst von Mainz, der erste geistliche Wür-
denträger des Reiches. An diesen hatte Luther sich schon zu
Anfang Juli in einem durch den Druck veröffentlichten Briefe
gewandt [2]) und ihn gebeten, für den Frieden zu arbeiten. Er
hatte offen ausgesprochen: „ich habe des gar keine Hoffnung,
dass wir der Lehre sollten eins werden"; hatte dann aber hinzugefügt, das sei auch gar nicht nöthig. Die Gegner möchten
nur beherzigen, dass man zum Glauben Niemand zwingen solle.
Der Friede im Reiche könne bei Verschiedenheit der Lehre wohl
bestehen. „Lieber Gott! schadet doch solche Lehre auch nicht;
hält sie doch Friede und lehret Friede, lässt euch bleiben, was
ihr seid, lehret auch, dass man euch alles lassen und nichts
nehmen solle: das sollt doch allein genugsam zum Frieden bewegen, obs sonst die Wahrheit an ihr selbs nicht thät." Man
möge doch den Fremden sich nicht so hingeben. „Wir Deut-

---

1) *Annales ecclesiastici* 20, 582. Dazu *Zwinglii opera* 8, 484.
2) de Wette 4, 72.

schen hören nicht auf, dem Pabst und seinen Worten zu glauben, bis sie uns bringen nicht in ein Schweissbad, sondern in ein Blutbad". Der Reformator hoffte, als er dies Schreiben an den Kurfürsten richtete, auf das deutsche Gefühl desselben, die Liebe zum gemeinsamen Vaterlande, die auch er im Schlusssatze aussprach: „ich kanns ja nicht lassen, ich muss auch sorgen für das arm, elend, verlassen, veracht, verrathen und verkauft Deutschland, dem ich ja kein Arges, sondern alles Gute gönne, als ich schuldig bin meinem lieben Vaterlande". — Dass der Brief, für dessen Ueberbringung Luther sorgte [1]), auf den Kurfürsten eingewirkt habe, lässt sich nicht nachweisen. Man bedarf seiner nicht, um die Stellung zu erklären, welche dieser damals einnahm. Er war von Anfang des Reichstags an maassvoll aufgetreten und hatte zum Frieden gerathen [2]). Jetzt unterstützten ihn sein bisher so heftiger Bruder, Kurfürst Joachim von Brandenburg, die Herzöge Heinrich von Braunschweig, Georg von Pommern, Albrecht von Mecklenburg und einige Andere.

Die Verhandlungen am 5. August drohten noch in offenen Streit auszulaufen, denn als die Evangelischen sich weigerten, die Confutatio unter der erwähnten Bedingung entgegenzunehmen, ward ihnen erwiedert, dann gedächte der Kaiser sich weiter nicht mit ihnen einzulassen. Sie hingegen erklärten, sie hätten bei der Verlesung die vornehmsten Puncte sich aufzeichnen lassen, und würden nun bei der ihnen nothwendigen Antwort sich hieran halten müssen, auch auf die Gefahr hin, dass sie dann nicht Alles träfen. Im Uebrigen müssten sie es Gott und dem Kaiser befehlen. Diese letzte Erklärung, welche eine eingehende Erwiederung in Aussicht stellte, machte denn doch einen bemerkbaren Eindruck auf die gegnerischen Stände [3]); und jetzt erboten die vorgenannten Fürsten mit Genehmigung des Kaisers sich den Evangelischen zu Vermittlern. Es sei ihnen leid, dass zwischen dem Kaiser und den Evangelischen eine Entzweiung entstanden, und sie wollten Alles aufbieten, um die zu beseitigen.

Auch hiermit war bei scheinbarem Entgegenkommen doch wieder der Standpunct der Mehrheit ausgesprochen, wonach die Protestirenden als Ungehorsame gegen Kaiser und Reich zu betrachten seien. Diese erwehrten sich daher dessen sogleich

---

1) de Wette 4, 86, 87, 104.
2) C. R. 2, 67, 118, 145, 280.
3) Förstemann, Urkundenb. 2, 181; Seb. Hagelstein a. a. O. S. 91.

in ihrer Antwort, in welcher sie sich zu gütlichen Verhandlungen bereit erklärten. Zwischen dem Kaiser und ihnen bestehe keine Entzweiung — das wolle Gott nimmermehr, sagte Johann von Sachsen, dass ich zwiespältig mit Kaiserlicher Majestät sei —, wohl aber zwischen ihnen und den andern Ständen, und der Kaiser habe versprochen, dass er eines Jeden Meinung hören und in Lieb und Gütigkeit unter ihnen handeln wolle. Sie suchten den stets von ihnen vertretenen Standpunct zu wahren, dass auch die Gegner nur eine Partei seien, die ebenso wie sie sich zu rechtfertigen hätten und dem nach der höchsten Norm getroffenen Entscheide sich unterwerfen müssten.

So ward der Weg zu neuen Verhandlungen, denen die Einen voll Besorgnis, die Andern voll Hoffnung [1]) entgegensahen, eröffnet, als plötzlich wieder eine Störung eintrat, indem der Landgraf von Hessen unvermuthet und ohne Jemandem davon zu sagen, die Stadt verliess und nach Hause eilte. Man wollte den Evangelischen daraus einen Vorwurf machen, doch reinigten sie sich leicht durch die Versicherung, dass jenes ohne ihr Vorwissen und gegen ihren Willen geschehen sei, und nun konnte am Sonntag den 7. August der von der Mehrheit verordnete Ausschuss seine Thätigkeit beginnen.

Zunächst legten die Vermittler, für welche der bald darnach vom Pabste wegen seiner Entschiedenheit ausdrücklich belobte [2]) Kurfürst Joachim beredt das Wort führte, sich wieder auf ernstes Ermahnen und Drohen, mussten sich dafür aber von den Evangelischen daran erinnern lassen, dass solches mit dem kaiserlichen Ausschreiben in keiner Uebereinstimmung stehe. Ueberhaupt behandle man sie unbillig. Sie seien noch nicht aus der Schrift widerlegt, und doch betrachte man sie als Ueberwiesene und nehme ihnen die Möglichkeit der Verantwortung. So müssten sie denn bei ihrer Berufung auf das vom Kaiser auch schon zugesagte Concil als einem letzten Rechtsmittel beharren. Sie sprachen das Vertrauen aus, dass man den Rechtsweg, auf dem noch nicht alle Mittel erschöpft seien, nicht verlassen werde. Diese wie die späteren Antworten übergaben sie dem Reichsprotonotarius schriftlich, damit sie zu den Acten gelegt würden [3]). Sie wollten sich auf jede Weise gegen Entstellung ihres Verhaltens sichern.

---

1) Vgl. *C. R. 2, 258* mit Seb. Hagelstein a. a. O. S. 91.
2) *Annales ecclesiastici 20, 583.*
3) Förstemann, Archiv S. 82. *C. R. 2, 266.*

Solche Entschiedenheit blieb nicht ohne Eindruck. Die Vermittler sahen sich veranlasst, die Rede des Kurfürsten, „die etwas lang und scharf" gewesen [1]), zu entschuldigen und baten, überzeugt zu sein, „dass ihre jüngst beschehene Handlung und Ermahnung ganz freundlicher, treuer und gnädiger Meinung beschehen wäre". Doch suchten sie sogleich wieder den Standpunct ihrer Gegner, denn als solche betrachteten sie dieselben doch, überhaupt zu erschüttern. Sie betonten, die kaiserlichen Rechte verböten ausdrücklich bei Verlust von Leib und Leben, in Artikeln des Glaubens einiger Weise zu disputiren oder zu „gruppeln". Und doch sei dies das Vorhaben der Evangelischen. Dieselben entschuldigten sich mit ihrem Gewissen, aber sie machten Gewissen, da keine zu machen wären, und da sie Gewissen haben sollten, wollten sie keins haben. Sie wüssten sehr wohl, dass ihre Prediger wider die Schrift und christliche Kirche lehrten und Ordnungen machten, und sähen, mit was für Zwiespalt und Secten sie zertrennt und beladen wären. Ihr Gewissen sollte ihnen sagen, dass sie vielmehr pflichtig wären, der gemeinen Kirche als solchen Verführern anzuhangen. Zu einem Concil sei der Kaiser noch geneigt, aber es sei zu fürchten, dass dies nichts nützen werde, denn die evangelischen Prediger liessen sich vernehmen, schon die alten Concilien hätten geirrt und die künftigen würden auch irren; so würde vermuthlich viel mehr Spott und Schimpf daraus folgen als Heil.

Auch dieser Versuch, der von gänzlichem Unvermögen, die Reformation zu verstehen zeugte, konnte natürlich keinen Erfolg haben. Die Evangelischen erwiederten, es sei ihnen unbewusst, dass in kaiserlichen Rechten das Disputiren vom Glauben verboten sei; ihr jetziges Verlangen stehe ganz im Einklang mit dem Ausschreiben des Kaisers. Was ihr Gewissen angehe, so seien sie in diesem durch Gottes Wort fest und wohl ruhiger als die Verfolger ihrer Lehre. Ihrem Gewissen sei es zuwider, einigen Glaubensartikel gegen die Schrift oder gegen die Concilien der Väter predigen zu lassen, „und haben uns also nicht von des Reichs und der h. Christenheit Einigkeit gewendet, dieweil wir treulich und fest ob allen Artikeln des christlichen Glaubens halten und die zu rechtem Verstand der Apostel und Väter wiederum zu bringen und also rechte und wahrhaftige Einigkeit der Kirchen zu erhalten durch Zulassung des Wortes Gottes fleissig gefördert haben". Dass Secten entstan-

---

1) Förstemann, Urkundenb. 2, 181. *C. R.* 2, 267.

den, sei nicht ihrer Lehre Schuld; in ihren Ländern sei reine Lehre und Ordnung, viel mehr als bei den Verfolgern des Evangeliums. Die Forderung eines Concils müssten sie wiederholen, der Meinung, dass keine andern rechtmässigen Wege daseien in Sachen den Glauben belangend, denn dieser. Was Etliche wie etwa Luther in Worms von Concilien geredet, geschrieben und gelehrt, liessen sie zu eines Jeden Verantwortung stehen; sie gäben den christlichen Concilien ihre gebührende Ehre, wie die alten Canones davon hielten. Endlich schlugen sie vor, dass man beiderseits etliche wenige sachverständige und zum Frieden geneigte Personen verordne, die von den streitigen Artikeln und vornehmlich denen, „so in Gebrauch der Kirche gehen", in Liebe und Gütigkeit unter einander zu verhandeln hätten.

Dieser Vorschlag fand alsbald Beifall und man bestellte am 13. August einen Ausschuss von vierzehn Personen, je zwei Fürsten, den Bischof von Augsburg und Herzog Heinrich von Braunschweig, an dessen Stelle bald Georg von Sachsen trat[1]), — Markgraf Georg von Brandenburg und Herzog Johann Friedrich von Sachsen; je zwei Juristen, den Badischen und Kölnischen Kanzler — Dr. Brück und Dr. Heller; und je drei Theologen, Eck, Wimpina, Cochleus — Melanthon, Brenz, Schnepf. Die Evangelischen glaubten, nachdem kurz vorher die Gewalt so nahe geschienen[2]), wieder auf Frieden hoffen zu dürfen[3]), denn wenigstens die beiden römischerseits aufgestellten Fürsten galten ihnen als aufrichtige Friedensfreunde. Ja von Bischof Stadion von Augsburg erzählte man sich, dass er vor wenigen Tagen in einer Versammlung von Parteigenossen zum grossen Aerger derselben den Satz verfochten habe, die Evangelischen hätten noch keinen Artikel des christlichen Glaubens angegriffen[4]), und Melanthon versäumte daher nicht, ihn sogleich brieflich zu begrüssen und um möglichste Beförderung des Friedens zu bitten[5]).

Man begann alsbald mit den Verhandlungen und beschloss, solange diese dauerten, solle der Vorschlag des Conciliums halber ruhen[6]). Erst wenn der Ausschuss die Sache nicht beilegen könne,

---

1) *C. R. 2, 291. 299.*
2) Uhlhorn, Urban Rhegius S. 157.
3) *C. R. 2, 275.*
4) *Coelestinus, Histor. Comit. 3, 25.*
5) *C. R. 2, 273*, Br. v. 13. Aug.
6) *C. R. 2, 287.*

wollten Kaiser und Stände auch darüber berathen, was zu thun sei.

Zu Anfang gieng es gut[1]). Man sass „ganz freundlich und schiedlich" bei einander. Die Römischen Gegner erzeigten sich „gar nicht übel, sondern schiedlich und wohl." Wenn die Theologen zu heftig wurden, traten die Fürsten dazwischen. Aber schon nach zwei Tagen mussten dieselben Nürnberger Gesandten berichten: „alle Handlung und Unterrede ist nicht dermaassen gestaltet, dass wir noch zumal viel davon hoffen noch uns trösten mögen." Schon am 21. August schloss man die am 16. begonnenen Verhandlungen.

In der Erkenntnis, dass an den Artikeln des Glaubens der Seelen Heil am meisten gelegen, nahm man bei der Besprechung die Lehre zuerst vor. Die Evangelischen nun meinten, man solle ihr Bekenntnis und die Confutatio als die beiden Parteischriften zusammen vornehmen und durchsprechen, um darnach über Recht und Unrecht zu entscheiden. So würden sie die amtliche Widerlegung ihrer Gegner auf das Genaueste kennen gelernt haben. Allein hierauf wollten diese sich nicht einlassen, sondern verlangten, dass man nur das Bekenntnis zu Grunde lege und Artikel nach Artikel durchnehme. Die Evangelischen müssten zum Vordersten vermelden, ob sie sich darin mit gemeiner christlicher Kirche vergleichen wollten. Damit wollten die Römischen erreichen, dass sie nicht in die Rolle einer Partei gedrängt würden. Es kam dann so zu stehen, dass wenigstens dem Anscheine nach die Lehre der „gemeinen christlichen Kirche", d. h. die von ihnen vertretene, als Norm galt und sie nach dieser über das Bekenntnis richten konnten. Des Friedens wegen gaben die Evangelischen nach und die Besprechung ward in der Weise eröffnet, dass Melanthon und Eck als die Vertreter der beiden Parteien disputirten und nur, wo es nöthig erschien, einer der andern Beisitzer auch Meldung dazu thun durfte. Melanthon gieng hierbei im Nachgeben wieder, so weit er eben konnte, und auch Eck machte manche Zugeständnisse, trat aber bisweilen so ungeberdig auf, dass selbst der Herzog Georg sich veranlasst sah, ihn „in etlichen Dingen flugs einzutraben"[2]).

An den beiden ersten Tagen nahm man die Lehrartikel durch und es schien sich dabei eine in der That grosse Uebereinstimmung herauszustellen. Cochleus bemerkt, man habe in

---

1) Vgl. auch *Cochlaei Velitatio B 1ª*.
2) Förstemann, Urkundenb. 2, 220.

15 Artikeln sich geeinigt, in dreien sei noch einiger Zwiespalt
geblieben und drei habe man für den zweiten Theil des Bekenntnisses gespart. Jene drei seien gewesen: von den Theilen der
Busse, vom Glauben und den Werken, von der Verehrung der
Heiligen. Und ganz ähnlich urtheilte Eck in seinem Ueberblicke,
in welchem er wie ein Censor die einzelnen Artikel des Bekenntnisses mit Bemerkungen: stimmt mit der Lehre der Kirche überein, stimmt nicht überein, begleitete[1]). Den eigentlichen Streitpunct bildete wieder die Rechtfertigungslehre. Die Römischen
traten hierin weitaus nicht mehr so schroff auf wie früher, sondern sahen sich genöthigt, um ein Ziemliches zu weichen. Sie
gaben zu, dass die Werke an sich nicht rechtfertigten. Dieselben seien selbst eine Gnadengabe Gottes, die Gott dann belohne. Auch was man Verdienst nenne, sei nichts als Gnadengeschenk Gottes. Es sei richtig, dass man dem Glauben die
Rechtfertigung beilege; nur müsse man darunter den durch die
Liebe wirksamen Glauben verstehen, oder von Gnade und Glaube
reden. Nur das „allein" durch Glauben wollten sie schlechterdings nicht einräumen; das sei unrichtig, finde sich in der
Schrift nicht und widerspreche den Vätern. Damit war ganz
richtig der Kernpunct des Unterschiedes getroffen. — Melanthon
erklärte sich bereit, den Ausdruck: „Rechtfertigung durch
Gnade und Glaube" zuzulassen; aber nun zeigte sich, dass man
über den Begriff: „Gnade" nicht Eines Sinnes war. Er fand,
dass es nur noch ein Geringes von Verdienst war, was der Gegner für die Rechtfertigung geltend machte, aber hier wollte er
auch nicht das Mindeste einräumen[2]). So blieb denn dieser
Hauptstreitpunct unerledigt.

Als man dann am 18. August[3]) zum zweiten von den Misbräuchen handelnden Theile des Bekenntnisses übergehen wollte,
schlug der Römische Theil sehr bezeichnend vor, man möge
mit dem letzten Puncte, dem von der bischöflichen Gewalt und
Jurisdiction, beginnen. Wenn man sich darin einige, würde

---

1) *Coelestinus, Histor. Com. 3, 36.*
2) *C. R. 2, 300.* Cochleus schreibt: *Philippicae quattuor H 1ᵃ:
Sponte abdicabant et renunciabant ibi Lutherani hanc voculam Sola,
ne ulterius dicerent, nos sola fide justificari. — Summa igitur concordiae his brevissime verbis tum concepta, et nisi fallit memoria, ab ipsomet Philippo scripta fuit, nempe quod justificatio seu remissio peccatorum fiat per gratiam gratum facientem et fidem formaliter, per verbum
vero et sacramenta instrumentaliter.* Aehnlich *O 3ᵇ.*
3) Förstemann, Urkundenb. 2, 236 geg. *C. R. 2, 285.*

auch die Verhandlung über die andern Puncte besser von Statten gehen. Es war wieder ein entscheidender Augenblick. Denn liessen sich die Evangelischen dazu herbei, die Gewalt der Bischöfe als eine göttliche Ordnung anzuerkennen, so waren sie ihnen auch zu allem Gehorsame verbunden, waren wieder unter sie geknechtet. So erwiederten sie zunächst, es erscheine ihnen nicht zuträglich, mit jenem Puncte zu beginnen; denn der Bischöfe Gewalt sei nur darum in ihren Landen gefallen, weil dieselben sich der Predigt des Evangeliums und dem Abthun der Misbräuche widersetzt hätten. Ohne dies würde man ihnen ihre gebührliche Gewalt gelassen haben. So müsste man also zuerst über die Beseitigung der angeregten Misbräuche sich verständigen, ehe man mit Nutzen von jener Gewalt reden könne. Damit war im Grunde schon ein Urtheil über das beanspruchte göttliche Recht der Bischöfe ausgesprochen und natürlich nahmen die Römischen hieran Anstoss. Man beschloss, vor Fortsetzung der Verhandlungen sollten beide Theile noch einmal für sich über Mittel der Verständigung rathschlagen und feststellen, wieweit ein Jeder nachgeben könne.

Die Sächsischen Theologen beriethen sich und gaben ein Gutachten ab[1]), welches der gemeinsamen [2]) Entscheidung und Antwort der Evangelischen als Grundlage diente. Es lautete ungemein friedlich. Die Fürsten seien schuldig, alle Mittel und Wege, so Gottes Wort nicht entgegen, fleissig zu suchen und zu versuchen Frieden zu machen, eignen Schaden und Verderbung von Land und Leuten zu verhüten. Komme es zum Kriege, so werde geistlich und weltlich Regiment zu Grunde gehen. Da sei es denn nöthig, dass man auch etwas nachgebe, soweit es mit gutem Gewissen geschehen könne. Die freie Verkündigung der bisher gepredigten Lehre vom Glauben, guten Werken und christlicher Freiheit müsse man sich allerdings vorbehalten und man erachtete das für möglich, weil man davon ausgieng, dass in Bezug auf die Lehre eine ziemliche Uebereinstimmung hergestellt sei. Schrieb doch Melanthon bei Beginn der Verhandlungen nieder[3]): „Von der Lehre acht ich, werde der Kaiser nichts disputiren. So sind unsre Artikel an ihnen selbst alle concedirt

---

[1]) Förstemann, Urkundenb. 2, 244, geg. C. R. 2, 280.
[2]) C. R. 2, 290.
[3]) C. R. 2, 268 gegen Förstemann, Urkundenb. 2, 238. Dass an letzterem Orte das Bedenken zu spät gesetzt, zeigt der erste Punct desselben; vgl. zudem Urkundenb. 2, 217.

in der Confutatio allein sind etliche faule Calumniae daran gehängt". Dann müsse man beharren bei der Austheilung des Sacraments unter beiden Gestalten, der Verwerfung der Privatmesse und des Cölibats. Dagegen möchten die Fürsten sich erbieten zu einem Vergleiche in den gemeinen, öffentlichen, unärgerlichen Cäremonieen in der Kirche als Gesang beim Gottesdienste und öffentliche Form der Messe. Es müsse Ordnung gehalten werden und sei nicht gut, dass jeder etwas besonderes mache. Sodann möchten sie „den Bischöfen ihre Obrigkeit über die Pfarrer im Kirchenregiment zustellen als mit Ordiniren, so sie unsere Lehre nicht verfolgen und die Priester nicht mit ungöttlichen Eiden und Bürden verpflichten. Denn die Ordnung, dass die Bischöfe über die Priester als Superattendenten gesetzt sind, hat ohnzweifel viel redlicher Ursachen gehabt. Denn die Priester müssen Superattendenten haben. So werden die weltlichen Fürsten des Kirchenregiments in der Länge nicht warten; ist ihnen auch nicht möglich. Dazu kostet es sie viel, so dagegen die Bischöfe ihre Güter darum haben, dass sie solches Amt ausrichten. Auch gebührt uns nicht, diese Ordnung, dass Bischöfe über Priester sind, welche von Anfang in der Kirche gewesen, ohne grosse und dringende Ursache zerreissen". Endlich möchten sie den Bischöfen einen Theil ihrer Jurisdiction wieder zustellen wie z. B. in Ehesachen und den Bann zur Strafe öffentlicher Sünden. Die Fürsten selbst hätten Schuld daran, dass so viele weltliche Sachen vor der Bischöfe Gericht gezogen seien. Die Saumseligkeit jener habe die Macht dieser vermehrt. Wenn sie öffentliche Laster mit Ernst straften, würden die Officialen nicht viel Geld erschinden.

So die sächsischen Theologen. Und diesem Gutachten entsprechend gaben am nächsten Tage, dem 19. August, die evangelischen Vertreter im Vierzehnerausschuss ihre Erklärung ab [1]): wenn man ihnen die Communion unter beiden Gestalten, die Ehe ihrer Geistlichen und ihre bisherige Feier der Messe bis zu fernerer Verhandlung auf einem gemeinen freien Concil belasse, seien sie im Uebrigen zur Vergleichung bereit und würden ihre Geistlichen die gebührende Obedienz gegen die Bischöfe leisten lassen und die zustehende Jurisdiction dieser nicht hindern. Sie glaubten damit in hohem Maasse ihre Versöhnlichkeit bekundet zu haben, und doch erreichten sie nichts. Die Gegner zeigten gar keine Geneigtheit zum Nachgeben. Auch ihre Partei

---

1) Förstemann, Urkundenb. 2, 249.

war in Berathung eingetreten und die Ausschussmitglieder erhielten den Auftrag, im Wesentlichen Wiederherstellung der gesammten bisherigen Ordnung zu verlangen. „Dass es — so lautete gleich der erste Satz der von ihnen abgegebenen Erklärung — mit Fasten, Feiern, Beichten, Gebeten, Processionen, Cäremonieen, unterschiedlichen Zeiten, Speisen und andern dergleichen hergebrachten Gebräuchen, Reichung der Sacramente, auch mit bischöflicher Gewalt und Obrigkeit gehalten werde, wie in gemeiner Kirche herkommen und von Alters in Gebrauch gewesen". Was half es, dass sie sich erboten, Misbräuche oder Beschwerden, welche darüber hinaus noch angezogen wären, zu berathschlagen? Es war wieder deutlich genug ausgesprochen, dass sie eine Vereinbarung nur durch völlige Unterwerfung ihrer Gegner für möglich erachteten.

Dennoch antworteten die Evangelischen nochmals entgegenkommend und liessen sich auf weitere Verhandlungen ein. Hierbei machte es jetzt eine Hauptschwierigkeit, dass die Gegner forderten, die Evangelischen sollten nicht lehren, der Genuss des Sacramentes unter Einer Gestalt sei ein Unrecht, denn damit würden die Vorfahren und so viele Christen in andern Ländern verurtheilt. Das sei ein Punct, den sie beim Kaiser nie durchsetzen würden. Ueber diese Schwierigkeit kam man nicht hinweg, auch nicht durch die ausdrückliche Erklärung der Evangelischen, dass sie ihrerseits eine solche Verdammung nicht als Folge aus dem von ihnen ausgesprochenen Satze, die Entziehung des Kelches sei ein Unrecht, ziehen wollten [1]). Die Verhandlungen, bei denen man jetzt die Lehre ganz bei Seite liess und sich nur auf die erwähnten drei Puncte, zu denen durch die Römischen noch die Klosterfrage hinzugefügt ward, beschränkte, kamen nicht vorwärts, trotzdem, dass man jetzt noch gar keine endgültige Entscheidung verlangte, sondern nur für die Zeit bis zu einem Concile sich vorläufig verständigen wollte. Man musste sie am 21. August abbrechen, da auf beiden Seiten an den einmal aufgestellten Principien festgehalten ward. Der Vierzehnerausschuss hatte seinen Zweck nicht erreicht.

Die Mittelpartei gab die Hoffnung auch jetzt noch nicht auf. Sie suchte den Grund, weshalb ihre bisherigen Bemühungen scheiterten, weniger in der Sache als in den Personen. Besonders in dem erst später in den Ausschuss eingetretenen Herzog

---

1) Förstemann, Urkundenb. 2, 273; dieser Ausspruch geschah unter dem Einflusse von Brenz. *C. R. 2, 300.*

Georg von Sachsen sah man ein Hindernis und wünschte ihn deshalb zu entfernen [1]). Von Römischer Seite, wo, wie man merkte [2]), die Verständigen auch fühlten, dass sie Frieden nöthig hätten, gieng diesmal der dringliche Antrag auf Fortsetzung der Besprechungen aus. Man beschickte am 23. August den Kurfürsten von Sachsen, bat ihn, noch nicht abzureisen, und beantragte einen noch engeren Ausschuss von nur sechs Personen. Die Evangelischen, die sich bewusst waren, gethan zu haben, was sie konnten, verhielten sich spröde und ablehnend. Aber die Gegenpartei liess nicht nach; der Erzbischof von Mainz legte sich wieder ins Mittel und so beschlossen die Evangelischen, in die Bestellung eines neuen Ausschusses zu willigen, der aber in keiner Weise selbständig verhandeln, sondern nur hinter sich bringen solle. Von der einen Seite ernannte man in diesen Ausschuss den Kölnischen und den Badischen Kanzler nebst Johann Eck, von der andern Seite die Juristen Brück und Heller nebst Melanthon.

Die Evangelischen als die Gebetenen waren diesmal in sofern in einer etwas günstigeren Lage, als sie die Anerbietungen der Gegenpartei erwarten konnten. Aber diese konnte und wollte eben nichts Neues bieten. Die Römischen wiederholten im Wesentlichen nur ihre früheren Forderungen und behandelten dabei die Evangelischen durchweg als Abgefallene und ausserhalb der Kirche Stehende. Die Geneigtheit des Kaisers, ein Concil zu erwirken, erwähnten sie, fügten aber sogleich hinzu, er wolle zuvor alle Dinge wieder in den alten Stand zurückbringen. Deshalb möchten auch die Evangelischen besser als bisher auf Friede und Einigkeit denken und bei der gemeinen christlichen Kirche bleiben. Solche Sprache machte natürlich weitere Verhandlungen unmöglich. Die Evangelischen erwiederten, sie hätten geglaubt, etwas Anderes erwarten zu dürfen; wenn es zu keiner Verständigung komme, so liege die Schuld nicht an ihnen. Sie beharrten bei ihrer schon in Speier erhobenen und dann in Augsburg wiederholten Berufung auf ein Concil und wünschten für jetzt nur einen friedlichen Abschied, damit man bis zum Concil in Fried und Einigkeit bleiben und andre nothwendige Sachen des Reichs ausrichten möge. Mit dieser Erklärung am 28. August endigte die Thätigkeit auch des Sechserausschusses; sie hatte die Unvereinbarkeit der beiden Standpuncte

---

1) *C. R. 2, 301.* Förstemann, Urkundenb. 2, 290.
2) *C. R. 2, 300.*

hinlänglich klar gezeigt. Und es war gut, dass diese Vergleichsverhandlungen ihr Ende fanden, denn schon drohten sie unter den Evangelischen selbst Zwiespalt anzurichten.

Alle irgendwie wichtigeren Antworten und Erklärungen waren zwar auf Grund gemeinsamer Berathungen und Beschlüsse gegeben worden. Der Kurfürst von Sachsen hatte, wie schon erwähnt ward, alles Alleinhandeln vermieden und stets die übrigen Glaubensgenossen hinzugezogen. So konnte Keiner sich über Zurücksetzung beklagen. Aber bei den Berathungen zeigte sich über einige Puncte Meinungsverschiedenheit. Es gab solche, die da fürchteten, dass man im Nachgeben zu weit gehe und die gemeinsame Sache gefährde. Man glaubte zu bemerken, dass Sachsen und der Markgraf von Brandenburg etwas weicher als vergangner Zeit geworden und endlich gerne vertragen und verglichen sein möchten¹). Und besonders war man voll Besorgnis, ja voll Unwillen über Melanthons Nachgiebigkeit.

Es handelte sich um die Beibehaltung von kirchlichen Gebräuchen und Ordnungen und um die bischöfliche Gewalt und Gerichtsbarkeit. Schon wenige Tage nach Ueberreichung des Bekenntnisses schrieb Justus Jonas vertraulich an Luther, dass er über den letzten Punct mit Melanthon, der dem allgemeinen Frieden zu Liebe sehr viel nachsehen wolle, etwas gestritten habe, und bat ihn, darüber zu wachen, dass man nicht etwas zulasse, was dann das Gewissen beschwere und für alle Zukunft Schaden bringe²). Und bald darnach wandte Melanthon selbst mit seinen Zweifeln und Bedenken sich an den Freund in Koburg³). Nichts plage ihn mehr bei allen Verhandlungen als die Frage in Betreff der Traditionen. Er habe da einen festen Punct, nämlich die Rechtfertigung; aber der andre, die Freiheit, wieweit die auch im Aeussern festzuhalten sei, mache ihm viel Noth und ihn drücke das Gefühl, über die Traditionen im Bekenntnis noch nicht umsichtig und vorsichtig genug geschrieben zu haben. Wenn sie nämlich ohne gottlosen Zweck, also nicht um vor Gott gerecht zu machen, eingeführt seien, dann erscheine es ihm nöthig, dass man sie beibehalte, weil die sie Anordnenden im Besitze rechtmässiger Gewalt stünden; man könne eben doch nicht leugnen, dass die Bischöfe nach

---

1) *C. R. 2, 301, 322.*
2) *C. R. 2, 156.*
3) *C. R. 2, 194;* Br. v. 14. Juli.

menschlichem Rechte wirklich eine Herrschaft ausübten. Er unterschied die Gründe, welche zur Festsetzung von Ordnungen und Gebräuchen führen könnten. Wenn der Zweck sei, besondere Gott wohlgefällige und heilsnothwendige Werke anzuordnen, so seien sie zu verwerfen. Dagegen sei es erlaubt, Gebräuche einzusetzen der guten Ordnung wegen, „damit es ordentlich zugehe", oder zu pädagogischen Zwecken, wie z. B. gewisse Fasten, oder auch als einen aus dem Glauben hervorgehenden, den Dank gegen Gott bekundenden Dienst. Wenn solche Ordnungen aber erlaubt seien, so könnten die Gegner auch verlangen, dass sie fernerhin beibehalten würden als von einer rechtmässig bestehenden Gewalt eingeführt. Der Gehorsam zwinge hierzu und er wenigstens sehe nicht ein, wie man dagegen die christliche Freiheit geltend machen könne. Wo der Gehorsam nothwendig sei, höre die Freiheit auf. Hier liege ein Knoten, den er nicht zu lösen vermöge.

Der Bestand der bischöflichen Gewalt also war es, der ihn band, und man könnte meinen, dass er sich damit auf dem Standpunct der Römischen befunden habe, die ja, wie bemerkt, auch immer von daher ihre Forderungen begründeten, wenn er nicht stets ausdrücklich betont hätte, dass er jene Gewalt als eine nur nach menschlichem Recht bestehende ansehe.

Luther fasste dann bei seiner Antwort[1]) auch vornehmlich dies ins Auge und berücksichtigte den verwirrenden Thatbestand, dass die damaligen deutschen Bischöfe zugleich auch Reichsfürsten mit weltlicher Gewalt waren. Vor Allem, schrieb er, muss man festhalten, dass die beiden Gewalten, kirchliche und bürgerliche, streng zu unterscheiden sind. Der Satan hat sie durch das Pabstthum arg zusammengewirrt; um so mehr müssen wir darüber wachen, dass nicht von Neuem eine so schädliche Vermischung einreisse. Daraus folgt, dass nicht ein und dasselbe Subject Bischof und Fürst sein kann, ebensowenig wie zugleich Pastor und Hausvater. Wie die Aemter so muss man auch die Subjecte unterscheiden, obwohl ein und derselbe Mensch die beiden Subjecte in sich vereinigen kann. So ist Bugenhagen zugleich Pfarrer und Hausherr; so ist derselbe Conrad von Thüngen Herzog von Franken und Bischof von Würzburg, und doch kann der Herzog von Franken nicht Würzburger Bischof sein. Man muss ferner festhalten, und das ist hier die Hauptsache, dass der Bischof als Bischof keinerlei Gewalt

---

1) de Wette 4, 105.

hat, der Christengemeinde irgend Traditionen oder Gebräuche aufzuerlegen, wenn sie nicht ausdrücklich oder doch stillschweigend zustimmt. Denn die Gemeinde ist frei und selbst Herrin und die Bischöfe sollen nicht über ihren Glauben herrschen noch sie gegen ihren Willen belasten oder drücken. Sie sind nur die Diener der Kirche oder christlichen Gemeinde, nicht aber ihre Herren. Wenn die Gemeinde beistimmt, gewissermaassen als Ein Leib mit dem Bischofe, so können sie sich auferlegen, was sie wollen, wenn nur die Gottesfurcht dabei nicht verletzt wird, und können es auch wieder nach ihrem Belieben abschaffen. Trachten die Bischöfe nach einer andern Gewalt, dann wollen sie herrschen und Alles ihrer Willkür anheim gegeben haben. Das dürfen wir nicht zulassen. Noch viel weniger darf der Bischof als weltlicher Fürst der Gemeinde etwas auferlegen. Das wäre eben jene verwerfliche Vermischung der beiden Gewalten. Ihr müssen wir widerstehen, und wenn wir darob sterben sollten. Ein Bischof kann als Landesfürst seinen Unterthanen auferlegen, was ihm beliebt, wenn es nur an sich recht und erlaubt ist, und sie sind gehalten ihm Gehorsam zu leisten. Aber sie gehorchen dann nicht als Glieder der Kirche, sondern als Bürger, denn auch in jedem Christen sind so zwei Subjecte beisammen. Wenn Conrad von Thüngen seinen Franken als Herzog von Franken fasten oder sonst etwas Erlaubtes befiehlt, so müssen die, welche ihn als Herzog anerkennen, gehorchen, nicht aber die, welche ihn als Bischof anerkennen, also etwa solche, die zum Würzburger Sprengel gehörig unter einem andern Fürsten leben. Bugenhagen unterwirft seinen Knecht den Gesetzen seines Hauswesens, seine Wittenberger Gemeinde dagegen nicht. Also in Summa: weder nach kirchlichem noch nach weltlichem Rechte können wir den Bischöfen die Gewalt beilegen, für die Kirche etwas zu verordnen, auch wenn es recht und erlaubt ist. Man soll nicht Böses thun, damit Gutes daraus komme. Auch wenn sie uns mit Gewalt zwingen wollen, sollen wir ihnen nicht gehorchen oder zustimmen, sondern, wenn es gilt, die Unterscheidung jener beiden Gewalten aufrecht zu erhalten, lieber dafür in den Tod gehen.

Die bindende Nothwendigkeit des Gehorsams gegen die Bischöfe war es, die Melanthon, wenn auch mit ganz anderer Begründung als die Römischen, behauptete, Luther bestritt. Diesem war es dabei durchaus nicht um die Beseitigung der Bischöfe überhaupt zu thun. Er hätte gern auch hier an das Bestehende angeknüpft, wenn es nur in rechter Weise möglich gewesen wäre und die Wahrheit nicht gefährdet hätte. In seiner Vermahnung, die er den Geistlichen in Augsburg zuschickte, hatte er ihnen das Anerbieten gemacht [1]): da ihr doch nicht fähig seid, euer Amt recht auszuüben, nämlich zu predigen und die Gewissen zu trösten und zu richten, so lasst uns dies Amt ausrichten; gebt uns das Evangelium frei zu lehren und lasst uns dem armen Volk dienen; verfolgt und wehret dem nicht. Wir wollen dafür keinen Sold von euch nehmen; ihr sollt beide, der Arbeit und des Lohnes überhoben sein. Wir wollen euch lassen bleiben, was ihr seid, und lehren, dass man euch solche Fürsten und Herren sein, um Friedens willen, und eure Güter lasse. Könnt ihr den bischöflichen Zwang wieder anrichten, sofern ihr uns das Evangelium frei lasset, da will ich für mein Theil auch getrost zu helfen und rathen, auf dass ihr doch etwas bischöfliches Amtes auch haben möget. Und also hättet ihr dann zwei Stück bischöflichen Amtes: eines, dass wir und die Prediger an eurer Statt das Evangelium lehreten; das ander, dass ihr hülfet solches handhaben mit bischöflichem Zwang. Euer Person, Leben und fürstlich Wesen liessen wir eurem Gewissen und Gottes Urtheil; so haben wir auch bisher euch solchen Zwang nie genommen, ihr habt ihn selbst lassen fallen. — Um seine Geneigtheit zum Frieden zu zeigen, machte er solches Anerbieten, hatte aber freilich nicht viel Hoffnung, dass es würde angenommen werden, und bald sprach er aus, die Bischöfe könnten es nicht annehmen, ohne sich selbst und ihre ganze bisherige Stellung aufzugeben.

Melanthon liess sich bei seiner Nachgiebigkeit in diesem Puncte von der ihn schwer drückenden Sorge um die Aufrechterhaltung der kirchlichen Ordnung leiten. Er sah nicht, wie sie auf andre Weise bewahrt und gesichert werden könne. Für den Augenblick hatten die evangelischen Fürsten eingegriffen und über die Reformation die schirmende Hand gehalten. Aber die Reformatoren sahen das nur für einen Nothstand an, der nicht bleiben dürfe. Wie Luther die Fürsten als Nothbischöfe betrachtete, so auch Melanthon. Er rieth zu Anfang des Reichstags in einem Bedenken seinem Landesherrn [2]), derselbe möge erklären, er habe den Geistlichen ihre Jurisdiction noch nie genommen, wolle auch, dass er mit den geistlichen Sachen nicht beladen wäre worden. Dieweil aber soviel Unschicklichkeit

---

1) WW. 24, 369.
2) C. R. 2, 80.

vorgefallen und die Leute wider göttliche Ordnung beschwert und die Bischöfe kein Einsehn darein gehabt, habe er um des Friedens seiner Länder willen ein Einsehn darein haben müssen. Er erbiete sich noch, ihnen ihre Jurisdiction stattzugeben, wo sie solche dermaassen gebrauchten, dass sie nicht der armen Leute Gewissen damit beschwerten und neue Unruhe und Aufruhr in den Ländern dadurch anrichteten. Denn es ihm als einem weltlichen Fürsten gebühren wolle, ein Einsehn in solche Beschwerde zu haben, dadurch Aufruhr und Unfriede folgen möchte. So wisse er gegen Gott nicht zu verantworten, wo er zuliesse, dass der Unterthanen Gewissen beschwert würden. Was geschehen war, erkannte Melanthon als durch die Umstände erfordert an, aber er wollte nicht, dass den weltlichen Obrigkeiten daraus ein kirchliches Recht erwüchse, welches auf die Dauer richtig und heilsam auszuüben sie weder befugt noch befähigt seien. Dies war einer der Gründe gewesen, weshalb er gewünscht hatte, dass man den Lehrern der Gemeinde das Bekennen überlassen möge. Von diesem Standpuncte aus schrieb er[1]): „ich wollte, dass die Fürsten willigten, was der Kaiser vorhält; oder doch sich vernehmen liessen, dem Kaiser nicht zu wehren, Execution zu thun. Denn was wollen doch die Fürsten mit diesen Sachen zu thun haben, deren sie sich gar nicht annehmen und gilt ihnen eins so viel als das andre. Auch gedenken sie nichts drob zu leiden, sondern sich mit Gewalt aufzuhalten, das doch viel ärger ist, denn dem Kaiser zu weichen." Er sah, wie viele Uebelstände es schon im Gefolge hatte, dass die Fürsten und ihre Beamten solche Gewalt in der Kirche in die Hand bekamen, und befürchtete, dass diese zum Schaden der Gemeinde noch sehr wachsen würden[2]). Und mit solcher Befürchtung wie mit seiner Abneigung gegen die herrschende Stellung der weltlichen Machthaber in der Kirche stand er nicht allein. Wir hörten schon das Wort der Sächsischen Theologen: „die weltlichen Fürsten werden des Kirchenregiments in der Länge nicht warten; ist ihnen auch nicht möglich." Brenz schrieb an seinen Amtsgenossen Isenmann in Schwäbisch Hall[3]): Du weisst nicht, wie die rechtschaffenen Geistlichen in den evangelischen Fürstenthümern von den Beamten der Fürsten gedrückt werden. Es erscheint verständigen Leuten nicht als ge-

---

1) *C. R. 2, 270.*
2) *C. R. 2, 303. 360.*
3) *C. R. 2, 362.*

rathen, dass der Hof das geistliche Amt in der Kirche ordne und überwalte. Du hast ja selbst bei den Unsern erfahren, wie weise und wie milde jene Bauern, so nenne ich unsre weltlichen Mitbürger, das Amt der Kirche behandeln. Siebenmal lieber wünschtest du zu sterben." Luthers laute Klagen über Mishandlung der Kirche und ihres Amtes durch die Weltlichen werden wir noch vernehmen.

So hatte also Melanthon guten Grund für seinen Wunsch, es möge gelingen, der evangelischen Kirche im engen Anschluss an die bestehende bischöfliche Gewalt Selbständigkeit und feste Ordnung zu sichern. Allein er beachtete dabei nicht genug, dass die Grundlagen jener Ordnung, das vermeintlich göttliche Recht, solche seien, welche die evangelische Kirche niemals anerkennen könne, und dass doch andrerseits mit Beseitigung dieser Grundlagen die bischöfliche Gewalt ihren hauptsächlichsten Halt verlieren und wenigstens das nicht mehr leisten würde, was er von ihr hoffte. Er wagte im Nachgeben zuviel an eine Sache, die im besten Falle nicht so viel werth war als er sie schätzte; bei der mit ziemlicher Sicherheit anzunehmen war, dass man sie überhaupt gar nicht durchsetzen werde [1]).

Schon das verstimmte manche der Genossen, die wohl entschlossener waren, aber auch nicht so klar die Gefahren sahen, welche der doch noch recht ungeordneten evangelischen Kirche eben aus diesem Mangel an Ordnung in der Zukunft zu erwachsen drohten. Dazu kam, dass die weltlichen Stände, vornehmlich die Obrigkeiten der Reichsstädte, froh waren, sich der bischöflichen Gewalt in ihren Gebieten entledigt zu haben. Sie war ja eine über das kirchliche Gebiet vielfach hinausgehende gewesen und hatte die weltliche Rechtsordnung und die Verwaltung gestört. Sie hatte sich auf die Stellung der Bischöfe als Fürsten und ihre weltliche Gewalt gestützt und dadurch manchmal sogar die Selbständigkeit wenigstens der kleineren Stände gefährdet. Man war froh, dies jetzt thatsächlich beseitigt zu sehen und wollte die Gewalt über das eigne Gebiet in keiner Beziehung mit einem Andern mehr theilen. Was später auch bei allen Regierungen römisch-katholischer Länder Grundsatz ward, Ausschluss der Jurisdiction aller fremdländischer Bischöfe vom eignen Gebiete, das zeigte sich in seinen Anfängen schon hier. Die Fürsten und Magistrate, die über Melanthon

---

1) Vgl. Cochleus bei *Joh. Heumann*, *Documenta literaria* p. 84.

unwillig waren, zürnten ihm zwar auch als evangelische Christen, welche die Wahrheit gefährdet glaubten, aber reichlich ebensosehr als Inhaber der gesteigerten obrigkeitlichen Gewalt, die durch seine Nachgiebigkeit gegen die Bischöfe wieder gemindert werden könne. Ihr Zorn war nicht frei von Eigennutz [1]).

Zur Vermehrung der Unzufriedenheit diente endlich noch, dass Melanthon Theologen und Juristen, die nicht soweit gehen wollten wie er, sondern ihm Vorstellungen machten, in seiner Verstimmtheit barsch und heftig zurückwies [2]).

Der Aerger und falsche, besonders von den Zwinglischen verbreitete, Gerüchte vergrösserten das, was man ihm vorwarf. Schon nach Auflösung des Vierzehnerausschusses, in welchem Melanthon die Verhandlung evangelischerseits geführt hatte, klagte der Augsburger Arzt Gereon Seiler in einem Briefe an Spalatin [3]) über die viel zu weit gehenden Zugeständnisse, die man den Gegnern dabei gemacht habe. Die ganze Stadt sei darüber in Unruhe und sage von der Concordie: es ist besser mit Christo gestorben und verdorben, weder ohn ihn der ganzen Welt Huld erworben. Der Landgraf von Hessen schrieb seinen in Augsburg zurückgelassenen Räthen: „greift dem vernünftigen, weltweisen, verjagten (ich darf nicht wohl mehr sagen) Philippo in die Würfel" [4]). Osiander haderte bitter mit ihm [5]). Sein bester Freund Camerarius fürchtete nach den Gerüchten an ihm irre werden zu müssen [6]). Und während die Nürnberger Gesandten in ihren amtlichen Berichten nicht gerade über ihn klagten, liess der sonst auch ihm befreundete Hieronymus Baumgärtner in einem vertraulichen Schreiben an Lazarus Spengler sich zu dem so höchst unbilligen Satze hinreissen: „auf diesem Reichstag hat kein Mensch bis auf heutigen Tag dem Evangelio mehr Schaden gethan denn Philippus" [7]). Er bat jenen um Gottes und seines Wortes willen, „ihr wollet das Eure auch dazu thun und Dr. Martino Luthero schreiben, dass

---

1) *C. R. 2, 236, 357.*
2) *C. R. 2, 363, 372.*
3) Förstemann, Urkundenb. 2, 287.
4) *C. R. 2, 327.* Dazu *Zwinglii op. 8, 504.*
5) *C. R. 2, 329* und dazu Möller, Andreas Osiander S. 144, 534.
6) *C. R, 2, 332.*
7) *C. R. 2, 372.* Mel. schrieb am 15. Febr. 1533 (*C. R. 2, 632*) an Baumgärtner: *ego non dissimulo, me propterea, quod nostros noram, fuisse pacis cupidiorem Augustae. Non enim credas facile, quam longe absint ab illa evangelica constantia et moderatione nonnulli, quam jactant.*

er doch als der, durch den Gott sein Wort erstlich der Welt wiederum eröffnet, dem Philippo mit Gewalt einrennen und doch die frommen Fürsten, sonderlich aber seinen eignen Herrn vor ihm warnen und zur Beständigkeit vermahnen wolle"[1]).

Es konnte in der That scheinen, als wären die Vergleichsverhandlungen mit den Römischen der Anlass einer schlimmen Spaltung unter den Evangelischen selbst geworden.

Und in die eben erwähnte Meinungsverschiedenheit spielte noch eine zweite hinein, die sich jetzt wieder bemerklicher machte. Es ist bekannt, dass der Landgraf von Hessen in der Sacramentsfrage sich zu den Schweizern neigte und dass er besonders ein Bündnis mit ihnen wünschte, um dadurch die äussere Stellung der Evangelischen dem Kaiser gegenüber zu stärken. Dies war schon zu Anfang des Reichstages Melanthon ein Gegenstand der Sorge gewesen. Er hatte durch Andere, besonders auch durch Luther, auf den Landgrafen einzuwirken gesucht und die Gemeinschaft mit den Schweizern, wo nur die Gelegenheit sich bot, auch öffentlich von der Hand gewiesen. Was ihn hierbei trieb, war reichlich sosehr die Furcht vor den politischen Plänen derselben, wie seine damals noch nicht erschütterte Ueberzeugung von der Schriftwidrigkeit ihrer Abendmahlslehre [2]). Jene waren ihm aufs Höchste widerwärtig; er besorgte, dass schon der Anfang ihrer Verwirklichung Kirche und Reich in die grösste Verwirrung stürzen würde. Darum war es ihm ganz recht, dass vom Kaiser und der Mehrheit die Schweizer mit schroffer Zurückweisung behandelt wurden. Er sah darin eine Erleichterung der Friedensverhandlungen. Und

---

1) Spengler schrieb auch an Luther, ohne doch selbst jenen Klagen Glauben zu schenken: „der fromm Philippus ist mir von hertzen liebe, hallt ine fur ain Christenlich erber gelert mendlin, der wider sein gewissen, meins achtens wissentlich kains wegs handeln wurd," *Spengleriana*, herausgeg. v. M. M. Mayer S. 76; Br. v. 25. Sept. an Veit Dietrich. Als Luther daraufhin an Melanthon und Jonas schrieb und die Briefe an Spengler zur Beförderung sandte, behielt dieser, der inzwischen andere Nachrichten von Augsburg erhalten hatte, um jenen beiden Männern nicht wehe zu thun, die Briefe zurück und schickte sie wieder an Luther; vgl. de Wette 4, 174. Melanthon hat also den Brief Luthers, de Wette 4, 162, wenigstens in Augsburg gar nicht erhalten. So erklärt sich auch, dass dieser Brief in der wohl mit Recht auf Agricola zurückgeführten Sammlung, Zeitschrift für histor. Theologie 1872 S. 336 fehlt.

2) *C. R. 2, 193, 196, 208, 222, 226*, vgl. mit *2, 340, 382, 384, 389*.

nun musste er erfahren, dass wenigstens seitens des Landgrafen
wieder ein näheres Verhältnis zu den Schweizern angestrebt
ward. Es konnte ihm nicht wohl verborgen bleiben, dass jener
seinen Räthen schrieb [1]): „in keinem Wege verwilligt, dass man
die Zwinglischen mit Gewalt dämpfe noch verjage und über-
ziehe. Denn Christus hat uns nicht berufen zu vertreiben, sondern zu heilen". Die Gefahr, welche er immer vom Landgrafen her befürchtet hatte, schien ihm zu wachsen, besonders als
nun von Römischer Seite her neue Gerüchte über Umsturzpläne
der Schweizer verbreitet wurden. Er liess das im Verkehre mit
den Hessischen Gesandten deutlich genug merken und das diente
natürlich dazu, deren Misstimmung gegen ihn zu steigern. So
bildete sich unter den Evangelischen eine antimelanthonische
Partei, deren Mitglieder durchaus nicht nur durch dieselben Rücksichten zusammengeführt waren. Er selbst glaubte, zwei Gruppen
unterscheiden zu müssen, wie er denn an Luther schrieb [2]):
„unsre Bundesgenossen, d. h. hier die Landgräflichen, scheinen
es ganz mit den Schweizern halten zu wollen; um so mehr
meine ich, müssen wir Frieden machen. Die Nürnbergischen
und Hessischen Gesandten, geben keine maassvolle Antwort und
ihnen stimmen die Lüneburgischen bei. Die Unsrigen hingegen
urtheilen, dass man keine nur irgendwie annehmbare Gelegenheit, den Frieden zu erhalten, versäumen dürfe". Auf der einen
Seite also die möglichst auf den Frieden Bedachten, die Sächsischen, denen sich hierin die Markgräflichen anschlossen; auf
der andern Seite die weitergehenden Zugeständnissen Abge-
neigten, die Hessen, Nürnberger und Lüneburger, von denen
jedoch die beiden letztern keiner Hinneigung zu den Schweizern
verdächtigt werden konnten. Ueberall drohende Auflösung, die
wohl den Wunsch wecken konnte, dass der Reichstag doch nur
bald sein Ende finden möchte. Aber wie war bei dem Stand
der Dinge ein befriedigender Abschluss möglich?

Die Ausgleichversuche, welche von der Mittelpartei unter
den Römisch gesinnten Ständen ausgegangen und den ganzen
August hindurch fortgesetzt waren, hatten keinen Erfolg gehabt.
Man berichtete darüber abschliessend an den Kaiser, und nun
nahm er wieder die Verhandlungen in die Hand [3]), während

---

1) *C. R. 2, 327.*
2) *C. R. 2, 340.*
3) *C. R. 2, 336, 339.*

die Evangelischen in gemeinsamer Berathung beschlossen, vorderhand in Anerbietungen und Vorschlägen nicht weiter zu gehen, sondern bei ihrer Berufung auf ein Concil zu beharren und jetzt eine Zurückweisung der ihnen vorgelesenen Confutation ihres Bekenntnisses anfertigen zu lassen [1]). Wie ernst es ihnen mit ihrem Entschlusse, die unnützen Verhandlungen abzubrechen war, zeigte sich gleich darin, dass der Kurfürst und der Markgraf den Kaiser um Erlaubniss baten, abreisen zu dürfen [2]). Diese ward ihnen zwar verweigert, aber ihr Begehren hatte doch zur Folge, dass der Kaiser eine schnellere Erledigung der Religionssache versprach.

Zuerst wandte man sich wieder, wie einige Wochen vorher zu Einschüchterungen durch Hindeuten auf Krieg und drohende Verluste. Schwerlich ohne Vorwissen des Kaisers geschah am 4. September der Versuch des Cardinal von Lüttich [3]), der sich durch einen Dritten, vielleicht den Juristen Otto Beckmann, an Melanthon, „den Führer seiner Secte", machte [4]). Da musste dieser hören, der Kaiser habe schon das Schwert in der Hand und tagtäglich suche man ihn mehr zu erbittern. Zwar lasse er sich nicht leicht zum Zorn reizen; aber sei er erst einmal im Zorn, dann halte es auch schwer, ihn wieder zu besänftigen. Vor Allem werde er die Messe in keiner Weise verkümmern lassen. Melanthon möge es sich daher zur Gewissenssache machen, für den Frieden zu arbeiten, und bei den Seinen dahin wirken, dass sie die Privatmessen wieder aufrichteten und wenigstens einige Priester dafür zuliessen. Allein Melanthon blieb standhaft. Stimmte doch auch jene Drohung schlecht zu der Klage Ecks, der die Sache gewiss nicht in günstigerem Lichte darstellte. Dieser bedauerte nämlich, dass der Kaiser nicht gleich nach seiner Ankunft in Deutschland scharf vorgegangen wäre. Dann würde er Widerstand gefunden haben und das hätte ihn in die wünschenswerthe Hitze gebracht. Durch das lange Hinausziehen und das versöhnliche, ruhige Auftreten der Evangelischen, besonders Brücks und Melanthons, sei er milder geworden, und nun gelinge es nicht, ihn so aufzubringen, wie die Sache es erfordre [4]).

---

1) *C. R. 2, 321.*
2) *C. R. 2, 339;* Förstemann, Urkundenb. 2, 313.
3) Ueber ihn vgl. *Monumenta Vaticana p. 44.*
4) *Coelestinus Hist. Com. 3, 66;* Förstemann, Urkundenb. 2, 380; *C. R. 2, 341.*
5) *C. R. 2, 335.*

Gleichzeitig ward durch einen Fürsten, vielleicht Heinrich von Braunschweig, dem Kurfürsten und seinen Genossen hinterbracht[1]), der Kaiser habe ihre letzte Eröffnung sehr übel aufgenommen. So möchten sie sich denn nun gegen denselben erbieten, die eingezogenen und veränderten Klöster und deren Einkünfte ungefähr zwei Jahre lang bis zu einem Concil in des Kaisers Schutz zu stellen. Das würde bei Allen einen guten Eindruck machen, indem man sähe, dass sie nicht ihren Nutzen, sondern die Ehre Gottes bedächten. Mönche und Nonnen lägen dem Kaiser unaufhörlich in den Ohren, er möge ihnen das Ihrige wiederschaffen, so dass er wohl etwas thun müsse, um nur Ruhe zu haben. Und das Recht hierzu werde ihm Niemand absprechen können, denn es handle sich ja um eine reine Weltsache; es sei sein Amt, denen, welchen das Ihrige entzogen und vorenthalten werde, dazu zu verhelfen. Doch auch hiermit erreichte man nichts. Dem Unterhändler ward geantwortet, wenn in allen Dingen die Wahrheit aufgerichtet, die Unwahrheit aber sammt den Misbräuchen abgestellt wäre, dann sollte, was Klöster und Klöstergüter beträfe, bald geholfen sein. Die Klöster seien theils durch den Bauernaufstand, theils durch die bessere Erkenntnis ihrer Insassen leer geworden und nun könne man mit gutem Gewissen sie nicht wieder aufrichten. Der Kaiser dürfe vor der Entscheidung des Concils das billiger Weise gar nicht verlangen. Mönche und Nonnen hätten gar kein Recht mehr auf die Güter, denn die seien zum Gottesdienst gestiftet; der vermeintliche Gottesdienst jener aber sei gegen Gott und sein heilig Wort. Ja nach ihrem eignen Rechte, ihrem Gelübde der Armuth entsprechend, gehöre solches Eigenthum nicht ihnen, sondern Christo. Doch war diese Frage damit noch nicht abgethan. Römischerseits brachte man sie nach einigen Tagen wieder vor und musste sich dann auf die nichts weniger als zarte und dem Rechte entsprechende Behandlung verweisen lassen, welche päbstlich gesinnte Fürsten, sonderlich der König Ferdinand, den Klöstern und Kirchengütern angedeihen liessen. Auch dieser Wunsch schlug fehl.

Endlich bemühte sich auch der Kaiser, persönlich auf die Führer der Gegenpartei einzuwirken. Er berief den Kurfürsten und den Markgrafen zu sich und verhandelte lange, an neun Stunden, mit ihnen[2]); aber auch so brachte er sie nicht zum Weichen.

---

1) *C. R. 2, 365*; Förstemann, Archiv S. 131 ff.
2) Förstemann, Archiv S. 135; *C. R. 2, 339*; Heine a. a. O. S. 41.

So blieb nichts übrig, als eine Antwort auf das letzte Verlangen der Evangelischen, die Forderung eines Concils, zu geben, nachdem man während der Ausschussverhandlungen hiervon vorläufig abgesehen hatte. Dies geschah am 7. September [1]). In öffentlicher Sitzung liess der Kaiser ihnen vorhalten, es befremde ihn, dass sie als die geringere Anzahl sich unterfingen, neue Gesetze und eine eigne Secte wider die alten hergebrachten Gebräuche der gemeinen christlichen Kirche aufzurichten. Dennoch wolle er aus Gnade und Milde sich beim Pabste und den andern christlichen Fürsten um ein Concil zur Herstellung voller Einigkeit bemühen, doch unter der Bedingung, dass sie inzwischen sich in ihrem Wesen mit der Mehrheit und der gemeinen Kirche nach dem bisherigen löblichen Herkommen gleichförmig hielten, machten und erzeigten.

Damit war eine Zusage gegeben, welche der eine Theil lange erstrebt, deren sich der andre lange erwehrt hatte. Schon seit Jahren war von den Evangelischen Berufung auf ein allgemeines christliches Concil als auf Erden die letzte Instanz eingelegt worden. Und sie meinten es ernst mit der Anerkennung dieser Instanz, nur dass sie die Voraussetzung dabei hatten, auch sie noch werde sich schlechthin binden lassen durch Gott, der in seinem h. Worte geredet habe. Sie waren gewiss, ein solches, dem Worte gehorsames Concil werde nicht gegen sie entscheiden können. Zwar mussten sie sich bald sagen, dass gerade ein derartiges wahrhaft christliches Concil vom Pabste nie würde zu erlangen sein; aber einmal konnten sie hoffen, dass der Kaiser und andre Fürsten, wenn es ihnen ernstlich um Reformation der Kirche zu thun wäre, auf ein rechtes Concil hinwirken würden, bei dem dann auch sie sich geltend machen könnten. Und dann war in jedem Falle die Berufung ein zulässiges Rechtsmittel, durch das man vor der Hand den Frieden bewahren konnte. So schrieb Luther, der alle Hoffnung auf Einigung aufgegeben hatte, an Melanthon [2]): „wenn sie so trügerisch mit dem Versprechen eines Concils spielen, so würde auch ich mit ihnen spielen und von ihren Drohungen an jenes Concil, das keinen Werth hat und nie wird gehalten werden, appelliren, um nur einstweilen Frieden zu haben".

Der Kaiser war im Grunde mit der Berufung eines Concils

---

1) Förstemann, Urkundenb. 2, 391 ff.
2) de Wette 4, 89; Br. v. 13. Juli.

einverstanden ¹). Schon zu Bologna hatte er, der ja auch eine Reformation der Kirche wollte, wenn schon eine ganz andre als die Evangelischen, mit dem Pabste darüber verhandelt und sich Versprechungen geben lassen. Er behielt die Sache im Auge und kam darauf zurück, als die Evangelischen drängten. Sie hatten in der Vorrede zu ihrem Bekenntnisse auf ein gemein, frei, christlich Concilium sich berufen, und wenige Wochen darnach am 14. Juli schrieb der Kaiser darüber an den Pabst ²), und stellte ihm vor, bei der Hartnäckigkeit der Ketzer und der Schwäche und Unzuverlässigkeit der andern Stände werde man, um einer Verschlimmerung und Befestigung des Uebels vorzubeugen, wohl darauf eingehen müssen. Auch den übrigen katholischen Reichsständen erscheine es als durchaus nothwendig, dass man den Gegnern die Berufung eines Concils in einer bestimmten Zeit und an einem passenden Orte anbiete, natürlich mit der Voraussetzung, dass sie inzwischen im Glauben und Gehorsam gegen die Kirche sich den andern Katholiken gleich hielten. Die erste Mittheilung solches kaiserlichen Begehrens, die schon vor dem 14. Juli stattgefunden haben muss, kam in Rom nicht gerade erwünscht. Der Pabst berief die zwölf Cardinäle, die er für die Sache Luthers bestimmt hatte ³), und legte ihnen das Ansinnen vor. Es herrschte wenig Geneigtheit und doch glaubte man nicht, es geradezu ablehnen zu dürfen. Man sieht die Verlegenheit in den Briefen des kaiserlichen Beichtvaters, in welchen sich der Wechsel der Stimmung in Rom widerspiegelt. Er selbst, der die zu überwindenden Schwierigkeiten und Bedenken wohl kannte, redete dem Kaiser zu, bei seinem Vorsatze zu bleiben. „Trotz alle dem, was ich geschrieben habe, stimmte ich und stimme noch dafür, dass man ihnen mit Bestimmtheit ein Concil verspricht, das zu der Zeit und an dem Orte, wo es Ew. Majestät und dem Pabste gefalle, gehalten werden solle, doch unter der Bedingung, dass sie inzwischen wie Christen leben und sich von ihren früheren Irrthümern lossagen". In demselben Briefe vom 18. Juli rieth er noch, wie schon erwähnt ward, als das vorzüglichere Mittel die Gewalt an. Aber gerade der Bericht des Kaisers in jenem Briefe

---

1) Heine a. a. O. S. 276.
2) Lanz, Correspondenz Karls V, 1, 390; dazu aber Heine a. a. O. S. 283.
3) Heine a. a. O. S. 18.

vom 14. Juli über die Verhältnisse in Deutschland zeigte ihm, dass die Anwendung dieses Mittels ihre grossen Bedenken habe. Er sprach sich misbilligend über das Widerstreben des Pabstes aus und rieth nun in verwunderlicher Weise dem Kaiser zur Nachgiebigkeit gegen die Evangelischen. Hauptgesichtspunct für denselben müsse sein, dass er nicht vor den Augen der ganzen Christenheit in der Unternehmung stecken bleibe. „Wenn zur Strafe für unsere Sünden das Concil hier gestört (gehindert?) würde und Ew. Majestät ohne dasselbe doch kein Mittel sähe, um diese Nation zum Glauben zurückzubringen, so stimme ich dafür, dass Ew. Majestät sich mit ganz Deutschland verständige und Ihr über ihre Ketzereien hinwegseht und sie, so gut es geht, nach ihrem Willen leben lasst, indem Ihr nur mit ihnen darauf hinarbeitet, dass sie einige der früheren Irrthümer aufgeben und sich mit denen begnügen, die weniger Schwierigkeiten bieten und dass sie im Uebrigen Euch als ihrem Herrn dienen und Euch gehorchen, wie es recht ist, und sich verbinden, um Deutschland und Ungarn gegen die Türken zu vertheidigen, und dazu Mannschaft und Sold auf einige Zeit geben. Und dann setzt Euren Bruder zum Könige der Römer. Auf diese Art wird Ew. Majestät thun, wie es Euch zukommt, und das Uebel, das Ihr nicht heilen könnt, wird nicht Euch zur Last fallen, noch auch das Gute, was Ihr nicht zu thun vermögt. So wird Ew. Majestät geehrt, mächtig und mit Sicherheit dies Land verlassen können". Indess der Kaiser beharrte auch ohne seinen Beichtvater, der später wieder von Gewalt redete, auf seiner Forderung; weder die zum Theil nicht unbegründeten Einwendungen von Rom her noch die Vorstellungen des Cardinal Campegius[1]) konnten ihn davon abbringen; die Lage der Dinge in Deutschland erlaubte es nicht. So machte er denn, ehe noch der Pabst sich fest gebunden hatte, am 7. September jene Zusage und berichtete darauf nach Rom; aber er that es nicht, ohne jene Bedingung hinzuzufügen, welche er von allem Anfange an als eine selbstverständliche betrachtet hatte. Und damit war die Zusage wieder um ihren Werth gebracht und zu einer unannehmbaren geworden. Es gab eine neue Verwicklung, begründet in der Unausgleichbarkeit der beiden Standpuncte und der Nothwendigkeit für ihre Vertreter in Einem Reiche als einem christlichen zusammen zu leben.

Man darf es vom Kaiser nicht gerade unbillig nennen, dass

---

1) *Monumenta Vaticana* p. 46 sqq.

er solche Bedingung stellte. Als weltliches Oberhaupt der römischen Christenheit konnte er nicht wohl anders. Indem er den Evangelischen das Recht auf ein Concil zusprach und sie zugleich im Verbande des Reiches ungestört beliess, erkannte er sie, die er freilich damals als Secte bezeichnete, als Christen und Reichsbürger an. Für alle diese aber war es noch Voraussetzung, dass sie im Glauben und kirchlichen Leben Einigkeit bewahrten. Auch wollte er mit der Zusage eines Concils keineswegs aussprechen, dass das Urtheil über ihre Lehre und ihre Gebräuche noch zweifelhaft sei. Ihm stand fest, dass das Concil, d. h. die Kirche, gar nicht anders werde urtheilen können, als schon geurtheilt sei. Jenen werde dann nichts bleiben, als sich zu unterwerfen oder die gesammte Christenheit mit ihrer Macht gegen sich zu haben. Die völlige Unterwerfung aber sollten ihnen die Reformen im äussern Kirchenwesen und in der Disciplin, die auch er vom Concil erwartete, erleichtern.

Andererseits konnten die Evangelischen schlechthin auf jene Bedingung nicht eingehen. Sie hätten damit schon ihr ganzes bisheriges Thun verworfen und das Concil wäre dann in der That unnöthig gewesen; es hätte nur noch ihre Unterdrückung bestätigen können. Wenn sie es anriefen, so geschah es, wie schon gesagt, in der Voraussetzung, dass es als ein christliches, d. h. nach der Schrift entscheiden werde, und mit dem Entschlusse, wenn dies nicht geschehe, es nicht anzuerkennen.

Dem entsprechend antworteten sie denn auch noch in eben jener Sitzung, nachdem die kaiserliche Erklärung ihnen noch einmal vorgelesen war und sie eine kurze Berathung unter sich gehabt hatten [1]). Sie erwehrten sich dessen, dass sie eine Secte seien; für sie zeuge die Schrift. Sie dankten für die Anerbietung eines Concils, welches schon auf den vorigen Reichstagen verheissen sei. Eben da aber, fügten sie hinzu, sei bei dem Versprechen keine solche Bedingung gestellt, und so könnten sie nicht angehalten werden, vor dem Concile die Misbräuche wieder aufzurichten, die durch Gottes Wort und Ordnung gefallen seien und die zu billigen ihr Gewissen ihnen verbiete. Sie wiederholten die dem Speierer Abschiede entsprechende also ihnen rechtlich nicht zu verweigernde Bitte um ein freies, allgemeines, christliches Concil.

Damit war man um nichts weiter gekommen und das verdross den Kaiser. In seiner Entgegnung machte er das sonst

---

1) Förstemann, Archiv S. 136.

Uebliche geltend, dass bei Beschlüssen die Minderheit der Mehrheit zu folgen habe, und suchte hiermit den Evangelischen den Rechtsboden, auf den sie sich stellten, zu entziehen. Er wollte ihre Appellation und Protestation in Speier nicht anerkennen, „denn billig auch dazumal der minder Theil dem mehrern hätte verfolgen sollen". Schliesslich drohte er wieder, wenn sie bei ihrer Antwort beharren würden; er müsse sich dann als Vogt und Schutzherr der Kirche erzeigen.

Doch das Drohen wirkte jetzt noch weniger als zu Anfang. Man wusste sehr wohl, dass die auf Seiten des Pabstes stehenden Fürsten ausser dem Kaiser nicht zum Kriege gerüstet waren [1]), die Mehrzahl derselben auch jetzt keinen Krieg wünschte. Ohne sie aber konnte der Kaiser nichts durchsetzen. Die Antwort der Evangelischen am 9. September war demgemäss eine entschieden ablehnende und stellte sich wieder fest auf den Rechtsboden. Sie erkannten den Speierer Abschied ausser dem auf die Religion Bezüglichen an. Ihre desfallsige Protestation und ihre Appellation an ein Concil müssten sie aufrecht erhalten und könnten es um so mehr, als der Kaiser ja schon lange vor jenem Reichstage das Concil in Aussicht gestellt habe. Auf eine Besprechung darüber, ob sie als die Minderzahl sich der Mehrzahl hätten fügen müssen, wollten sie sich nicht einlassen; das sei eben die grosse Streitfrage, hinsichtlich derer sie auf dem Concile sich rechtfertigen würden. Weitere Verhandlungen über die bisher unverglichenen Streitpuncte würden zu nichts führen, sondern nur aufhalten. Dagegen bäten sie um Verhandlungen über einen „friedlichen Anstand, damit christlicher Friede erhalten werde in mittler Weile des Concilii".

Nur um das Letzte drehten sich die dann doch wieder aufgenommenen Verhandlungen, also im Grunde um gänzliche Abweisung oder mehr oder minder beschränkte Annahme der vom Kaiser aufgestellten Bedingung. Dieser wünschte wenigstens etwas zu erreichen, wenn es auch nicht mehr als ein scheinbares Zugeständnis wäre. Der Legat drang immer wieder in ihn, er solle sein zu Bologna gegebenes Versprechen, die Herrschaft des Pabstes herzustellen, wahr machen [2]).

Als Unterhändler kaiserlicherseits zeigten sich am nächsten

---

1) *Zwinglii opp. edd. Schüler et Schulthess 8, 484*, Br. Bucers an Zwingli.

2) *Zwinglii opp. 8, 515.*

Tage in der St. Moritzcapelle der Badische Kanzler Vehus und Georg Truchsess, welcher dabei äusserte [1]), der Kaiser habe der Deutschen, die verständig wären, wenig in seinem Rath, der grössere Haufe seien Spanier und Leute fremder Nationen, denen wenig daran gelegen, wie es den Deutschen gehe; von der andern Seite waren Melanthon und Brück abgeordnet. Die Kaiserlichen wichen jetzt in etwas. Hinsichtlich der Klöster hielten sie ganz den frühern Standpunct fest, ähnlich hinsichtlich der Messe; dagegen in Bezug auf die Communion unter beiden Gestalten und die verehelichten Priester solle es von den Evangelischen bis zum Concil so gehalten werden, wie sie sich getrauten, es gegen Gott, den Kaiser und das Concil zu verantworten. Dann sollten sie inzwischen keine weitere Neuerung in der christlichen Religion vornehmen, sich mit Keinem als ihren Unterthanen in dieser Sache beladen und, wenn sich beim Concil zeige, dass sie unbillig oder unchristlich gehandelt, sich dem Kaiser zum Gehorsam begeben.

Auch dies ward abgelehnt. Melanthon zwar äusserte sich unbestimmt und die Markgräflichen Räthe, unter ihnen auch Brenz, waren nicht für ein so entschiedenes Abweisen, sondern suchten noch Vermittlungsvorschläge. Aber Jonas erklärte, die Vorschläge seien unannehmbar. Man erkenne jetzt mit der grössten Bestimmtheit, dass man es nicht mit Schwachen, sondern mit entschlossenen Gegnern der Wahrheit zu thun habe, welche das Evangelium unterdrücken wollten. Die Artikel seien listig gestellt; man gerathe durch sie in Gefahr [2]). Und ebenso entschieden sprach sich der besonnene Spalatin aus. Die Fürsten dürften unter keiner Bedingung auf die Wiederaufrichtung der Cäremonien eingehen, „wo sie anders die Sachen für güttlich und rechtschaffen hielten". Man erklärte [3]), dass man sich auf Unterhandlungen über diese Puncte gar nicht mehr einlassen werde, nur über die Klostergüter sei man bereit, sich noch zu besprechen, um zu zeigen, dass man keinen eignen Nutzen suche [4]).

Dennoch liessen Truchsess und Vehus nicht ab, sondern kamen mit neuen Vermittlungsversuchen, die sie aber nach ih-

---

1) Förstemann, Archiv S. 156.
2) Förstemann, Urkundenb. 2, 423; C. R. 2, 368.
3) C. R. 2, 367.
4) Das etwas weiter gehende Anerbieten des Kurfürsten und seines Sohnes bei Förstemann, Archiv S. 150.

rer Angabe „für sich selbst ohne Befehl" machten. Sie deuteten dabei an, es würde dem Kaiser lieb sein, wenn die Evangelischen ihm persönlich in etwas nachgäben, damit er doch wenigstens dem Anschein nach etwas erreiche. Er würde ihnen dann Bedacht geben, zuerst auf eine bestimmte Zeit, die Frist dann aber immer weiter bis zum Concil hin erstrecken, so dass sie von ihm keine Ungnade und keinen Unfrieden zu erwarten hätten. Diese Verständigung müsse aber im Geheimen geschehen; die andern Stände brauchten nichts davon zu wissen [1]). — Auch dieser Vorschlag fand noch keine Billigung. Die Evangelischen wollten auch keinen Schein von Verläugnung und keine Zweideutigkeit. Warum sollten sie dem Kaiser behülflich sein, „dem Pabst und andern Königreichen und Nationen die Augen zu füllen"?

Und abermals setzte Truchsess an und verhandelte mit dem Markgrafen Georg. Aber während man hier noch arbeitete und schon hoffte, endlich eine passende Form des Abkommens gefunden zu haben, hatte auch der Kaiser einen Abschied beschlossen.

Es war nicht mehr aufzuschieben gewesen. Am 12. September hatte der Sächsische Kurprinz mit dem Grafen Albert von Mansfeld die Stadt verlassen und acht Tage darauf wollte der Kurfürst mit dem Herzog Ernst von Lüneburg in der Stille folgen [2]). Wie wäre dann, wenn nur noch Bevollmächtigte zurückblieben, ein erspriessliches Verhandeln möglich gewesen? Der Kaiser erfuhr von jenem Plane und verlangte nun mit grossem Nachdrucke, der Kurfürst solle seine Abreise noch hinausschieben. Doch verstand sich dieser erst nach längerm Verhandeln dazu, bis zum 23. September zu bleiben; erklärte aber auf das Bestimmteste, wenn der Kaiser bis dahin keinen Abschied gäbe, würde er auch ohne Urlaub den Reichstag verlassen.

So hatte man jetzt einen festen Zeitpunct, für welchen man die entscheidende Antwort des Kaisers erwarten durfte. Aber man blickte ihm nicht ohne Besorgnis entgegen, denn es gieng die Rede, dass „allerlei Praktik gemacht werden solle", indem man den Evangelischen falsche Zugeständnisse unterzuschieben beabsichtige. Und so erfand sichs.

---

1) Förstemann, Urkundenb. 2, 456.
2) *C. R. 2*, 378.

Am Donnerstag den 22. September ward in öffentlicher Versammlung der auf den Glaubenshandel sich beziehende Reichstagsabschied verlesen[1]). Darin hiess es mit Wiederholung der versprechenden Worte im Ausschreiben des Reichstages, welche erfüllt seien, der Kaiser habe das Bekenntnis des Kurfürsten, der fünf Fürsten und sechs Städte angehört und durch die h. Schrift mit gutem Grund widerlegt und abgelehnt. Bei weitern Verhandlungen sei in Betreff einiger Puncte christliche Vereinigung erzielt; aber „etlicher anderer Artikel halben, deren sie sich mit kaiserlicher Majestät und gemeinen Ständen dieser Zeit nicht verglichen, habe der Kaiser dem heiligen Reich, der löblichen Deutschen Nation zu Gutem und Wolfahrt, damit Fried und Einigkeit darin erhalten mög werden, zu Erzeigung seiner Mildigkeit und aus sondern Gnaden demselben Kurfürsten zu Sachsen und den fünf Fürsten, auch sechs Städten zugelassen, sich zwischen hie und dem 15. Tag des nächstkünftigen Monats Aprils zu unterreden und zu bedenken, ob sie sich der andern Artikel halben mit der christlichen Kirche, päbstlicher Heiligkeit, Ihrer Majestät und den andern Kurfürsten, Fürsten und gemeinen Ständen des heiligen Römischen Reichs, auch andern christlichen Häuptern und Gliedern der gemeinen Christenheit mittler Zeit der Erörterung eines nächstkünftigen Concilii nochmals bekennen und vereinigen wollen oder nicht, und daneben wolle sich Ihre kaiserliche Majestät dieselbe Zeit lang auch darauf bedenken, was ihr darin zu thun gebühren wolle." Der Kurfürst und seine Genossen sollten verordnen, dass bis zum 15. April in ihren Landen nichts Neues in Sachen des Glaubens gedruckt, feil gehabt noch verkauft werde. Sie sollten keine Unterthanen der Andern, wie bisher geschehen, an sich und ihre Secte ziehen und diejenigen in ihren Landen, welche noch des Glaubens seien, nicht irren noch bedrängen. Endlich sollten sie gegen diejenigen, so das h. Sacrament nicht halten, und gegen die Wiedertäufer mit den andern Ständen zum Kaiser stehen und ihm helfen. Er werde zum Zwecke einer christlichen Reformation für ein allgemeines christliches Concilium sorgen, das innerhalb sechs Monaten nach Schluss des Reichstages ausgeschrieben und längstens ein Jahr später gehalten werden solle.

Dieser Abschied stellte den Gang der Dinge durchaus vom Standpuncte des Kaisers und der Mehrheit aus dar. Die Evan-

---

1) Förstemann, Urkundenb. 2, 474.

gelischen konnten ihn nicht annehmen; sie mussten protestiren.
Dies geschah denn auch auf der Stelle gleich nach der Verlesung[1]). Sie bestritten, dass ihr Bekenntniss widerlegt sei; es
stehe fest auf Gottes Wort und sie würden das an jener Confutatio längst gezeigt haben, wenn man ihnen dieselbe nur abschriftlich gegeben hätte. In Ermanglung einer solchen Abschrift
hätten sie sich mit Aufzeichnungen eines der Ihrigen begnügen
müssen und nach denen eine gründliche Widerlegung der Confutatio und Apologie ihres Bekenntnisses anfertigen lassen;
welche sie nun vorlegten. Den Namen einer Secte könnten sie
sich nicht gefallen lassen; sie hätten sich nicht von der Kirche
getrennt; ihr Glaube beruhe durchweg auf Gottes Wort. Wiedertäufer und Sacramentirer hätten sie in ihren Gebieten nicht geduldet und würden es auch ferner nicht thun. Dieweil es aber
wichtige Sachen wären, daran der Seelen Wolfahrt gelegen,
und etliche der Ihrigen nicht zugegen wären, so bäten sie den
Kaiser zu reiflicher Ueberlegung und Berathung um eine Abschrift des Abschieds und um Bedenkzeit bis zum 15. April;
dann würden sie antworten, zu was sie sich entschlossen hätten.
Zugleich überreichten sie ihre Apologie und der Kaiser streckte
schon die Hand darnach aus, als er durch seinen Bruder, den
König Ferdinand, an der Annahme verhindert ward.

Durch solche Antwort stellten die Evangelischen die arglistig im Abschied verschobene Sachlage wieder her. Diese
war die, dass man sich über wichtige Puncte noch nicht hatte
vergleichen können, und dass der Kaiser deshalb nun beim Abschied den Evangelischen bis zum 15. April Zeit gab, sich nochmals zu bedenken. In demselben Abschied war aber auch ausgesprochen, dass sie des Irrthums überwiesen seien und eine
Secte bildeten. Nahmen sie das an, so verurtheilten sie sich
damit schon jetzt selbst und brauchten keine weitere Bedenkzeit. Indem sie also sich Frist zum Bedenken dieses so gefassten Abschiedes selbst erbaten, forderten sie in der Wirklichkeit
nichts Andres, als was der Kaiser noch so eben durch den Drang
der Verhältnisse genöthigt gewesen war selbst zu zugestehen.

Sie wurden zunächst entlassen und auf den folgenden Tag
wieder beschieden. Am Abende versuchte Truchsess noch, sie
zur Annahme des angebotenen Abschieds zu bestimmen und diesen als unverfänglich darzustellen. Aber seine Bemühungen

---

1) **Förstemann**, Archiv S. 181 ff.; Urkundenb. 2, 478 ff. *Monumenta Vatic.* p. 57.

waren vergeblich. Je mehr von der andern Seite mit Listen gehandelt ward, um so vorsichtiger und zurückhaltender verfuhr man. In gemeinsamer Berathung nahm man den Abschied durch und ward nur fester im Entschlusse, ihn in milder Form abzulehnen.

Als man wieder vor den Kaiser trat, führte der Kurfürst Joachim von Brandenburg für diesen das Wort und zwar so, dass nach den Berichte des Campegius[1]) ein Jeder urtheilte, der h. Geist habe durch ihn geredet. Die Evangelischen wurden nochmals der Ketzerei bezichtigt, mit ihrem Begehren abgewiesen und ernst zur Annahme des Abschiedes vermahnt. Wo nicht, so würde der Kaiser, wie ihm gebühre, darauf zu halten verursacht. Die andern Fürsten hätten erklärt, dass sie für den Fall als gehorsame Reichsstände sich verpflichtet hielten, Leib und Gut und alles Vermögen daran zu setzen, damit dieser Sache geholfen werde.

So ward von Neuem gedroht. Doch die Evangelischen liessen sich auch jetzt nicht einschüchtern. Als man ihr wiederholtes Gesuch um Bedenkzeit und ebenso jede Veränderung des Abschieds abgeschlagen hatte, erklärten sie, den Frieden im Reiche würden sie nicht stören und dem Kaiser in allen schuldigen und gebührlichen Dingen gehorsam sein; im Uebrigen stehe ihr Trost und Hoffnung allein auf Gott, dem Herrn. Damit war von ihrer Seite geschehen, was geschehen konnte; mit allem stellten sie sich dem Reiche zum Dienste, nur ihr Gewissen hielten sie sich frei. So stand, wie ein Geschichtschreiber jener Tage sagt[2]), die Sache der Menschen halben in böser Geduld und doch in Gottes Hand und Macht. Der Kurfürst verabschiedete sich vom Kaiser, der, durch diese Wendung überrascht, zu ihm sagte: „Oheim, Oheim, des hätte ich mich zu Euer Liebden nicht versehen", mit stummem Händedruck und verliess noch noch am selben Abende mit den Herzögen von Lüneburg und dem Fürsten von Anhalt die Stadt. Am nächsten Morgen folgten ihm die Gesandten von Reutlingen, Heilbronn und Kempten.

Damit war der Reichstag entschieden. Die weitern Verhandlungen konnten nichts Wesentliches mehr ändern. Doch müssen wir uns auch mit ihnen etwas beschäftigen.

Bisher hatten die Evangelischen bei aller Friedfertigkeit

---

1) *Monumenta Vatic. p. 58.*
2) Förstemann Archiv S. 206.

sich doch nicht dazu drängen lassen, der Wahrheit irgend etwas zu vergeben. Luther erkannte das, als die entscheidenden Persönlichkeiten unter ihnen wegzogen, an. Ihm war überall der Sache wegen nicht sonderlich bange gewesen. Wohl warnte er: „sehet euch vor und gebt nicht mehr, denn ihr habt, damit wir nicht einen neuen schwierigeren Krieg zur Vertheidigung des Evangeliums führen müssen"[1]; dann aber schrieb er auch mit grosser Zuversicht und wie drohend· „Luther ist noch frei", und „ich habe die Sache Gott befohlen und acht auch, ich hab sie so fein in meiner Hand behalten, dass mir kein Mensch etwas vergeben werde noch verwahrlosen könne, so lange Christus und ich eins bleiben. Denn ob etwas würde gleich zu viel nachgegeben, als ich mich nicht versehe, wohlan so ist die Sache nicht verloren, sondern ein neuer Krieg angefangen"[2]. Erst als jene bittern Klagen über Melanthon einliefen, die selbst Männer wie Camerarius und Link beirrten, fieng er an zu besorgen, dass unter ihnen selbst, den bisher im Bekenntnis der Wahrheit einigen, Zwietracht einreissen möge. Das gieng ihm weit mehr nahe als das Drohen der Feinde. Nun schrieb er ernster, bat Melanthon, dem er keine Verläugnung zutraute, um Aufklärung und ermahnte die Freunde, darüber zu wachen, dass es unter ihnen zu keiner Spaltung käme[3]. Doch diese letzteren schärferen Briefe Luthers gelangten gar nicht nach Augsburg[4]. Sie wären dort auch überflüssig gewesen, da die Verhandlungen schon abgebrochen waren. Als Luther hiervon und von der bevorstehenden Abreise des Kurfürsten hörte, war er durchaus befriedigt. Melanthon traf ihn in Coburg in ruhigster Gemüthsverfassung[5]. Er hatte eben von Anfang an nicht zu viel gehofft und das, was er wünschte, schien ihm jetzt trotz alles Widerstrebens der Feinde so ziemlich erreicht zu sein. Schon am 9. Juli hatte er an Jonas geschrieben: zu einer Verständigung in der Lehre wird es nicht kommen, aber ich wünsche und hoffe fast, dass man mit Zurückstellung des Lehrunterschiedes den politischen Frieden erhält; wenn das mit Gottes Hülfe gelingt, dann ist auf diesem Reichstage Grosses gewonnen[6]. Er

---

[1] de Wette 4, 146 v. 26. Aug.
[2] de Wette 4, 155 v. 28. Aug, wozu Ztschr. für hist. Theol. 1872 S. 345, und de Wette 4, 158 v. 28. Aug.
[3] de Wette 4, 168, 169 v. 20. Sept.
[4] Vgl. oben S. 61 Anm. 1.
[5] *C. R. 2, 397.*
[6] de Wette 4, 85; dazu 89, 97, 129.

erkannte dies als die unter den gegebenen Verhältnissen einzig wünschenswerthe Lösung, wobei er sich der Hoffnung hingeben mochte, dass wenn nur der Friede erhalten bliebe, allmählich wenigstens in ganz Deutschland die Reformation zum Siege durchdringen würde. Die Sachlage war so zwingend, dass auch der Beichtvater des Kaisers die Nothwendigkeit einsah, den Evangelischen trotz ihres hartnäckigen Abweichens im Glauben vorläufig politischen Frieden zu gewähren, und dem Kaiser anrieth, dies zu thun, wenn alle Versuche, sie zur Unterwerfung unter ein Concil zu bewegen, fehlschlügen [1]). Aber wie erwünscht auch Luther diese Lösung, die Anbahnung eines ganz neuen Verhältnisses von Staat und Kirche war, so schwer ward es den römisch gesinnten Theologen und Staatsmännern, darauf einzugehen. Zu einer grundsätzlichen Billigung derselben konnten sie sich überhaupt nicht entschliessen, sondern sahen sie aufs Höchste als einen vorübergehenden Nothstand an. Und auch ehe sie den zuliessen, wollten sie noch ihr Möglichstes dagegen versuchen. Dies Bestreben durchzog besonders die letzten Verhandlungen des Reichstages, an denen evangelischerseits fast nur noch bevollmächtigte Gesandte theilnahmen.

Die letzte kaiserliche Mittheilung war in eine Drohung ausgelaufen. Ueberhaupt schien der Kaiser jetzt „fast hitzig im Handel" zu sein und Gewalt vorzuhaben. Es gieng das Gerücht, er habe sich vernehmen lassen, man wolle ihn je einen neuen Glauben lehren; nun werde es, nicht mit der neuen Lehre ausgerichtet sein, es gehören die Fäuste dazu; da wolle er sehen, wer stärker sei [2]). Ihm konnte wohl nach so langwierigen und doch vergeblichen Verhandlungen die Geduld ausgehen und das Bewusstsein von seiner Stellung und den damit verbundenen auch kirchlichen Pflichten musste ihm den Gedanken an Zwangsmaassregeln nahe legen. Aber nun wollten ihn die nicht unterstützen, auf deren Beistand er doch vor Allem rechnen musste, die Rom treuen Stände. Die Einen von ihnen wollten nicht dazu helfen, dass des Kaisers Macht erhöht würde, die Andern fürchteten die Macht der Evangelischen. Schon am Tage nach der Abreise des Kurfürsten Johann erklärten die Räthe des Kurfürsten Ludwig von der Pfalz und des Pfalzgrafen Friedrich den Sächsischen, Hessischen und Markgräflichen Be-

---

1) Heine, Briefe an Kaiser V, S. 34 v. 25. Aug. S. 36 v. 31. Aug., S. 40 v. 16. Sept.
2) *C. R. 2, 391, 395*; Förstemann, Urkundenb. 2, 710.

vollmächtigten, dass jene drohenden Reden Joachims von Brandenburg und besonders die Aussage, der Kaiser handle dabei im Einvernehmen mit den Ständen, ohne ihr Wissen und gegen ihren Willen geschehen seien. Wie sie dem Kaiser darüber Vorstellung gemacht, habe er selbst gesagt: es ist unrecht und zuviel gewest¹). Der Mainzische Gesandte zeigte den Hessischen Räthen an, sein gnädigster Herr wolle gern mit dem Landgrafen in guter Nachbarschaft sein; er fürchtete Philipps starke Hand²). Ebenso sprachen sich die Trierischen und Cleveschen Räthe aus. Und bald liessen auch die Herzöge von Baiern den Kurfürsten wissen, mit jener Drohung sei zu viel gesagt. Die Römischen Stände hätten dem Kaiser nicht versprochen, die Evangelischen des Glaubens wegen zu überziehen, sondern sich nur dahin verständigt, einander zu vertheidigen, wenn sie von jenen des Glaubens halben überzogen und zu einem andern Glauben gezwungen werden sollten. Darum möchten die Evangelischen die Sache nicht so schwer nehmen; wenn nur sie nicht zu den Waffen griffen, würden auch die Römischen zwischen jetzt und dem Concil nichts Thätliches handeln. Dazu fügten sie die beachtenswerthen Mittheilungen, der Vorwurf des Aufruhrs, der den Evangelischen gemacht sei, gelte eigentlich den Städten, aus denen der Aufruhr gekommen, von denen auch alle Schmäh- und Schandbüchlein ausgiengen; Nürnberg z. B. habe den Aufstand in Salzburg mit Geschütz und Munition befördert. Die Städte wollten Fürsten und Adel vertilgen und allein Herr werden. Was der Prediger wegen geredet sei, berühre eine Aeusserung des Lüneburgischen Kanzlers, der sich öffentlich habe vernehmen lassen, er habe bis an hundert Prediger in andre Lande verschickt und verschicken helfen, um die neue Lehre zu verkündigen. Das könnten sie nicht hinnehmen, wie hinwieder auch die evangelischen Stände solches von ihnen nicht dulden würden ³).

Die Evangelischen erkannten leicht, dass im Römischen Lager keine Einigkeit herrschte und dass diese Uneinigkeit und die Furcht so mancher ihrer Gegner ein entschiedenes Handeln derselben hindre. So brauchten sie sich aus den Drohungen

---

1) Förstemann, Urkundenb. 2, 616, 620; *C. R. 2*, 390, 392.
3) *C. R. 2, 391, 395*; Förstemann, Urkundenb. 2, 662.
4) Förstemann, Urkundenb. 2, 644. Ueber den Lüneburgischen Kanzler Johann Förster vgl. Uhlhorn, Urban Rhegius S. 165.

nicht so viel zu machen. Nur die Schwächeren und in sich nicht ganz Entschiedenen liessen sich noch einigermaassen einschüchtern.

Der Kaiser versuchte es noch einmal mit denjenigen Städten, die bisher keine klare Stellung genommen hatten. Er liess deren Gesandte sogleich versammeln und ihnen den Abschied vorlesen, der dem Kurfürst von Sachsen und seinen Verwandten günstiger sei als ihm, dem Kaiser, und den andern Ständen, und verlangte, dass auch sie den Abschied annehmen und sich verpflichten sollten, zur Vertheidigung des Glaubens mit Gut und Leben zu Kaiser und Reich zu stehen [1]). Doch nur Ueberlingen und Rottweil entsprachen dem Ansinnen. Die andern suchten einer entscheidenden und verpflichtenden Antwort auszuweichen. Und sie waren in der That in einer übeln Lage, wie selbst der päbstliche Legat nach Rom berichtete [2]). Widerstrebten sie dem Kaiser, so drohte ihnen sein ganzer Zorn, den sie, jede einzelne zum Widerstande viel zu schwach, wohl zu fürchten hatten. Folgten sie seinem Gebot, so drohten ihnen innerhalb ihrer Mauern Unruhen, denn die Masse des Volkes war, wenn auch noch nicht entschieden evangelisch gesinnt, doch der Römischen Kirche feind [3]). Besonders übel waren die Augsburger daran. Sie hatten den Kaiser in ihrer wenig befestigten Stadt und dazu in den Herzögen von Baiern mächtige Nachbarn, die nur auf ihren Ruin lauerten. Und andrerseits neigte sich auch bei ihnen die Masse der Reformation zu; man hörte schon hervorragende und reiche Bürger sagen, wenn in Augsburg die Predigt des Evangeliums verboten würde, seien sie entschlossen, nach Nürnberg überzusiedeln [4]). Man darf es den Gesandten der Städte in der That nicht so verübeln, wenn sie „dieses Abschieds nicht wenig erschrocken waren".

Die Städte erbaten und erhielten, nachdem sie die kaiserliche Botschaft angehört hatten, Bedenkzeit bis zum 28. September. In der Zwischenzeit erkundigten sie sich bei den Nürnberger Gesandten über den Abschied, der den protestirenden Ständen vorgelesen war und erkannten aus deren Bericht, dass man sie nicht ehrlich behandelte, sondern sie zu weitergehenden Leistungen auch gegen die Evangelischen verpflichten wollte.

---

1) Förstemann, Urkundenb. 2. 620; *C. R. 2, 390.*
2) *Monumenta Vaticana pg. 59—60.*
3) *Annales ecclesiastici XX,* 591.
4) *C. R. 2,* 391 u. *421; Monumenta Vaticana p. 60—61.*

Das machte sie nur noch mistrauischer. Sie beriethen unter sich und gaben am bestimmten Tage nach abermaligem Drängen des Kaisers wieder eine ausweichende Antwort¹). Doch der Kaiser war damit nicht zufrieden und nun giengen die Städte auseinander. Die Mehrheit der vertretenen fügte sich, das geängstete Augsburg schob seine Entscheidung hinaus, die Gesandten von Ulm, Frankfurt und Schwäbisch Hall²) erklärten, sie dürften keine bindende Antwort geben, was so ziemlich einer Ablehnung gleich kam. Es war erreicht, dass eine wichtige Classe von Reichsständen, die in der geistigen Bewegung bisher so tonangebenden Städte, sich der Mehrzahl nach ängstlich zurückhielten, während der Markgraf von Brandenburg auch jetzt allen Einschüchterungs- und Ueberredungsversuchen unzugänglich blieb³), und der Nürnberger Rath, durch seine Gesandten von der bedrohlichen Lage der Dinge und der Angst der Andern unterrichtet, ungesäumt mit freudigem Muthe antwortete: „wir zweifeln gar nicht, es werden sich noch gar mancherlei seltsamer Bedrohung und täglicher Aenderung in dieser des Glaubens Sachen zutragen. Und ob sich gleich dieselbe Handlung jetzo zum beschwerlichsten erzeigt, und uns dann Gott durch solche Handlung anbeut und zum Getheilten (die Alternative) vorlegt, entweder bei seinem Wort zu bleiben und Christen zu sein oder aber davon zu weichen und an ihm treulos zu werden: so müsste der freilich ein schwach Glied Christi sein und Gottes Wort, Wahrheit und Evangelium nie erkannt haben, der sich noch mit einem beschwerlichern, sorglichern Exempel, so ihm hierin zu gewarten vorstehen mag, davon schrecken liess"⁴).

Den Muthigen und Ueberzeugungstreuen blieb das Feld und schliesslich zogen sie auch noch mehrere der Schwankenden zu sich herüber. Die äussere Lage des Reiches kam ihnen zu Hülfe.

In den ersten Tagen des October traf nämlich die Nachricht ein, dass die Türken vorrückten und schon in der Nähe von Pressburg hausten. Nun verlangten der Kaiser und sein

---

1) Am besten hierüber Keim, Schwäbische Reformationsgeschichte S. 202 ff.
2) Die letzteren wurden von Brenz berathen, vgl. *Anecdota Brentiana* S. 98—104.
3) Förstemann, Urkundenb. 2, 628 ff.
4) *C. R. 2, 392.* Man schrieb in Augsburg dies entschiedene Auftreten der Nürnberger besonders dem Einflusse Spenglers zu, vgl. Cochleus bei *Joh. Heumann, Documenta literaria p. 86.*

Bruder Ferdinand dringend Hülfe. Die Kurfürsten gaben auch die Dringlichkeit zu und erklärten sich zur Hülfe bereit, wenn man vorher einen festen Frieden im Reiche hergestellt habe¹). Aber mit dieser so natürlichen Bedingung waren nicht alle Stände zufrieden. Unter der römisch gesinnten Mehrheit kam allmählich ein vielleicht durch die Furcht vor den Gegnern erregter Fanatismus auf, der Viele für vernünftige Vorstellungen fast unzugänglich machte. Wie es unter den Städten nach dem Ausdruck der Nürnberger Gesandten einen „faulen Haufen" gab, „grobe Städt-Gesellen", der schroffer auftrat, als der Kaiser selbst, so fanden sich jetzt unter den Ständen solche, die den Rath gaben, man möge mit den Türken für einige Zeit Frieden schliessen, um erst die Ketzer im Reiche ausrotten zu können. Aber dieser verderbliche Rath ward nicht gehört; die Besonnenheit siegte. Man sah, dass jetzt alle Kräfte des Reichs zusammenzunehmen seien und fragte deshalb auch bei den Bevollmächtigten der evangelischen Fürsten an, ob sie Befehl und Gewalt hätten, noch weiter von einem christlichen und friedlichen Abschied zu handeln. Diese bejahten es, fügten aber sogleich hinzu, dass sie zu Verhandlungen über die Religion keine Vollmacht hätten, weshalb sie auch einen hierauf bezüglichen letzten Vermittlungsversuch einiger Fürsten zurückwiesen²).

Um diesen Punct, den friedlichen Abschied und die darnach zu bewilligende Türkenhülfe, drehten sich nun den October hindurch alle Verhandlungen. Auch die evangelischen Stände mit Ausnahme des Markgrafen Georg und der Stadt Hall, die in allen bürgerlichen Dingen dem Kaiser gehorsam sein wollten³), hatten nämlich erklärt, dass sie beim Türkenkriege keine Hülfe leisten könnten, wenn ihnen nicht für sich bis zum Concil Friede zugesichert wäre. Die Zahl der Städte, die denselben Standpunct einnahmen, wuchs; am 22. October glaubte man, ihrer siebzehn rechnen zu können⁴). Das fiel ins Gewicht. Die Hülfe der Evangelischen und vor Allem die der reichen und mit Geschützen wohl versehenen Städte konnte man nicht entbehren.

Die päbstlich gesinnten Stände hatten zunächst unter ein-

---

1) Förstemann, Urkundenb. 2, 671.
2) C. R. 2, 397, 400; Förstemann, Urkundenb. 2, 671.
3) C. R. 2, 422, 435.
4) C. R. 2, 416.

für die Letzteren, vorsichtig und mistrauisch zu sein. Sie verlangten, es solle ihnen ausdrücklich zugesichert werden, dass sie „in des Glaubens und der Religion Sache, auch was dem anhängig, mittlerzeit des vorhabenden gemeinen freien christlichen Concils ruhig sitzen möchten" [1]), während man andrerseits dabei beharrte, nur die Aufrechterhaltung des allgemeinen Landfriedens zu versprechen. Diese beständige Weigerung musste ihren Verdacht wach erhalten. Als sie daher erkannten, dass sie nichts weiter durchsetzen würden, gaben sie am 12. November die Erklärung ab, man möge sie in den von ihnen, soweit er die Religion betreffe, verworfenen Abschied nicht mit einsetzen; zur Türkenhülfe verpflichteten sie sich nicht, wenn nicht zuvor ein gemeiner Friede in dem Sinne, wie sie es wünschen müssten, zugesichert und aufgerichtet wäre; ebenso würden sie keinen Beitrag zur Unterhaltung des Kammergerichtes leisten, wenn man an diesem keine Beisitzer dulden wolle, die nicht gelobt hätten, dem Abschied der Religion halben zu leben [2]). Als auf solche Erklärung keine weitere Antwort erfolgte, verliessen auch die letzten Gesandten und Vertreter der evangelischen Stände mit Ausnahme der Nürnberger die Stadt [3]).

Dem Schlusse des Reichstags stand nun nichts mehr im Wege. Die Mehrheit der Stände vollzog ihn allein, wie sie in der letzten Zeit die Berathungen allein gehalten hatte. Es waren noch 5 Kurfürsten, 30 geistliche, 23 weltliche Fürsten, 23 Aebte, 22 Grafen, 32 Barone und 39 städtische Gesandte, die am 19. November auf vier Uhr Nachmittags in die Rathstube des Rathhauses berufen wurden, um den allgemeinen Reichstagsabschied zu vernehmen [4]). Die Verlesung des weitläufigen Schriftstückes [5]) dauerte an zwei Stunden, worauf die anwesenden Stände gelobten, dem Abschiede gemäss sich zu verhalten, während der Kaiser seine Zusage wiederholte, bis zur endlichen Beilegung des Religionshandels nicht aus dem Reiche zu weichen, und noch versprach, er wolle sich beim Pabste um ein Generalconcil bemühen.

---

1) Förstemann, Urkundenb. 2, 815.
2) Förstemann, Urkundenb. 2, 822.
3) Förstemann, Urkundenb. 2, 838; *C. R. 2, 441.*
4) Förstemann, Urkundenb. 2, 839; *C. R. 2, 442; Cochleus, Acta Lutheri p. 218.*
5) Das Ganze: *Annales ecclesiastici XX, 591;* der auf die Religionssache bezügliche Abschnitt: Walch 16, 1924.

Der Abschied erzählt zunächst den Verlauf der Religionsverhandlungen gerade so wie der von den Evangelischen verworfene vorläufige Abschied, also entstellt vom Römischen Standpuncte aus. Er erwähnt, dass der Kurfürst von Sachsen und seine Mitverwandten jene erste Entscheidung verwarfen und den Reichstag zum Theil verliessen, und sagt dann, der Kaiser und die andern Stände hätten sich gelobt, „bei dem alten wahren lang hergebrachten christlichen Glauben und Religion, auch desselben ehrlichen, löblichen Cäremonien und Gebräuchen, in gemeiner Kirchen bisanher geübt, festiglich zu bleiben und zu halten, auch denen vor Entscheidung nächstkünftigen Generalconcilii keine Aenderung thun zu lassen". Nach langer Aufzählung von vielen eingerissenen Neuerungen in Lehre und Gebräuchen heist es, die sollten nun durch Reichsbeschluss alle abgethan und cassirt sein und man wolle darauf halten, dass die Neuerer bis zum nächsten Concile mit den andern Christen sich vereinigten und verglichen. Zu dem Ende giebt der Abschied eine Reihe von auf Einzelnes bezüglichen Geboten und Verboten, die z. Th. gar theologisch lauten, wie wenn es z. B. heisst: „nachdem aus der h. Schrift offenbar ist, dass der blose Glaube allein, ohne Liebe und gute Werke, nicht gerecht macht, auch Gott die guten Werke an vielen Orten der h. Schrift von den Menschen erfordert, soll der vorangeregte Artikel, dass der Glaube allein gerecht mache und gute Werke verworfen werden sollen, nicht gepredigt noch gelehrt werden". „Wir wollen, — erklärt der Kaiser mit der Mehrheit — dass diesem unserm Abschied gänzlich gelebt und nachkommen und er in allen seinem Inhalt, Meinung und Begriffen vollzogen werden soll, unangesehen aller anderer aufgerichteten Abschiede auf unsern vor gehaltenen Reichstagen, soviel die unserm Abschied und Ordnungen des Glaubens halben in Etwas zuwider oder abbrüchig sein möchten; desgleichen auch unangesehen aller Ein- und Widerrede, Opposition und Appellation, so hiergegen sind und ohne ein gemein Concilium uns oder sonst Jemand geschehen sind oder geschehen werden; welche alle an ihnen selbst nichtig und wir solche aus beweglichen Ursachen, so darnach in berührte vorige Abschiede gefallen sind, aus unserer kaiserlichen Machtvollkommenheit und mit gemeldter unserer gehorsamen Kurfürsten, Fürsten und Stände des Reichs gemeinem zeitigen Rath und Willen als nichtig abgethan und aufgehoben haben wollen, alles bei Vermeidung unserer und des Reichs

Strafe, die wir uns nach Gelegenheit der Sachen und wie sich gebührt zu thun, vorbehalten".

Nach der in diesem Abschiede ausgesprochenen Anschauung war also die Sachlage die: das Wormser Edict von 1521 besteht noch vollkommen zu Recht und muss ausgeführt werden; was seitdem dagegen geschehen, die Geschichtsentwicklung der letzten neun Jahre, ist als Unrecht gegen Gott und Menschen rückgängig zu machen; das Zugeständnis des Speierer Reichstages von 1526 gilt nicht mehr; die Protestation der Evangelischen vom Speierer Reichstage von 1529, auf die sie sich noch jetzt wieder berufen haben, ist nichtig und werthlos. Was bisher in der Kirche gelehrt und geübt war, soll auch ferner im Reiche im unverkümmerten Bestande bleiben und wo es abgeschafft, wiederhergestellt werden. Die Protestirenden sind aus der Schrift widerlegt und haben nur bis zum 15. April des nächsten Jahres Bedenkzeit erhalten, ob sie sich fügen wollen. Dafür, dass sie nach jenem Zeitpuncte Gehorsam leisten, wird das Reich sorgen und schon jetzt — so lautete ein merkwürdiger, Aufsehn erregender [1]) Artikel — schon jetzt sollen die altgläubigen Christen, welche in dem Gebiete der Protestirenden ansässig sind, mit Habe, Weib und Kindern in Schutz von Kaiser und Reich stehen. Die Einheit des Glaubens wird im Reiche erhalten. Was etwa in der Kirche reformirt werden könne, bleibt dem bevorstehenden Concil überlassen.

Dies die Gedanken der Mehrheit von dem, was im Reiche Recht sei und was demgemäss zu thun sei. Sie entsprachen ohne Zweifel den bisher allgemein gültigen kirchlichen Anschauungen. Aber eben diese standen in vielen Stücken mit der biblischen Wahrheit und mit dem natürlichen Recht in Widerspruch. Das war von Vielen erkannt. Und dazu widersprach jenen Anschauungen jetzt im Reiche ein schon ziemlich mächtiger Thatbestand: das Dasein einer evangelischen Kirche, die von einer zu Selbständigkeit aufstrebenden und auf Vertheidigung ihrer Rechte bedachten staatlichen Gewalt beschützt ward. Die Frage war, ob die alten Anschauungen mit den ihnen zur Verfügung stehenden Kräften dieses Widerspruchs noch einmal würden Herr werden?

---

1) *C. R. 2, 443.*

II.

Die Apologie des Bekenntnisses.

1.

Die Entstehung der Apologie.

Der Reichstagsabschied hatte die schon in dem vorläufigen Entwurfe aufgestellte Behauptung wiederholt, das Bekenntnis der Evangelischen sei „durch die heiligen Evangelien und Schriften mit gutem Grund" widerlegt, eine Behauptung, mit der man römischerseits nicht nur anerkannte, dass die protestirenden Stände auch in diesem Bekenntnis die h. Schrift allein als die entscheidende und höchste Autorität deutlich genug hinstellten[1]), sondern auch solchem Verhalten ein unwillkürliches Zeugnis vollster Berechtigung gab. Um so mehr war es nun Pflicht der Evangelischen, die Irrthümlichkeit dieser Behauptung zu erweisen. In der Erwartung, dass man sie so behandeln würde, hatten sie sich schon gerüstet und übergaben am 22. September in der Versammlung, vor der jene Behauptung ausgesprochen ward, ihre fertige Antwort, eine Vertheidigung ihres Bekenntnisses aus der Schrift. Nach Zurückweisung derselben konnten sie sich zunächst mit einem einfachen Proteste begnügen. Als dann aber dieselbe Behauptung in dem endgültigen Reichstagsabschiede öffentlich vor aller Welt wieder aufgestellt ward, musste auch von ihrer Seite neben der Wiederholung des Protestes öffentlich etwas dagegen geschehen, wenn schon die Stände selbst und als solche vor dem 15. Apr. 1531 nicht genöthigt waren, sich zu erklären.

Zuerst trat Luther mit Beginn des nächsten Jahres auf, nannte in seiner „Glosse auf das vermeinte kaiserliche Edict" es eine offenbare Lüge, „dass sie rühmen, unser Bekenntnis sei durch die heiligen Evangelia verlegt", und suchte die innere Verlogenheit der eigentlichen Urheber des Edictes nachzuweisen [2]). Aber diese heftige Streitschrift entsprach doch dem,

---

1) Gegen den wunderlichen Satz der Grundtvigianer, die Augustana kenne das sog. Schriftprincip nicht, vgl. die treffliche Schrift von Dr. P. Caspari, Den augsburgske Confessions og Luthers lille Catechismes Stilling till den hellige Skrift. Et Bidrag till Besvarelsen af Sporgsmaalet om den sande Lutherdom. Christiania 1872.

2) WW. 25, 54.

was nöthig war, noch nicht. Hier bedurfte es einer ruhigen und gründlichen Widerlegung, die geeignet war, alle Billigen und Verständigen zu überzeugen. Als das Nächstliegende konnte es erscheinen, jene von Melanthon verfasste Apologie zu veröffentlichen, mit welcher die evangelischen Stände zufrieden gewesen waren und die sie am 22. Sept. dem Kaiser überreicht hatten. Aber nun war der Verfasser selbst nicht mehr mit jener in aller Eile gefertigten Arbeit zufrieden. Um der im Namen aller Evangelischen zu gebenden Antwort die rechte Wirkung zu sichern, wollte er sie erst völlig ausreifen lassen [1]).

Dass eine Antwort nöthig sei, war den Evangelischen nach Verlesung der päbstlichen Confutatio ganz unzweifelhaft. Vielleicht hat Melanthon schon in den nächstfolgenden Tagen zur Feder gegriffen und im Vereine mit einigen Andern den Entwurf einer solchen aufgesetzt. Und vierzehn Tage später kam auch schon von Nürnberg, wohin die Gesandten Angaben über den Inhalt der Confutatio geschickt hatten, ein ähnlicher Entwurf [2]). Er war von Osiander aufgesetzt und sollte Melanthon zur Benützung eingehändigt werden. Osiander betonte darin besonders, dass man den Anspruch der Gegner, die Kirche habe über Glaubenslehren zu entscheiden, zurückweisen und Alles dem Worte Gottes unterwerfen müsse und gieng dann eine Anzahl der gegen das Bekenntnis gemachten Einwürfe durch, um sie als unbegründet zu erweisen. Seine Arbeit war durchaus noch keine fertige, sondern nur eine Sammlung von Bemerkungen zur Beihülfe für Melanthon, den man evangelischerseits naturgemäss als den mit der Antwort zu Betrauenden ansah. Am 29. August, als die Ausgleichsverhandlungen fehlgeschlagen waren, erhielt er den Auftrag, eine Antwort, die man dem Kaiser übergeben könne, abzufassen [3]). Er machte sich eiligst an die Arbeit, die ihm dadurch erschwert ward, dass von der gegnerischen Confutatio keine Abschrift vorlag, sondern er sich nur auf das beziehen konnte, was Camerarius und einige Andre während der Verlesung, welcher er selbst nicht beiwohnen durfte, mit schneller Hand nachgeschrieben hatten. Dazu fehlte es ihm an ungestörter Zeit, denn immer noch zogen sich Verhandlungen, zu denen man ihn brauchte, fort und wer bei den Protestirenden

---

1) Ueber dies Ausreifen, die Literargeschichte der Apologie, weitaus das Vollständigste und Beste von Bindseil *C. R. 27, 244 etc.*

2) *C. R. 2, 289, 383.* Der Entwurf bei *Coelestinus, Historia Com. 3, 84—87*; dazu Möller, Andreas Osiander S. 139.

3) *C. R. 2, 321.*

des Rathes bedurfte, wandte sich an ihn. Erst um die Mitte des nächsten Monates, gerade damals als die Misstimmung der eignen Parteigenossen gegen ihn am stärksten war, konnte er sich etwas mehr zurückziehen und nun gelang es ihm auch in wenig Tagen, die zu ertheilende Antwort in lateinischer und deutscher Sprache zu vollenden. Ihm stand zu ihrer Abfassung weitaus nicht so viel Zeit zu Gebote wie bei der Ausarbeitung des Bekenntnisses; er konnte daher auch lange nicht so daran feilen. Sie ward dann von den protestirenden Ständen nicht unterzeichnet und bei der Ueberreichung vom Kaiser nicht angenommen. So ist die Vertheidigung des Bekenntnisses in dieser ihrer ursprünglichen Form, mit der man damals zufrieden war, nicht zu allgemein gültiger Anerkennung gekommen. Dennoch bleibt auch sie immer ein beachtenswerthes und für den Zeitpunct bedeutsames Actenstück [1]).

Wieweit Melanthon sich durch Osianders Arbeit habe bestimmen lassen, kann nicht gesagt werden. Es fehlt nicht an vielen Berührungen; aber diese beweisen für das Einzelne nicht genügend. Denn die Vorlage war für beide die gleiche; ihr Standpunct im Wesentlichen derselbe, so dass sie von selbst im Urtheilen und Beweisen vielfach zusammentreffen mussten. Natürlich ist die Arbeit Melanthons um Vieles vollendeter und abgeglätteter als die flüchtig hingeworfenen Bemerkungen Osianders. Sie war wohl geeignet, dem Kaiser übergeben zu werden und überragte die Confutatio der Päbstlichen auch in der Form bedeutend. Dennoch ist es der evangelischen Kirche nicht zum Schaden ausgeschlagen, dass der Kaiser die Annahme verweigerte. Die dadurch gebotene und von Melanthon, der sich nie genug thun konnte, tüchtig ausgebeutete Möglichkeit einer Ueberarbeitung hat das Werk noch sehr gefördert. Die Apologie, so wie sie im nächsten Jahre erschien, ist viel ausgereifter, in der Abwehr schneidiger, im Begründen stärker.

Selbstverständlich liess Melanthon sich für Inhalt und Umfang seiner „Antwort" durch die Confutation seiner Gegner bestimmen. Was sie am Bekenntnis gebilligt hatten, berührte er nicht weiter. War doch im Bekenntnis selbst eine Hauptabsicht gewesen, die Uebereinstimmung der Evangelischen mit der Lehre der allgemeinen Kirche zu erweisen. Jedes derartige Zugeständnis der Gegner nahm Melanthon also einfach an und gieng nur auf die Puncte ein, hinsichtlich deren ein Abweichen, ein Ab-

---

1) Am besten abgedruckt *C. R. 27, 275 etc.* .

irren der Evangelischen behauptet ward. Dabei war es dann sein Bestreben zu zeigen, dass die Gegner in der Auffassung und Darstellung der evangelischen Lehre irrten und zwar oft böswillig irrten, und zugleich dass das evangelische Bekenntnis in der That die Wahrheit lehre. Melanthon äusserte brieflich, er habe nicht nur genau, sondern auch scharf geschrieben [1]). Und wirklich schlägt die Apologie einen etwas stärkeren Ton an, als das Bekenntnis. Der Verfasser versäumte aber nicht, gleich hinzuzufügen, das gelte in keiner Weise dem Kaiser, sondern nur den so ungeschickten und unehrlichen Gegnern. Wie man bisher zwischen diesen und dem Kaiser sorgfältig unterschieden und sie als eine blose, in der Kirche nicht berechtigte Partei behandelt hatte, so geschah es auch jetzt. Melanthon warf ihnen vor, sie hätten „unbedächtig und unfreundlich" gehandelt; man müsse sich billig wundern, dass sie kein Bedenken trügen, so ungereimte Sachen mit dem Namen des Kaisers, dessen Trefflichkeit und Güte der Erdkreis kenne, zu decken. Ihm wollten noch immer die Evangelischen, soweit ihr Gewissen es erlaube, gerne gehorchen; hingegen mit solchen Widersachern wollten sie nichts zu thun haben.

Den Beweis dafür, dass die evangelische Lehre die wahre sei, stützte Melanthon auch diesmal durchweg auf die Schrift als das allein Entscheidende. Wenn die Gegner sagen, man müsse den Beichtenden noch Werke der Genugthuungen auflegen, so können sie das nicht aus der Schrift beweisen. Die Schrift vielmehr sagt: Christus ist die Sühne für unsere Sünden. Durchweg verwirft die Schrift die Meinung, dass wir durch selbstersonnene Cäremonien Gott versöhnen können. Und ebenso giebt es kein Schriftzeugnis dafür, dass man die Heiligen anrufen solle. Besonders tritt diese Betonung der Schriftautorität im zweiten Abschnitte, der von den Misbräuchen handelt, hervor. „Man muss ein klares und gewisses Schriftzeugnis der menschlichen Autorität vorziehen". Hier waren ja alle sieben Artikel von den Gegnern angegriffen; so ward es nöthig, hier auch um so eingehender und schärfer zu antworten. Was das Letztere, die Schärfe betrifft, so zeigt sie sich am meisten in dem Abschnitt über die Gelübde. Heut zu Tage, heisst es da, bergen die Klöster nur faule Bäuche, die unter dem Vorwande besonderer Frömmigkeit öffentliches Almosen verschlemmen. Die Dringlichkeit, mit der die Ordensleute ihre Wiederherstel-

---

2) *C. R. 2, 383.*

lung im Reiche vom Kaiser verlangten[1]), mag die Veranlassung dieser besondern Schärfe gewesen sein. — Ueberall wird im zweiten Theile nachgewiesen, wie die Schrift den von den Gegnern vertheidigten Misbräuchen widerspreche und die Christen zur Aufgabe solcher Misbräuche nöthige.

Neben der Berufung auf die Schrift ist auch hier das Bestreben Melanthons bemerkbar, zu zeigen, dass die allgemeine Kirche, besonders die ältere, Zeugnis für die Evangelischen und ihr ganzes reformatorisches Thun ablege. Wir, sagte er, lehren über die Erbsünde dasselbe, was die katholische Kirche hält. Unsre Lehre von Glauben und Werken ist durchaus katholisch, denn die katholische Kirche hat immer das Vertrauen auf die Werke verworfen. Hinsichtlich der Messe halten wir die Sitte der alten Kirche fest. Dafür berief Melanthon sich dann auf Augustin, Hilarius, Ambrosius u. A., während er den Gegnern vorwarf, sie steckten in der Scholastik, welche Philosophie in die Theologie einschleppte und sich längst musste corrigiren lassen.

Diese Berufung auf die alte Kirche war aber natürlich nicht entfernt als eine Ergänzung des Schriftbeweises gemeint. Als solche wäre sie mit der Art, wie überall die Schriftautorität betont wird, schlechthin unverträglich gewesen. Melanthon zog die alte Kirche an, nicht um durch sie die Wahrheit beweisen zu lassen, sondern um ihr Zeugnis zu benutzen gegen den Vorwurf, welchen man den Evangelischen machte, sie seien abgefallen. Wir erinnern uns, wie noch beim Reichstagsabschiede die protestirenden Stände gegen die Bezeichnung „Secte" Verwahrung eingelegt hatten. Dasselbe und nur dies beabsichtigte Melanthon mit seinen Verweisungen auf die Väter und die Kirche des Alterthums.

Dem Zwecke, für welchen Melanthon zunächst gearbeitet hatte, war durch die von ihm verfasste Apologie ohne Zweifel Genüge geschehen. Dennoch glaubte er am Schlusse bemerken zu müssen, wenn den Evangelischen die Confutatio wäre nicht blos vorgelesen, sondern zugestellt und eingehändigt worden, so hätten sie „vielleicht auf diese und mehr Puncte richtigere Antwort geben mögen". Man würde irren, wenn man daraus schliessen wollte, dass er die Wahrheit und Richtigkeit der von ihm dargelegten Lehre noch irgendwie bezweifelt hätte. Nur ob die „Antwort" richtig sei, war ihm nicht ganz gewiss,

---

[1]) Vgl. oben S. 64.

weil er das, worauf er hatte antworten müssen, die Einwürfe der Gegner, nur unvollkommen kannte. Aber eine gewisse Unbefriedigtheit spricht sich allerdings in jenem Schlussworte aus, und die war es, welche, als die Möglichkeit des Umarbeitens und Nachbesserns sich zeigte, als zugleich durch die beabsichtigte Veröffentlichung die Aufgabe in Etwas sich änderte, ihm wieder die Feder in die Hand drückte.

Man hat Melanthon einen Vorwurf daraus gemacht, dass er die Apologie noch veröffentlichte, nachdem auch die Confutatio zurückgehalten war[1]). Allein dieser Vorwurf ist unverständig und unbillig. Ein Anfang mit der Veröffentlichung der dem Reichstage vorgelegten theologischen Streitschriften war einmal gemacht. Noch während die Stände in Augsburg beisammen waren, erschien eine Ausgabe vom deutschen Texte des evangelischen Bekenntnisses[2]). Die Veröffentlichung war, wie es nach der sprachlichen Gestalt des Textes erscheint, in der Schweiz geschehen und die protestirenden Stände selbst standen ihr durchaus fern. Schon der eine Umstand, dass nur der deutsche Text, den allein die Verlesung einem grösseren Kreise zugänglich gemacht hatte, gedruckt war, konnte das jedem Unbefangenen beweisen; selbst ein Cochleus sagt, die Bekanntmachung sei ein Werk der Buchdrucker gewesen[3]). Jedenfalls war nun das Bekenntnis gedruckt. Es folgten dann im Laufe des Jahres noch fünf Drucke des deutschen und einer des lateinischen Textes. Als jener erste Druck erschienen war, beschloss auch der Kaiser, der ja anfänglich alles Veröffentlichen dieser Schriften streng untersagt hatte, das Verheimlichungssystem aufzugeben, und beauftragte einige Theologen, unter ihnen besonders den Cochleus, die Confutatio in Augsburg drucken zu lassen. Der Auftrag blieb hauptsächlich nur deshalb unausgeführt, weil Cochleus sich fürchtete, allein die Heimreise zu machen und sich daher seinem am 20. October Augsburg verlassenden Herrn, dem Herzog Georg, anschloss[4]). Mochten nun die Evangelischen von dem letzteren Auftrage Kunde haben oder nicht, jedenfalls musste ihnen daran liegen, dass

---

1) *Cochleus*, Velitatio B 1ª.
2) *Cochleus*, Velitatio A 3ᵇ.
3) Anders freilich *Philippicae quattuor D 3ª*; aber dies ist in grosser Erbitterung geschrieben.
4) *Commentaria Joannis Cochlaei, de actis et scriptis Martini Lutheri Saxonis. Mogunt, 1549 p. 217.* Dazu *Heumanni*, docum. lit. p. 87.

ihr Bekenntnis gerade so, wie es übergeben war, bekannt würde. Sie konnten nicht wohl anders, als eine Veröffentlichung desselben in Aussicht nehmen.

Ebenso ward jetzt die Veröffentlichung der Apologie zur Nothwendigkeit. Zur Abfassung derselben hatte das gegnerische Vorgeben genöthigt, ihr Bekenntnis sei aus der Schrift widerlegt und sie als Ketzer überwiesen. Als nun am Schlusse des Reichstages diese Behauptung im Abschiede wiederholt und damit zu einer vor aller Welt öffentlichen gemacht war, mussten sie auch ihre begründete Abwehr derselben aller Welt vorlegen und zugänglich machen. Das Beharren bei der Unwahrheit seitens der Gegner erwies diesen Schritt als einen unumgänglichen und zugleich erforderte die Rücksicht auf einen grösseren, bisher noch nicht sosehr in den Streit hereingezogenen Theil der Christenheit ein weiteres Eingehen auf die Sache, als es in Augsburg selbst nöthig gewesen war.

Durch die Reichstagsverhandlungen, auf welche man von auswärts mit Spannung blickte [1]), war die Sache der Reformation noch weit mehr als zuvor zu einer allgemeinchristlichen geworden. Man wusste, dass die Römischen sich um den Beistand anderer Mächte bemühten und darauf hofften. Da war es wohl selbstverständlich, dass die Evangelischen, dieser Wendung folgend, nun auch die ganze Christenheit mehr ins Auge fassten und ihr ein richtiges Urtheil in der Sache zu ermöglichen suchten. Jemehr ihnen dies gelang, um somehr ward nicht nur die Wahrheit gefördert, sondern auch ihnen selbst Sicherung gegen rohe Gewalt geboten. Dies Bestreben trat denn auch jetzt in einer selbst den Gegnern auffälligen Weise hervor [2]) und ihm zu dienen war keiner so geeignet, wie Melanthon, der eben deshalb von den Römischen Theologen so Gefürchtete und Gehasste. „Es ist uns viel leichter — schreibt Cochleus —, mit Gottes Hülfe die wüthenden Angriffe Luthers zu ertragen als die Künste und die Arglist dieses Rhetors aufzudecken. Philippus schadet um so viel mehr, als Gelehrte und Ungelehrte geneigt sind, ihm vor Luther Glauben zu schen-

---

1) Vgl. z. B. die Briefe aus Italien. *C. R. 2, 226, 243.*

2) *Cochleus, Philippicae; praefatio ad Episcopum Cracoviensem; idem, Velitatio A 4ᵇ.* Dazu: Mathesius, Historien von Dr. Martini Luthers Anfang u. s. w. Nürnberger Quartausgabe von 1566 Bl. 100ᵇ, 120ᵃ. *C. R. 27, 421.* Besonders zu beachten hierfür sind die Zuschriften der evangelischen Stände an die Könige von Frankreich und England im Febr. 1531; vgl. *C. R. 2, 472 sqq.*

ken. Denn er ist einschmeichelnder in Worten, ehrbarer in Werken, schärferen Sinnes, glatter im Stil, friedfertiger in den Mienen, in allen Kunstgriffen gewandter, in der Redekunst geübter, in den Sprachen gelehrter; kurz er ist weit mehr mit allen Gaben ausgerüstet, ist umgänglicher und liebenswürdiger. Dazu ist er nicht ein Abtrünniger wie Jener, kein Verletzer des Heiligthums, hat nicht Nonnen Gewalt angethan wie Luther, sondern er ist ein richtiger Ehemann; er ist kein Stifter einer neuen Secte, nicht mit Nennung seines Namens gebannt, nicht vom Kaiser geächtet. All dieses macht es uns viel schwerer und unangenehmer, mit ihm als mit Luther zu streiten."

Als Melanthon nach Augsburg zog, arbeitete er unterwegs an der dem Kaiser vorzulegenden Verantwortung. Während der Rückreise beschäftigte ihn unausgesetzt die neue Arbeit an der Apologie. In Altenburg, wo man in Spalatins gastlichem Hause einkehrte, schrieb er sogar über Tisch, sodass Luther aufstand und ihm die Feder aus der Hand nahm mit den Worten: „man kann Gott nicht allein mit Arbeit, sondern auch mit Feiern und Ruhen dienen [1]). Nach Wittenberg zurückgekehrt setzte er seine Umarbeitung unermüdlich fort [2]). Sie war ihm insofern erleichtert, als er nun eine Abschrift der Confutatio erhalten hatte und zur Begründung in aller Musse ganz andre Hülfsmittel benutzen konnte. Aber um so grössere Ansprüche machte er jetzt auch an sich. Es schien wieder, als könne er sich nicht genügen. Besondere Mühe machte ihm der Artikel von der Rechtfertigung. Da auf diesen das Meiste ankam, wollte er ihn mit der möglichsten Klarheit und Bestimmtheit fassen und allen falschen Ausdeutungen und Verwendungen vorbeugen. Einmal nahm er sechs von ihr handelnde Bögen, die schon gedruckt waren, zurück und liess sie umdrucken. So wuchs ihm das Werk unter den Händen ganz ungemein und die Zeit der Vollendung verzögerte sich über Erwarten. Schon im November 1530 war der Druck begonnen und erst im April des nächsten Jahres konnte er seinem Freunde Camerarius melden: „meine Apologie wird in diesen Tagen ausgegeben werden und Du sollst sie dann erhalten."

---

1) **Mathesius** Bl. 152ᵃ. M. war damals selbst in Altenburg anwesend, Bl. 108ᵇ.

2) Die Stellen, an welchen er bis zur Vollendung des Druckes hiervon redet, sind soweit ich sehe, *C. R. 2, 438, 440, 470, 484, 485, 486, 488, 492, 493, 494, 495.*

So erschien denn nun gerade in den Tagen, bis zu welchen nach dem Reichtagsabschiede die protestirenden Stände ihre entscheidende Antwort geben und nichts Neues in Glaubenssachen drucken lassen sollten, die erste vom Verfasser selbst veranstaltete Ausgabe des Bekenntnisses und der Apologie. Man möchte meinen, dass dies Zusammentreffen kein zufälliges war. Kam doch auch wenige Tage vorher Luthers Schrift: „Glossen auf das vermeinte kaiserliche Edict" [1], heraus in Betreff deren Luther dem Kurfürsten erklärte, er habe sie ausgehen lassen, weil Jener sammt den ihm verwandten Ständen zu dem Treiben der Gegner „nu länger denn ein halb Jahr geschwiegen und solche gefährliche und misliche Geduld allzu einen grossen Uebermass beweiset" [2]. Dennoch wird man diese Auslegung aufgeben müssen. Wenigstens liegen gar keine Anzeichen dafür vor, dass Melanthon an einer früheren Veröffentlichung durch irgend etwas Anderes verhindert war als dadurch, dass er seine Arbeit nicht eher abschliessen konnte. Er klagte über die Verzögerung als eine unerwünschte und der Sache nicht förderliche. Und ebenso war bei Luther nur Kränklichkeit, — er litt an heftigen Steinschmerzen, — die Ursache, weshalb er die schon länger in Angriff genommene Schrift nicht früher ausgehen liess [3].

2.
Der Inhalt der Apologie.

Die Apologie erschien zusammen mit der ersten vom Verfasser selbst veranstalteten Ausgabe des Bekenntnisses, dessen Veröffentlichung auch durch die langwierige Arbeit an der Apologie verzögert war. Beide vereint sollten die Evangelischen vor aller Welt rechtfertigen und die Grundlosigkeit der gegnerischen Vorwürfe aufdecken. In dem Vorworte Melanthons, welches auch über die Geschichte der Apologie kurzen Bericht erstattete, war dieser Zweck scharf und klar ausgesprochen und ein näheres Eingehen auf den Inhalt dieser Schrift und die Darstellung in den einzelnen Artikeln wird erkennen lassen, wie sehr er sich Mühe gegeben hatte, solchen Zweck recht vollständig zu erreichen.

Dem Leser tritt alsbald entgegen, dass nicht nur die ein-

---

1) WW. 25, 51—88.
2) de Wette, 4, 239.
3) C. R. 2, 488; dazu de Wette 4, 229.

zelnen Artikel sehr viel weiter ausgearbeitet sind, sondern dass auch die Stellung der römischen Gegner zu allen Artikeln des Bekenntnisses angegeben wird. Es musste Melanthon darauf ankommen, in dieser auf die weitesten Kreise berechneten Schrift gerade auch die Puncte hervorzuheben, hinsichtlich deren die päbstlichen Theologen die Rechtgläubigkeit der Evangelischen ausdrücklich anerkannt hatten. Er wollte ja auch jetzt mit dieser Abwehr bei aller Schärfe gegen die Verfasser der Confutatio die kirchliche Einigkeit fördern; behielt er doch zu solchem Zwecke, wie es schon bisher seine Art gewesen, möglichst „die gewöhnliche Weise von christlicher Lehre zu reden und zu handeln" bei. Er wünschte Allen das Verständnis nach Kräf- zu erleichtern.

Gleich der erste Artikel: von Gott gab ihm Gelegenheit, die Rechtgläubigkeit der Evangelischen als eine unzweifelhafte zu behaupten. In der Confutatio wie auch in besonderen Gutachten z. B. von Eck und Cochleus [1]) war es offen ausgesprochen, dass bezüglich der Dreieinigkeitslehre die Evangelischen ganz mit der Römischen Kirche übereinstimmten. Melanthon unterliess es deshalb auch, über diesen Punct in der Apologie sachlich irgend etwas hinzuzufügen. Jenes Zugeständnis genügte ihm. Er bemerkte nur noch, dass bei den Evangelischen immer so gelehrt sei. Zu dieser Bemerkung gab ihm die schon während des Reichstages mehrfach aufgetauchte Behauptung der Gegner Anlass, dass Luther und die Seinen sich nicht gleich blieben in ihren Lehren und man darum auf ihre jeweiligen Aussagen kein sonderliches Gewicht legen dürfe [2]). Dem wollte er begegnen. Und daneben betonte er noch, was im Bekenntnis nicht geschehen war, dass man für diese Lehre feste und gewisse Zeugnisse in der heiligen Schrift habe. Auch das geschah nicht ohne guten Grund. Die Confutatio nämlich hatte

---

1) *C. R. 27, 84; Coelestini Histor. Comit. 2, 234^b; 3, 36^a.*
2) Vgl. oben S. 36. Die Durchführung dieser Behauptung ist der Zweck des schon erwähnten Buchs v. *Andreas Fabricius, Harmonia Confessionis Augustanae, doctrinae evangelicae consensum declarans. Colon. 1573.* Es ist für die Beurtheilung der Römischen Theologie in den nächsten Jahrzehnten von Bedeutung, indem es ausser der *Confutatio* noch die *Philippicae Alphonsi Virvesii,* die *Discussiones Joannis Cochlei,* die *Refutatio Joannis a Daventria,* das *Judicium Hoffmeisteri* und die *Animadversiones* des *Fabricius* selbst bringt.

gesagt, man könne den ersten Artikel des Bekenntnisses annehmen, weil er zur Glaubensregel und mit der Römischen Kirche stimme, und hatte dann besonders die Autorität des Nicänischen Concils erhoben. Dies war, wie man aus dem ersten Entwurfe der Confutatio sieht, sehr mit Absicht geschehen [1]). Man hatte zu allem Anfang die Autorität der Kirche als die entscheidende hinstellen wollen, um dies dann an andern Stellen benützen zu können. Eben deswegen trat Osiander, der den Zweck der Römischen klar durchschaute, in den ersten Sätzen seines Entwurfes scharf dagegen auf und sprach das Schriftprincip mit aller Bestimmtheit aus [2]). Eben deshalb bezog sich Melanthon hier einfach auf das Zeugnis der Schrift als das genügende und entscheidende. Seine kurzen Worte erhalten durch den unverkennbaren Gegensatz, in welchem sie gemeint sind, hinreichend ausschliessende Kraft.

Schwer zu sagen ist, weshalb Melanthon auch noch den letzten Satz hinzufügte. Jedenfalls will dieser Satz mit der allgemeinen Verwerfung aller antitrinitarischer Irrlehre darin noch etwas zur Aussage des Bekenntnisses hinzufügen, dass er alle so Lehrenden als vom Christenglauben und damit von der Kirche Abgefallene bezeichnet. In der evangelischen Kirche soll irgend welche Leugnung der göttlichen Dreieinigkeit nicht als zulässig oder gar berechtigt gelten. Melanthon schreibt: *constanter*, und dies Wort wird eine Andeutung davon enthalten, weshalb er überhaupt den Satz noch beifügte. Es muss eine Veranlassung dazu gegeben haben, die im Bekenntnis ausgesprochene Verurtheilung der Ketzerei zu wiederholen. Nun wird sich zwar nicht nachweisen lassen, dass irgend einer der Römischen Theologen den Wittenbergern geradezu vorgeworfen habe, sie leugneten die Dreieinigkeit; wohl aber war es stehender Gebrauch in den päbstlichen Kreisen, alle neu aufkommenden Irrlehren auf Luther als ihren eigentlichen Urheber zurückzuführen und ihn dafür verantwortlich zu machen. Daher mussten die Evangelischen immer wieder ausdrücklich dieser Gemeinschaft sich erwehren, besonders in einer für das Ausland bestimmten Vertheidigungsschrift. Denn die auswärtigen Christen, unfähig die in deutscher Sprache verfassten Hauptlehrschriften Luthers zu lesen, vielfach in nationaler Antipathie ihm von vornehcrein schon abgeneigt, waren solchen von Rom ausge-

---

1) Vgl. oben S. 37.
2) *Coelestini Histor. Comit.* 3, 84.

benden Verläumdungen sehr zugänglich. Dazu mag jetzt für Melanthon auch bestimmend gewesen sein, dass Campanus, auf den man bei der Abfassung des Bekenntnisses noch keine Rücksicht zu nehmen brauchte [1]), nunmehr mit seiner Irrlehre offen hervorgetreten und als Ketzer in die Hände der Römisch-Katholischen gerathen war [2]). Da er sich zuletzt längere Zeit in Wittenberg aufgehalten hatte, lag es doppelt nahe, dass man diesen Umstand gegen die Evangelischen ausbeuten würde. Um so mehr war es für sie Pflicht, im Voraus der Gemeinschaft mit ihm und seinesgleichen sich zu erwehren. Melanthon, der schon lange gefürchtet hatte, Zweifelsucht werde die Trinitätslehre angreifen, und der in den dann sich erhebenden Angriffen eine Fort-

---

1) Vgl. meine Einleitung 2, 158; gegen Zöckler, Die augsburgische Confession als symbolische Lehrgrundlage der deutschen Reformationskirche S. 132. Im Jahre 1531 schrieb Cochleus *Philippicae quattuor C 2ᵃ*, nachdem er an die Häresieen des Arius, Valens, Paulus von Samosata und Artemon erinnert: *quam sane impietatem et hodie ex germine Luthericae ac Philippicae doctrinae renovat serpens antiquus in Catabaptistis, qui Christum non Deum verum, sed prophetam quendam et purum hominem delirant. Quodsi Christus non debeat dici homousios, id est consubstantialis patri, ut Lutherus contendit; et si verum sit, non tam Christum Deum esse, quam per Christum omnia donari, ut Philippus rhetoricatur: quid obsecro aliud inde sequatur, quam quod novi veterum haereticorum discipuli, Catabaptistae, concludunt, Christum non Deum verum (heu nefas et blasphemiam), sed purum fuisse hominem?* Auch hier wird Campanus noch mit keiner Silbe von dem scharf aufpassenden Gegner erwähnt. Melanthon nennt ihn noch in Verbindung mit einer andern Lehre erst *C. R. 15, 496* im Herbste 1531. — Dann berichtet Cochleus in den *Commentaria de actis et scriptis Lutheri p. 234*, beim Reichstage zu Regensburg im Sommer 1532 sei zuerst das Buch Servets gegen die Trinitätslehre aufgetaucht und habe Viele geärgert. Er fügt hinzu: *eodem tempore insurrexit adversus ecclesiam quidam Germanus ex terra Juliacensi, Joannes Campanus, qui Lutheri discipulus per biennium fuerat Vittenbergae.* Man sollte jetzt die Meinung aufgeben, dass in der Confession schon eine directe Bezugnahme auf Campanus stattfinde; die Römischen Theologen wussten damals von seiner Irrlehre noch nichts und die evangelischen hatten daher keinen Grund, sich der Gemeinschaft mit ihm zu erwehren.

2) *C. R. 2, 228, 513; 2, 29*, wozu Trechsel, die Antitrinitarier 1, 31. Ferner Vogt, Johannes Bugenhagen Pomeranus S. 339. Zu dem in meiner Einleitung 2, 152—158 über die antitrinitarischen Wiedertäufer Beigebrachten vgl. noch über die sog. Sattlerianer: Bouterwek, die Reformation im Wupperthale und Peter Lo's Antheil an derselben, S. 52—53. Servet wird von Mel. nicht vor dem 9. Febr. 1533 genannt.

entwickelung der Zwinglischen Theologie sah [1]), that das in dem kurzen aber scharfen Schlusssatze unseres Artikels.

Der zweite Artikel des Bekenntnisses war nicht nur von den Gegnern theilweise beanstandet worden, sondern betraf auch einen Lehrpunct von grundlegender Bedeutung. Es war daher eine eingehendere Behandlung desselben in der Apologie wohl am Orte, wie denn auch schon Osiander in seinem kurzen Gutachten sich genauer über die Erbsünde geäussert hatte.

Die Confutatoren hatten ihr Einverständnis damit erklärt, dass im Bekenntnis der Erbschaden als Sünde bezeichnet ward, welche dem Tode und der ewigen Verdammnis unterwerfe. Das sei kirchliche Lehre. Aber an der dann hinzufügten Bestimmung der Erbsünde hatten sie Anstoss genommen. Wenn es im lateinischen Text hiess, in der Erbsünde geboren werden bedeute, von Geburt an *sine metu Dei, sine fiducia erga Deum* sein, so hatten sie erwiedert, solcher Mangel an Furcht vor Gott und Zuversicht zu ihm sei eine Thatsünde, die Schuld eines Erwachsenen, die man einem des Vernunftgebrauches noch nicht fähigen Kinde nicht zurechnen könne. Und wenn das Bekenntnis weiter sagte, in der Erbsünde geboren werden heisse *cum concupiscentia* geboren werden, so hatte die Erwiederung gelautet, das müsse man verwerfen, sobald die *concupiscentia* in dem Sinne und Maasse Sünde genannt werde, dass sie auch noch in dem Getauften Sünde bleibe. Nur dann könne man die Gleichstellung von Erbsünde und *concupiscentia* zugeben, wenn mit Augustin gelehrt werde, dass letztere durch die Taufe aufhöre, Sünde zu sein. Die Lehre Luthers, dass im Kinde nach der Taufe noch Sünde bleibe und dass die Lust den Eingang in den Himmel hindre, sei vom Pabste längst mit vollem Recht verdammt.

Dies waren die Einwendungen, auf welche Melanthon zu antworten hatte.

Schon im Entwurf hatte er den Gegnern einen Vorwurf daraus gemacht, dass sie seine Begriffsbestimmung der Erbsünde unnöthiger Weise angegriffen hätten. Ihr Verfahren zeige ebenso grossen Mangel an Urtheil wie an Ehrlichkeit und gutem Willen.

---

1) Vgl. *C. R. 2, 630* mit *2, 33*. Unter dem neuen Arianismus, den Luther in den nächsten Jahren öfter bekämpfte, z. B. opp. *18, 67, 76, 116*, ist ebenso auftauchender Rationalismus wie die Lehre der Wiedertäufer zu verstehen.

Auch jetzt (§. 1—3)[1]) begann er wieder mit diesem Vorwurfe. Sie hätten die nur ganz beiläufig und ohne Arg eingefügte Begriffsbestimmung zum Gegenstande einer böswilligen und verdrehenden Auslegung gemacht, indem sie den Evangelischen den Widersinn unterschöben, zu lehren, die Erbsünde bestehe in Etwas, das man anerkanntermaassen nur als Thatsünde fassen könne. Dieser Vorwurf ist doch nur theilweise ein billiger. Denn dass die Confutatoren eine Begriffsbestimmung, die ihnen als falsch erschien, angriffen, war durchaus natürlich. Ob sie nur beiläufig aufgestellt war, kam dafür gar nicht in Betracht. Hierin that Melanthon den Gegnern also zuviel. Dagegen war er im Rechte, wenn er ihnen verargte, dass sie sich nur an den lateinischen und nicht auch an den deutschen Text des Bekenntnisses gehalten hätten. Die klaren Worte des letzteren, in denen also das „können" vornehmlich zu berücksichtigen ist, würden ihnen gesagt haben, dass die evangelische Lehre, wenn sie den von Adam Geborenen Gottesfurcht und Vertrauen zu ihm abspreche, hiermit nicht blos einzelne Bethätigungen, sondern schon das Vermögen zu solchem Verhalten meine. Den Mangel dieses Vermögens aber könne man, ohne Widersinn zu begehen, auch den Neugebornen zuschreiben. Und ebenso sei unter der *concupiscentia* nicht ein einzelnes Verhalten, sondern die stetige Richtung des angebornen Wesens zu verstehen.

So wies Melanthon zuerst den Vorwurf der Ungereimtheit von der in dem Bekenntnis gegebenen Begriffsbestimmung der Erbsünde ab, und wollte dann zeigen, dass diese Bestimmung keineswegs eine Neuerung sei. Dies letztere war in der Confutatio, so wie sie verlesen ward, zwar nicht geradezu behauptet, aber in dem von Cochleus uns wenigstens theilweise aufbewahrten ersten Entwurfe der päbstlichen Theologen stand es allerdings [2]). Und wenn Melanthon auch die Veröffentlichung des Cochleus, welche gegen die Apologie gerichtet war, noch nicht benutzen konnte, so war er doch durch die Verhandlungen mit den Gegnern über deren Anschauungen und Urtheile hinlänglich unterrichtet. Wir dürfen als gewiss annehmen, dass Alles, was die päbstlichen Theologen ursprünglich in der Confutatio geltend machen wollten und dann dort auf Befehl des Kaisers zurückbehalten mussten, von ihnen bei den spätern Verhandlungen vorgebracht ward.

1) Die arabischen Zahlen im Text bezeichnen die kleinen Abschnitte in der Müller'schen Ausgabe des Concordienbuches.
2) *C. R. 27, 90.*

Ehe aber Melanthon diesen ihm so wichtigen Nachweis lieferte, wollte er noch rechtfertigen (§. 4—14), weshalb er überhaupt die zum Gegenstand des Streites gewordene Begriffsbestimmung seiner Zeit einfügte.

Zwei Gründe gab er an. Einmal die Rücksicht auf Zwingli und die Seinen; denn die waren es, welche Melanthon mit den „Einigen, die heut zu Tage mit wenig Frömmigkeit über die Erbsünde reden" meinte. In Marburg war dieser Streitpunct zur Sprache gekommen[1]), und Zwingli hatte eine befriedigende Erklärung gegeben. Aber seine Lehre von der Erbsünde war einmal öffentlich bekannt geworden und ward häufig auf Luther zurückgeführt. Grund genug für Melanthon, den Irrthum, dessen Vertreter er nicht nannte, im Bekenntnis zurückzuweisen. Und wie wenig den Schweizerischen Theologen damit Unrecht geschah, zeigte sich bald. Melanthon fand zu seinem grössten Erstaunen in dem Glaubensbekenntnisse, welches Zwingli gedruckt nach Augsburg schickte[2]), neben andern Irrthümern auch den über die Erbsünde wieder vorgetragen[3]). Das ganze Bekenntnis Zwinglis machte den übelsten Eindruck auf ihn wie auf die Evangelischen überhaupt[4]). Die päbstlichen Theologen aber bemächtigten sich seiner mit Freuden, um es trotz jener Verwahrung im Bekenntnis gegen die protestirenden Stände zu verwenden. „Noch um vieles unverschämter als Pelagius — schrieben sie im ersten Entwurf ihrer Confutatio — erscheinen heute viele Prediger in Strassburg, Basel, Zürich, Constanz, noch vor Kurzem Schüler Luthers, jetzt seine Gegner, die Führer neuer Secten, welche sich nicht scheuen, die Erbsünde zu läugnen, die doch durch so viele Jahrhunderte von der ganzen Kirche bekannt, von so vielen Concilien behauptet, durch so viele Schriftstellen bestätigt ist". Von den „Schülern" hoffte man, den Verdacht und die Abneigung der römisch-katholischen Christen auf die Weise auf den „Lehrer" weiterleiten zu können.

---

1) Vgl. meine Einleitung 2, 126 ff.
2) *Zwinglii opp.* 4, 3—18. Es heisst dort z. B.: *velimus igitur, nolimus, admittere cogimur: peccatum originale ut est in filiis Adami non proprie peccatum esse, quomodo jam expositum est; non est enim facinus contra legem. Morbus igitur est proprie et conditio. Morbus, quia sicut ille ex amore sui lapsus est, ita et nos labimur; conditio, quia sicut ille servus est factus et morti obnoxius, sic et nos servi et filii irae nascimur et morti obnoxii.*
3) *C. R.* 2, 193.
4) Ein Urtheil von Brenz *C. R.* 2, 187.

So erwuchs für Melanthon die Nothwendigkeit, in der Apologie noch einmal ausdrücklich die Gemeinschaft mit dem Zwinglischen Irrthum von der Hand zu weisen.

Der andre Grund, jene Begriffsbestimmung einzuführen, war die Rücksicht auf die Scholastiker gewesen, die auch die Erbsünde verringerten. Gegen sie richtete sich das: „keine wahre Gottesfurcht, keinen wahren Glauben an Gott von Natur haben können", wie das andere: „von Mutterleibe an voller böser Lust und Neigung sein" gegen Zwingli. Es sollte eine gründliche Verdorbenheit des menschlichen Wesens, der menschlichen Natur[1]) ausgesprochen werden.

Seinem Zwecke gemäss wies Melanthon auf den Hauptmangel in der scholastischen Lehre von der Erbsünde hin[2]). Und man wird nicht nachweisen können, dass er diese Lehre falsch geschildert habe. Cochleus behauptete es zwar mit bittern Worten[3]). Es sei z. B. nicht wahr, dass die Scholastiker darüber gestritten hätten, ob das Gebrechen der Erbsünde aus Vergiftung des verbotenen Apfels im Paradies oder aus Anblasen der Schlangen Adam erst ankommen sei. Aber Melanthons Aussage ist berechtigt.

Der Hauptfehler der Scholastiker war, so erklärte Melanthon, dass sie die Erbsünde als eine Eigenschaft, einen Mangel des Leibes fassten und die viel schwereren Schäden des menschlichen Wesens, die, welche sein Verhältnis zu Gott angehen, nicht beachteten. Dies hat sie mit sich selbst in Widerspruch gebracht, indem sie ganz richtig lehrten, dass der Mensch in der Erbsünde geboren werde, und dann doch behaupteten, dass er aus eigenem Vermögen Gott über Alles lieben und seine Gebote halten, also gerecht leben könne.

Die Gegner wiesen auch diesen Vorwurf des Selbstwiderspruchs weit von sich und man muss sagen, bis zu einem gewissen Grade durften es. Denn das lehrten allerdings viele Scholastiker, besonders solche, die dem Skotus folgten, dass der Mensch aus eignen Kräften Gott über Alles lieben könne[4]);

---

1) Dem ganz entsprechende Ausführungen von Luther aus den nächsten Jahren z. B. vom J. 1532 *opp. 19, 11, 16* ff.; *40, 59* ff., *70* ff.; v. J. 1536 *opp. 1, 135, 142, 180, 209* ff.

2) Vgl. meine Einleitung 2, 106 ff.

3) *Philippicae quattuor D 2ª*.

4) Den Widerspruch hiergegen erhob Luther schon ziemlich früh (1517), wobei er besonders Skotus und Gabriel Biel namentlich nannte;

aber ihm selbst schrieben sie im Grunde nur den Anfang in der Liebe zu, welchen Gott dann durch Mittheilung der weiter helfenden Gnade erwiedere; und diesem Thun aus eignen Kräften wollten sie noch keine eigentliche Verdienstlichkeit beilegen [1]). Solches Anfangen in der Liebe aber konnten sie sich wohl vereinbar denken mit einem sündhaften Zustande, dessen Wesen sie eben darein setzten, dass er ein bloser Mangel sei, das Fehlen gewisser nicht zum Wesen gehöriger Gaben und Kräfte. Also der Vorwurf des Selbstwiderspruchs war ein nicht ganz treffender. Um so mehr aber war Melanthon im Rechte mit seiner Bezeichnung des Hauptmangels, an dem die scholastische Lehre von der Erbsünde litt, und ebenso traf er die volle Wahrheit, wenn er als den Quell dieses Fehlers das Philosophiren der natürlichen Vernunft, das Abweichen von der Schrift bezeichnete. Die Geschichte der Menschheit hat es bestätigt, dass der Mensch von sich aus nicht zu einer vollen und wahren Erkenntnis des Wesens der Sünde kommen konnte. Sie ist nur aus der Schrift zu schöpfen, wie dies dann durch die Reihe der lutherischen Bekenntnisse hin ausgesprochen wird [2]).

Doch diese Begründung, weshalb er noch eine besondere Begriffsbestimmung der Erbsünde gegeben habe, war für Melanthon so zu sagen nur eine Abschweifung. Vor Allem lag ihm daran, zu erweisen, dass die gegebne Bestimmung nichts Neues enthalte (§. 15—34) Hierfür berief er sich zuerst auf die alte Definition, die Erbsünde sei ein Mangel der ersten Reinigkeit und Gerechtigkeit. Er meinte damit, wie auch die deutsche Uebersetzung bestätigt, die Lehre der „alten" Scholastici, denn der Wortlaut jener Definition wird sich kaum vor Bonaventura aufzeigen lassen, wenn auch Anselm sich schon ähnlich ausspricht. Aber auch hier war die Beweisführung Melanthons keine ganz richtige und nicht geeignet, die Gegner zu überführen. Denn wenn er zum Erweis seines Satzes, dass die evangelische Lehre von der Erbsünde keine neue sei, sich auf die recht verstandene Definition der alten Scholastiker berief, so legte er eben den Worten derselben einen Sinn bei, den die

---

opp. var. 1, 313 etc. Ebenso erwähnte er in solchem Zusammenhang Okkam, Gerson und Johann Nider, WW. 31, 294.

1) Vgl. darüber Linsenmann in der Tübinger theologischen Quartalschrift 1865 S. 225 u. 654.

2) Symbolische Bücher, Ausg. v. Müller, die hier immer angeführt wird, S. 80, 13; 310, 3; 520, 9; 575, 8. Dazu vgl. von Luther *opp. 19, 19.*

Redenden selbst nicht aussprechen wollten, und Cochleus hatte Recht, wenn er ein solches Verfahren angriff[1]). Melanthon konnte sich nicht auf die Scholastiker beziehen; sie standen, soweit ihre Lehre eine ausgebildete war, auf Seiten seiner Gegner und waren von der Schrift abgewichen, wenngleich noch nicht soweit, wie ihre vorreformatorischen Nachfolger. Sie betonten, wie Melanthon richtig bemerkte (§. 23) die Nothwendigkeit der Gnade weit stärker als diese und standen insofern den Evangelischen allerdings näher.

Der zweite Zeuge des Alterthums, auf den Melanthon sich berief, und zwar eines noch höheren Alterthums, war Augustin. Die Confutatoren selbst hatten ihn dazu veranlasst[2]). Aber auch diesmal gieng er über das Richtige hinaus, indem er dem entscheidenden Ausdrucke *concupiscentia* auch für Augustin einen Inhalt beilegte, den er in Wirklichkeit bei diesem Kirchenvater nicht hatte[3]). Erst da gewann er einen ganz zustimmenden Zeugen, als er für den Satz, dass die Erbsünde den Mangel an Glauben und Liebe zu Gott und das Behaftetsein mit der bösen Lust zugleich umfasse, sich auf die Schrift berief (§. 30).

So war ihm sein Beweis, den er damit schloss, dass die evangelische Lehre von der Erbsünde die alte sei und mit der Schrift und der katholischen Kirche übereinstimme, doch nur zum Theil gelungen. Den neueren Scholastikern, welche er als die abgewichenen bezeichnete, hätte er auch die älteren[4]), ja was die theologische Lehrausprägung betrifft, auch die meisten Väter der alten Kirche beifügen müssen. Die Entwicklung der Lehre von der Erbsünde hatte wirklich durch Luther, der von der Schrift und von der Erfahrung ausgieng, einen bedeutenden Schritt vorwärts gemacht, und man kann es den römischen Theologen, die in der Scholastik und ihren Begriffen gross geworden waren, nicht verargen, wenn sie darin eine Neuerung

---

1) *Philippicae quattuor* F 4ᵇ.

2) Sie schrieben: *Quod si juxta Divi Augustini sententiam vitium originis dicerent concupiscentiam, quae in baptismo peccatum esse desinat, acceptandum esset.*

3) Vgl. meine Einleitung 2, 104, und den Widerspruch des Cochleus *Philippicae* F 2ᵃ.

4) *Vetus* §. 15 und §. 23 meint die Zeit der ältern Scholastiker. Diese selben werden dann, nachdem dazwischen von dem noch ältern Augustin die Rede gewesen ist, als *recentiores* (§. 27) im Gegensatze zu den Vätern, den *veteres*, bezeichnet, während *recentes* und *recentiores theologi* §. 32 wieder die jüngeren Scholastiker zu meinen scheint.

sahen. Es war eine Neuerung gegenüber dem bisher in der Kirche als Lehre Geltenden, dem Entarteten, ja man kann wohl sagen, auch im Verhältnis zur Schriftwahrheit, insofern nämlich diese, die in der Kirche lebte, in ihr doch noch nicht zur rechten lehrhaften Ausbildung gekommen war. Das geschah eben erst durch Luther [1]).

Melanthon kam zu dieser falschen Darstellung der mittelalterlichen Geschichte der Kirche, der wir noch öfter begegnen werden, durch seinen heissen Wunsch, die Einigung zu fördern und deswegen die Unterschiede möglichst gering erscheinen zu lassen. Er hatte auch zu seinem Satze, dass man mit der katholischen Kirche, oder wie die deutsche Uebersetzung es gab, der gemeinen heiligen christlichen Kirche, übereinstimme, dadurch ein Recht, dass die mittelalterliche Kirche besser war als ihre Lehre, dass in den Herzen der Gläubigen in ihr die Wahrheit lebte, welche man jetzt in begriffliche Form fasste und zum festen Dogma erhob. Aber wir dürfen uns nicht darüber wundern, dass er bei den römischen Theologen das Gegentheil von dem erreichte, was er wollte, dass er ihnen als Einer erschien, der die Geschichte zu schlechten Zwecken entstelle, ja fälsche.

Hier hätte die Apologie schliessen können, wenn nicht von den Gegnern zu einigen nachträglichen Bemerkungen wäre Anlass gegeben worden. Sie hatten ihre Abwehr des Satzes: die nach der Taufe im Kinde noch bleibende Lust sei Sünde, damit begründet, dass diese Lehre Luthers vom Pabste längst verurtheilt sei. So hatten sie sich selbst gegen den Vorwurf der Unnachgiebigkeit gedeckt und wo ihr Gutachten etwa auswärts bekannt ward, konnte dieser Hinweis auf das Urtheil des Pabstes die Gemüther gegen Luther vorweg einnehmen. Wie sollte man über eine Lehre noch streiten dürfen, über welche vom Pabste schon eine so klare Entscheidung gefällt war? Das musste Melanthon veranlassen, auch diesen Punct noch zu berühren (§. 35). Er bezeichnete das Verfahren der Gegner als eine Calumnie, als ein Unrecht. Damit meinte er nicht ihre Aussage, dass der Pabst Luthers Satz verurtheilt habe. Das war eine Thatsache, die er ebensogut kannte wie sie. Vielmehr die Verwendung dieses Urtheil empfand er als ein Unrechtthun, weil jenes Urtheil, wie sie selbst sehr wohl wüssten, ein in sich unrichtiges, ein ungerechtes sei [2]). Ganz ähnlich hatte

---

1) Vgl. Vilmar, Luther, Melanthon, Zwingli, S. 30 ff.
2) Das Wort *jure* vor *damnatum* ist erst von Melanthon beigefügt, aber ganz aus dem Sinne der Gegner.

einst schon Luther in seiner Beurtheilung der päbstlichen Bannbulle gesagt: „wie listig ist die Bosheit und bös ist die List, dass sie aus lauter Hass nur zum Schein meine Worte nicht alle recht setzen, auf dass sie was zu verdammen haben; dazu die elenden Leut wissen wohl, dass dieser Artikel, wenn sie ihn recht setzen, nicht mein, sondern St. Augustin und Paul ist, die da lehren, dass die Taufe ablegt alle Sünde nach der Schuld, aber nicht nach dem Wesen" [1]). Er hatte seine Lehre ganz ausgesprochen, um zu zeigen, dass der Pabst ihm Unrecht thue. Ebenso verfuhr Melanthon hier. Die Gegner konnten und mussten Kenntnis von dem haben, was Luther wirklich lehrte und indem sie dies nur zum Theil wiedergaben und das Verstümmelte gegen ihn benützten, liessen auch sie sich eine Unredlichkeit gegen Luther und gegen die Evangelischen überhaupt zu Schulden kommen.

Den Nachweis, dass der Pabst mit Unrecht Luthers Lehre verworfen habe, führte er so, dass er zunächst behauptete, sie stimme mit der Augustins zusammen. Auch Augustin sage, dass in dem Getauften die Lust bleibe. Um die richtige Werthung dieser handelte es sich also [2]). Luther fasste sie als Sünde und Melanthon berief sich dafür, dass solche Schätzung richtig sei, auf die Schrift (§. 39), behauptete dann aber auch, dass Augustin, auf den er sich eben vorher berufen, die Lust ebenso beurtheile.

Doch abermals müssen wir sagen, dass Melanthon wohl zu weit gieng, wenn er den römischen Theologen beimaass, sie wüssten klar, dass Luthers Lehre, auch die vollständig wiedergegebne, mit Unrecht verurtheilt sei und betheiligten sich so wissentlich an einem Unrechte. Mit der Berufung auf Augustin als einen durchaus für sie sprechenden Zeugen befanden er sowohl wie Luther sich im Irrthum. Und das Verständnis der entscheidenden h. Schrift war für diesen Punct den römischen Theologen eben ein verschlossenes. Sie warfen ihrerseits den Evangelischen vor, dass diese die Schrift misdeuteten, dass sie besonders den Begriff der Sünde, um den es sich hier hier handelte, falsch fassten [3]). Sie legten, der römischen Theorie entsprechend, die

---

1) WW. 24, 45 und 66 ff.

2) So schliesst sich *concupiscentia* §. 38 an das Zugeständnis der Gegner §. 35: *videlicet concupiscentia* an.

3) Cochleus, *Philippicae quattuor E* 1ᵇ: *quum fallant et fallantur in aequivoco et varia significatione hujus voculi: peccatum, nos*

Schrift nach der in der Kirche herrschenden Lehre aus und fühlten sich dann durch die Schrift nicht widerlegt, sondern gestärkt. Ein Verständnis dieser und eine Verständigung mit den Evangelischen war und ist nicht wohl anders möglich als auf Grund der vollen Erfahrung dessen, was Sünde sei. Und dies widerspricht nicht etwa dem vorher Bemerkten, dass die volle Erkenntnis der Sünde nur aus der Schrift zu gewinnen sei. Denn die Schriftlehre von der Sünde wird nur von dem recht gefasst, der die Macht der Sünde als solche in seinem Herzen erfährt, eine Erfahrung, die freilich nicht ohne Einfluss des göttlichen Wortes zu Stande und ihm zum Bewusstsein kommt. Es findet hier Wechselwirkung statt.

Dass in dem Getauften noch Lust bleibe, erkannten auch die Gegner an, aber sie nahmen dieselbe nicht als Sünde, sondern als eine Last und auferlegte Strafe. Diese schon früher aufgekommene Fassung hatte in jüngster Zeit besonders Eck geltend gemacht[1]). So musste Melanthon auch sie und den mit ihr erhobenen Einwand (§. 38) berücksichtigen. Er gab das Wahre in jener Aeusserung zu, denn die Lust, so wie sie von der römischen Theologie gefasst ward, als vorwiegende Sinnlichkeit, ist wirklich Strafe für den Abfall des Menschen von Gott. Aber er wies dann darauf hin, dass hiermit von den Scholastikern wie der Begriff der Sünde, so auch der der Strafe, welche jene treffen müsse, abgeschwächt werde (§. 46) und dass die Schrift ganz anders urtheile. Nach dieser sei die eigentliche Strafe der Erbsünde der Tod mit seinen Vorbereitungen und die Herrschaft des Teufels. Der Mangel der ursprünglichen Gerechtigkeit und die Lust, d. h. also die Erbsünde, seien Strafe und Sünde zugleich. Die Behauptung der Gegner, die Lust müsse als Etwas genommen werden, das an und für sich weder gut noch böse sei, widerstreite der Schrift und dem Bewusstsein der ganzen Kirche (§. 42). Sie seien auch nur dadurch dazu gekommen, dass sie philosophische Begriffe und philosophische Urtheile, denen an ihrem Orte Recht und Gültigkeit nicht bestritten werden solle, unbefugt in die Theologie

---

diligenter ex scripturis recitavimus diversas peccati acceptiones, Roffensis quattuor, Catharinus quinque, ego ad majorem declarationem octo. Quas sane omnes Lutherus tam fatue quam impie in unam confundit.

1) *Coelestini Histor. Comit. 3, 26ª: medium esset, quod exprimerent, concupiscentiam illam innatam esse peccatum originale ante baptismum, et post baptismum sit sequela aut poena originalis peccati, non autem peccatum.*

herübergenommen hätten. Hierbei hielt er es dann für nöthig, daran zu erinnern, dass es sich nicht etwa um eine Schulfrage und theologische Spitzfindigkeit handle, sondern um eine Lebensfrage für den Christen, um eine aus der Schule in die Gemeinde gedrungene falsche Lehre, welche das Heil gefährde. Er betonte die grundlegende Bedeutung der Lehre von der Erbsünde, welche besondere Sorgfalt in ihr zur Pflicht mache (§. 50 und 33) [1]).

Sachlich geht also die Apologie in keiner Weise über den Artikel des Bekenntnisses hinaus. Und wie hätte sie auch sollen, da zur Weiterbildung der Lehre durch neue Gegensätze oder durch Modificirung der alten keinerlei Anlass gegeben war? [2]) Sie rechtfertigt nur, indem sie erläutert, begründet und Misdeutungen zurückweist.

Mit dem dritten Artikel stand es ganz ähnlich wie mit dem ersten. Die Gegner sahen sich genöthigt, einfach anzuerkennen, dass der Wortlaut des Bekenntnisses hier nichts der allgemein kirchlichen Lehre Widersprechendes enthalte. „Der Artikel hat Nichts, was man tadeln könnte", erklärte Cochleus und noch bündiger bezeugte Eck die Uebereinstimmung [3]). Aber es war ihnen ein Aerger, dies aussprechen zu müssen. Sie erkannten sehr wohl, dass es die Absicht Melanthons war, dies abgenöthigte Zeugnis zu Gunsten der Evangelischen weiter auszubeuten. Wie sie daher in dem ersten Entwurf ihrer Widerlegung Stellen aus frühern Schriften z. B. Luthers, Bugenhagens und Melanthons beigebracht, um zu beweisen, dass bei den Evangelischen denn doch nicht immer so rein über die Person Christi gelehrt sei [4]), so versuchten sie auch späterhin, so oft sich die Gelegenheit bot, den Nachweis, dass die Lutherischen auch in diesem Puncte zum Mindesten sehr verdächtig seien und dass man jedenfalls die sonst in der Zeit vorkommenden christologischen Irrthümer auf sie als die eigentlichen Urheber zurückführen müsse [5]).

---

1) Das *ideo* in §. 50 bezieht sich natürlich nur auf *docuerunt*, nicht auch auf *tradiderunt*. Zur Sache vgl. Symbol. Bücher S. 574, 3.

2) Im Commentar zum Römerbrief von 1532, *C. R. 15, 510* nennt Mel. die Erbsünde *ingentem imbecillitatem*; doch ist dieser Ausdruck, wie man aus dem Weiteren sieht, nicht für eine Abschwächung zu nehmen.

3) *Coelestini Hist. Com.* 2, *234*; dazu 3, 36.

4) *C. R. 27, 91*.

5) *Cochlei Philippicae quattuor C* 1b; *Andr. Fabricii Harmonia Confessionis Augustanae* p. 37 sqq.

Das Gefühl, dass man auch bei Uebereinstimmung im Wortlaute der Lehre doch in der Sache auseinandergehe, war auf beiden Seiten vorhanden [1]), wenn auch vielleicht bei Melanthon selbst am wenigsten. Aber jene bitteren Sätze der römischen Theologen im Widerlegungsentwurf waren vor weiterer Verbreitung unterdrückt worden, und andere auf diesen Punct lautende Anschuldigungen hatte man seitdem noch nicht gehört. So lag für Melanthon durchaus kein Grund vor, in der Apologie die günstige Stellung aufzugeben, welche das Urtheil der Gegner über den dritten Artikel des Bekenntnisses den Evangelischen geschaffen hatte. Vielmehr suchte er den ihnen vortheilhaften Eindruck, welchen jenes Urtheil machen musste, dadurch zu stärken, dass er nicht, wie im Bekenntnis geschehen war, viele einzelne Puncte der Uebereinstimmung aufzählte, sondern sich mehr im Allgemeinen hielt und bald mit einem Undsoweiter schloss. Das musste den Eindruck wecken, dass man in Allem, was die Person Christi betreffe, einig sei. Dieselbe Absicht wird Melanthon auch gehabt haben, wenn er hier neben dem apostolischen Symbol sich auch auf das Nicänische berief. Er meinte natürlich beide nicht als letzte Norm [2]), sondern als älteste und angesehenste Zeugen der kirchlichen Lehre [3]).

Die Kürze in der Apologie ist also keineswegs, wie später ein römischer Gegner mit dürftigen Witzen es hinzustellen suchte [4]), ein Zeichen von Unsicherheit und Unklarheit. Sie soll im Gegentheil die volle Sicherheit in der Lehre bekunden, das Bewusstsein, dass man hier unangefochten auf allgemein kirchlichem Boden sich bewege, zum Ausdrucke bringen. Nur von Einem Stücke des apostolischen Symbolums könnte man etwa zugeben, dass es absichtlich hier ausgelassen sei, weil in

---

1) Vgl. meine Einleitung 2, 77 ff.; dazu Luther in den nächsten Jahren WW. 47, 335; 48, 53; *opp. 18. 75;* etwas später WW. 25, 314. Stellen aus dieser Zeit über die Christologie: WW. 19, 41 ff.; die ganze Predigt; 47, 297, 361, wo auch gegen Zwingli; 48, 52; *opp. 17, 16; 18, 66, 69, 74, 97, 115; comm. ad Galat. 1. 51; 2, 22, 147, 157.*

2) Als solche galten sie den Römischen, bei denen es auch feststand, dass die Apostel die Verfasser des Symbols seien, *C. 27, 91.* Die Anschauungen der Evangelischen über diese Frage vgl. bei Caspari, den Augsburgske Confessions og Luthers lille Catechismes Stilling till den hellige Skrift.

3) Vgl. hierüber die genaue Untersuchung bei Caspari a. a. O. S. 36 ff.

4) *Andr. Fabricius l. l. p. 38.*

der That die Lehrer der evangelischen Kirche über seinen ganzen Inhalt noch nicht im Klaren waren. Sie tauschten gerade damals und in den nächstfolgenden Jahren ihre Gedanken über die Höllenfahrt Christi und die dafür angezogenen Schriftstellen aus, ohne doch zu entschiedener und einmüthiger Ueberzeugung zu kommen [1]). Jedenfalls wird es Angesichts dieses keine Entwerthung der Bekenntnisaussage genannt werden dürfen [2]), wenn man behauptet, dass in der Augustana über die Höllenfahrt nichts Sonderliches bestimmt und festgesetzt werden solle [3]).

Der vierte Artikel bringt den Kernpunct des Lehrunterschiedes der streitenden Parteien. Der Wortlaut des Bekenntnisses liess die Grösse des Unterschiedes nicht gleich mit voller Klarheit hervortreten. Melanthon hatte auch hier der evangelischen Lehre eine für die Gegner möglichst unverfängliche Fassung geben wollen [4]). So konnte es geschehen, dass z. B. Arnold von Wesel und Cochleus in ihrem Gutachten erklären, der Artikel enthalte Vieles, was recht verstanden ganz christlich sei, falsch verstanden aber verworfen werden müsse [5]). Aber dann zeigten sie beim zwanzigsten Artikel, dass die Evangelischen die recht lautenden Worte eben falsch verstünden und auslegten. Aus den Erklärungen, welche Einzelne der Confutatoren abgaben, sieht man sehr wohl, dass sie des bleibenden Gegensatzes sich bewusst waren, und in dem ersten Entwurf der Widerlegung [6]) sprachen sie es geradezu aus, dass die Lutheraner durchaus nicht so lehrten, wie wohl Manche nach ihren Worten glauben möchten. Dann traten jedoch auch sie in der Widerlegung selbst sehr maassvoll und wie noch auf Verständigung hoffend auf.

---

1) *C. R. 2, 490* v. 20. März 1531. Spätere Aeusserungen Melanthons über den Punct in den Briefen *C. R. 5, 58; 6, 116; 7, 309, 553, 557, 569, 635, 666, 688; 8, 95, 532.* Luther darüber: *opp. 17, 125 sqq.* vom J. 1530. Die von der römischen Anschauung abweichenden Lehrer, welche Johann Hoffmeister bei Andr. Fabricius a. a. O. S. 39 anführt und tadelt, sind alles reformirte Theologen.

2) Gegen Zöckler, Die augsburgische Confession S. 167.

3) Vgl. meine Einleitung 2, 102.

4) Vgl. meine Einleitung 2, 73.

5) *Coelestini Hist. Comit.* 2, 234b.

6) *C. R.* 27, 95. Uebrigens sagt Cochleus in den *Philippicae quattuor H 2b* von diesem Abschnitte: *ipsius responsionis nostrae verba, quae publice jussu tuo recitata sunt hic iterum recitanda exhibeo*, und giebt dann nicht, wie er bei den andern Artikeln gethan, einen kürzern Text.

Ihre ganze Entgegnung bestand darin, dass sie die Verwerfung des Pelagianismus, d. h. der Lehre, dass der Mensch aus eignen Kräften ohne die Gnade Gottes sich das ewige Leben verdienen könne, annahmen und hinzufügten, wenn man die Verdienste der Menschen, welche durch Beihülfe der göttlichen Gnade zu Stande kämen, verwerfen wollte, so wäre das nicht mehr christlich, sondern manichäisch. Alle katholischen Christen glaubten, dass der Menschen Werke an sich kein Verdienst begründeten, sondern erst die Gnade Gottes bewirke, dass jene des ewigen Lebens werth würden. Dabei blieb hier unausgesprochen, ob sie den Evangelischen solche Meinung beilegten; erst zum 5. 6. und 20. Artikel erfolgte die bestimmte Erklärung, dass es irrthümlich und verwerflich sei, zu lehren, zur Rechtfertigung komme es durch den Glauben allein, mit Ausschluss der Werke. Und bei den dann folgenden Besprechungen glaubten sie zu bemerken, dass wenigstens die Unterhändler, vor allem Melanthon, nicht mehr so hartnäckig an diesem von Luther betonten, aber im Bekenntnisse nicht ausgesprochenen „allein" festhielten[1]). Der Punct machte bei diesen Besprechungen lange nicht soviel Schwierigkeiten, wie einige andere Fragen und so wird es begreiflich, dass als später die Apologie erschien, Cochleus, einer jener Unterhändler, über die Weitläufigkeit, mit der Melanthon diesen Artikel behandelte, sich nicht genug wundern konnte.

Schon in dem ersten Entwurf der Apologie, von welchem uns für diesen Artikel zwei Fassungen vorliegen[2]), trat Melanthon schärfer auf. Er nahm gleich den 6. Artikel hinzu, rechtfertigte das im Bekenntnis Gesagte und wies die Einwendungen der Gegner zurück. Mit dem „allein" durch den Glauben, betonte er, sei durchaus nichts Neues ausgesprochen, sondern nur die altchristliche Wahrheit, dass Gott das Heil aus Gnaden und umsonst gebe. Und durch die Verweisungen der Gegner auf solche Schriftstellen, in denen von einem Lohne die Rede sei, dürfe man sich nicht beirren lassen, denn der Ausdruck „Lohn" werde da gebraucht mit Rücksicht nicht auf den Werth der menschlichen Werke, sondern auf die göttliche Verheissung[3]).

Jene doppelte, aus einem Zeitraum von wenig Wochen stammende Fassung der Antwort zeigt bereits, dass Melanthon sich bei diesem Artikel nicht genügte. Ja solches Gefühl der Un-

---

1) *Cochlei Philippicae quattuor G. 4b*. Vgl. oben S. 49.
2) *C. R.* 27, 278 sqq.
3) Aehnlich über diesen Punct, doch noch schärfer Osiander, vgl. *Coelestini, Histor. Comit.* 3, 85.

befriedigtheit wuchs zunächst noch, je mehr er sich mit dem grossen Gegenstand beschäftigte. Er war sich der besondern Bedeutung seiner Arbeit an diesem Puncte bewusst und rang mit den Schwierigkeiten, die in der Sache lagen, und den Hindernissen, welche der geistliche Unverstand des christlichen Volkes ihm entgegenwarf. Sehr viel Mühe, schrieb er zu Beginn des neuen Jahres seinem Freunde Camerarius [1]), macht mir in der Apologie der Artikel von der Rechtfertigung, da ich ihn doch so erläutern möchte, dass es rechten Nutzen bringt. Er wollte nicht nur widerlegen, sondern vor Allem gewinnen und überzeugen und damit der Gemeinde dienen. Die Schwierigkeit der Aufgabe erschien ihm als so gross, dass er, wie bereits erwähnt ist, den schon gedruckten Artikel zum guten Theile noch einmal zurücknahm [2]) und umarbeitete, ehe er ihn für der Veröffentlichung werth hielt, eine Strenge gegen sich selbst, welche der Sache entschieden zum Vortheil gereichte. Wer das neu gearbeitete Stück mit dem verworfenen vergleicht, erkennt leicht, dass es an Klarheit und Uebersichtlichkeit gewonnen hat, während sich eine eigentlich sachliche Aenderung allerdings nicht nachweisen lässt.

Von der veröffentlichten sehr umfangreichen Abhandlung, welche den 4. 5. 6. und 20.[3]) Artikel des Bekenntnisses bespricht, sagte er selbst, dass ihm der Anfang derselben gefalle und methodisch sei, während er am Schlusse bei einer schon ins Auge gefassten neuen Ausgabe noch weiter bessern wolle [4]). Folgen wir dem Gang seiner Darlegung.

Er beginnt damit, im Anschluss an die Römische Confutatio den Streitpunct klarzustellen (§. 1): man tadelt, dass geleugnet wird, Sündenvergebung sei durch menschliches Verdienst zu erwerben, und dass behauptet wird, Sündenvergebung, d. h. Rechtfertigung, werde nur durch den Glauben an Christum erlangt. Er erbittet Gehör für eine ausführliche Erörterung durch Hinweis auf die Wichtigkeit des Gegenstandes, der Lehre, welche im Mittelpuncte des Christenthumes steht (§. 2). Ausführlich aber muss die Erörterung werden, weil, wie Melanthon richtig und an diesem Orte sehr zweckmässig bemerkt, die Gegner gerade

---

1) *C. R. 2, 470*; darnach über diesen Artikel bis zur Veröffentlichung noch 2, 484, 494.

2) Diese zurückgenommene Fassung steht *C. R. 27, 460 sqq.*

3) Dieser war in der zurückgenommenen Arbeit nicht ausdrücklich mit angezogen.

4) *C. R. 2, 501.*

die Hauptbegriffe, auf die es hier ankommt und bei denen es sich um Christi Ehre und den Frieden der Seele handelt, gar nicht erfasst haben, sondern durchaus misverstehen (§. 3). So liegt nun eine doppelte Aufgabe vor: die Vertheidigung des Bekenntnisses und die Widerlegung der gegnerischen Einwürfe; und für beides ist es nöthig, zuerst die Wurzeln der sich entgegenstehenden Lehrfassungen bloszulegen (§. 4).

Die hiermit angekündigte einleitende Erörterung (§. 5—47) stellt als den Hauptinhalt der ganzen h. Schrift die zwei Stücke: Gesetz, d. h. das Sittengesetz, und Verheissung oder Evangelium hin. Die Gegner stellen sich, vom Zuge der Vernunft geleitet, zum Gesetz und suchen mit Beseitesetzung der Gnade Christi Vergebung der Sünden und Rechtfertigung durchs Gesetz; sie wissen keine andere Gerechtigkeit als die der Vernunft oder des höchsten Gesetzes zu lehren (§. 7—39). Zur Begründung dieses Satzes legt Melanthon in aller Kürze die hierauf bezügliche Lehre der Schultheologen dar und man kann nicht sagen, dass er ihnen dabei, selbst nicht bei den Folgerungen, welche er zieht, zu nahe träte. Was er über die scholastische Lehre aussagt, lässt sich belegen [1]). Dieser Gesetzesgerechtigkeit, heisst es dann, lassen auch die Evangelischen ihre volle Ehre und Geltung, da wo Gott sie geordnet hat, aber sie erheben dieselbe nicht auf Kosten der Ehre Christi. Sie leugnen, dass der Mensch durch sein Thun Vergebung der Sünden und Gerechtsprechung von Gott erwerben, den Willen Gottes erfüllen könne. Und sie wissen, dass sie hierbei das Zeugnis der Schrift und der Väter für sich haben, indem auch die letzteren lehren, dass die Gnade dem Menschen nicht wegen seiner Verdienste gegeben werde. Die Lehre der Gegner von dem weitreichenden Vermögen des Menschen zeugt von wenig Kenntnis des menschlichen Herzens, von einem grossen Mangel an christlicher Erfahrung.

Bei der Gegenüberstellung der evangelischen Lehre in ihren Grundzügen kann Melanthon sich nun um so kürzer fassen (§. 40—47). Dem unter der Sünde liegenden, zur Gesetzeserfüllung unfähigen Menschen ist Sündenvergebung verheissen allein um Christi, des für der Welt Sünde Gestorbenen willen. Verheissung aber wird allein durch den Glauben angeeignet. Also Verheissungspredigt, Evangelium und Gerechtigkeit aus Glauben, einem Glauben, bei dem man das Verheissene auf sich

---

[1]) Vgl. z. B. meine Einleitung 2, 23 ff.

persönlich bezieht und dann, im Herzen durch den h. Geist erneuert, anhebt, den Willen Gottes zu erfüllen. Solcher Glaube ist die rechte Erkenntnis Christi, aber gerade von ihm wissen die Gegner gar nichts.

Dies der Gang der einleitenden Erörterung, an welche sich die durch den Schluss als dringend nothwendig erwiesene Besprechung der biblischen Grundbegriffe eng anschliesst. Eben damit wird dann auch die erste der vorgenannten Aufgaben, die Vertheidigung des Bekenntnisses, gelöst (§. 48—121).

Der wichtigste Begriff ist der des rechtfertigenden Glaubens (§. 48—60), von welchem eben vorher gesagt ist, dass die Gegner ihn nicht kennen. Melanthon bezeichnet ihn als das Vertrauen auf die Verheissung Gottes, in welcher dieser umsonst um Christi willen Vergebung der Sünden und Gerechtigkeit anbietet. Es kommt ihm darauf an, an die Stelle des blos verstandesmässigen Fürwahrhaltens die persönliche Aneignung des Gotteswortes mit eben diesem Inhalte zu setzen. Der Gegenstand solches Glaubens ist die durch keinerlei menschliches Thun veranlasste, allein auf das Verdienst Christi gegründete Verheissung. Glaube und freies Erbarmen Gottes stehen also in einem innern Verhältnisse zu einander. Daher können sich die Evangelischen auf das Zeugnis nicht nur der Schrift berufen, sondern auch auf das aller Väter, welche nur durch Erbarmen selig werden wollten, also auch der alttestamentlichen.

Auch schon die Väter des alten Bundes haben nur vom Erbarmen Gottes leben wollen, dies und nichts Anderes meint Melanthon hier und man würde durchaus Unrecht thun, wenn man seine Worte z. B. §. 57 *patres norant promissionem de Christo*, irgend als exegetische Norm hinstellte. Wie wenig sie dafür bestimmt sind, zeigt schon die umschreibende Verdeutschung von Jonas: „sie haben gewusst, auch geglaubt, dass Gott durch den gebenedeiten Samen, durch Christum, wollt Segen, Gnade, Heil und Trost geben".

Der zweite Punct ist, dass der Glaube an Christum rechtfertige (§. 61—121). Um das zu erkennen, muss man zunächst beachten, wie es zum Glauben kommt, auf welche Weise der Mensch neu geboren wird (§. 61—68). In diesem Zusammenhang findet der fünfte Artikel des Bekenntnisses seinen Platz. Durch das Wort wirkt Gott Schrecken über die Sünde und bietet Vergebung der Sünden an. Nur im Worte handelt er und lässt sich erkennen; also ist dem entsprechend Glaube nöthig, auch für die Rechtfertigung.

Dass Alles auf den Glauben ankommt, ist schon durch die unantastbare Thatsache gegeben, dass Christus der Mittler ist, natürlich auch bei der Rechtfertigung. Er war es nicht blos einstmals, sondern ist allezeit Mittler (§. 69—70), eine gegen die scholastische Lehre gerichtete Bemerkung, dass Christus den Menschen die sogenannte erste Gnade verdient habe [1]). Und auch nicht dahin darf die Lehre vom Glauben misverstanden werden, als müsse man ihm die Rechtfertigung zuschreiben, weil er der entscheidende Anfang derselben oder die Vorbereitung zu ihr sei (§. 71). Vielmehr, es ist streng fest zu halten: durch den Glauben selbst, um Christi willen, werden die Menschen für gerecht erachtet und sind vor Gott angenehm. Durch den Glauben selbst, darin liegt beschlossen: allein durch den Glauben. So kann Melanthon den Satz, dass der Glaube rechtfertige, nicht erweisen, ohne zugleich dies den Gegnern so anstössige „allein" mit aufzunehmen. Das Aergernis aber, welches sie daran nehmen, beruht, wie er schon hier vorläufig andeutet (§. 73—74), auf einem gründlichen Misverständnis. Weil der biblische Begriff des rechtfertigenden Glaubens ihnen ganz fremd ist, wähnen sie, mit dem „allein" sei solches ausgeschlossen [2]), dessen nothwendiges Vorhandensein doch in und mit jenem Begriffe des Glaubens gegeben ist, wenn es auch zur Rechtfertigung zum Theil in einem andern Verhältnis steht.

Den nun folgenden (§. 75—116) Erweis des Satzes, dass der Glaube und zwar der Glaube allein rechtfertige, leitet Melanthon mit einem Syllogismus ein. Rechtfertigung, das müssen alle zugestehen, ist vorerst Sündenvergebung. Sündenvergebung erlangt man nicht durch Liebe oder durch irgend welche Werke,

---

1) Vgl. Symb. Bücher S 89 §. 17; S. 101 §. 81; S. 116 §. 41—42; S. 141 §. 196.

2) Im ersten Entwurf der Confutatio, C. R. 27, 95 heisst es: *Lutherani aiunt, nos sola fide justificari, exclusis bonis operibus nostris, sed omnia haec potius conjungimus et in complementum adjungimus etiam sacramenta, ut per ea velut per canales quasdam gratiam nobis influat Deus, per quam justificemur gratis, non enim ex nostris viribus, sed ex gratia Dei miserentis justificatio nostri est.* Und 27, 96: *quod Lutherus plerumque docuit, nos sola fide justificari et neque baptismum neque bona opera ad justificationem facere, ingens profecto et nocens error est.* Aehnliches mochte Melanthon oft genug bei den Verhandlungen mit den Gegnern gehört haben.

sondern nur durch den Glauben an Christum. Also: Rechtfertigung allein aus Glauben. Den Obersatz braucht er als etwas allgemein Anerkanntes enthaltend nicht zu beweisen. Für den Untersatz beruft er sich (§. 79—80) auf die Erfahrung derer, welche christliches Verständnis haben und auf die von der Schrift überall bezeugte (§. 81—85) Thatsache, dass nur Christus es ist, durch welchen der Zugang zu Gott offen steht, um welches willen Gott gnädig sein und Sünde vergeben will. So ist die Schlussfolgerung: Rechtfertigung nur aus Glauben an Christum, oder: dieser Glaube allein die Gott wohlgefällige Rechtbeschaffenheit, eine gesicherte (§. 86). Und nun führt Melanthon hierfür eine Reihe von Schriftstellen (§. 87—102) und von Aussagen der Väter (§. 103—106) an. Diese Zeugnisse sind zwingend und man konnte ihnen nur zu entgehen wähnen durch die Erdichtung eines geformten Glaubens, der dort gemeint sei, und wonach dann doch die Rechtfertigung eigentlich der Liebe beigelegt werden müsse. Aber dabei kommt es zu keiner Gewissheit der Sündenvergebung, ja Liebe ohne voraufgegangene Sündenvergebung ist nicht möglich. Also: zuerst Glaube und Rechtfertigung, dann Liebe, dann aber auch gewiss Liebe (§. 107—116). Die Schrift bestätigt diese Lehre, welche allezeit in der Kirche verkündigt werden muss, da sie allein zur rechten Erkenntnis Christi und zum Frieden des Gewissens zu führen vermag (§. 117—121).

Die erste Aufgabe, die Vertheidigung des Bekenntnisses, ist hiermit erfüllt. Aber die Gegner haben nun eine Reihe von Einwendungen [1]) gegen das „allein aus Glauben" vorgebracht, entnommen den verschiedenen Schriftworten, welche Gesetzeserfüllung als Bedingung der Rechtfertigung hinzustellen schei-

---

1) Es ist zu bedauern, dass in den spätern Ausgaben der symbolischen Bücher, so leider auch in der von Müller S. 109 der Anfang eines neuen Artikels mit neuer Paragraphenzählung angezeigt ist. Das entspricht dem ältesten Druck nicht, vgl. C. R. 27, 447, und verwirrt den Leser. Er muss meinen, dass ein neuer Artikel beginne, während hier nicht einmal ein grösserer Abschnitt ist. Die Ueberschrift: *de dilectione et impletione legis* hat durchaus nicht mehr Gewicht als die vorhergehenden, z. B. *quid sit fides justificans*. Auch die kleineren Absätze sind an vielen Stellen sinnstörend und irreführend. Man thäte gut, in dieser Beziehung, wie es im C. R. geschehen ist, einfach zum ersten Drucke zurückzukehren und ihn genau wiederzugeben. Vgl. über die Columnentitel und die kleineren Abschnitte schon J. C. Bertram, Litterarische Abhandlungen, Halle 1781 ff. Drittes Stück S. 135.

nen¹). Damit ist Melanthon eine zweite Aufgabe, die der Widerlegung gestellt und er erledigt sich ihrer mit grosser Umständlichkeit (§. 1—256). Ehe er aber auf die Einwendungen im Einzelnen eingeht, muss er noch eine grundsätzliche Erörterung einschalten. Da die Gegner zeigen, dass sie von Gesetzeserfüllung gar kein Verständnis haben, muss er erst über Liebe und über Thun des Gesetzes sich verbreiten (§. 2—61) ²).

Auch der Christ soll — und damit kommt nun der sechste Artikel des Bekenntnisses zu seinem Rechte — nach der Schrift das Gesetz erfüllen, aber er kann es erst, wie mit drei Gründen bewiesen wird (§. 5—8), nachdem er durch den Glauben gerechtfertigt ist und als solcher den h. Geist empfangen hat. Vorher kann er nur die äussern Gesetzeswerke einigermaassen vollbringen, aber die rechtfertigen ihn nicht. Der Irrthum der Gegner besteht eben darin, dass sie diese äussere Gesetzeserfüllung für genügend halten und nicht beachten, ja nicht verstehen, was Gott eigentlich fordert (§. 9—14). Die Evangelischen lehren also, dass die Gesetzeserfüllung in den Christen anheben und fortschreiten müsse, und der Vorwurf, dass sie von guten Werken nichts wissen wollen, fällt als ein nichtiger. Sie sind es, welche erst zeigen, wie das Gesetz erfüllt werden könne und warum solches Thun Gott gefalle. Ja sie lehren, dass Liebe etwas vom Glauben Unzertrennliches ist, wenn schon ein ihm erst Nachfolgendes. Von alledem wissen die Gegner, die Gesetzestreiber, nichts. Sie reden von Liebe und wissen doch doch nicht, was Gott lieben heisst (§. 15—25).

Aus dieser Erklärung, dass das Gesetz Gottes vom Christen erfüllt werden müsse, leitet nun Melanthon noch einen Einwand ab, der zwar in der Confutatio nicht ausgesprochen war, aber doch auf dem Wege lag, nämlich: warum denn diese Gesetzeserfüllung des Christen, die als Wirkung des h. Geistes Gerechtigkeit heisse, nicht rechtfertigen solle? Er lässt sich auch hierauf mit einer ausführlichen und Einzelnes wiederholenden Entgegnung ein (§. 26—61).

Der erste entscheidende Grund, welchen er dagegen einführt (§. 26—37), ist die Thatsache, dass wir Sündenvergebung nicht wegen unserer Liebe, sondern allein um Christi willen erhalten. Da Versöhnung mit Gott nur durch Christum möglich

---

1) Vgl. die Confutatio zu Art. VI. *C. R. 27, 100.*
2) Das *hic objiciunt* S. 109 §. 1 wird wieder aufgenommen S. 119 §. 62 und das *diluere* dort erinnert an die S. 87 §. 4 gestellte Aufgabe.

ist, so kann auch Sündenvergebung und Rechtfertigung nur durch Glauben erlangt werden. Als zweiten¹) Gegengrund betont er die Unvollkommenheit und Unreinigkeit auch der christlichen Gesetzeserfüllung; sie kann an sich Gott nicht gefallen (§. 39—40). Zum dritten²) darf man nicht darauf trauen, dass man wegen eignen Thuns des Gesetzes vor Gott als gerecht angesehen werde; denn einmal bleibt Christus allezeit, auch für die Gerechtfertigten und Erneuerten noch der Mittler (§. 41—42); sodann³) beruht die Zurechnung der Gerechtigkeit nach dem Evangelium auf der Verheissung; also ist immer Glaube nöthig (§. 42—44); und endlich bezeugen Schrift und Kirche durchweg, dass dem Gesetze nie ein volles Genüge geschehe (§. 45—54). Dem Schlussergebnis, dass die eigne Gesetzeserfüllung keine Gerechtigkeit vor Gott bringe, giebt das Gewissen Zeugnis, welches zu keiner Ruhe kommt, wenn es sich nicht auf eine bessere Gerechtigkeit verlassen kann. Solche aber bietet allein Christus und sie wird angeeignet im Glauben, welchem durch den h. Geist Thun des Gesetzes folgt (§. 55—61).

Erst jetzt kann Melanthon auf die Schriftworte, auf welche die Gegner sich berufen haben, eingehen. Aber bevor er sie einzeln bespricht, schiebt er wieder etwas Allgemeines ein (§. 63—96). Die gegnerischen Theologen führen nur vom Gesetze handelnde Stellen an. Darauf aber lässt sich ein für allemal die durchschlagende Antwort geben, dass das Gesetz ohne Christum nicht erfüllt werden kann (§. 63—67). Gute Werke müssen gethan werden, um den Willen Gottes zu erfüllen, um den Glauben zu üben, um Bekenntnis abzulegen, um Gott zu danken, wie hier in Erinnerung an den 6. und 20. Artikel des Bekenntnisses gesagt wird (§. 68—72). Und sie empfangen auch verschiedenen Lohn. Aber dieser Lohn ist nicht die Sündenvergebung und nicht das ewige Leben (§. 72—80). So lehrt Paulus (§. 80—81). Der menschliche Verstand des Ungläubigen jedoch fasst das nicht, sondern ahmt allezeit die

---

1) Das *quam supra proposuimus* S. 115 §. 38 geht nicht etwa auf S. 109 §. 1, sondern auf S. 113 §. 26. Das *nunc igitur* ist veranlasst durch die lange Abschweifung über Luc. 7, 47.

2) Das *nec est confidendum* S. 116 §. 40 tritt als drittes zu dem *deinde* vorher, wie man aus der Umarbeitung in der nächsten Ausgabe, C. R. 27, 456, erkennt. Dass die Gliederung des Stoffes hier Mel. nicht ganz gefiel, zeigt eben jene Umarbeitung und die darnach sich richtende deutsche Uebersetzung.

3) Dem *primum* §. 41 entspricht *item imputatio* §. 42 und *item* §. 45.

guten Werke nach in der verwerflichen Meinung, sich dadurch Vergebung der Sünden und Gnade zu verdienen. Er vergisst Christum und beachtet nicht, dass seine Meinung durch die nie gestillte Unruhe des Gewissens und das immer steigende Bedürfnis neuer Werke widerlegt wird (§. 82—96).

Eingehend werden dann (§. 97—164) die vorzüglichsten Schriftstellen besprochen, welche die Gegner angezogen hatten, um zu beweisen, dass der Mensch durch Liebe und Werke zur Gerechtigkeit komme. Es wird Melanthon nicht schwer, zu zeigen, wie unrichtig und willkürlich die Schriftbenützung der gegnerischen Theologen ist, wie sie eben ihre eignen Gedanken eintragen, während andererseits sich nicht leugnen lässt, dass auch seine Exegese hie und da noch angefochten werden kann. Aber wie man darüber im Einzelnen auch urtheilen möge, den Hauptnachweis hat er durchgeführt, dass die Schrift nirgends der Gesetzesgerechtigkeit als einer vor Gott genügenden Zeugnis giebt.

Der Grund, weshalb die Römischen Theologen die Schrift so misverstehen und verdrehen, ist, dass sie mit rein menschlichen Meinungen sich an die Auslegung machen oder dass sie, auch darin menschlicher Einbildung nachgebend, sich nur an das Gesetz halten. Ihre ganze Lehre in diesem Puncte ist theils eine der Vernunft entlehnte, theils bleibt sie beim Gesetze stehen (§. 165—168). Mit dieser Bemerkung kehrt Melanthon zum Anfang des ganzen Artikels zurück [1]), wie denn überhaupt im Nächstfolgenden sich so zahlreiche Wiederholungen finden, dass der Verfasser selbst bei den folgenden Ausgaben bedeutend kürzte [2]).

Widerlegt, bemerkt er dann, wird jene Lehre durch die Thatsache, dass Christus von Gott zum Mittler und Versöhner gegeben ist, eine Thatsache, welche den Glauben verlangt, der alsbald zum Thun des Gesetzes treibt (§. 169—176). Auch spricht das Zeugnis des nie durch sie beruhigten Gewissens gegen sie. Sie ist eine Verzweiflungslehre (§. 177—182). Für die evangelische Lehre dagegen zeugt jedes aufrichtige Christenherz und sie wird nicht getroffen von den Einwürfen [3]): den Glauben könnten auch die Gottlosen, ja die Teufel haben, und: die Gerechtigkeit, die

---

1) Vgl. Symbol. Bücher S. 87 §. 7; S. 88 §. 9; S. 93 §. 39.

2) *C. R. 27, 516 sqq.* Hierauf wird sich *C. R. 2, 501* und *506* beziehen.

3) Wer Mel. diese Einwürfe gemacht hatte, ist nicht zu ersehen; in der Confutatio kommen sie nicht vor.

eine Sache des Willens sei, könne nicht dem Glauben, welcher dem Gebiete das Erkennens angehöre, beigelegt werden. Beide Einwürfe zeugen von grobem Unverstande und gegen Alles, wodurch man die Lehre von der Glaubensgerechtigkeit beseitigen zu können meint, steht unerschütterlich das Wort des Apostels, dass wir durch Christum im Glauben Zugang zu Gott haben (§. 182—194).

Unmittelbar hieran schliesst sich eine weitläufige Erörterung über das Verdienen der Gnade *de condigno* (§. 195—256). Es werden die Gründe genannt, welche zur Verwerfung dieser Lehre nöthigen (§. 195—226), und hierbei erhält Melanthon Gelegenheit, eine falsche Auslegung und Verwendung des Wortes Luk. 17, 10 zu strafen und zurückzuweisen (§. 213—222)[1]). Er zeigt, wie man auf scheinbar nothwendigem Wege dazu gekommen sei, solche Verdienstlichkeit zu lehren, und widerlegt diese vermeintliche Nothwendigkeit (§. 223—226). Wenn dann die Gegner behaupten, wer da leugne, dass die Werke das ewige Leben verdienen, der verwerfe die guten Werke überhaupt, so erweist er, wie unbegründet solche Behauptung ist (§. 227—234), und beantwortet auch den Einwand, dass das ewige Leben doch als Lohn bezeichnet werde[2]), also sich durch Werke müsse verdienen lassen (§. 235—248). Er deckt die falsche Verwendung dieses Ausdruckes Seitens der Gegner auf und lehrt, in wieweit man mit vollem Rechte von einem Lohne für das Thun des Christen reden dürfe. Den Schluss dieses ganzen Abschnittes macht er mit der Erörterung einiger Schriftstellen, welche von den Gegnern als ausdrücklicher Schriftbeweis dafür angeführt waren, dass gute Werke das ewige Leben verdienen (§. 249—256)[3]).

Somit hat Melanthon auch die zweite Aufgabe, die Widerlegung der gegnerischen Einwürfe nach allen Seiten hin gelöst und wendet sich nun zum Schlusse mit einem Hinweis auf die unendliche Wichtigkeit dieser Lehre, welche doch die Theologen

---

1) *C. R.* 27, 101 in der Confutatio: *neque suffragatur eis verbum Christi: si feceritis haec omnia, dicite, servi inutiles sumus, Luc. 17. Nam si factores inutiles esse debent, quanto magis his, qui solum credunt, dicere convenit: si credideritis omnia, dicite, servi inutiles sumus. Non ergo haec vox Christi extollit fidem sine operibus, sed docet, quod opera nostra nihil utilitatis Deo afferunt, quod operibus nostris nemo potest inflari, quod opera nostra comparata divinis praemiis, nulla sunt et nihil.*

2) *C. R.* 27, 94.

3) *C. R.* 27, 100.

der andern Partei so ganz aufgegeben haben und so gar nicht verstehen. Selbst die von Alters her überkommenen richtigen Worte haben sie in ihrer Theologie misdeutet (§. 257—267). Jetzt ist die volle Wahrheit wieder hell an den Tag gekommen, für welche die Schrift, die Väter und alle frommen Herzen zeugen. Sie ist nie in der Kirche Christi ganz verloren gegangen, auch in der Römischen Kirche nicht, wenn schon die, welche an der Spitze standen, sie verleugneten. So soll denn auch in der Gegenwart deren Widerspruch ihre aufrichtigen Vertheidiger nicht beirren noch einschüchtern (§. 268—279).

Dies der Gang des so umfangreichen, von Melanthon selbst dann freilich noch für kurz erklärten[1]) Artikels.

Die Umständlichkeit begreift sich hinreichend aus dem Gewicht und der Bedeutung der hier behandelten Lehre[2]). Von Anfang an war sie von Luther und seinen Schülern als die entscheidende erfasst und bezeichnet worden. Im Bekenntnis trat dies dem ganzen Zwecke desselben gemäss im Wortlaute nicht so scharf hervor, wenn schon der Einfluss dieser Lehre auch dort in allen Artikeln sich deutlich genug zeigte[3]). Aber nun nach mislungenem Einigungsversuche lag kein Grund mehr vor, die Schärfe des Gegensatzes zu verhüllen, zumal man glaubte nachweisen zu können, dass die verworfene Lehre meist eine ziemlich neue Entartung sei. So sparte Melanthon denn weder Zeit noch Raum noch Mühe, um Alles recht klar zu entwickeln, allen Zweifeln zu begegnen, alle Einwendungen zu widerlegen. Und kaum war er fertig, so legte er schon die nachbessernde und umgestaltende Hand an seine Arbeit. Was er geschrieben, genügte ihm selbst noch nicht ganz, und auch aus den Reihen der Evangelischen wurden ihm über die Rechtfertigung Gedanken entgegen gebracht, die er noch mehr glaubte berücksichtigen zu müssen. Es waren Gedanken, die bis zu einem ge-

---

1) Symbol. BB. S. 151 §. 268.

2) Auch Cochleus schreibt, *Philippicae quattuor H 1ᵇ: non levis est ista inter nos controversia, non de lana caprina contendimus, sed de toto christianismo periculum Diabolus per hos iniquitatis suae ministros nobis intentat. Christus enim in omni doctrina sua requirit a nobis non solam fidem, ut Lutherus docet, sed fidem simul et bona opera, non modo promittens vitam aeternam bene operantibus, verum etiam comminans ignem aeternum non solum male operantibus, verum etiam non operantibus bene.*

3) Vgl. meine Einleitung 2, 6 u. 7; dann die Ausführung durch das ganze Buch hin.

wissen Grade sich mit Römischen Anschauungen berührten, welche neuerdings mehr geltend gemacht wurden. Die gegnerischen Theologen wiesen selbst die grobe Werkgerechtigkeit, wie sie bisher im Leben aufzutreten pflegte, zurück¹) und erklärten, dass gutes Thun dem Menschen nur durch Gnade möglich werde, dass alles Verdienst des Menschen nur auf dem Verdienste Christi beruhe, dass der Christ erst, wenn die Gnade Gottes in ihm wirke, sich das ewige Leben erwerben könne²). Hiermit konnten sie Manchem der Schrift zu genügen scheinen, vorzüglich damals, wo die biblische Wahrheit erst seit Kurzem wieder gepredigt war und es deshalb auch wohl noch solchen, die ihr aufrichtig anhiengen, schwer ward, sie in ihrem ganzen Umfange rein und klar zu erfassen.

Welche Schwierigkeiten in dieser Beziehung die Rechtfertigungslehre bot, zeigt am Besten das Beispiel des Schwäbischen Theologen Johann Brenz, der eben in jenen Jahren über sie mit den Wittenbergern verhandelte. Er hatte 1529 einen Commentar über den Propheten Amos Luther zur Begutachtung und dann zur Veröffentlichung zugeschickt³). Dieser erschien im nächsten Jahre mit einer Vorrede Luthers⁴), in welcher derselbe ganz besonders an Brenz rühmt, dass er in allen seinen Schriften so richtig und so treu auf die Gerechtigkeit des Glaubens hinweise. Sicht man jenen Commentar durch⁵), so findet man allerdings, dass der Verfasser die herrschende Werkgerechtigkeit scharf tadelt und verwirft, den Sünder auf die Gnade Gottes allein verweist und den Glauben an das Verheissungswort fordert. Aber eingehendere Erörterungen der Rechtfertigungslehre, und zumal schärfere Bestimmungen über dieselbe, wie sie in Luthers und Melanthons Schriften häufig vorkommen, vermisst man. Brenz war eben noch nicht zur vollen Klarheit hinsicht-

---

1) Vgl. meine Einleitung 2, 186 und *Lutheri opp. 20, 186.*
2) Vgl. oben S. 114; dazu in der Confutation *C. R. 27, 95: omnes catholici fatentur, opera nostra ex se nullius esse meriti; sed gratia Dei facit, illa digna esse vita aeterna; 27, 101: fides et bona opera sunt dona Dei, quibus per misericordiam Dei datur vita aeterna; 27, 122: non aspernamur meritum Christi, sed scimus, opera nostra nulla esse, nullius meriti esse, nisi in virtute meriti passionis Christi.*
3) de Wette 3, 500.
4) de Wette 4, 148.
5) *Joh. Brentii opera. Tubing. 1580. IV, 1086—1152.* Soweit ch ersehen kann, ist in dieser von dem Sohn veranstalteten Ausgabe der ursprüngliche Text des Commentars nicht verändert.

lich dieser Lehre und aller ihrer Folgerungen gelangt. Wie weit er gekommen war, sieht man aus seinem leider nicht mehr ganz erhaltenen Briefwechsel mit Melanthon¹), mit welchem er schon in Augsburg den Gegenstand oft genug mochte besprochen haben. Melanthon schreibt ihm im Mai 1531, also nach Vollendung der ersten Ausgabe der Apologie: „Ich erkenne, was Dich hinsichtlich des Glaubens quält. Du steckst noch in der Meinung Augustins, der bis dahin gekommen ist, dass er leugnet, die Gerechtigkeit der Vernunft werde vor Gott für Gerechtigkeit gerechnet²). Und darin hat er Recht. Dann aber meint er, wir würden für gerecht gerechnet wegen derjenigen Gesetzeserfüllung, welche der heilige Geist in uns wirke. So meinst Du, der Glaube rechtfertige die Menschen, weil wir durch den Glauben den h. Geist empfangen, so dass wir darnach gerecht sein können durch diejenige Erfüllung des Gesetzes, welche der heilige Geist in uns vollbringt. Diese Meinung setzt, auch wenn sie solche Erneuerung dem Glauben erst folgen lässt, die Gerechtigkeit doch in unser Thun, in unsre Reinheit oder Vollkommenheit. Aber wende Du Deine Augen von jenem neuen Leben und vom Gesetze ganz und gar auf die Verheissung und auf Christum und erkenne, dass wir Christi wegen gerecht, d. h. vor Gott angenehm sind und den Frieden des Gewissens erlangen, nicht aber wegen unseres neuen Lebens. Denn auch das reicht hierzu nicht aus. Wir werden also allein durch den Glauben gerecht, nicht weil dieser, wie Du schreibst, die Wurzel ist, sondern weil er Christum ergreift, durch den wir angenehm sind, wieweit es auch mit unserm neuen Leben gekommen sein möge. Dies muss freilich nothwendig folgen, aber unser Gewissen beruhigt es nicht. So rechtfertigt denn nicht die das Gesetz erfüllende Liebe, sondern allein der Glaube, und der nicht als eine gewisse Vollkommenheit in uns, sondern nur, weil er Christum ergreift. Nicht wegen unserer Liebe, nicht wegen unserer Gesetzeserfüllung, nicht wegen unseres neuen Lebens sind wir gerecht, obwohl das alles Gaben des h. Geistes sind, sondern allein um Christi willen, und den können wir nur im

---

1) Mehrere Briefe von Brenz sind verloren; auch Pressel, *Anecdota Brentiana* erwähnt nichts über sie. Im Uebrigen vgl. *C. R.* 2, 484, 494, 501, 504, 510, 516, 547.

2) Vgl. meine Einleitung 2, 18 ff. Dazu z. B. *de spiritu et litera* cap. 9 etc.; *de natura et gratia* cap. 70; *de perfectione justitiae hominis* cap. 8; *de gratia et libero arbitrio* cap. 7—8; *de praedestinatione sanctorum* cap. 7—9.

Glauben ergreifen. Augustin erfasst die Meinung Pauli nicht, wenn er ihr auch näher kommt als die Scholastiker¹). Ich erwähne Augustin, obwohl er die Glaubensgerechtigkeit nicht ganz richtig darlegt, als völlig mit uns übereinstimmend wegen der Meinung, die man allgemein von ihm hat. Glaube mir, lieber Brenz, die Streitfrage über die Glaubensgerechtigkeit ist eine grosse und schwierige. Du wirst sie aber richtig verstehen, wenn Du vom Gesetze und der Augustinischen Vorstellung von Gesetzeserfüllung das Auge abziehst und es nur auf die aus Gnaden gegebene Verheissung heftest; wenn Du Dir sagst, dass wir der Verheissung und Christi wegen gerecht, d. h. Gott angenehm werden und Frieden finden. Dies ist die Wahrheit. Es erhebt die Ehre Christi und stärkt die Herzen wunderbar. Ich habe in der Apologie versucht, die Sache darzulegen, aber wegen der Verläumdungen der Gegner durfte ich dort nicht so reden, wie ich jetzt mit Dir rede, obwohl ich in der Sache dasselbe gesagt habe. Wann sollte wohl das Gewissen Frieden und eine

---

1) Es wird von Interesse sein, die Aeusserungen zweier anderer Männer über Augustins Rechtfertigungslehre zu vernehmen. Luther schrieb im August 1530 von Coburg aus an Brenz (de Wette 4, 150): *saepius et paene cum indignatione admiror, quomodo D. Hieronymus nomen Doctoris ecclesiae et Origines Magistri ecclesiarum post apostolos meruerint, quum in utroque autore non facile tres versus invenias de fidei justitia docentes, neque christianum ullum facere queas ex univers s utriusque scriptis; sic vagantur allegoriis rerum gestarum aut capiuntur pompis operum. Neque alius fuisset S. Augustinus, nisi Pelagiani eum tandem exercuissent et ad fidei justitiam tuendam impulissent. Qua lucta et exercitio evasit vere Doctor ecclesiae ac paene solus post apostolos et primos patres ecclesiae.* Jakob Sadoletus, Bischof von Carpentras in Südfrankreich schrieb 1535 an Gaspar Contareni, der ihn wegen seines Commentars zum Römerbrief getadelt hatte *(Jac. Sadoleti epistolarum libri XVI. Colon. 1575. p. 364): quod parcior fui in praeveniente Dei gratia explicanda, quam par esset, agnosco eum errorem, quum tibi ita videatur. Sed tamen et Graecorum et Latinorum veterum exponendi modum secutus a proposito Pauli argumento non discessi. Scis enim, quam rara de hac re mentio ac distinctio a Chrysostomo in hac epistola quidem habeatur; quam non multa a Theophylacto et ab Euthymio, cui ego sententias Basilii Chrysostomique referenti in epistolis Pauli enodandis tribuo permultum. Ambrosius quoque non admodum saepe ad illam divertitur. Credo, quod satis illis videbatur, ad Dei gratiam omnia universe referre, quod in eorum scriptis creberrime invenitur, praesertim quum certamen nullum propositum haberent, quod eos cogeret rem tam tenuiter distinguere, quod fuit Augustino necesse bellum sanctum et salutare adversus Pelagium gerenti.*

sichre Hoffnung finden, wenn es sich sagen müsste, dass erst
der für gerecht erachtet wird, bei welchem jenes neue Leben
ein vollendetes ist? Was wäre das anders als aus Gesetz und
nicht aus Gnade und Verheissung gerechtfertigt werden? Ich
habe in jener Auseinandersetzung gesagt, der Liebe die Rechtfertigung beilegen heisse, sie unserm Thun zuschreiben. Damit
meine ich das vom h. Geiste in uns gewirkte Thun. Denn der
Glaube rechtfertigt nicht als ein neues vom Geist in uns ge-
wirktes Verhalten, sondern weil er Christum ergreift, und wegen dieses, nicht wegen der uns mitgetheilten Gaben des
h. Geistes sind wir Gott angenehm. Wenn Du nur erkennst,
dass man von Augustins Meinung ganz absehen muss, wirst
Du leicht zum Verständnis der Sache gelangen und ich hoffe,
dass meine Apologie Dir dabei behülflich sein wird, obwohl ich
über so hohe Dinge, die nur unter Gewissenkämpfen verstanden
werden, mit einer gewissen Zurückhaltung rede. Der Gemeinde
ist allezeit Gesetz und Evangelium zu predigen, aber es darf
doch diese wahre Meinung des Evangeliums nicht hintangesetzt
werden".

Brenz war also nahe daran, noch etwas im Menschen Ge-
legenes als verdienstlich anzusehen, sei es nun der Glaube als
das Gott wohlgefällige Verhalten, sei es das neue Leben des
Gläubigen. Dieser gefährlichen Unklarheit wollte Melanthon
begegnen und suchte sie immer mehr durch möglichst scharfe
Bestimmungen zu beseitigen. Es wird offenbar die von Brenz
gehegte Anschauung von ihm abgewiesen, wenn er in der Apologie sagt, der Glaube rechtfertige nicht als ein in sich gutes
Werk und auch nicht als der Anfang der Rechtbeschaffenheit [1]).
Er musste in ihr noch etwas Romanisirendes sehen. Brenz, der
übrigens seinen Irrthum aufgab [2]), war damit so ziemlich auf
dem Standpuncte stehen geblieben, bis zu welchem manche Römische Theologen unter dem Einfluss der Reformation und besonders durch das Studium Augustins und der paulinischen
Schriften [3]) vom gröberem Pelagianismus her sich wieder her-

---

[1] Symbol. Bücher S. 96 §. 56; S. 103 §. 86; und S. 99 §. 71.

[2] Er schrieb C. R. 2, 510: *postquam legi et tuas literas et appen-
dicem Dom. Lutheri et apologiam, me judice canone dignam* (so scheint
mir zu lesen zu sein), *didici vobis doctoribus non solum recte sentire,
verum etiam recte loqui.*

[3] Vgl. den Aufsatz von Jäger, der Kampf Cajetans gegen die
lutherische Lehrreform, in der Zeitschrift für histor. Theologie 1859
S. 431—479, besonders S. 455 ff. Dasselbe sieht man sehr deutlich bei

aufgearbeitet hatten. Es war in der That wenn auch nicht dasselbe doch etwas Verwandtes, wenn solche Theologen meinten, den Aussprüchen der Schrift über die Alleinwirksamkeit der Gnade damit Genüge zu thun, dass sie lehrten, Gott ermögliche dem Menschen durch Eingiessung der Gnadenkräfte erst ein gutes Thun, dann aber komme es auf dieses an; der Mensch müsse vermöge der von Gott ihm verliehenen Kraft sich als Gerechten erweisen und das ewige Leben verdienen. Die Gnade selbst war hier anders gefasst als bei Brenz, aber im übrigen stehen beide Anschauungen ziemlich auf der gleichen Stufe. Es ist, wie Melanthon richtig sagt, immer noch eine Lehre der Werkgerechtigkeit, wobei das Gewissen nicht zum Frieden kommen kann.

Dies war das Aeusserste, bis wie weit kirchlich unverdächtige Theologen Roms den Evangelischen entgegenkamen. Gerade in den nächsten Jahren traten solche öfter auf und nöthigten dadurch die Reformatoren, auch diesen Standpunct ausdrücklich als einen ungenügenden zu erweisen. Einer der bedeutendsten unter ihnen war Jakob Sadolet, Bischof von Carpentras in Südfrankreich [1]). In der Erklärung des 94. Psalms, welche er 1530 bei Froben in Basel erscheinen liess, sich selbst und Andern zum Trost in schwerer Zeit [2]), berührte er die Rechtfertigungslehre nicht. Aber bald darauf beschloss er, um auch seinerseits den Fortschritten der Reformation zu begegnen, den Brief an die Römer zu erklären und dabei die Lehre der Evangelischen als eine schriftwidrige zu erweisen. Der Commentar, in Form eines Gesprächs zwischen ihm und seinem Bruder Julius, erschien im Jahre 1532 [3]). Hier fand er Gelegenheit

---

Sadoletus, der z. B. 1533 schrieb, *Epp. p. 109*: *non volui incognita dicere simpliciter, sed de quibus mihi non constabat veteribus ea saeculis a quoquam fuisse tradita. Nam hoc quidem plane libereque testor, me in abstrusas quasdam Pauli sententias penetrasse scrutando, quas quoad nosse potui, adhuc intelligo fuisse vel occultas vel certe minus dilucide explicatas.* Dazu vgl. besonders noch p. 363.

1) Ueber ihn und den Kreis, in dem er sich am liebsten bewegte, vgl. den Aufsatz von Kerker: Die kirchliche Reform in Italien unmittelbar vor dem Tridentinum, in der Tübinger theolog. Quartalschrift 1859 S. 1—56. Auch befindet sich vor der Briefsammlung eine *vita*.

2) *Jacobi Sadoleti episcopi Carpentoractis in Psalmum XCIII interpretatio.* Der Commentar ist dem *Fredericus Fregosius*, Erzbischof von Salerno, gewidmet. Sadolet äussert sich selbst über ihn in einem Briefe, *Epp. p. 176*.

3) Melanthon erwähnt ihn in seinem im Sommer 1532 gedruckten

genug, sich über die Rechtfertigung zu ergeben und that es mit grosser Ausführlichkeit, nachdem er noch besonders hervorgehoben, dass man, um Pauli Lehre zu verstehen, von den menschlichen Gedanken absehen müsse. Der Glaube nun, den er verlangte, war allerdings nicht mehr ein bloses Fürwahrhalten, sondern Hingabe an Gott, Vertrauen auf ihn [1]), weshalb auch nicht mit Sünde vereinbar [2]). Aber die Glaubensgerechtigkeit, welche er lehrte, wer darum doch nicht die Paulinische. Ausdrücklich bemerkte er, Rechtfertigung sei nicht gleichbedeutend mit Sündenvergebung [3]). Unter der Gerechtigkeit Gottes verstand er die göttliche Vollkommenheit, besonders die Güte [4]). Rechtfertigung aber sei die Mittheilung einer der Vollkommenheit Gottes entsprechenden Beschaffenheit an die, welche im Glauben sich Christo und Gotte hingeben [5]). Er meinte, dabei

---

Commentar zum Römerbriefe noch nicht; vgl. *C. R. 2, 611; 15, 495 sqq.* Dagegen hat Luther ihn bei seinen in demselben Jahre gehaltenen Vorlesungen über den 51. Psalm schon berücksichtigt, vgl. *Opp. 19, 137*; auch *19, 53, 56, 58*, wo er Sadolets Lehre von der Sünde bekämpft. Sadolet gieng seinem Freund Fregoso zu weit, so dass dieser ihm als einem Neuerer Vorstellungen machte. Er entschuldigte sich, *Epp. p. 99 sqq. 110 sqq.* Andererseits gieng er dem Gaspar Contareni in der Paulinischen Theologie nicht weit genug, *Epp. p. 361 sqq.*; auch letzterer war mit Sadolets Lehre von der Sünde nicht zufrieden. Der Commentar erschien 1535 zu Lyon in zweiter, etwas veränderter Auflage, vgl. *Epp. p. 366.* Leider ist mir nur diese Ausgabe zugänglich.

1) *Sadoleti in Pauli epistolam ad Romanos commentariorum libri tres*, pag. 47 sqq.

2) *Ibid. p. 66.*

3) *Ibid. p. 45.*

4) *Ibid. p. 42: repetimus, justitiam non singulare genus virtutis, sed universam in Paulo sic nominari virtutem.* Das *repetimus* bezieht sich auf p. 21, wo er zu Röm. 1, 17 bemerkt hat: *est justitia non semper species illa virtutis, quae in faciendis judiciis et praemiis poenisve distribuendis tota consistit, sed verius etiam et illustrius justitia est universa virtus, quae in Deo potissimum hujusmodi est, qui non habet distincta genera virtutum, sed unicam tantum in se virtutis rationem, diviniore quodam modo in unam simplex atque summum virtutis partes omnes et omnia nomina comprehendentem. — Cujus quidem divinae absolutaeque justitiae, quam universam bonitatem esse dicimus, indicium quoddam est et simulacrum in hominum justitia, quum quis justus ita esse dicitur, non quod res integre recteque dijudicet, sed quod bonitate et innocentia inter homines est ornatus, velut generalem illam justitiam obtinens, quod nihil agit neque molitur, quod legibus sit aut bonis moribus contrarium.*

5) *Ibid. p. 46: proinde totus iste ordo sic texitur seriesque dedu-*

aller Werkgerechtigkeit aus dem Wege gegangen zu sein [1]) und der Gnadenwirksamkeit Gottes ihr volles Recht zugestanden zu haben. Aber dann sprach er es wieder deutlich genug aus, dass er den Anfang der Bekehrung als im Menschen und seinem Willen liegend suchte [2]), und zeigte, dass er den Ernst der Sünde und die Tiefe ihrer Wirkungen doch nicht erkannt hatte [3]).

Dass diese Lehre der Schrift nicht entsprach, war klar. Aber eben weil sich in ihr ein Bestreben, der Schrift gerecht zu werden bekundete, weil sie mit ihrem Wortlaut, hinter dem freilich ein anderer Gedanke sich barg, dem Wortlaut der Schrift sich gut anzuschliessen vermochte, konnte sie gefährlich wirken. Um so wichtiger war es, dass ihr und allen ähnlichen Fassungen von Melanthon in der Apologie schon begegnet war, indem er das Wort als das bezeichnete, wodurch Gott an dem von sich aus zu allem Guten unfähigen Menschen wirke, und indem er betonte, dass mit der dem Glaubenden um Christi willen zu Theil werdenden Gerechtsprechung auch schon die Gewissheit des ewigen Lebens verbunden sei und dass es zur Erlangung

---

citur, ut nos quidem fidem erga Deum afferamus, quae quamquam ipsa divino munere alitur et confirmatur in nobis, aliqua tamen est pars in ea nostrae voluntatis. Deinde illa fides Dei omnipotentis justitiam excitat, per quam ille ut est vere bonus, non ignoscit solum ad se accedentibus et per fidem sese illi dedentibus, sed eos eadem prope justitia, qua est ipse praeditus et eodem genere bonitatis exornat. Tum autem sic ornatos et effectos sanctos in gratiam, in amicitiam, in cognationem recipit, adoptatque in filiorum nomen, vitamque illis beatam et immortalem tribuit.

1) Ibid. p. 70 über das *sine operibus legis*.

2) Ibid. p. 67: *licet nihil ex nobis sit dignum, nihil vim aut rationem ullam meriti continens, tamen aliquid a nobis proficiscatur necesse est, in quo considat Dei gratia et justitia, id porro non est operis, sed bonae duntaxat erga Deum voluntatis, quae solam per fidem Christi nobis contingere potest.* Dazu stimmt die Aeusserung in einem Briefe an Contareni, Epp. p. 366: *de initiis bonarum voluntatum et de ejusmodi genere toto secutus equidem sum Graecos auctores libentius, praesertim quum Augustinus non satis se explicare mihi videatur. Verum et Latini veteres eandem quam Graeci sententiam tenuerunt. Nec putavi hoc fraudi religioni nostrae fore, si aliquid in nostra voluntate nobis reliquerim. Neque item nunc puto, tantis et tam magnis autoribus munitus, dum illud modo ne sentiam, a quo animus abhorret, aliquid nos operibus nostris promereri, quod a divina gratia profectum non sit. Et hactenus quidem catholica ecclesia nobis praescripsit, quantum ego scire possum, ne meritum ullum ex nobis tanquam ex nobis constituamus.*

3) Ueber seine Lehre von der Sünde vgl. Comment. p. 91 sqq.

oder Erhaltung des letzteren keiner weitern Bedingung, keines neuen Thuns bedürfe; oder kürzer, indem er erklärte, dass Christus allein Mittler sei und bleibe [1]).

Solchen und allen ähnlichen Versuchen, bei der Rechtfertigung doch noch irgend ein Thun des Menschen mit zur Geltung kommen zu lassen, wollte Melanthon möglichst begegnen. Deshalb zog er, wie schon erwähnt, auch nach der Veröffentlichung der Apologie von diesem Artikel die Hand nicht ab. Das nächste Ergebnis seiner Bemühung war, dass er den Schluss des Artikels kürzte und einfacher und klarer fasste [2]). Aber auch in den nächsten Auflagen besserte er nach [3]) und zugleich behandelte er den ganzen Gegenstand neu in seiner 1532 erscheinenden Erklärung des Römerbriefes [4]). Er wusste, dass man diesen Lehrpunct nicht sorgfältig genug bearbeiten, nicht umsichtig und deutlich genug fassen könne [5]). Die Nothwendigkeit, über der Reinerhaltung dieser Lehre zu wachen, entgieng ihm ebensowenig wie Luther. Auch der äusserte damals wohl, er sei zu seinem Leidwesen die letzten Jahre durch viele Kämpfe bald auf diesen bald auf jenen Punct geführt und habe darum die Predigt von der Rechtfertigung nicht so nachdrücklich treiben können, wie er wohl gewünscht [6]). Nun aber wolle er es doppelt eifrig thun, denn diese Lehre sei einmal das Hauptstück, von dem das ganze Christenthum abhänge, der Grundartikel, mit dem alles Andere stehe und falle, und den man daher nie genug, nie eindringlich genug verkünden könne [7]). Und wirk-

---

1) Symbol. Bücher S. 140 §. 193.
2) *C. R. 27, 516 sqq.* Es ist zu bedauern, dass nicht diese Fassung ins Concordienbuch übergieng.
3) *C. R. 2, 624, 625.* Vgl. aus den nächsten Jahren: *3, 180, 430;* auch noch *3, 593, 595, 634.*
4) *C. R. 15, 495 sqq.* Dazu *2, 568* vom Jan. 1532: *nunc expono ep. ad Rom., in quibus controversiam de justificatione spero me sic illustraturum esse, ut nihil desiderari in ea causa dilucidius possit. Alia enim ratione utar, quam qua in Apologia usus sum.* Spengler schrieb am 12. Febr. 1533 an Veit Dietrich: „Mir gefellt sein Comentarius in Paulum ad Rom. sonnderlich der fleissig traktirt locus *De justificatione,* vber die mass wol." *Spengleriana,* herausgeg. v M. M. Mayer, S. 112.
5) *C. R. 2, 504: hanc gratiam adversariis debemus, quod cogunt nos hanc partem doctrinae ἀναζωπυροῦν, quae inter alias leviores rixas paene jam conticuerat.*
6) So z. B. *Opp. 20, 202.*
7) Oft genug bezeichnete er sie so oder ähnlich, z. B. WW. 25, 49, 75; 31, 250; 47, 298, 312, 320, 372; 48, 5, 18, 24, 64, 83; 40, 324; 43,

lich behandelte er ihn besonders oft und ausführlich während der nächsten Jahre, sowohl in den immer noch nöthigen Streitschriften, als vornehmlich in Predigten und Schriftauslegungen, welche die Polemik sehr zurücktreten lassen und vorwiegend den Zweck der Erbauung und Belehrung verfolgen [1]).

So arbeiteten beide Männer in derselben Richtung und damals auch noch in demselben Geiste [2]). Denn was Melanthon in der Apologie schrieb, befindet sich ebenso wie die Behandlung der Rechtfertigungslehre, welche er im nächsten Jahre seiner Auslegung des Römerbriefes voranschickte, in bester Uebereinstimmung mit dem Bekenntnis.

Es ist schon erwähnt, dass das Zurückweichen der Gegner von der gröbern Werkgerechtigkeit zusammen mit einer bei manchen Evangelischen selbst noch vorhandenen Unklarheit Melanthon nöthigte, die Bestimmungen schärfer zu fassen, um alle Ausflüchte abzuschneiden. Aber darum kann man noch nicht sagen, dass in der Apologie eine durch neue Gegensätze veranlasste Weiterbildung der Lehre des Bekenntnisses vorliege. Bereits in letzterem war gesagt worden, dass der Geist Gottes durch das Wort den Glauben wirke, und dass uns um Christi willen die Sünde vergeben, Gerechtigkeit und ewiges Leben geschenkt werde, so dass wir also, um dies Leben zu erlangen, unsere Werke nicht als verursachende Bedingung betrachten und noch weniger auf sie vertrauen dürfen. In der Apologie hatte Melanthon nur diesen zweiten Punct schärfer betont und weitläufiger ausgeführt. Und was er hier schrieb, gab keinen Anlass zu den Irrthümern, die später über die Bedeutung der Werke des Gläubigen auch in der lutherischen Kirche noch auftauchten; sie waren vielmehr durch seine damaligen Erörterungen, sobald man dieselben streng nahm und ihre Folgerungen zog, schon ihm voraus widerlegt.

75, 90, 317. *Comment. in ep. ad. Gal.* 1, 20, 43, 139, 197, 200, 258, 322; 2, 296. *Opp.* 20, 193; 23, 140, 147.

1) Am meisten bekanntlich in der Auslegung des Galaterbriefes, bei der es schwer wird einzelne Stellen hervorzuheben; doch vgl. besonders 1, 14, 191, 214, 245, 302, 388; 2, 7, 29; 3, 8. Ausserdem aus andern Schriften neben den in der vorigen Anmerkung angegebenen Stellen noch: *Opp.* 19, 48, 98, 126; 20, 191; 22, 30; 23, 156, 223.

2) Luther machte zur Apologie, welche Melanthon ihm mit der Bitte vorlegte, sie, wenn er es für nöthig erachte, zu bessern, nur ganz geringe auf die Auslegung einiger Schriftstellen bezügliche Bemerkungen; vgl. *C. R.* 27, 451, 493, 496.

Auch die andere Richtung des Syncrgismus, welche weiterhin bei Melanthon hervortrat, zeigt sich in der Apologie noch nicht, wenngleich auch sie nicht so scharf abgewehrt wird, wie die eben erwähnte. Einen Ausdruck, wie den von Luther gebrauchten, dass der Vorgang der Rechtfertigung auf Seiten des Menschen nur ein Erleiden, d. h. also ein Empfangen sei [1]), findet man meines Wissens in dieser Schärfe jetzt bei Melanthon nicht. Aber er führt doch den Anfang der Wendung zum Bessern auf Gott, auf das Wirken des göttlichen Geistes durch das gepredigte und gehörte Wort zurück [2]), ohne freilich die Bedeutung dieses letztern so sehr hervorzuheben, wie Luther immer thut [3]). Damit sollte nach seiner Meinung alles vorhergehende, etwa vorbereitende Thun des Menschen ausgeschlossen werden. Man hat ferner in Betracht zu ziehen, dass er von der Furcht des natürlichen Menschen vor Gott, von der Gott abgewandten Richtung seines Herzens redet. Und man wird sich endlich dessen erinnern müssen, dass er sagt [4]), die Scholastiker wären auf die Lehre vom *meritum de condigno* wohl gekommen, um eine Antwort zu haben auf die Frage, was denn vorher die, welche das Heil erlangten, von denen unterscheide, die es nicht erlangten? Wenn die Errettung allein aus Erbarmen geschehe, so sei die Hoffnung doch sehr ungewiss, wenn im Menschen nichts Unterscheidendes vorhergehe. Er verabsäumte es also

---

1) *Opp. 19, 98* in der Auslegung des 91. Psalms von 1532: *tota ratio justificandi quoad nos passiva est.* Dazu *Comm. in ep. ad Gal. 1, 14.*
2) Vgl. Symbol. Bücher S. 98 §. 67; S. 100 §. 73. Dazu *C. R. 15, 505.*
3) *Comm. in ep. ad Gal. 1, 302; 2, 133, 199; Opp. 17, 195; 19, 98, 124; 23, 154, 167.* WW. 47, 343, 348; 48, 68, 206. Dann noch so manche gegen die Schwärmer gerichtete Stellen.
4) Symbol. Bücher S. 145 §. 223. Die Stelle fehlt in der zweiten Bearbeitung von 1531, also auch im deutschen Text des Concordienbuchs. Cochleus sagt *Quattuor Philippicae M 1ᵃ*: *nos certe Christo nihil detrahimus, sed credimus firmissime, per eum donari nobis remissionem peccatorum et per nullum alium, sed ita, si nos fecerimus, quae illo digna sunt et quae jussit. Non enim per peccata, sed per opera poenitentiae promerebimur Christum, ut pro nobis apud patrem interpellet. Maxime igitur derogat Christo et Evangelio ejus Philippus, dum ait: evangelio sola fides justitia est; si omnia omnium peccata feceris, sola fides te justificabit, si credas, patrem misereri tui propter Christum, quasi Christus sit adeo iniquus, ut nullum faciat discrimen inter bonos et malos, et adeo caecus, ut nullum habeat operum respectum, quum tamen ipsemet dicat, se unicuique redditurum esse secundum opera ejus.*

nicht, diesen Punct zu berühren und merkte die hier liegende Gefahr. Die genannte Frage könne für den Menschen zu einer sehr drückenden werden. Und — dass fühlt man ihm nun an — sie war es für ihn selbst schon geworden. Er umgieng in seiner Antwort die eigentliche Schwierigkeit. Was die dem Herzen nöthige Gewissheit betrifft, so verwies er darauf, dass sie grade in dem durch klare Verheissungen gewährleisteten Erbarmen Gottes ihren festesten Grund habe. Dann aber fügte er hinzu, das Verheissungswort fordere Glauben und eben dieser Glaube mache den Unterschied zwischen den Würdigen und Unwürdigen.

Diese Antwort zusammen mit obigem Satze, dass der Glaube, ein Geschenk Gottes, vom h. Geist durchs Wort gewirkt werde, schloss zunächst allen Synergismus aus, aber es blieb die Frage unerledigt, woher es denn komme, dass die Einen, die das Wort hören, zum Glauben gelangen, die Andern nicht. Von anderswoher war ihm diese Frage nicht entgegengebracht, so dass er sie hätte beantworten müssen und er selbst schob sie geflissentlich bei Seite, da sie ihm Mühe und Bedenken machte, wenigstens ihre Beantwortung vor der grossen Gemeinde. Sie führte ihn auf die Prädestination und von dieser eingehender zu reden vermied er möglichst [1]). Im Commentar zum Römerbrief aber, der für die wissenschaftlich Gebildeten berechnet war, entzog er sich dieser Aufgabe nicht [2]). Er hob da die durch Nichts auf Seiten des Menschen bedingte Wahl und Vorherbestimmung Gottes hervor, um alles Vertrauen auf menschliches Vermögen und Verdienen, auch das geringste, zu beseitigen. An der Verwerfung der Gottlosen sind, wie alle anerkennen, sie allein Schuld durch ihre Sünden und ihren bösen Willen. Die Errettung der Andern aber ist allein in dem ewigen Erbarmen Gottes, der sie auserwählt hat, begründet, nicht in einem Thun

---

1) *C. R. 2,* 547 im Sept. 1531 an Brenz: *tu subtiliter et procul ex praedestinatione colligis cuilibet suum gradum distributum esse, et recte ratiocinaris. Sed ego in tota Apologia fugi illam longam et inexplicabilem disputationem de praedestinatione; ubique sic loquor, quasi praedestinatio sequatur nostram fidem et opera. Ac facio hoc certo consilio: non enim volo conscientias perturbare illis inexplicabilibus labyrinthis.* Aehnlich in der Einleitung des Commentars zum Römerbrief, *C. R. 15,* 505: *in quaestione de justificatione seponantur aliquantisper disputationes de praedestinatione.* Man soll sich an das allgemein lautende Wort der Gnadenverheissung halten.

2) Vgl. *C. R. 15, 674, 679 sqq.*

ihrerseits. Daraus entspringt freilich die quälende Frage: warum erwählt er nur diese, warum so wenige? warum erbarmt er sich nicht aller? Es ist zu erwiedern, dass wir von dem Willen Gottes nicht mehr wissen, als was uns die Schrift offenbart. Die sagt aber, dass Gott sich Aller erbarmen wolle; sie offenbart einen allumfassenden Gnadenrathschluss. Wer auf den eingeht, ihm nicht widerstrebt, der wird gerettet. Solches Glauben aber und Nichtwiderstreben sind Regungen, die vom h. Geiste geweckt werden.

Auch hier zeigt sich aufs Deutlichste das Bestreben Melanthons, alles Gute nur der Gnade zuzuschreiben; er will durchaus noch keinen Synergismus. Und doch erkennt man bereits den Punct, an welchen dieser später anknüpfen konnte. Die Menschen sind von Natur Gott abgewandt und auf das Böse gerichtet. So ist es nicht zu verwundern, wenn sie dem Worte Gottes widerstreben; man sollte das vielmehr von Allen erwarten. Dass Einige nicht widerstreben, kommt von dem Wirken des h. Geistes her. Aber das Wort, durch welches er wirkt, ergeht doch an Alle. Weshalb hat es nicht bei Allen die gleiche Wirkung? Hier erscheint keine Auskunft möglich, als sich zurückzuziehen auf den verborgenen Willen Gottes, den geheimen Grund der Prädestination, oder die Annahme einer vor der Berufung schon vorhandenen Verschiedenheit unter den Menschen, welche dann freilich die Prädestination ganz aufhebt. Dieser Annahme neigte Melanthon, der die Wirksamkeit des h. Geistes durch das Wort nicht genugsam betonte, sich mehr und mehr zu[1]. Aber bei Abfassung der Apologie war, wie wir sahen, das noch nicht geschehen; sie ist von allem Synergismus durchaus rein.

---

[1] Von der *voluntas non repugnans* ist 1531 und 1532 im Commentar zum Römerbrief schon die Rede; vgl. *C. R. 15, 680*: *inquit Paulus: non est volentis aut currentis, sed Dei miserentis, id est, misericordia est quidem causa electionis, non nostrum velle aut currere, et tamen haec fiunt in voluntate, et in currente, non in repugnante.* Dazu die eigenthümliche Stelle 15, 506: *Deus vult omnes homines salvos fieri, sicut in promissionibus omnibus offert salutem. Sed humana voluntas in his, qui nolunt credere, repugnat promissionibus. Illi autem, qui se promissione sustentant, vere sibi tribui beneficia Christi statuunt, ne Deum accusent mendacii. Quumque vocem evangelii accipiunt et se sustentant, simul efficax est spiritus sanctus juxta illud: fides ex auditu est.* Woher kommt jenes *se sustentant et statuunt*? woher das *currere* der ersteren Stelle? Für die folgende Entwicklung vgl. Frank, die Theologie der Concordienformel 1, 131 ff.

Doch noch ein Weiteres ist bei diesem Artikel in Betracht zu ziehen. Wenn man von der spätern Dogmatik herkommt, kann man Anstoss nehmen an dem Sprachgebrauch der Apologie und von ihm zu der Meinung verführt werden, dass ihr Verfasser sich über den Hauptpunct denn doch noch in einiger Unklarheit befunden habe. Da heisst es, der Glaube sei unsre Gerechtigkeit[1]), er werde uns als Gerechtigkeit angerechnet. Oder es wird der Ausdruck *justificare* in verschiedenen Bedeutungen gebraucht[2]). — Diese Unbestimmtheit des Sprachgebrauches ist zugegeben; aber sie findet sich ganz ähnlich damals auch noch bei Luther[3]), und man darf daraus nicht entnehmen, dass die Reformatoren oder auch nur Melanthon über die Sache selbst im Unklaren oder unsicher gewesen seien. Wenn er den Glauben im Anschluss an die Schrift als unsre Gerechtigkeit bezeichnete, so wehrte er doch ausdrücklich ab, dass er als Werk zu fassen sei, und wollte nur sagen, er sei das rechte Verhalten, welches der Gnadenoffenbarung Gottes entspreche. Wenn er dem Glauben die Rechtfertigung beilegte, so bemerkte er, das sei dahin zu verstehen, dass der Mensch durch den Glauben die Gerechtigkeit hinnehme, die Gott im Verheissungsworte ihm anbiete. Mit besonderem Nachdrucke betonte er, *justificare* heisse in der entscheidenden Frage nicht gerecht machen, sondern gerecht sprechen, Einen mit richterlichem Urtheile für gerecht erklären[4]). Rechtfertigung sei gleichbedeutend mit Sündenvergebung[5]). Im Gedanken war also bei dem Verfasser der Apologie keine Unklarheit vorhanden.

Für Unklarheit endlich darf es auch nicht angesehen werden, wenn Melanthon als Zeugen für die evangelische Rechtfertigungslehre die Väter, besonders Augustin herbeizieht[6]). Die

---

1) Symbol. Bücher S. 104 §. 49, 92.

2) *Fides justificat = salvat*, z. B. S. 96 §. 56; S. 98 §. 62. *Justificare = ex injusto justum efficere seu regenerare*, S. 100 §. 78; auch wohl S. 86 §. 52. *Justificare = sanctificare* S. 105 §. 99. Hierüber schon die Concordienformel, Symbol. BB. S. 613 und *J. G. Walch*, *introductio in libros ecclesiae lutheranae symbolicos p. 437*.

3) z. B. *fides est justitia*, Comm. in ep. ad Gal. 1, 328, 331; 3, 7. Ueber *justificare* vgl. z. B. 19, 48, wo zur *justificatio* als *altera, posterior pars* auch die *donatio Spiritus sancti cum donis suis* gerechnet wird.

4) Symbol. Bücher S. 131 §. 131; S. 139 §. 184.

5) *C. R.* 15, 506 heisst es: *regeneratio haec tria complectitur: remissionem peccatorum, justificationem seu imputationem justitiae, et donationem Spiritus sancti et vitae aeternae.*

6) *Cochlei Quattuor Philippicae N 3ᵇ.*

Gegner, vorzüglich Cochleus machten ihm daraus einen schweren Vorwurf und benützten gerade Augustin, um ihre und die scholastische Lehre zu stützen. Sie hatten, wie schon erwähnt ist, unzweifelhaft dazu ein gewisses Recht; die Lehrdarstellung Augustins war ihnen günstig und so ist es begreiflich, dass sie die Berufung der Evangelischen auf diesen Vater als ganz ungehörig verwarfen und darin nur die Erschleichung einer deckenden Autorität sahen. Dies wäre wirklich der Fall gewesen, wenn Melanthon sich ohne Weiteres für seine ganze Entwicklung auf Augustin und andre Väter berufen hätte. Aber so that er nicht. Wir haben aus seinem Briefe an Brenz erfahren, dass er sehr wohl wusste, wie schon die Alten, vornehmlich auch Augustin, in der Rechtfertigungslehre auf Abwege gerathen waren. So würde er am liebsten, wie er es denn in seiner Erklärung des Römerbriefes auch hielt [1]), Augustin hier nicht erwähnt haben, wenn ihn nicht das grosse Ansehn dieses Kirchenvaters veranlasst, ja fast genöthigt hätte, sich doch auf ihn zu berufen. Aber er that dies mit grösster Vorsicht. Nur an fünf Stellen nannte er ihn. Einmal als Zeugen dafür, dass die Gnade nicht für menschliches Verdienst gegeben werde [2]); dann dafür, dass man die Rechtfertigung durch den Glauben erlange [3]). An der dritten Stelle führte er Augustin neben Hieronymus dafür an, dass der Mensch dem Gesetze nicht genügen, also durch Gesetzeswerke Gotte nicht gefallen könne [4]). Dann nannte er ihn mit Anderen als Gewährsmann dafür, das Christus unsere Versöhnung und Rechtfertigung sei [5]). Und schliesslich bestätigte er mit Augustins Wort, dass man die Kirche da zu sehen habe, wo auf Gottes und nicht auf Menschenwort gehört werde [6]).

Keine von diesen Berufungen wird man anfechten können, ausser etwa die zweite. Denn wenn Augustin auch lehrte, dass man durch den Glauben zur Rechtfertigung gelange, so verstand er doch Glaube wie Rechtfertigung nicht ganz in dem Sinne, in welchem die Reformatoren nach der Schrift beides verstehen

---

1) Nur ganz nebenbei bezieht er sich auf ihn, wie z. B. C. R. 15, 495, 519.
2) Symbol. Bücher S. 92 §. 29.
3) Ebend. S. 106 §. 106.
4) Ebend. S. 118 §. 51.
5) Ebend. S. 151 §. 268.
6) Ebend. S. 152 §. 279.

mussten. Insofern konnte es nur als ein Zusammenstimmen in Worten erscheinen. Aber in Wirklichkeit war es doch auch hier mehr. Augustin wollte auch an jener Stelle zunächst sagen, dass kein Mensch das Gesetz erfüllen könne, und dass man im Glauben zur Barmherzigkeit Gottes sich wenden müsse, um von ihm die Kraft zum Gutesthun zu empfangen. Das war aber eine Aussage, deren Melanthon sich sehr wohl zur Bestätigung dessen, was er behauptete, bedienen konnte. Und er nahm die Augustinische Stelle nur in diesem Sinne, wie auch die Behandlung derselben in der gleich folgenden neuen Ausgabe bekundet[1]). Man kann ihm also auch hierin keine Unklarheit, und noch weniger eine Unwahrhaftigkeit vorwerfen.

Wenn Melanthon sich auf Augustin, Ambrosius, Hieronymus, kurz auf einzelne Männer der Vergangenheit für die evangelische Rechtfertigungslehre berief, so that er dies in demselben Sinne, in welchem er sonst wohl die ganze Kirche der früheren Zeit und der Gegenwart als Zeugin hinstellte. Freilich musste er dann hinzufügen, dass man bei Kirche nicht an Pabst, Cardinäle und Bischöfe zu denken habe[2]), sondern an die Frommen und Gläubigen, welche an das Wort Gottes sich halten und ihm gehorsam seien; an die, welche christliche Erfahrung hätten. Solche habe es allezeit gegeben, auch in den Tagen des Abfalls und Unglaubens[3]). Sie, die Gemeinde der Gläubigen, seien in Wirklichkeit die Kirche[4]), und sie legten einstimmig das Zeugnis ab, dass wir nur durch Erbarmen selig würden[5]).

So verstand Melanthon die Berufung auf die Alten, die Berufung auf die Kirche. Er wandte sich nicht an theologische Begriffsbestimmungen, sondern zunächst und vor Allem an die Erfahrung und die erfahrungsgemässen Aussagen des christlichen Herzens[6]), dessen gewiss, dass sie den Heilsweg, den er in diesem Artikel als Wortführer der evangelischen Kirche lehrte, als den allein richtigen anerkannten. Und dies Zeugnis

---

1) C. R. 27, 465.
2) Symbol. Bücher S. 151 §. 269.
3) Ebend. S. 151 §. 271.
4) In der ersten, dann zurückgezogenen Bearbeitung hatte er *ecclesia* so erklärt, C. R. 27, 464: *habemus testimonia ecclesiae, hoc est, piarum mentium*; und 466: *de tanta re (scil. fidei justificatio) judicium debet esse penes ecclesiam, hoc est pios et peritos rerum spiritualium.*
5) Symbol. Bücher S. 142 §. 202; S. 145 §. 217.
6) Daher die häufigen Berufungen auf die *boni viri, pii, experti* etc.

der Erfahrenen wird der Kirche der Reformation für ihre Rechtfertigungslehre nie fehlen. Des darf sie sich getrösten und sie braucht sich nicht irre machen zu lassen durch die Menge derer, welche ihr nicht zustimmen; denn sie weiss, dass wenn irgend eine Heilslehre, dann in erster Linie diese nur auf dem Wege der Erfahrung verstanden wird, und dass alle, welche zu dieser Erfahrung nicht gekommen sind, mit Unverstand [1]) solcher Lehre widersprechen müssen.

Dem **siebenten** und **achten** Artikel des Bekenntnisses, welche von dem Wesen der **Kirche** handeln, hatten die Römischen Theologen, wo sie auf dieselben zu sprechen kamen, zweierlei entgegen gehalten [2]). Einmal hatten sie gegen die Bestimmung, dass die Kirche die Gemeinde der Heiligen sei, Einsprache erhoben, und dann war von ihnen die Nothwendigkeit, also auch verpflichtende Gültigkeit allgemeiner Kirchengebräuche behauptet. Demgemäss musste auch die Antwort Melanthons in zwei Haupttheile (§. 1—29 nebst §. 47—50; §. 30—47) zerfallen.

Der Wortlaut des Bekenntnisses hatte den Confutatoren Verlegenheiten bereitet, wie man an der Entgegnung Ecks [3]) und der Erklärung des Cochleus in seiner Philippica sieht. Er war so, dass sie eigentlich nichts an ihm aussetzen konnten. Aber sie meinten, er stimme nicht mit früheren Erklärungen der Reformatoren und hielten sich deshalb für berechtigt, in dem was Melanthon jetzt geschrieben, eine nur scheinbare Nachgiebigkeit, einen Trug zu sehen, womit der Friede erschlichen werden solle. Aus dieser Auffassung erwuchs ihre Antwort. Ohne sich um die nähern Bestimmungen zu kümmern, die im Bekenntnisse selbst gegeben waren, verwarfen sie den Satz, die Kirche sei die Gemeinde der Heiligen, als einen glaubensgefährlichen und

---

1) Ein auffälliges Beispiel solches Unvermögens zu verstehen bleibt Cochleus, vgl. *Philippicae quattuor, K 3ᵃ, 4ᵃ, L 3ᵃ.*

2) In der Confutatio *C. R. 27, 102; Coelestini Histor. Comit. 2, 234ᵇ; 3, 36ᵃ; Cochlei Philippicae Quattuor O 4ᵃ.* Aus der nächstfolgenden Zeit vgl. *Andreae Fabricii Harmonia Confessionis Augustanae p. 194 sqq.*

3) *Articulus VII discordat, quod ecclesiam dicunt bonorum, quum in ea sint boni et mali. Concordare posset, si ecclesiam dicerent sanctorum, sicut et nos dicimus ecclesiam sanctam a sanctitate fidei, sacramentorum, gratiarum et donorum et a principaliori fit denominatio, modo boni sint principaliores et ipsi admittant malos ministros in ecclesia.*

von der Kirche schon oft verworfenen. Die Evangelischen wurden von ihnen in die Reihe besonders verhasster Ketzer, der Hussiten, gestellt und sollten dem allgemeinen Unwillen preisgegeben werden. Da hatte Melanthon allerdings das Recht, dies Verfahren als eine Verläumdung zu bezeichnen. Und des weitern lag ihm nichts ob, als die kurzen Sätze des Bekenntnisses zu erläutern und gegen Misdeutung sicher zu stellen. Von den Gegnern war nichts vorgebracht, was zur Fortentwicklung der Lehre nach der einen oder andern Seite hin hätte Anstoss geben können, und auch im Leben der Kirche war in der kurzen Zwischenzeit nichts aufgetaucht, was dazu genöthigt hätte.

Es ist begreiflich, dass die evangelische Lehre in diesem Puncte von den Römischen nicht verstanden ward, denn sie hafteten nur an der äussern Erscheinung der Kirche und wurden von dieser gehalten wie von einem Banne[1]), dessen Macht über die Gemüther die Gegenwart wieder nur zu deutlich zeigt. Die Evangelischen dagegen waren gerade durch die Geschichte der letzten Jahre, in denen sie mit der Kirche, wie sie äusserlich sich darstellte, in Kampf geriethen, genöthigt, auf das Wesen derselben zurückzugehen und dies klar zu stellen. Wenn sie hier von „Kirche" redeten, so meinten sie das Wesen derselben. Diesem galt, wie es ja sein musste, ihre Begriffsbestimmung, und manche gegen die letztere erhobenen Vorwürfe, scheint mir, würden unausgesprochen geblieben sein, wenn man dies allezeit mehr beachtet hätte.

Melanthon stellt zunächst die Begriffsbestimmung der Kirche, so wie sie aus dem 7. und 8. Artikel des Bekenntnisses zusammen sich ergebe, wieder hin (§. 1—3) und verweist auf das dafür sprechende Zeugnis der Schrift (§. 4—5), dem auch die Gegner zustimmen müssen (§. 6). So lehren denn die Evangelischen nichts Neues, sondern wiederholen nur erklärend, was schon bei Paulus und im apostolischen Symbolum steht (§ 7—8). Hieran zu halten ist heilsnothwendig und tröstlich, denn darauf stützt sich die Hoffnung auf den dauernden Bestand der Kirche, weshalb auch das Decret und die Väter bei dieser Bestimmung bleiben (§. 9—11). Unbeirrt durch die äussere Erscheinung muss man auf das Wesen der Kirche sehen; sonst gefährdet man die Seelen, verwischt den Unterschied von altem und neuem Testament, verkennt den Fortschritt der Heilsgeschichte, mis-

---

[1]) Vgl. Osianders Bemerkungen in seinem Gutachten bei *Coelestinus*, *Histor. Comit.* 3, 85[b].

achtet, dass die Kirche das Reich Christi ist (§. 12—16). So rechtfertigt Melanthon zuerst die gegebene Begriffsbestimmung.

Dann widerlegt er die in der Confutatio gemachten Einwürfe der Gegner. Die Gleichnisreden des Herrn, denen sie solche entnehmen, z. B. Matth. 13, 38, 47, beziehen sich auf die gegenwärtige Erscheinung der Kirche, nicht auf ihr Wesen; sie sind also nicht als Gegenbeweis zu brauchen, wenn man von diesem redet (§. 17—19). Ebenso ist es ein Misverständnis, wenn man den Evangelischen vorhält, ihre Kirche sei ein reines Gedankending und Luftgebilde. Die Kirche, welche sie meinen, hat vollste Wirklichkeit, aber freilich noch keine handgreifliche (§. 20—22). Eine solche wünschen die Gegner, wie man aus ihren Schriften ersieht; aber dabei setzen sie sich in Widerspruch mit der Schrift (§. 23—27). Bei dieser bleiben die Evangelischen mit der ausdrücklich wiederholten Erklärung, dass sie mit den Sectirern, welche die Wirklichkeit der Kirche und der Gnadenmittel aufheben, nichts gemein haben wollen (§. 28—29; §. 47—50).

Es wird also in der Apologie betont, dass es vor Allem auf die Definition des Wesens der Kirche ankomme, und gegen diesen Standpunct wird sich kaum ein erheblicher Einwand vorbringen lassen. Die Nothwendigkeit, hiermit zu beginnen, wird nicht etwa aus Forderungen der Wissenschaft abgeleitet, sondern aus den praktischen Bedürfnissen der Kirche. Die Christen müssen wissen, „wodurch sie Gliedmaassen Christi werden und was sie zu lebendigen Gliedmaassen der Kirche macht." Ohne das würden sie in Gefahr laufen, Falschem nachzustreben und auf Falsches sich zu verlassen; und das schädigte ihre Seelen.

Steht aber fest, dass mit einer Definition des Wesens der Kirche begonnen werden musste, so ist nicht wohl abzusehen, wie eine andere hätte gegeben werden sollen[1]). Die Schrift sowohl wie die Einsicht in den Grund und das Werden der Kirche musste auf diese führen. Als die Gemeinde der Heiligen wird die Kirche bestimmt und dies dann erklärt als: Leib Christi, oder geistliches Volk, d. h. das durch den heiligen Geist wiedergeborne Gottesvolk, oder Reich Christi. Und wie im Bekenntnis neben „Gemeinde der Heiligen" sich die Bestimmung findet „Versammlung aller Gläubigen", so heisst es auch hier, die Kirche bestehe aus den wahrhaft Gläubigen und Gerechten in der ganzen Welt. Und beide Momente sind zusammengefasst,

---

1) Vgl. meine Einleitung, 2, 206 ff.

wenn gesagt wird, die Kirche sei vornehmlich die Gemeinschaft des Glaubens und des h. Geistes in den Herzen, oder: sie umfasse alle Menschen, welche hin und wieder in der Welt vom Aufgang der Sonne bis zum Niedergang an Christum wahrlich glauben, welche denn Ein Evangelium, Einen Christum, einerlei Taufe und Sacrament haben, durch Einen h. Geist regiert werden. Das nächsthöhere Allgemeine kann nicht wohl anders benannt werden und ebenso ist der artbildende Unterschied rein und vollständig bezeichnet. Denn das sondert diese Gemeinde oder „Sammlung" oder „Haufen" von allen andern Gemeinden, auch von der alttestamentlichen, dass sie eine Gemeinde der „Heiligen", d. h. der von Christo Geheiligten und an ihn Glaubenden ist. Nur wer so geheiligt ist, gehört zu ihr, und keiner, der diese Heiligkeit hat, ist von ihr ausgeschlossen.

Auch Luther blieb hierbei, wenn er z. B. während des Reichstages in der Auslegung des 118. Psalms schrieb[1]): „es ist oder kann Niemand in der Christengemeine oder ein Glied der Christenheit sein, er sei denn rechtgläubig, d. i. ist gerecht und heilig, wie der Artikel des Glaubens zeuget: ich glaube eine heilige christliche Kirche. Wer aber nicht rechtgläubig noch heilig und gerecht ist, der gehöret nicht in die heilige christliche Kirche und kann zu diesem Thor des Herrn nicht eingehen, kann auch nicht beten, Dank opfern, loben oder Gott dienen, kennet auch Gott nicht, ob er gleich mit leiblichem Wandel unter den Christen lebt oder auch gleich ein Amt unter den Christen hat, als Pfarrherr, Prediger, Bischöfe oder auch das Sacrament äusserlich mitgeneusst".

Man wird keine andre Definition vom Wesen der Kirche finden, die entsprechender wäre. Was man etwa sonst noch an Bestimmungen hat eintragen wollen, bezeichnet nicht das Wesen, und verkümmert dann die Wahrheit. Eine Schwierigkeit entspringt daraus, dass das Wesen der Kirche vollste Wirklichkeit hat, aber keine sinnlich greifbare, und dass es sich doch dabei nur in sinnlich fassbaren Wesen verwirklicht, nur in ihnen vorhanden ist. Daraus entstand jener Römische Vorwurf, die Evangelischen redeten nur von einem platonischen Gedankending; daher kommt es, dass so manche Andere noch dies oder das in die Definition der Kirche mit aufnehmen möchten. Man bleibt zu leicht bei dem Nächstliegenden, sich unmittelbar Aufdrängenden stehen, zumal wenn dies, wie beim

---

1) WW. 41, 71 ff.

Römischen Christen der Fall ist, eine fesselnde Autorität hat und der angeborenen Gesetzlichkeit und Werkgerechtigkeit Vorschub leistet.

Dass das Wesen der Kirche noch nicht in seiner Reinheit sinnfällig wird und in greifbarer Wirklichkeit heraustritt, hat darin seinen Grund, dass sie noch nicht vollendet, sondern erst im Werden begriffen ist. Die Kirche in ihrer Vollendung ist das wahre Volk Gottes, die Menschheit Gottes, aber jetzt befindet sie sich erst auf dem Wege, dies zu werden. Sie ist die Gemeinde der Heiligen, der Menschen Gottes; aber keiner von diesen ist schon das, was er sein soll; alle sind noch auf dem Wege der Entwicklung. Das Werden des Neuen beginnt im Innern; darum ist es den Sinnen unfassbar; das Herz des Andern und sein Verhältnis zu Gott kann Niemand sicher beurtheilen. Keiner vermag mit Gewissheit zu sagen, aus welchen Personen jeweilig die Gemeinde der Gläubigen besteht. Der Bestand der Kirche ist ein verborgener und hört erst auf, dies zu sein, wenn Christus, das Haupt der Kirche, sich offenbart und sie vollendet. Aber dann hört sie auch auf, Kirche zu sein; dann beginnt das sichtbare Gottesreich unter seinem sichtbaren König Jesus Christus. Die Zeit der „Kirche", vom Tage der Pfingsten bis zur Machtoffenbarung des Königs, den bis dahin der Himmel umfängt (Apostg. 3, 21), wird eben dadurch charakterisirt, dass in ihr das „Reich Gottes" unsichtbar ist. Die Kirche ist und bleibt in dieser Zeit ein Gegenstand des Glaubens und nicht des Schauens, wie auch in der Apologie wieder betont wird. Ihre Gestalt kann nicht gesehen werden, weil dieselbe noch gar nicht vorhanden ist. Oder richtiger, weil dem eben Bemerkten entsprechend, „die Kirche" wird überhaupt nie eine ihr Wesen deckende Erscheinung und sichtbare Gestalt haben.

Aber wenn auch die Kirche in ihrem wahren Bestande nie geschaut zu werden vermag, so kann doch ihr Dasein, ihre Wirklichkeit erkannt werden. Sie, die Gemeinde Christi, der Leib ihres Hauptes, lebt; und das, worin das Haupt sein Leben ihr, dem Leibe, mittheilt, das, worin sie das aus ihm geschöpfte Leben bethätigt, ist es, was von ihrem Vorhandensein sichere Kunde giebt. Wo das Wort Gottes und die Sacramente, die Werkzeuge des heiligen Geistes, gehandelt werden, da ist das Dasein der Kirche unzweifelhaft. Sie ist nicht ohne Wort und Sacrament und Wort und Sacrament können nicht verwaltet werden, ohne dass Kirche da wäre. Die Apologie erklärt auch dies wieder auf das Bestimmteste, wie Luther ebenfalls nicht müde ward, es zu wiederholen ¹).

Die Reformatoren erfassten, indem sie dies Letzte betonten, das lebendige Band mit der Vergangenheit. Hierdurch ward es es ihnen möglich, das Vorhandensein von Christen auch in der um Rom sich sammelnden Gemeinde, das Dasein der Kirche unter denen, welche dem Pabste sich unterwarfen, anzuerkennen. Wie oft redete Luther von der Kirche unter dem Papstthum und zeigte wodurch sie erhalten sei, wodurch sie noch bestehe! Das eingerissene Verderben beirrte ihn nicht. Wusste er doch, dass der Abfall, ja das Antichristenthum selbst eben in der Kirche seinen Platz haben würde. „Dieselbe heilige Kirche, — schrieb er 1533 — ist nun die heilige Stätte des Greuels. Denn da hat Gott mit Macht und Wunder erhalten, dass dennoch unter dem Pabst blieben ist erstlich die heilige Taufe; darnach auf der Canzel der Text des heiligen Evangelii in eines jeglichen Landes Sprache; zum dritten die heilige Vergebung der Sünden und Absolution, beide in der Beicht und öffentlich; zum vierten das heilige Sacrament des Altars, das man zu Ostern und sonst im Jahr den Christen gereicht hat, wiewohl sie geraubt haben die eine Gestalt; zum fünften das Berufen oder Ordiniren zum Pfarramt, Predigtamt oder Seelsorge, die Sünde zu binden und lösen, und im Sterben und auch sonst zu trösten, denn bei Vielen der Brauch ist blieben, dass man den Sterbenden das Crucifix vorgehalten, und sie erinnert des Leidens Christi, darauf sie sich lassen sollten; zuletzt auch das Gebet, als Psalter, Vaterunser, der Glaube und zehn Gebote; item viel guter Lieder und Gesänge, beide lateinisch und deutsch. Wo nun solche Stücke noch blieben sind, da ist gewisslich die Kirche und etliche Heilige blieben, denn es sind alles die Ordnung und Früchte Christi, ausgenommen der Raub der einigen Gestalt. Drum ist hie gewisslich Christus bei den Seinigen gewest mit seinem heiligen Geist und in ihnen den christlichen Glauben erhalten, wiewohl es ist alles schwächlich zugegangen, gleichwie zur Zeit Elias, da siebentausend so schwächlich erhalten worden, dass Elias selbst meinet, er wäre allein ein Christ" ²).

---

1) WW. 48, 68, 206; 31, 358, 363; *Comm. in ep. ad Gal. 1, 42, 302; 2, 133, 159; opp. 17, 195; 19, 124; 20, 244, 263, 265, 302; 22, 36; 23, 154, 167, 176: impossibile est ecclesiam sine verbo et verbum sine ecclesia esse.* Besonders ist die Auslegung des 122. Psalms hierfür zu beachten, *Opp. 19, 219 sqq.*

2) WW. 31, 339; dazu aus jenen Jahren 65, 122; 31, 320, 337; 48, 181;

So fehlt es nicht an Merkmalen vom Dasein der Kirche. Aber darum bleibt es doch bestehen, dass sie selbst nicht gesehen werden kann und dass Keiner es bei den Einzelnen zu erkennen vermag, ob sie wirklich zur Kirche gehören, lebendige Glieder derselben sind; denn das, wovon dies abhängt, kann Niemand mit Augen sehen noch mit Fingern zeigen. Und dies führt zu keiner schwärmerischen Auffassung von der Kirche, welche die Ruhe und Zuversicht des Christen gefährdete. Denn als gewisses Zeichen des auch auf ihn gerichteten Gnadenwillens Gottes dienen einem Jeden die genannten Merkmale der Kirche, Wort und Sacramente, und die Gewissheit, dass solcher Gnadenwille an ihm sich verwirklicht hat, muss ihm auf anderem Wege erwachsen, als allein durch den Blick auf irgend etwas äusserlich Bestehendes.

Es gehört zur Daseinsweise der Kirche, der Gemeinde des gen Himmel gefahrenen Christus, in welcher er mit seinem Geiste waltet, dass der Gemeinschaft ihrer Merkmale auch allezeit solche theilhaftig sind, welche nicht wirklich zu ihr gehören. Dies kommt daher, dass die Gliedschaft am Leibe Christi den Menschen erst von Gott ermöglicht oder richtiger mitgetheilt werden muss, was eben durch jene Mittel, durch Wort und Sacramente geschieht, dass aber die Wirklichkeit dieser Gliedschaft aufhört, wenn der Mensch das von Gott ihm Verliehene seinerseits nicht annimmt oder es wieder aufgibt. Dann steht er, der innerlich vom Leibe Christi sich losgelöst hat, nur in einer äussern, d. h. scheinbaren Verbindung mit ihm. Anders, wie gesagt, kann die immer im Werden begriffene Kirche nicht sein. Wenn also ihr Dasein gezeichnet wird, müssen auch diese ihr jeweilig anklebenden, aber nicht zu ihr gehörigen Glieder mit gezeichnet werden. Aber in die Definition der Kirche, in die Bestimmung ihres Wesens, ist das Vorhandensein solcher Scheinglieder nicht mit aufzunehmen. So kann ich denn auch nicht finden, dass die von den Reformatoren aufgestellte und festgehaltene Definition zu dem Zugeständnis nötige, „dass der Protestantismus dem mittelalterlich-römischen Kirchenbegriff, der das Wesen der Kirche in den äussern Leib derselben setzt, nicht ohne Einseitigkeit die Seele der Gemeinschaft der Gläubigen entgegengesetzt habe" [1]).

Comm. in ep. ad Gal. 1, 40, 206; opp. 1, 227; 19, 194. Nicht überall nennt er die Stücke so vollzählig, aber fast immer betont er den Text des Evangeliums, *textus scripturae.*

1) K a h n i s, die lutherische Dogmatik 2, 622.

Man hat gesagt, die Apologie halte die im h. Geist Geeinten und die äussere Gemeinschaft, die *societas signorum*, zu sehr auseinander. Diese äussere Gemeinschaft sei „nicht ein bloser Kasten, in dem das Kleinod der Kirche ruht, eine blose Schale für den Kern der Gemeinschaft der Gläubigen, ein bloser Vorhof für das Heiligthum der Auserwählten" [1]). Aber so lehrt die Apologie auch nicht. Sie stellt nicht die im h. Geiste Geeinten der äussern Gemeinschaft gegenüber wie, um das Bild beizubehalten, die Seele den Leib. Es bilden nach ihr ja die Gläubigen und die getauften Kinder einen wesentlichen, ja den wesentlichsten Bestandtheil der sichtbaren Gemeinde. Da ist von einem Auseinanderhalten der innern und äussern Gemeinschaft keine Rede. Die Apologie scheidet vielmehr zwischen denen, die innerlich und darum auch nothwendig äusserlich zur zur Kirche gehören, ihren jeweiligen Bestand ausmachen, und denen, die nur äusserlich sich zu ihr rechnen oder zu ihr gerechnet werden, innerlich ihr aber ganz fremd sind, ihres Lebens entbehren und darum nicht als ihr Bestandtheil gelten können. Sie bezeichnet dieselben als *mali* und unterscheidet sie von den *imbecilles*; es seien solche, in denen Christus durch seinen Geist nichts wirke, die ihrem Wesen, ihrer Herzensstellung nach zum Reiche des Teufels gehören.

Wie wenig die Apologie den Kirchenbegriff schwärmerisch vergeistigen will, bekundet sie, indem sie im Rückblick auf den achten Artikel des Bekenntnisses wiederholt ausspricht, dass die Verwaltung der Gnadenmittel wirksam bleibt, auch wenn sie von Unwürdigen, die nur äusserlich zur Kirche gehören, im Dienste der Kirche gehandhabt wird [2]). Dieselben handeln dabei nicht als in eigner Person, sondern kraft des Rufes der Kirche vertreten sie die Person Christi, der durch sie handelt. Wie Luther sagt [3]): „Das müssen wir glauben und gewiss sein, dass die Taufe nicht unser, sondern Christi sei, das Evangelium nicht unser, sondern Christi sei, das Predigtamt nicht unser, sondern Christi sei, das Sacrament nicht unser, sondern Christi sei, die Schlüssel oder Vergebung und Behaltung der Sünden nicht unser, sondern Christi sei. Summa die Amt und Sacramente sind nicht unser, sondern Christi; denn er hat solches

---

1) Kahnis a. a. O.
2) Symbol. Bücher S. 152 §. 3; S. 155 §. 19; S. 157 §. 28; S. 162 §. 47.
3) WW. 31, 362; dazu 366, 381.

Alles geordnet und hinter sich gelassen in der Kirche, zu üben und zu gebrauchen bis an der Welt Ende und lügt und trügt uns nicht; darum können wir auch nichts anders draus machen, sondern müssen seinem Befehl nach thun und solches halten. Wo wirs aber ändern oder bessern, so ists nichts und Christus nicht mehr da noch seine Ordnung, und ich will nicht sagen, wie die Papisten, dass kein Engel noch Maria könne wandeln u. s. w., sondern so sage ich: wenn gleich der Teufel selbst käme, (wenn er so fromm wäre, dass ers thun wollte oder könnte) aber ich setze, dass ichs hernach erführe, dass der Teufel so herein in das Amt geschlichen wäre, oder hätte sich gleich lassen als in Manns Gestalt berufen zum Pfarramt und öffentlich in der Kirchen das Evangelium gepredigt, getauft, Messe gehalten und absolvirt, und solche Amt und Sacrament als ein Pfarrherr geübt und gereicht nach dem Befehl und Ordnung Christi: so müssten wir dennoch bekennen, dass die Sacramente recht wären, wir rechte Taufe empfangen, recht Evangelium gehört, recht Absolution kriegt, recht Sacrament des Leibs und Bluts Christi genommen hätten".

Dabei ist noch ein Unterschied zu beachten, den die Apologie macht. Die Gnadenmittel bleiben wirksam, auch wenn die Verwalter derselben Heuchler sind; die Christen sollen sich durch die Schlechtigkeit der Diener der Kirche nicht beirren lassen, sondern auf die Stiftung und Einsetzung Gottes sehen. Aber die gottlosen und falschen Lehrer sollen sie meiden und sie nicht anhören[1]). Dem vergleicht sich, wenn Luther sagt, dass man unter dem Pabstthume den Text des Evangeliums gehabt habe und dadurch habe zum Glauben kommen können, dass man aber durch die schlechte und falsche Auslegung meist in die Irre geführt sei. Gottes Wort bleibt auch im Munde des schlechten Kirchendieners Gottes Wort; aber wenn er dann als Lehrer auftritt, beginnt er mit seinem Eigenen; ein falscher Lehrer steht nicht mehr an Christi Statt, ist kein Hirte, sondern ein Wolf, ein Widerchrist und darum zu fliehen.

Das Zweite, was den Widerspruch der Confutatoren erregt hatte, war die Bemerkung im Bekenntnisse, zur wahren Einigkeit

---

1) Symbol. Bücher S. 162 §. 47—48, §. 22; S. 289 §. 20—21. Darnach ist auch das *privatis vitiis* §. 49 zu erklären; es ist das, worin sie als Privatpersonen (der Priester eigen Leben) nicht als Amtsträger fehlen; das letztere ist eben das falsche Lehren. Vgl. schon *J. G. Walch p. 447.*

der christlichen Kirche sei nicht nöthig, dass allenthalben gleichförmige Ceremonien, von den Menschen eingesetzt, gehalten würden. Sie wollten das von den besondern, provinziellen Gebräuchen gelten lassen, aber nicht von den allgemeinen, von der Kirche verordneten¹). Genannt waren solche in der Confutation nicht, und auch in den spätern Gegenschriften liess man sich nur selten darauf ein, sie herzuzählen. Am Schärfsten traf Cochleus dabei den Streitpunct, wenn er behauptete, es komme Alles darauf an, den Gehorsam gegen den Römischen Stuhl als einen für alle Christen verbindlichen festzuhalten und ihn von jedem zu fordern²). „Wenn nicht Gehorsam gegen den höchsten Hirten und Priester der Kirche hinzukommt, so genügt zur Einheit der Kirche Uebereinstimmung in der Lehre und in der Verwaltung der Sacramente nicht".

Da Melanthon auf diesen Punct noch an anderen Orten der Apologie zurückkommen musste, beantwortete er die Frage hier nur, insoweit sie durch den Zusammenhang angeregt war. Auf diesen verwies er und gab damit den entscheidenden Gesichtspunct an, unter dem die Ceremonien hier zu betrachten seien (§. 30—31). Er betonte die daraus erhellende praktische Bedeutung der Sache (§. 32), und zeigte, wie mit der richtigen Fragestellung für den Christen auch schon die Antwort gefunden sei (§. 33—34), der dann die Schrift reichlich Zeugniss gebe (§. 35—37). Die Berufung der Gegner auf die Apostel verfange nichts, denn eben in dem entscheidenden Puncte setzten sie sich gerade mit den Aposteln in Widerspruch (§. 38—40); ja ihrer Forderung der Nothwendigkeit und schlechthinigen Verbindlichkeit der allgemeinen Kirchengebräuche widersprächen sie selbst mit ihrem Verhalten (§. 41—46).

Die Frage war, was ist zur Einigkeit der Kirche nothwendig? Die Antwort darauf musste, nachdem sie die Kirche anders definirt hatten, bei den Evangelischen nothwendiger Weise eine andere sein, als bei den Römischen. Es handelte sich um das, was für die Kirche als *momenta constitutiva* zu gelten habe, und als solche konnten die Evangelischen nur den Glauben an Christum³) und von dem an die Sichtbarkeit Tretenden die

---

1) *C. R. 27, 104.*
2) *Quattuor Philippicae R 1ᵇ sqq.*; Andr. Fabricii Harmonia Conf. Aug. p. 217.
3) So ist auch das *societas fidei* §. 5 und das *qui de evangelio consentiunt* §. 10, wie endlich das *vere credentes* §. 20 und ähnlich §. 28 zu verstehen.

Mittel, durch welche Gott solchen Glauben wirkt, ansehen. Alle, welche diesen Glauben bekennen, muss man als Glieder der Kirche anerkennen, von diesen allen aber auch fordern, dass sie der Glauben weckenden Gnadenmittel sich bedienen. Ein Weiteres dagegen als Zeugnis ihrer Zugehörigkeit zur Kirche von ihnen zu verlangen und den sich des Weigernden die christliche Gemeinschaft zu kündigen, dazu ist man nicht berechtigt. Dadurch würde man die Gerechtigkeit vor Gott, die Seligkeit, von noch etwas Anderem abhängig machen und die Seelen in Gefahr stürzen.

Der hierin ausgesprochene Grund genügte vollständig, um die Gegner für alle Zeit zu widerlegen. Er bleibt für die evangelische Kirche der entscheidende. Als weniger gelungen muss man die von Melanthon versuchte geschichtliche Widerlegung bezeichnen. Wenn er den Römischen entgegenhielt, dass ja die Kirche selbst im Laufe der Zeit allgemeine Gebräuche und Ordnungen wie die Osterfeier geändert habe, so fühlten sie sich dadurch nicht getroffen, sondern erwiederten, dass die Kirche, aber eben auch nur sie, hierzu berechtigt sei. Selbst den Wandel in der Austheilung des Abendmahls sahen sie ja als einen der Kirche, der von Gott verordneten Gesetzgeberin, durchaus zustehenden an. Und das Wort aus Epiphanius[1]), welches Melanthon gegen die Römischen verwenden wollte, konnten sie ebenso gut sich zu Gunsten kehren. Denn wenn es dort heisst, die Heidenchristen sollten das Osterfest nicht berechnen, sondern es begehen, wann die aus der Beschneidung es feierten, und sich auch dadurch nicht stören lassen, dass diese sich etwa irrten, so durften die Römischen dem für sich entnehmen, dass in diesen Worten alles Gewicht auf die kirchliche Einigkeit selbst in so Aeusserem, wie diese Festfeier, gelegt werde. Melanthon schloss aus jenen Worten, dass es nach Meinung der Apostel und der alten Kirche etwas Unwesentliches sei, wann selbst ein so hohes Fest gefeiert werde. Allein diesen Schluss würden die Gegner ihm auch gar nicht beanstandet haben. Ihnen lag nur daran, festzustellen, dass jede solche Aenderung allein von der Kirche und ihrem entscheidenden Organe, dem Pabste, ausgehen dürfe; dass, was die Kirche einmal festgestellt habe und feststelle, allgemein verbindlich sei, bis sie es wieder ändere. Und das konnte Melanthon mit dieser geschichtlichen Beweisführung nicht umstossen.

---

1) Vgl. *Epiphanii opp. ed. Dindorf 3, 1, 255.* Dazu Hefele, Conciliengesch. I, 322.

Die Lehre von der **Taufe**, soweit sie im neunten Artikel ausgesprochen war, musste man römischerseits wohl billigen. Einzelne während des Reichstages abgegebene Gutachten sprachen das auch unumwunden aus [1]). Dennoch konnten die Confutatoren es nicht über sich gewinnen, auch nur in diesem Stücke die Evangelischen ungekränkt zu lassen [2]).

Es war überall ihr Bestreben, dieselben mit Secten alter und neuer Zeit in Verbindung zu bringen, um sie dann mit dem Hasse des Volkes beladen zu können. So machten sie schon zu Augsburg Luther und den Seinen den später oft wiederholten [3]) Vorwurf, sie seien die eigentlichen Urheber der Wiedertäuferei. Luther habe, indem er die volle Segenswirkung des Sacramentes für den Empfänger als vom Glauben abhängig bezeichne, den nun erst aufgekommenen Wiedertäufern Anlass gegeben zu der Behauptung, dass die Kindertaufe nichts nütze, sondern verworfen werden müsse; und so trage er eigentlich die Schuld an dem Unglück jener Leute und an dem Unheil, das sie anrichteten. Diesen Vorwurf wollten sie beim Kaiser und den Fürsten auffrischen; sie wussten wohl, dass sie damit Erinnerungen und Gedanken weckten, welche den Evangelischen keineswegs günstig waren. Melanthon empfand denn auch den Stich sehr wohl. Im ersten Entwurf der Apologie, den er nach den von Camerar bei Verlesung der Confutatio eilig gemachten Aufzeichnungen gearbeitet hatte, war er ebenso wie Osiander über den Artikel von der Taufe ganz hinweggegangen [4]). Als ihm dann aber der ganze Wortlaut der Confutatio vorlag, erschien ihm das nicht mehr als angemessen.

Zunächst nahm er das Zugeständnis der Gegner, dass auch nach evangelischer Lehre die Taufe zur Seligkeit nothwendig sei und dass man darum auch die Kinder taufen müsse, einfach an. Er hatte keinen Grund, sich hierüber weiter zu verbreiten. Denn wenn ihm auch Zwingli's Glaubensbekenntnis zu Gesicht gekommen war, in welchem dieser wieder leugnete, dass die Taufe dem Täuflinge ein Heilsgut erst vermittle, und sie nur

---

1) *Coelestini Histor. Comit.* 2, 234ᵇ; 3, 36ᵇ.

2) *C. R.* 27, 105. *Recteque damnant Anabaptistas, hominum genus seditiosissimum, procul a finibus Romani imperii eliminandum, ne inclyta Germania exitialem et sanguinarium denuo patiatur tumultum, qualem omnis abhinc quinque tot millium hominum clade experta est.*

3) Aus etwas späterer Zeit vgl. *Cochlei Philippicae quattuor P 2; Andr. Fabricii Harmonia p.* 223.

4) *C. R.* 27, 284; *Coelestini Histor. Comit.* 3, 86ᵃ.

als eine heilige Ceremonie bezeichnete¹), so war damit doch kein Anlass gegeben, an diesem Orte ihn zu bekämpfen, und zu widerlegen. Es genügte durchaus, auf das gebilligte Bekenntnis zu verweisen.

Zum Andern suchte er jener hämischen Hindeutung auf den Zusammenhang der Wiedertäufer mit den Evangelischen zu begegnen. Er that das zuerst durch die Behauptung, dass eben weil so bei ihnen gelehrt werde, wie geschehe, es in ihren Kirchen keine Wiedertäufer gebe. Er bezeichnete also als Frucht der evangelischen Predigt gerade das Gegentheil von dem, was die Confutatoren dafür ausgegeben hatten. Diese Behauptung erregte Widerspruch. Cochleus entgegnete²), es sei bekannt, dass es in Sachsen, Thüringen und Hessen hin und her viele Wiedertäufer gegeben habe und dass sie mit Gefängnis, Acht und Verbannung bestraft seien. Und darin hatte er Recht. Gerade in Thüringen hatten seit Jahren diese Sectirer Eingang gefunden und sich im Geheimen ziemlich verbreitet³). Melanthon selbst hatte bei der Visitation schon genug mit ihnen zu thun gehabt; Justus Menius suchte noch fortwährend nach ihnen, denn man wollte sie als „gottlose, aufrührerische Rotten und mörderische Bösewichter" nicht im Lande dulden. Melanthon gieng hierin so weit, die Hinrichtung ihrer Führer zu verlangen⁴), während Luther nur vor ihnen warnte und sie allein wegen ihres Glaubens nicht am Leben bestraft wissen wollte⁵). Jedenfalls brachten sie es in evangelischen Gebieten nicht zu Gemeindebildungen oder auch nur zu anerkanntem ruhigen Aufenthalte. Dies wird es auch sein, was Me-

---

1) *Zwinglii opp. 4, 10—11.*
2) *Andr. Fabricii Harmonia p. 225.*
3) Vgl. meine Einleitung 1, 411; 2, 235; G. L. Schmidt, Justus Menius, der Reformator Thüringens 1, 132 ff.
4) *C. R. 2, 549*; dazu meine Einleitung 1, 413.
5) Er erklärte sich dagegen, sie mit dem Tode zu bestrafen, *Opp. 22, 68*; wie er sich zu ihnen stellen wolle, sagt er *Opp. 21, 110*. An zahlreichen Stellen auch seiner damaligen Schriften und Vorlesungen eiferte er gegen sie, z. B. *comm. in ep. ad Gal. 1, 6, 20, 25, 30, 34, 39 etc.* Dabei ist zu beachten, dass er mit dem Ausdrucke, Rotten, *Rottenses* vorwiegend sie meinte, während er mit Schwärmer und *Sacramentarii* die in der Abendmahlslehre Irrenden bezeichnete; vgl. dafür WW. 40, 327; 63, 310. Doch brauchte er *Rottenses* auch für beide, *opp. 22, 156*. — Nach den Grundsätzen Luthers handelte Landgraf Philipp; er liess keinen Wiedertäufer hinrichten. Vgl. Hochhut, Landgraf Philipp und die Wiedertäufer, Ztschr. für histor. Theol. 1858 S. 538 ff.

lanthon mit seinem Satze sagen wollte, denn dass derselbe in dem Sinn, in welchem Cochleus ihn auffasste, der Wirklichkeit widersprach, musste er sich ja selbst gestehen. Dazu ist zu beachten, dass er nicht sagte, in ihren Gebieten, sondern in ihren Kirchen seien die Wiedertäufer nicht eingerissen [1]). Doch macht allerdings bei dieser Auffassung, ohne welche man den Satz als unrichtig einfach aufgeben muss, die Grundangabe Melanthons einige Schwierigkeit. Denn die Ausage: „unser Volk ist durch Gottes Wort gegen die gottlose Rotte gesichert", ist eher zur Begründung des Satzes, dass es keine solche Rottengeister im Lande gebe, tauglich als zu der des andern, sie hätten in der Gemeinde keine Anerkennung und keinen Raum.

Jedenfalls ist dies von dem, wodurch Melanthon den Zusammenhang der Wiedertäufer mit den Evangelischen zurückweisen wollte, das minder Wichtige. Viel entscheidender dafür ist die dann folgende Verwerfung des täuferischen Irrthums und die beigebrachte Begründung für das Recht der Kindertaufe. Diese Begründung ist eine zweifache, nämlich einmal Berufung auf die Allgemeinheit der göttlichen Gnadenverheissung und die Allgemeinheit des Taufbefehles; und sodann Hinweis auf den von Gott anerkannten Bestand der gerade mittelst der Kindertaufe durch die Jahrhunderte sich fortpflanzenden Kirche.

Etwas Neues war mit dieser Begründung auch nicht gegeben; denn die erstgenannte ist nichts anderes als die Ausführung des Satzes im Bekenntnisse: „dass man auch die Kinder taufen soll, welche durch solche Taufe Gott überantwortet und gefällig werden", eines Satzes, dem unmittelbar vorangehend die Nothwendigkeit der Taufe gelehrt ist. Beide Male liegt der Nerv des Beweises für die Rechtmässigkeit der Kindertaufe darin, dass die Taufe zur Seligkeit nöthig ist. Dies wird als unbestreitbare Thatsache hingestellt. Sie bedürfen wie alle Menschen der Taufe und damit, dass sie innerhalb der christlichen Gemeinde geboren sind, hat Gott eine Hinweisung darauf gegeben, dass seine durch nichts eingeschränkte Verheissung sich nun zunächst auf sie beziehe [2]). Um aber dem Einwande zu begegnen, dass sie eben doch nur unmündige Kinder seien, hat man des zu gedenken, dass es hierbei vor Allem auf das ankommt, was Gott in der Taufe thut; und das ist bei allen Täuflingen das Gleiche. Ihnen wird das Heil mitgetheilt, oder wie

---

1) So schon *J. G. Walch*, *introductio* p. 447.
2) Vgl. *J. G. Walch*, *introductio* p. 448.

es im Bekenntnis heisst: sie werden Gott überantwortet und gefällig, werden in seine Gnade aufgenommen. Vom vorangehenden Kinderglauben, den Luther lehrte und an dem die Gegner so begreiflichen Anstoss nahmen, ist weder hier noch dort die Rede. Und in der That wird es zur Rechtfertigung der Kindertaufe seiner nicht bedürfen, wenn man nur festhält, was Luther[1]) und Melanthon gemeinsam lehrten, dass die Taufe wirklich das Mittel ist, durch welches der Mensch seinem ganzen Bestande nach in die Gemeinschaft mit Gott versetzt, der Gnade Gottes theilhaftig wird.

Den andern Beweis für das Recht der Kindertaufe, der in dem von Gott durch seinen Segen anerkannten Bestand der Kirche gelegen ist, hatte Luther schon im grossen Katechismus als den gemeinfasslichsten und besten bezeichnet[2]).

Gegnern gegenüber, welche in der Festhaltung der Kindertaufe mit ihm übereinstimmten, bedurfte der Verfasser der Apologie weiterer Beweise nicht. Zur Abwehr der Gemeinschaft mit den Irrenden genügte das Gegebene. Als Wichtigstes in der ganzen Ausführung ist anzusehen, dass die Nothwendigkeit der Taufe und zwar als eines wirksamen Gnadenmittels, nicht blos als eines äussern Unterpfandes und versiegelnden Zeichens, gelehrt wird[3]). Die Lehre der von Melanthon verfassten Apologie und des Bekenntnisses ist auch hierin ganz die gleiche wie die Luthers.

Der zehnte Artikel, vom Abendmahl, ist nach sehr verschiedener Richtung hin in Anspruch genommen worden. Wie die Confutatoren im Bekenntnis die Transsubstantiation ausgesprochen fanden und nur einen der Kelchentziehung ungünstigen Schluss abwehren wollten, so sahen auch die nächsten Römischen Gegner in der Apologie eine Zustimmung zur Wandelungslehre[4]); und weiterhin hat man dann oft genug von anderer Seite her die hier gebrauchten Worte Melanthon als eine ganz ungehörige Nachgiebigkeit gegen Rom zum Vorwurf gemacht. Neuerdings hingegen ist der 10. Artikel im Bekenntnis und seine Rechtfertigung in der Apologie bekanntlich dahin ausgelegt,

---

1) Luther in jener Zeit über Wirkung und Werth der Taufe vgl. WW. 31, 282, 293; *comm. in ep. ad Gal. 2, 127; opp. 1, 290.*

2) Symbol. Bücher S. 493.

3) Gegen Heppe, Die confessionelle Entwicklung der altprotestantischen Kirche Deutschlands S. 62.

4) *Andr. Fabricii Harmonia p. 226.*

dass Melanthon in ihm eine Sacramentslehre vortrage, welche von der Luthers abweiche und sich in etwas der Schweizerischen zuneige.

Gegen den ersten Vorwurf, der auch schon beim Bekenntnis sich im Grunde nur auf den Deutschen Text stützen kann [1]), spricht schon die allgemeine Erwägung, dass Melanthon bei Abfassung der Apologie sehr bewusst sich in einem viel schärferen Gegensatze gegen Rom befand als während des Reichstages, also gewiss nicht eine etwa noch zweideutige Erklärung zu Gunsten einer Römischen Lehre zu einer unzweideutigen umgestaltete. Und was die andere Ausdeutung betrifft, so wird sie ebenso durch den Wortlaut der Apologie wie durch die damalige geschichtliche Lage widerlegt.

Für jeden, der ohne Vorurtheil forscht, kann es jetzt als erwiesen gelten, dass Melanthon bei Abfassung des Bekenntnisses sich mit Luther hinsichtlich der Abendmahlslehre einig wusste und keine andere als diese aussprechen wollte [2]). Er selbst hat es damals ganz unumwunden bezeugt: „die Confession enthält einen Artikel über das Mahl des Herrn nach der Lehre Luthers" [3]). — Doch vielleicht war seitdem manches anders geworden, vielleicht führte gerade der schärfere Gegensatz gegen Rom Melanthon mehr den Schweizern zu.

Achten wir zuerst auf das Verhalten Luthers, welches doch das maassgebende war. Luther schrieb von Coburg aus noch scharf genug über Zwingli und seine Lehre [4]). Bucer gieng bekanntlich von Augsburg aus damals zu ihm und versuchte, ihn zur Aufgabe der bisher eingenommenen Stellung zu bewegen, aber es gelang ihm nicht [5]). Dennoch liess der Unterhändler nicht nach und noch vor Ablauf des Jahres glaubte er, es zeige sich eine Aussicht auf Vereinigung [6]). Auch Luther äusserte bald nach seiner Rückkehr in die Heimat sich hoff-

---

1) Zu dem „unter der Gestalt", *sub specie* vgl. *Lutheri opp. 1, 19.*
2) Vgl. meine Einleitung 1, 535 ff. Seitdem H. Schmid, der Kampf der lutherischen Kirche um Luthers Lehre vom Abendmahl im Reformationszeitalter S. 61 ff.; Wieseler, Geschichte des Bekenntnisstandes der lutherischen Kirche Pommerns bis zur Einführung der Union, S. 39; Herlinger, Studien über die Theologie Melanthons, in den Jahrbb. für deutsche Theologie, 1870 S. 259.
3) *C. R. 2, 142.*
4) de Wette, 4, 110, 121. 162, 187.
5) Vgl. über diese Verhandlung Baum, Capito und Butzer S. 473 ff.
6) Vgl. *Zwinglii opp. 8, 546.*

nungsvoll[1]). Das wies aber auf kein Weichen seinerseits. Vielmehr, wenn er auf eine Verständigung hoffte, so kam dies daher, dass er zu bemerken meinte, Bucer mit den Seinen lasse sich belehren und gebe mehr der Schriftlehre Raum; wie er denn zunächst sein Hoffen auch ausdrücklich auf die Strassburger beschränkte[2]). Nur weil er diese Ansicht hegte, liess er sich auf weitere Verhandlungen ein, da sie nur so ihm einen Erfolg versprachen. Er selbst stand fest, mit seinem Gewissen in der Schrift gebunden, und wartete, ob die, welche ihn bisher bekämpft hatten, sich nun überzeugt ihm anschliessen würden. „Ich kann von dieser Lehre nicht weichen und wenn ihr, wie Du schreibst, noch nicht erkennt, dass Christi Worte sie fordern, so erkennt doch mein Gewissen, dass sie davon gefordert wird. Daher kann ich feste und volle Einigung mit euch noch nicht aussprechen, ohne mein Gewissen zu verletzen"[3]). Und ganz ähnlich an den Herzog Ernst von Lüneburg: „dass Bucerus fürgiebt, es stehe der Hader in Worten allein, da wollte ich gerne um sterben, wenn es so wäre. Es sollte solcher Span sich nicht lange erhalten, auch noch nie angefangen haben. Mir ist wohl so lieb zur Vereinigung, wie ich weiter mit ihm zu Coburg geredt habe. Darum achte ich, dass jetzt soviel genug sei gehandelt, bis Gott weiter Gnade giebt, nämlich dass wir zu beiden Seiten des gegeneinander Schreibens stille stehen, als die zu beiden Seiten genugsam uns unter einander vermahnet und verstanden haben. Hat Gott die Gnade gegeben, dass sie zulassen, Christi Leib sei im Sacrament leiblich der Seelen gegenwärtig: bin ich guter Hoffnung, sie werden vollend mit der Zeit auch das nachlassen, dass er gleicherweise dem Munde oder äusserlich dem Brode gegenwärtig sei, weil ich wahrlich keinen Unterschied sehen kann noch Beschwerung. Summa, wir wollen beten und hoffen, bis vollends ganz gut werde, und nicht für den Hamen fischen noch bei Huy sprechen, ehe wir recht gründlich eins werden."

Zu Ende des Januar 1531 kam ein Bote Bucers mit neuen Anerbietungen, und wieder zeigt die der eben mitgetheilten Aeusserung fast gleichzeitige Antwort Luthers das Beharren bei seiner Lehre[4]). Und als nach einigen Wochen das Gerücht

---

1) de Wette 4, 191 v. 7. Nov.; dag. 4, 203.
2) de Wette 4, 215.
3) de Wette 4, 216 v. 22. Jan. 1531 an Bucer; dazu 218, 219.
4) de Wette 4, 223, 224, 327.

ausgieng¹), die Wittenberger und die Schweizer hätten sich vereinigt, in der Weise, dass jene diesen nachgegeben, da widerlegte Luther solches brieflich. Bucer scheine jetzt aufrichtig so zu glauben und zu lehren, wie in Wittenberg gelehrt werde; von dessen Person könne man gute Hoffnung haben. Ueber die Uebrigen wisse er nichts Sicheres, wolle aber, wenn sie die Vereinigung nur aufrichtig erstrebten, gerne Nachsicht haben, um sie allmählich heranzuziehen. Er werde, um der Liebe zu genügen, noch einige Zeit ihre Deutungen mit ansehen, wenn nur die von ihm bisher vertheidigte Lehre unangefochten bleibe²).

Ebenso sprach sich Luther in seinen Predigten und auf dem Katheder aus, wie man den uns erhaltenen Aufzeichnungen entnehmen kann. In den Jahren 1530 und 1531 berührte er die Abendmahlslehre nicht häufig, weit seltener als in den nächsten Jahren³); er wollte seinerseits dem Streit nicht unnöthig neue Nahrung geben. Aber wenn er sie berührte, so behandelte er sie ganz wie früher und die Grundsätze der Sacramentirer verwarf er mit derselben Entschiedenheit⁴). Nach wie vor war er zur Einigung geneigt; sie lag ihm sehr am Herzen; aber er wollte keine Einigung erkaufen mit Verletzung dessen, was er als Wahrheit erkannt hatte. Gerade in jenen Jahren sprach er ja die ihm oft nach falscher Deutung so sehr verübelten Worte⁵), dass man nie aus Liebe in Glaubenssachen weichen und von der Wahrheit ablassen dürfe⁶). Kurz mit Luther war in der

---

1) Bucer selbst sprengte dies Gerücht aus. Man sieht es aus einem Briefe Spenglers an Veit Dietrich vom 20. Febr. 1531, *Spengleriana*, herausgeg. von M. M. Mayer S. 81. Er klagt über „den listig verschlagen Bucerus, den ich bisshere nye sinncerum gefunden hab", und berichtet, dass der Augsburger Rath überall nach Zwinglischen Predigern ausschicke.

2) de Wette 4, 235, 236.

3) Stellen aus den Jahren 1532—1536, WW. 48, 57; 19, 238, 263; 31, 379 ff., *opp. 17, 69, 102, 131, 151; 18, 12, 17, 24, 59, 69, 84; 19, 107, 182, 231, 235; 21, 110; 22, 156, 185; 1, 182, 188, 192, 198.* In den Briefen, de Wette 4, 278, 293, 320, 321, 322, 344, 349 ff., 365, 376, 407, 424, 426, 431, 473, wozu 5, 199; die Verhandlungen über die Concordie 4, 559, 569, 570 ff., 588, 589, 605, 612, 613, 623, 637 ff., 651, 652, wozu Burkhardt S. 238, 239, 249, 245; de Wette 4, 671, 682, 691, 692.

4) WW. 23, 177; 47, 283, 296, 331, 349, 385; 47, 297 von der Allgegenwart Christi schon vor der Auferstehung; hiezu *opp. 21, 199* von 1532.

5) Besonders von Hundeshagen, Beiträge zur Kirchenverfassungsgeschichte und Kirchenpolitik insbesondere des Protestantismus S. 438.

6) *Comm. in ep. ad Gal. 1, 150, 160, 166; 2, 334, 340, 346; 3, 66.*

Abendmahlslehre nicht die mindeste Wandelung vor sich gegangen. Und mit Melanthon?

Man braucht es nicht sonderlich zu betonen, dass er über Zwingli's Bekenntnis wegwerfend urtheilte und Bucer in Augsburg sehr kühl und zurückhaltend behandelte. Das geschah, weil er die politischen Pläne der Schweizer fürchtete und alle Gemeinschaft damit von der Hand weisen wollte. Wie er zur Sacramentslehre nach Abfassung des Bekenntnisses stand, wird unzweideutig genug durch andere Zeugnisse bekundet. Der Dialog, welchen Oekolampad gegen ihn geschrieben hatte [1]), und der ihm damals in die Hände kam, scheint gleich einigen Eindruck auf ihn gemacht zu haben [2]), aber darum ward er in der Lehre noch nicht wankend. Dies zeigte sich, sobald Bucer anfieng zu arbeiten und zunächst bei Pontanus den Nachweis versuchte, dass die Schweizer mit den Wittenbergern in der Sache ziemlich einig seien [3]). Er bezeichnete es als eine grosse Selbsttäuschung. Und ganz dieselbe Stellung nahm er dann ein, als Bucer mit ihm selbst in Unterhandlung zu treten sich bemühte [4]). Mit der Unterhandlung gieng es nicht vorwärts, weil Melanthon in Augsburg weder rechte Lust noch auch Zeit zu ihr hatte. Eben deshalb begab sich Bucer dann im September zu Luther selbst [5]). — Nach der Rückkehr vom Reichstage beschäftigte er sich unablässig mit der Apologie und da Bucer inzwischen in der Schweiz verhandelte, hatte er keine Veranlassung, über das Sacrament sich zu äussern. Erst zu Anfang des nächsten Jahres erhielt er diese wieder, als jener Bote von Bucer kam, und nun handelte er durchaus gemeinsam mit Luther [6]) und sprach sich fast gleichlautend mit diesem aus [7]).

---

1) Diese Schrift, auf welche Zwingli in seinem Bekenntnisse empfehlend hingewiesen hatte (*Zwinglii opp. 4, 15*) steht in der Sammlung *DD. Joannis Oecolampadii et Huldrichi Zwinglii epistolarum libri quattuor. Basileae 1536. p. 130ᵃ—168ᵇ*. Den Gegner, den Oekolampad dort belehren und bekehren will, nennt er Nathanael. Die Schrift war geschickt und wohl geeignet auf Melanthon Eindruck zu machen.

2) *C. R. 2, 217, 316, 341.*

3) *C. R. 2, 222 sqq.*

4) *C. R. 2, 235, 311, 314, 315*, vgl. *337.*

5) *C. R. 2, 385.*

6) Vgl. das Gutachten mit Luther und Jonas zusammen gegeben, de Wette *4, 327; C. R. 2, 487.*

7) Vgl. *C. R. 2, 470* mit de Wette *4, 216, 224.* Dazu *C. R. 2, 485, 486.*

Den Wunsch, dass es zu einer Vereinigung kommen möchte, hegte auch er, dem das Streiten seiner ganzen Natur nach so zuwider war und der jetzt Bucer günstiger beurtheilte¹). Hatte er doch mit Rücksicht hierauf den Artikel vom Abendmahl in der Apologie möglichst kurz gefasst. Er wollte Alles bei Seite lassen, was etwa Anstoss zu neuen Zwistigkeiten hätte geben können. Aber weiter gieng er Bucer auch in vertraulichen Aeusserungen damals nicht entgegen und im Laufe des ganzen Jahres 1531 ist dann in seinen Briefen von dieser Sache nicht mehr die Rede²).

Also auch Melanthon, der Verfasser der Apologie, stand, als er an dieser arbeitete, in der Abendmahlslehre durchaus noch auf dem Standpuncte, den er bei Abfassung des Bekenntnisses eingenommen hatte. Er vertrat noch bewusst und ohne Schwanken die Lehre Luthers. Wenn man etwas Anderes in die Worte, die er niederschrieb, hineinlegen will, thut man ihm Unrecht. Die geschichtlichen Verhältnisse, unter denen Melanthon arbeitete, geben in keiner Weise Anlass oder Recht, den Wortlaut der Apologie als einen der Schweizerischen Lehre günstigen zu deuten.

Ebensowenig ist man befugt, ihn nach der Römischen Seite hin zu pressen. Die Weigerung der Evangelischen, in Augsburg am Frohnleichnamsfeste sich zu betheiligen, zeigte ihren Widerspruch gegen die Römische Lehre deutlich genug, und sie wiederholten den jedesmal, wenn sie die Anbetung des Sacramentes verwarfen. Behauptete Cochleus doch deshalb geradezu, sie seien bei allem Kämpfen gegen Zwingli und Oekolampad im Grunde Anhänger der Schweizerischen Lehre³). Wenn Melanthon, nicht zufrieden mit der Billigung des 10. Artikels im Bekenntnisse, welche die Confutatoren ausgesprochen hatten, in der Apologie noch einmal ausdrücklich betonte, dass man solche Lehre nach reiflicher Lehre beharrlich vertheidige, so war das vielleicht veranlasst durch das vorher erwähnte damals ausgesprengte Gerücht, dass man in Wittenberg sich den Schweizern zuneige. Es konnte als nöthig erscheinen, dem entgegen zu arbeiten. Jenes Gerücht gieng aller Wahrscheinlichkeit nach

---

1) *C. R. 2, 498, 499.*

2) Vgl. meinen Aufsatz in der Ztschrft. für Protestantismus und Kirche 1868 Bd. 26 S. 65—101: Melanthons Wandelung in der Abendmahlslehre.

3) *Andr. Fabricii Harmonia p. 228.*

von Bucer und den Strassburgern aus und konnte sich so auch leicht nach Frankreich verbreiten. Eben die auswärtigen Nationen aber, vorweg die Franzosen [1]), wollte ja Melanthon mit der Apologie davon überzeugen, dass die Evangelischen keinen Ketzereien anhiengen. Alle, welche seine Worte lesen würden, sollten das klar erkennen [2]).

Die geschichtlichen Beweise für die Kirchlichkeit der vertretenen Abendmahlslehre, die er dann noch beifügte, waren offenbar auch nicht auf den Kaiser und die Augsburger Gegner berechnet. Deren Uebereinstimmung galt ihm ja als ausgesprochen. Sie hatten Römische Christen in weiteren Kreisen im Auge, wobei man, um Melanthons Verfahren ganz zu verstehen, bedenken muss, dass die Thatsache des Abendmahlsstreites auswärts bekannt geworden war, dass man aber Luthers Vertheidigungsschriften, weil deutsch verfasst, dort nicht lesen konnte. Auf den allgemein kirchlichen Consensus, wie er durch die Jahrhunderte zum Ausdruck kam, berief er sich. Darum zog er auch die Griechische Kirche herbei und nannte in ihr drei Zeugen aus drei verschiedenen Zeitaltern. Zuerst den in der Gegenwart noch gebrauchten Kanon; dann den Bulgarischen Erzbischof Theophylaktus, den Schriftsteller des elften Jahrhunderts; endlich Cyrill, den Zeugen des Alterthums. Dies wird genügen, um die schon so Manchem aufgefallene Erwähnung des Theophylakt zu begründen. Melanthon hatte ihn auch in der kleinen Sammlung patristischer Stellen über das Abendmahl mit aufgeführt, die er 1530 vor seiner Abreise nach Augsburg gegen Oekolampad herausgab [3]). Dass er mit den Worten *vere in carnem mutari*, die übrigens nicht genau so bei dem Griechen vorkommen [4]), nicht für die Römische Wandelungslehre sprechen

---

1) Wie Melanthon Frankreich fortwährend im Auge hatte, zeigt auch *C. R.* 2, 499, 505.

2) Symbol. Bücher S. 164 §. 57: *quicunque ista legent.*

3) Vgl. *C. R.* 23, 739. Die erste der beiden benützten Stellen führt er dort griechisch an, die andern nach der Uebersetzung Oekolampads. Dieser hatte nämlich die Bemerkungen Theophylakts zu den Evangelien übersetzt und wiederholt, 1525 und 1527, drucken lassen. Die beiden Stellen stehen im Druck von 1525 zu Matth. 26 S. 44b, zu Marc. 14 S. 72b.

4) Nach Oekolampads Uebersetzung, an welche die Worte Melanthons am meisten anklingen, heissen die fraglichen Stellen, Matth. 26: *porro dicens: hoc est corpus meum, ostendit, quod ipsum corpus Domini est panis, qui sanctificatur in altario, et non respondes figura. Non enim dixit: hoc est figura, sed hoc est corpus meum. Ineffabili enim opera-*

wollte, braucht nach Obigem nicht erst noch bewiesen zu werden. Doch mochten sie von Manchem so aufgefasst und darum beanstandet sein. Hatte doch schon Oekolampad in jenem Gespräch, das er als Antwort auf Melanthons Sammlung der patristischen Stellen herausgab, es gerügt, dass dort auch Worte von Theophylakt herbeigezogen waren, und gemeint, es sei zu verwundern, dass Melanthon zu so jämmerlichen Stützen seine Zuflucht nehme¹). In derartigen Bemerkungen wird man den Grund zu sehen haben, aus welchem er in der nächsten Auflage, der dann Jonas bei seiner Uebersetzung folgte, diese Worte wegliess.

Was endlich den kurzen Schlusssatz des Artikels betrifft, so bezieht er sich auf den Einwand der Confutatoren: wenn man nicht lehre, dass unter jeder der beiden Gestalten der ganze Christus gegenwärtig sei, so komme man zu der schriftwidrigen Folgerung, dass im Abendmahle der Leib Christi ein todter und blutleerer sein müsse, eine Annahme, die sie im Interesse ihrer Kelchentziehung abwehren wollten²). Gar nichts weiter wollte Melanthon, wenn er von dem *vivus Christus* redete,

---

tione transformatur, etiamsi nobis videatur panis. Quoniam infirmi sumus et abhorremus crudes carnes comedere, maxime hominis carnem, et ideo panis quidem apparet, sed caro est. — Marc. 14: *non enim tantum figura et exemplum quoddam est corporis Domini panis, sed in illum convertitur corpus Christi. Dominus enim dicit: panis, quem ego dabo, caro mea est; non dixit, figura est carnis meae, sed caro mea est. Et iterum: nisi ederitis carnem filii hominis. Et quomodo inquis: caro non videtur? O homo, propter nostram infirmitatem istud fit. Quia enim panis quidem et vinum ex his sunt, quibus assuevimus, ea non abhorremus; sanguinem vero propositum et carnem videntes non ferremus, sed abhorreremus; ideo misericors Deus noster infirmitati condescendens, speciem quidem panis et vini servat, in virtutem autem carnis et sanguinis transelementat.*

1) Wenn Mel. schreibt: *Vulgarius scriptor, ut nobis videtur, non stultus*, so scheint das auf Oekolampad zu gehen. Dieser hatte in jenem Dialog *Epp. p. 161ᵃ* bemerkt: *ex recentioribus est, in plerisque abbreviator Chrysostomi, minore judicio pleraque congessit et proinde cum judicio legendum censeo.* Und: *relinquamus igitur et ad probatiores nos conferamus.*

2) C. R. 27, 106: *modo credant, sub qualibet specie integrum Christum adesse, ut non minus sit sanguis Christi sub specie panis per concomitantiam, quam est sub specie vini et e diverso. Alioquin in eucharistia Christi corpus esset mortuum et exsangue, contra S. Paulum, quia Christus resurgens ex mortuis amplius non moritur, Rom. VI.*

als darauf antworten [1]). Die hiermit angeregte Frage verfolgte er nicht, wie das von Osiander, wenn schon in grösster Kürze, allerdings geschehen war [2]).

Beim ersten Entwurfe der Apologie behandelte Melanthon den **elften Artikel** des Bekenntnisses, **von der Beichte**, ebenso wie den nächstfolgenden nur sehr kurz [3]). Als er dann aber Musse erlangte, veranlasste ihn die Wichtigkeit gerade dieses Punctes, ihm bei der Ueberarbeitung besondere Aufmerksamkeit zu widmen. Dabei vertheilte er den Stoff so, dass er zunächst nur die von den Gegnern bei diesem Artikel gemachten Einwendungen berücksichtigte und sich die eigentlich grundsätzliche Erörterung für den folgenden Artikel versparte. Die Lehre von der Beichte konnte ja erst im Zusammenhang mit der von der Busse erschöpfend behandelt werden.

Den Römischen Theologen, die mit der Beibehaltung der Privatbeichte sich einverstanden erklärt hatten, war ein doppelter Mangel anstössig gewesen [4]). Einmal hatten sie verlangt, dass die Vorschrift Innocenz des Dritten über die jährliche Beichte auch bei den Evangelischen als Kirchengesetz in Kraft bliebe; und sodann, dass die Beichtenden angehalten würden, alle ihnen noch erinnerlichen Sünden einzeln zu bekennen. An der Beibehaltung des bisherigen Beichtwesens lag ihnen ungemein viel. Sie sahen in demselben das wesentlichste Stück der Seelsorge [5]) und erblickten deshalb in der Störung oder gar Beseitigung desselben den grössten Schaden für die Christenheit. Das Verständnis der gegnerischen Lehre und Uebung war ihnen durch Befangenheit in der eignen Anschauung ver-

---

1) Vgl. schon *C. R. 27, 285* und *2, 226*. Das Ganze gegen Heppe, die confessionelle Entwicklung u. s. w. S. 67.
2) Vgl. bei *Coelestinus, Histor. Comit. 3, 86ᵃ: quod in decimo articulo dixerunt, si modo inibi factum est, corpus Christi sine sanguine et sanguinem sine corpore esse non posse, plane est rejiciendum ac repudiandum, siquidem nugae et fabulae. ipsorum cum primo fidei nostrae articulo, qui Deum omnipotentem adserit et confitetur, manifeste et ex diametro pugnat. Deus igitur, quum sit omnipotens, corpus sine sanguine et sanguinem sine corpore nobis praebere potest, vivo nihilominus Christo et salva corporis ac sanguinis ejus substantia.*
3) *C. R. 27, 285.*
4) *C. R. 27, 107.*
5) Ueber die römische Lehre von der Beichte vgl. meine Einleitung 2, 318 ff.

schlossen. Sie fanden darin nur frevelhafte Willkür und als Folge davon allgemeine Zuchtlosigkeit. Sie waren es gewohnt, bei „beichten" an ein Aufzählen aller bekannten Sünden vor dem Priester zu denken, worauf die richterliche Lossprechung und die Auferlegung der nöthigen Busswerke zur Genugthuung folgen müsse. Daraus schlossen sie in allerdings wunderlicher Weise weiter, dass wer das Kirchengesetz aufhebe, den Christen freistelle, über einzelne Sünden keine Reue zu empfinden, und sagten dann, aus ganz falscher Annahme folgernd, ein solcher könne keinen Frieden im Gewissen haben. „Wenn wir, äusserte sich Cochleus [1]), die Beichte auseinanderreissen, indem wir einige Sünden bekennen, einige aber absichtlich verschweigen, so kann nicht durch die Absolution in unserm Gewissen volle Befriedigung und Ruhe erwirkt werden. Der Mensch wird vielmehr in seinem Innern noch von den Sünden gereinigt werden, die er absichtlich, sei es aus Heuchelei, sei es aus Scham, nicht beichtete".

Das es der Gesichtspunct der Seelsorge war, unter welchem die besseren der Römischen Theologen das Beichtinstitut betrachteten und weshalb sie so fest daran hielten, muss, wenn man billig urtheilen will, anerkannt werden. Aber es ist dann hinzuzufügen, dass die Seelsorge hier sehr äusserlich gefasst ward, indem für die Seelen am Besten gesorgt schien, wenn sie sich ganz in den Gehorsam der Kirche begäben. Auf die Weise ward dann die Beichte allen schlimmen Herrschgelüsten dienstbar gemacht. Sie blieb das wichtigste Mittel, die Christen in der Unterthänigkeit zu erhalten. Und was das Schlimmste war, auch die Bessern erkannten das nicht als eine Entartung und Misbrauch des kirchlichen Instituts, indem sie solchen Gehorsam als heilsam, ja als nothwendig ansahen.

Gerade seelsorgerliche Gründe waren es hinwieder gewesen, welche die Reformatoren genöthigt hatten, den kirchlichen Beichtzwang anzugreifen und zu beseitigen. Sie sahen, dass bei der ganzen Einrichtung der Schwerpunct verlegt war und die Menschen vom Thun Gottes ab und auf ihr eigenes Wirken hingewiesen wurden. Sie erkannten, wie man gerade die Aufrichtigen und Ernsten marterte, indem man zur Beruhigung ihres Gewissens etwas von ihnen verlangte, das eben bei ernstem Sinne zu leisten nicht möglich war [2]). Von diesem Standpuncte

---

1) *Andr. Fabricii Harmonia* p. 230.
2) Symbol. Bücher S. 166 §. 64: *nam — movebant* begründet das vorhergehende *optimarum*.

einer richtigen Seelsorge aus antwortete auch hier Melanthon, indem er nur die beiden von den Gegnern berührten Puncte in Betracht zog.

Zunächst bemerkte er (§. 59), dass bei den Evangelischen über die Absolution richtig gelehrt und dieselbe zu rechtem Troste der Gewissen gehandhabt werde. Damit war die von der Römischen Kirche vollzogene Verschiebung wieder beseitigt. Die Absolution, welche als das entsprechende Verhalten des Menschen nicht Werke, sondern Glauben verlangt, ward als die Hauptsache hingestellt [1]).

Wenn er dann entgegen dem auf Einführung der österlichen Beichte gerichteten Verlangen daran erinnerte, dass bei den Evangelischen Viele öfter im Jahre das Sacrament genössen [2]), so wollte er nicht, wie Cochleus es auffasste, damit sagen, dass bei den Römischen die Beichte nur in der Osterzeit üblich sei oder dass die Evangelischen überall sich ihrer häufiger bedienten als die Römischen. Dies zurückzuweisen ward Cochleus freilich leicht. Melanthon wollte nur dem Vorurtheile begegnen, dass bei ihnen die Beichte gering geschätzt werde, und er zeigte, dass, wenn man im Anschlusse an die alte kirchliche Freiheit [3]), keine bestimmte Zeit mehr festsetze, überhaupt Niemanden mehr zwinge, man eben dadurch der rechten Seelsorge am besten genüge (§. 60—62) [4]).

Auch der zweiten Forderung, dass alle bekannten Sünden gebeichtet werden sollten, stellte er das seelsorgerliche Interesse

---

1) Symbol. Bücher S. 165 §. 59; S. 185 §. 2.

2) Symbol. Bücher S. 165 §. 60 ist nach dem ersten Druck zu interpungiren: *et qui docent, de dignitate et fructibus sacramentorum ita dicunt, etc.*; bei Müller falsch.

3) Woher Melanthon den Text dieses 13. Kanons des 1. Toletanischen Concils entnahm, ist nicht klar zu sehen. In einer ihm vielleicht zugänglichen Sammlung: *Conciliorum quatuor generalium Tomus I. Coloniae 1530* heisst er *fol. 105ᵃ: de his, qui intrant in ecclesiam et apprehenduntur*. Dagegen haben die Sammlungen von Harduin (1, 991) und Mansi (3, 1000) nach handschriftlichem Zeugnis *deprehenduntur*. Jedenfalls ist zuletzt, wie jene Köllner Sammlung und dann Harduin und Mansi bestätigen, *abstineantur* statt des schon in der ersten Ausgabe der Apologie stehenden und dann unverstanden weiter geschleppten *abstineant* zu lesen.

4) Dass *Christus ait* (§. 62) ein Gedächtnissfehler sei, wie S. J. Baumgarten, Erleuterungen der im christlichen Concordienbuch enthaltenen symbolischen Schriften S. 101 bemerkt, ist noch zu bezweifeln. Auch die nächsten Ausgaben behalten es bei und es lässt sich immerhin erklären.

entgegen und erwies sie als eine unberechtigte, indem sie auf kein göttliches Gebot sich stützen könne, ja nicht einmal des ungetheilten Beifalles der früheren Gelehrten sich erfreue (§. 63 — 65), eine Bemerkung, welche wohl wieder vorwiegend auf die auswärtigen Christen berechnet war. Man hält auch bei den Evangelischen, erwähnte er wie nebenbei (§. 63 u. 66), die Beichtenden wohl zum Bekennen der Sünden an, will das aber nicht als Zwangsmittel, sondern als Gelegenheit zum Belehren benützen, und so ist es denn Sache des weisen Seelsorgers, zu ermessen, wieweit er mit solchem Anhalten gehen darf [1]).

Als Osiander seine Gedanken zur Widerlegung der Confutatio niederschrieb, bemerkte er zum zwölften Artikel von der Busse ganz kurz, davon sei nun schon oft genug geredet und man könne mit gutem Fug die Gegner fragen, wer denn wohl in Wiederholungen sich ergehe und Wasser ins Meer trage [2]). Melanthon schien, wie schon gesagt, ursprünglich ähnlich zu denken. Dann aber ergieng er sich gerade über diesen Punct mit einer Breite, dass er selbst fühlte, es sei wohlgethan, den Kaiser um Geduld zu bitten [3]). Ihn veranlasste zu dieser Ausführlichkeit besonders die Wichtigkeit des Gegenstandes [4]). Die Lehre von der Busse hängt auf das Engste zusammen mit der von der Rechtfertigung. Diese wird durch jeden Irrthum gefährdet, der sich in jene einschleicht. Daneben aber scheint er hier wieder auf die Auswärtigen Rücksicht genommen zu haben. Er fürchtete, dass man die Evangelischen als solche, welche die Busse verwürfen, verläumden und ihnen als frechen Umstürzern aller Sittlichkeit allgemeinen Hass zuziehen würde [5]). Auch dadurch konnte ihm eine besonders eingehende Behandlung dieses Punctes noch als geboten erscheinen. Daraus mag sich auch die in diesem Abschnitte so sehr merkbare Erregtheit und Schärfe erklären.

Eck hatte in einem Privatgutachten sich geäussert, der Lehrunterschied in diesem Puncte sei nicht so bedeutend und komme im Grunde auf einen Wortstreit hinaus [6]). Auch einige

---

1) Dazu vgl. de Wette 4, 283.
2) *Coelestini Histor. Comit.* 3, 86.
3) Symbol. Bücher S. 167 §. 3.
4) Ebend. S. 176 §. 59.
5) Ebendort S. 189 §. 26. Die Rücksicht auf die Auswärtigen zeigt sich auch in den nächsten 7 Paragraphen.
6) *Coelestini Histor. Comit.* 3, 36ᵇ. Cochleus erzählt *Andr.*

der Späteren wollten wenigstens am Wortlaute des Artikels im Bekenntnisse nicht so viel tadeln. Die Römischen Theologen mussten sich sagen, dass in die Busspraxis sich viel Falsches eingeschlichen habe. Wenn Melanthon erklärte, „alle ehrbaren Leute müssten bekennen, dass zuvor und ehe denn Doctor Luther geschrieben, eitel dunkle, verworrene Schriften und Bücher von der Busse vorhanden gewest, wie man siehet bei den Sententiariern, da unzählige unnütze Fragen sind, welche noch keine Theologi selbst haben können genugsam ausörtern" — so konnten sie das nicht ganz in Abrede stellen[1]). Sie leugneten nur, dass Luther das rechte Licht gebracht habe und dass der Kirche vorher die richtige Lehre abhanden gekommen sei. Diese Kirchenlehre wiederholten sie dann in allen Wendungen[2]); sie war es auch, auf der die Ausstellungen in der Confutatio beruhten. So ward von keiner Seite etwas Neues beigebracht, denn die bisherige Kirchenlehre, nicht blos ihre Uebertreibung und Ausartung, war es, gegen welche die Reformatoren wie vorher, so auch im Bekenntnis gekämpft hatten. Melanthons Aufgabe bestand jetzt darin, den Einwendungen der Gegner im Einzelnen nachzugehen, und beim Entgegnen konnte er die Wiederholung von schon oft Gesagtem nicht vermeiden.

In der Confutatio[3]) war es vornehmlich getadelt, dass die Evangelischen von der allgemein üblichen Dreitheilung, welche da bis auf die Apostel zurückgeführt ward, abgiengen und sich auch dem neuern Spruche Leos des Zehnten, der diese Ein-

---

Fabricii Harmonia p. 256 Folgendes von Melanthon: *in hoc quoque articulo, si non obstaret pertinax et innovandi et contradicendi communicandique studium et libido, facile parari posset concordia. Quemadmodum Augustae olim inter septem et septem in colloquio super hoc concordatum fuit. In haec sane verba quae Philippus ipse dictavit: non recusamus tres partes poenitentiae ponere, scilicet contritionem, quae significat terrores incussos conscientiae agnito peccato; confessionem, sed in hac oportet respicere ad absolutionem et illi credere. Non enim remittitur peccatum nisi credatur, quod propter meritum passionis Christi remittatur. Tertia pars est satisfactio, scilicet digni fructus poenitentiae.* Dazu stimmt *C. R. 2, 298.*

1) **Johann Hoffmeister** schreibt *Andr. Fabricii Harmonia p. 260: neque enim possumus diffiteri, quin Augiae stabulum hic multas sordes habeat; hoc quod non scholasticis, multo minus autem vetustis patribus, sed indoctis, impiis et avaris confessoribus adscribimus.* Aehnlich äusserte sich **Alphons Virvesius**, *ibid. p. 271.*

2) Vgl. meine Einleitung 2, 337 ff.

3) *C. R. 27, 109.*

theilung bestätigt hatte[1]), nicht unterwarfen. Am Schärfsten verwarfen die Confutatoren, und darin stimmten die Schriftsteller, welche dann gegen die Apologie sich erhoben, ganz mit ihnen überein, dass der Glaube zum zweiten Stücke der Busse gemacht war, während er doch die Vorbedingung derselben sei. Ferner wollten sie eine Herabsetzung der genugthuenden Busswerke nicht dulden und beriefen sich für diese auf Schriftstellen und Aussprüche der Väter.

In der hiergegen gerichteten Apologie beginnt Melanthon damit, dass er den eigentlichen Gegenstand des Streites feststellt und dessen grosse Bedeutung für alle Christen. betont (§. 1—3). Ehe er dann an die Vertheidigung der evangelischen Sätze geht, wirft er noch einen Rückblick auf die bisher in den Schulen getriebene Lehre und die dem entsprechende kirchliche Uebung. Dabei kehrt er besonders geflissentlich hervor, wie wenig sie geeignet gewesen sei, die Gewissen zu beruhigen; wie sie vielmehr die Christen gemartert und ihre Seelen in die grösste Gefahr gebracht habe. Auch das, was man von den Schulsätzen habe noch leidlich deuten können, sei von dem christlichen Volk, das keine richtige Belehrung empfangen, im Sinne der Werkgerechtigkeit genommen worden (§. 4—27). Eben diese Rücksicht auf die Gewissen habe die Evangelischen genöthigt, von der Busse anders zu lehren (§. 28). Die evangelische Lehre legt er dann dar (§. 29—43), indem er zuerst von der *contritio* oder rechten Reue handelt (§. 29—34), als zweites Stück den Glauben an das Wort von der Sündenvergebung bezeichnet (§. 35—38), und dann erweist, wie damit die Absolution, durch welche der Glaube geweckt und gestärkt werde, als das Wichtigste hervortrete (§. 39 - 43). Für diese evangelische Lehre von der Busse mit ihrer von den Gegnern verworfenen Zweitheilung führt er den Beweis (§. 44—58); und zwar beruft er sich selbstverständlich dafür auf die Schrift als das Entscheidende. Er bringt zuerst eine Reihe von Schriftstellen bei (§. 44—54) und ergänzt dann seinen Beweis durch Beispiele aus der h. Geschichte (§. 55—58).

Vorzüglichen Anstoss hatten die Römischen Theologen daran genommen, dass der Glaube im Bekenntnis als das zweite Stück der Busse bezeichnet war; so geht denn Melanthon hierauf noch besonders ein (§. 59—90). An der Behauptung dieses Punctes

---

[1]) Vgl. *Denzinger, enchiridion symbolorum et definitionum* etc. edit. *IV. p. 221.*

lag ja in der That Alles. Er bemerkt zunächst, dass man im Begriffe des Glaubens gar nicht mit den Gegnern übereinstimme. Man behaupte die Nothwendigkeit nicht eines Fürwahrhaltens, sondern desjenigen Glaubens, der sich die Sündenvergebung aneigne (§. 60). Für diese Nothwendigkeit führt er einen vierfachen Beweis; zuerst aus dem Dasein der Absolution, die doch solchen Glauben erfordere (§. 61—62). Dann daraus, dass Sündenvergebung auch nach den Gegnern das Ziel der Busse sei. Sie werde aber nach der Schrift nur durch den Glauben erlangt; also müsse der Glaube ein wesentlicher Bestandtheil der Busse sein (§. 63—65). Wenn er bei dieser Gelegenheit abschweifend den Gegnern das Recht abstreitet, sich für die Kirche auszugeben, und die Autoritäten alter und neuer Zeit, auf welche sie sich berufen, als nichts beweisende hinstellt (§. 66—74), so ist das durch die Worte der Confutatoren veranlasst [1]). Den dritten Beweis giebt er so, dass er zeigt, wie die gegnerische Lehre, nach welcher der Mensch die Sündenvergebung durch seine Liebe zu Gott erlange, nur das Gesetz treibe, das Evangelium aber beseitige und Christum schmähe. Das Evangelium verlange Glauben. Die von den Gegnern gerühmte Liebe aber, wie alles gesetzliche Thun sei, wie das Zeugnis aller frommen und erfahrenen Christen bestätige, ein schwankender Boden, auf dem man nicht stehen könne (§. 75—87). Das bildet den Uebergang zum vierten Beweis. Der Friede des Gewissens, zu dem es allein durch gläubige Annahme der göttlichen Gnadenanerbietung komme, zeuge für die Nothwendigkeit des Glaubens bei der Busse (§. 88—90).

Die so bewiesene rechte Lehre von der Busse sei auch deswegen im Bekenntnis wieder ausgesprochen, weil in den Schriften der gegnerischen Partei die irrige vielfach gestützt und bei

---

1) Die Worte, auf welche diese Abschweifung sich bezieht, lauten C. R. 27, 110: *at altera hujus articuli pars omnino rejicitur. Nam quum duas tribuant duntaxat poenitentiae partes, adversantur toti universali ecclesiae, quae usque ab apostolorum tempore tenuit et credidit, tres esse poenitentiae partes, contritionem, confessionem et satisfactionem. Ita antiqui doctores Origenes, Cyprianus, Chrysostomus, Gregorius, Augustinus sacrarum literarum testimonio docuerunt, praesertim ex 2. Regum XII de Davide, 2. Paral. XXIII de Manasse. Ps. XXXI, XXXVII. L. CI. etc. Quapropter Leo Papa X felicis recordationis, hunc merito damnavit Lutheri articulum, sic docentem: tres esse partes poenitentiae, contritionem, confessionem et satisfactionem, non est fundatum in scriptura, nec in sanctis christianis doctoribus.*

den Unerfahrenen gedeckt werde durch verstümmelte Worte der Väter, Verstümmelungen, die sich doch gar leicht als solche erweisen lassen (§. 91—97).

Damit ist das, was den ersten Theil des römischen Busssacramentes ausmacht, besprochen. In unmittelbarem Anschlusse folgt die Behandlung der beiden andern Theile, der Beichte und der Genugthuung [1]). Ueber die Beichte, der bei den Evangelischen überhaupt kein solches Gewicht beigelegt wird, fasst Melanthon sich kurz, zumal er schon von ihr zu handeln hatte. Das Wichtigste dabei ist die Absolution. Die Pflicht dagegen, die Sünden einzeln aufzuzählen, kann man nicht beweisen. Was die Gegner an Schriftstellen dafür aufführen, ist theils schlechthin unpassend [2]), theils redet es von der mit der wahren Reue zusammenfallenden Beichte vor Gott. Der vorgegebnen Nothwendigkeit solcher Aufzählung widerspricht schon deren Unmöglichkeit und das Schweigen der ältern Schriftsteller von ihr (§. 1—15). Wenn sie von einem Beichten reden, so ist damit etwas ganz anderes gemeint. Dieser Rückblick in die alte Kirche giebt dann Anlass, auch von der Genugthuung zu sprechen und zu zeigen, wie sich die frühere kirchliche Einrichtung von der gegenwärtigen unterschied. Nur der Name ist der gleiche. Was man über den Werth und die Wirkung der nun üblichen Genugthuungswerke sowie über ihre Nothwendigkeit aufstellt, ist durchaus erdichtet und kann weder mit der Schrift noch mit den Vätern gedeckt werden (§. 16—24). Zwar haben die Gegner es gewagt, aus beiden Beweise dafür aufzuführen, aber was sie damit gethan haben, lautet wie ein Hohn auf einen Beweis (§. 25—26). Und die Strafe dafür kann nicht ausbleiben. Das Urtheil aller Gottesfürchtigen aller Orten wird bald zeigen, wie sehr solche Vertreter dem Römischen Stuhle und seiner Sache schaden (§. 27—33). Aber sie haben einmal Beweise aufgestellt. So gilt es, wie ungeschickt diese auch sein mögen, sie zu widerlegen. Und das geschieht im Nächsten (§. 34—50). Melanthon führt den Gegenbeweis gegen die behauptete Nothwendigkeit der genugthuenden Leistungen zuerst aus der Schrift (§. 34—42), dann aus dem genugthuenden Tode

---

1) Wieder ist es störend, dass man sich gewöhnt hat, *de Confessione et Satisfactione* als eigenen Artikel zu zählen. So ist die Ueberschrift im ersten Druck offenbar nicht gemeint gewesen. Jedenfalls sollte man die Zahl der Paragraphen vom Vorigen her fortlaufen lassen.

2) Die §. 9 behandelte Stelle *Prov. 27* war, in der Confutation wenigstens, von den Gegnern nicht angezogen.

Christi (§. 43—50). Nach der Widerlegung werden noch einige Einwürfe berücksichtigt, die übrigens meistens nicht in der Confutation stehen, sondern wahrscheinlich bei den Verhandlungen in Augsburg gemacht waren. Die Gegner bemerken mit Berufung auf Augustin, Strafe und Pein gehöre zur Busse. Das ist richtig, aber sie sollten dann nur nicht so äusserliches, zum Theil läppisches Thun für Strafe ausgeben (§. 51—52). Sie sagen ferner, Gott als gerechter Richter könne die Sünde nicht ohne Strafe erlassen. Aber darum hat man noch keine Genugthuungswerke zu erfinden. Gott straft, indem er in den Schrecken des Gewissens seinen Zorn über die Sünde fühlen lässt. Wenn er Einzelnen in der heiligen Geschichte noch etwas Besonderes auferlegt hat, so darf man daraus keine allgemeine Regel machen, und man soll nicht denken, dass alle Leiden Strafen oder Zeichen göttlichen Zorns seien. Will Gott aber etwas auferlegen, so kann das durch solche menschlichen Genugthuungen nicht aufgehoben oder ersetzt werden (§. 53—69). So haben auch die Alten, wenn sie Genugthuungswerke festsetzten, es keineswegs gemeint. Ihre Gedanken waren dabei ganz andre (§. 70—74). Wenn endlich die Confutatoren erklären, dass die Genugthuungswerke nicht im Widerspruch mit dem Evangelium abgeschafft werden dürfen, so ist hiergegen an den schon erwiesenen Satz zu erinnern, dass das Evangelium solche Werke nicht befiehlt. Die wirklich von Gott verlangten Werke sind die rechtschaffenen Früchte der Busse, von denen bei den Evangelischen gepredigt wird (§. 75—80). So dargelegt und gerechtfertigt wird die evangelische Lehre von der Busse aller frommen Herzen Zustimmung finden (§. 81).

Was die Römischen Theologen an Einwendungen vorgebracht hatten, war von Melanthon besprochen und widerlegt. Dabei gieng er, was hier besonders hervortritt, durchweg nicht von wissenschaftlichen, sondern von praktischen Gesichtspuncten aus. Es kam ihm darauf an, der Werkgerechtigkeit zu begegnen, welche alle einzelnen Theile des Römischen Busssacraments durchzog. Wo diese noch irgend einen Punct zum Einsetzen fand, trat er der bisherigen Lehre entgegen, während er von der gewöhnlichen Lehrfassung das sich gefallen lassen wollte, was nicht in der bezeichneten Richtung gefährlich war. An einer derartig scharfen Begriffsbestimmung, wie sie in einem Lehrgebäude nöthig sind, lag ihm hier in der Bekenntnisschrift nicht. Er fand seine Aufgabe darin, die Thatsachen des christlichen Lebens, um welche es sich handelte, festzustellen und gegen Misdeutungen und Entstellungen zu sichern. So ist es z. B. zu verstehen, wenn er erklärte, es sei zu ertragen, dass man das neue Leben des Christen als drittes Stück der *poenitentia* bezeichne ¹). Das war ein gewisser Anschluss an den Wortlaut der bisherigen Lehre, der wohlwollende Gegner gewinnen konnte, während in der Sache damit der evangelischen Lehre nichts vergeben war. So wie hier die *fructus poenitentiae* gestellt wurden, konnten sie nicht mehr als etwas die Rechtfertigung Bedingendes gefasst werden Möglich war dies Zugeständnis, weil Melanthon wie die Evangelischen alle zunächst auch noch den herkömmlichen Ausdruck *poenitentia* beibehielt. Er verstand darunter, wie er ausdrücklich erklärte, nicht etwa die Reue, den Schmerz über die Sünde, allein, sondern den ganzen Vorgang der Bekehrung oder Versetzung in ein neues Wesen ²). Diesen Vorgang der Sinneswandelung aber musste er in seinem Verlaufe ganz anders beschreiben. Das gleiche Wort erhielt eben doch für die Evangelischen eine andere Bedeutung ³). Dies erschwerte ohne Zweifel die Streitführung und Verhandlung, indem die Gegner schon durch den Klang des Wortes in die ihnen geläufige Gedankenreihe sich hineingetrieben fühlten. Das Verständnis der evangelischen Lehrentwickelung ward für sie schwieriger, als es wohl war, wenn man von den festgeprägten Ausdrücken ganz absah und eine möglichst entsprechende einfache Beschreibung der Sache, um die es sich handelte, hier der Bekehrung mit ihren wirkenden Ursachen, ihrem Verlaufe und ihren Folgen, gab ⁴). Und doch konnten die Evangelischen, zumal in einer für die Oeffentlichkeit bestimmten Schrift, den einmal in der Kirche gebrauchten Ausdruck nicht

---

1) Symbol. Bücher S. 171 §. 28; S. 173 §. 45; dazu *Walch, introductio p. 455.*

2) Symbol. Bücher S. 171 §. 28, deutsch; S. 173 §. 44; S. 174 §. 46; S. 176 §. 58; S. 191 §. 34. In der 2. Ausgabe fügte Mel. der ersten Stelle nach dem Worte *refragabimur* noch bei: *neque ignoramus, quod vocabulum poenitentiae grammaticis significet, improbare id, quod antea probabamus. Id magis quadrat ad contritionem quam ad fidem. Sed nos hic docendi causa poenitentiam totam conversionem intelligimus, in qua duo sunt termini, mortificatio et vivificatio. Nos vocamus usitatis nominibus contritionem et fidem.*

3) Vgl. z. B. Vilmar, die Augsburgische Confession S. 122.

4) Dies Letztere geschah z. B. in der für die Lehre von der Busse wichtigen Auslegung des 51. Psalms, die Luther 1532 in seinen Vorlesungen gab; vgl. *Opp. 19, 10—154.*

umgehen, ohne sich den schlimmsten Verläumdungen auszusetzen.

Eine gewisse Unbestimmtheit des Ausdrucks war es auch, wenn Melanthon sagte, dass das Evangelium die Sünde strafe[1]). Ihm kam es darauf an zu lehren, dass Beides, Erkenntnis der Sünde und Glaube, von Gott durch sein Wort gewirkt werden müsse. So gebrauchte er „Evangelium" im weiteren Sinne als gleichbedeutend mit „Wort Gottes". Dafür, dass man seine Aussage nicht in antinomistischem Sinne misbrauchen konnte, sorgte er selbst durch hinlänglich scharfe Bestimmungen[2]). Es war dieselbe Unbefangenheit im Sprachgebrauche, wie wenn Luther kurz vorher in seinem Buch „Von den Schlüsseln" geschrieben hatte: „Und Summa, die Schlüssel sind *executores*, Ausrichter und Treiber des Evangelii, welches schlecht dahin predigt diese zwei Stücke, Busse und Vergebung der Sünde"[3]).

Während der **dreizehnte** Artikel des Bekenntnisses vom Gebrauch der Sacramente handelt, lautet hier in der Apologie die Ueberschrift: von Zahl und Gebrauch der Sacramente. Zu dieser Erweiterung sah Melanthon sich durch die Gegner veranlasst, die ihrer Billigung des Artikels den Satz beigefügt hatten, die rechte Sacramentslehre müsse nun auch bei allen sieben von der Kirche anerkannten Sacramenten zur Geltung gebracht werden[4]). Sie hatten damit etwas berührt, das Melanthon zu dem Nebensächlichen rechnen musste und das er darum vorweg behandelte (§. 2—17), ehe er auf den Hauptpunct einging (§. 18—23).

In die ersten anknüpfenden Worte nahm er wieder eine ganz kurze Abweisung des zwinglischen und wiedertäuferischen Irrthums auf (§. 1). Er konnte es für nöthig halten, nachdem Zwingli in seinem veröffentlichten Bekenntnis es wieder ausgesprochen hatte, dass die Sacramente keine Gnadenmittel seien, sondern nur Zeichen der vorher ertheilten Gnade und Zeugnisse der Zugehörigkeit zur Gemeinde[5]). Von der Gemeinschaft mit diesem Irrthum musste er die Evangelischen frei halten. Dabei leugnete er übrigens nicht, dass die Sacramente auch solche

---

1) Symbol. Bücher S. 171 §. 29.
2) Symbol. Bücher S. 171 §. 34; S. 172 §. 35; S. 175 §. 53.
3) WW. 31, 178. Dazu vgl. *Opp. 19, 27, 59.*
4) *C. R. 27, 114.*
5) *Zwinglii opp. 4, 9;* dazu *C. R. 2, 208.*

Zeugnisse und Kennzeichen seien, aber sie sind es doch erst in zweiter Linie [1]). Zunächst will Gott durch sie in uns wirken, und zwar den Glauben [2]).

Auch bei der Sacramentslehre hatte man sich evangelischerseits an den seit lange eingebürgerten Sprachgebrauch angeschlossen. Es lag kein Grund vor, davon abzugehen, indem der übliche Ausdruck ein passender war und an sich zu keiner gefährlichen Misdeutung Anlass gab. Luther vertheidigte bekanntlich gegen Karlstadt das Recht auf solche Fortführung des Sprachgebrauches [3]). Beanstandung des Wortes würde jetzt schnell als Läugnung der Sache, als Verwerfung der von Gott eingesetzten heiligen Handlungen ausgelegt sein.

Schon früh hatte sich die Unbequemlichkeit fühlbar gemacht, dass man den Ausdruck nicht in demselben Umfang gebrauchen konnte, in welchem er bisher üblich war. Man hatte ihn angenommen als Bezeichnung der von Gott geordneten heiligen Handlungen, durch welche Gnade mitgetheilt werde. Aber nun sah man römischerseits auch solches als gottgeordnet an, was nur von der Kirche festgesetzt war, und verstand unter der Gnade besondere geistliche Kräfte und Gaben, während man evangelischerseits die Sündenvergebung in der dem Empfänger zu Theil werdenden Gnade sah und nur das als gottgeordnet gelten lassen wollte, was ausdrücklich in der Schrift als solches bezeichnet sei. Da musste man in der Zählung dessen, was unter dem Ausdruck Sacrament zu verstehen sei, auseinandergehen. Und das geschah bald. Es ist bekannt, dass Luther schon in der Einleitung zu seiner Schrift über die babylonische Gefangenschaft der Kirche sagte, er müsse leugnen, dass es sieben Sacramente gebe und könne nur drei anerkennen, Taufe, Busse und Abendmahl [4]). Am Schlusse der Schrift änderte er dies dahin, dass man genau genommen nur zwei Sacramente zählen dürfe, nämlich Taufe und Abendmahl, indem nur bei ihnen die Gnadenverheissung von Gott mit einem sichtbaren Zeichen verbunden sei [5]).

---

1) Das *magis* ist zu beachten.
2) Vgl. Symbol. Bücher S. 160 § 36.
3) WW. 29, 212.
4) Opera varii argumenti 5, 21.
5) *Ibid.* 5, 117: *proprie ea sacramenta vocari visum est, quae annexis signis promissa sunt. Caetera, quia signis alligata non sunt, nuda promissa sunt. Quo fit, ut si rigide loqui volumus, tantum duo sunt in ecclesia Dei sacramenta, baptismus et panis, quum in his solis*

Damit war die Stellung bezeichnet, welche man Seitens der Evangelischen in dieser Frage einnahm. Um die Zahl haderte man zunächst nicht weiter, sondern prüfte die einzelnen Handlungen, welche die Kirche bisher als Sacramente zählte, auf ihr Wesen an der Schrift. Dabei bewährte sich das von Luther ausgesprochene Urtheil; man konnte den Ausdruck Sacrament in dem einmal angenommenen strengeren Sinne nur für Taufe und Abendmahl verwenden[1]. Dies im Bekenntnis geradezu und mit dürren Worten auszusprechen, lag damals kein Anlass vor. Melanthon mied es, um nicht mehr, als unumgänglich nöthig war, anzustossen[2]. Nirgends zählte er eigens die Sacramente auf oder nannte auch nur beiläufig, wenn er von ihnen redete, die einzelnen. Aber darum war doch der evangelische Standpunct auch für diese Frage klar genug im Bekenntnisse angegeben. Wenn es im fünften Artikel hiess, dass Gott durch die Sacramente als durch Mittel den h. Geist gebe, so war schon damit der Römischen Zählung widersprochen. Keiner konnte darnach z. B. Ehe und letzte Oelung als Sacramente rechnen. Und noch wichtiger war, dass an dem Orte des Bekenntnisses, wo im Zusammenhange der Lehre von der Kirche von den Sacramenten gehandelt werden musste, nur Taufe und Abendmahl besprochen wurden. Wie richtig die Confutatoren das verstanden, zeigt ihre Bemerkung zu unserm Artikel.

Es war also nicht eine durch Fortschritt der Geschichte gewonnene neue Erkenntnis, die jetzt in der Apologie im ersten Theile des vorliegenden Artikels ihren Ausdruck fand, sondern Melanthon sagte nun scharf und klar heraus, nachdem er auf keinen Ausgleich mehr hoffen konnte, was er im Bekenntnisse mehr nur angedeutet hatte. Die meisten der von der Römischen Kirche als Sacramente gefassten Gebräuche sind entweder gar nicht von Gott verordnet oder sie vermitteln doch in ihrem Voll-

---

et institutum divinitus signum et promissionem remissionis peccatorum videamus.

1) Osiander schrieb in seinen Bemerkungen gegen die Confutation: *si sacramenta esse volunt ea tantum signa, quae utenti significatum in verbo Dei comprehensum conferunt et applicant, duo solummodo sunt sacramenta, baptismus scilicet et coena Domini.* Coelestini Histor. Comit. 3, 86ᵇ.

2) Im ersten Entwurf der Apologie bemerkte er: *caeterum et hic desideramus candorem in adversariis. De numero sacramentorum non aliam ob causam nobiscum rixantur, nisi ut magis irritent odia imperitorum adversus nos;* C. R. 27, 287.

zuge nicht die neutestamentliche Gnade, nämlich die Sündenvergebung: das war der Kern der Entgegnung. Es sollte abgewehrt werden, dass irgend von Menschen Angeordnetes zum Range eines Gnadenmittels erhoben würde. So blieben nur drei Handlungen oder Gebräuche, für welche er die Bezeichnung „Sacrament" im strengeren Sinne des Wortes gelten lassen wollte, Taufe, Abendmahl und Absolution [1]). Dies Letztere, die Zuzählung auch der Absolution zu den Sacramenten, hat oft Anstoss gegeben [2]) und in neuester Zeit ist es ja besonders beliebt, denen, welche am Bekenntnis halten, diese Stelle als ein Zeichen ihrer Untreue vorzurücken, indem sie ja doch nur zwei Sacramente lehrten. Allein die, welche solchen Anstoss nehmen oder so beschuldigen, haben Melanthon nicht verstanden. Er gieng nicht von einem wissenschaftlich festgestellten, in der evangelischen Kirche allgemein anerkannten Begriffe des Sacramentes aus, zu welchem sie als dem allein richtigen sich bekenne, um dann die einzelnen darunter zu befassen. Das hätte gar nicht in eine Bekenntnisschrift gehört. Sondern er sagte von den drei gottgeordneten kirchlichen Handlungen aus, was sie wirken; und da er dies als bei allen gleich erfand, so folgerte er, wenn man solche Handlungen Sacramente nennen will, so ist auch die Absolution ein Sacrament. Ob man den Ausdruck „Sacrament" wirklich in diesem Sinne und Umfang verwenden wolle, blieb dahin gestellt; das war eine Frage der theologischen Wissenschaft. Die Dogmatik, welche nicht den Begriff, um den es sich hier handelte, willkürlich zu construiren hatte, sondern von dem thatsächlich Vorhandenen ausgehen musste, hat, wie früher schon Luther, das Wort „Sacrament" enger gefasst und so jenes „wenn" verneint. Damit hat sie sich aber keineswegs in Widerspruch zum Bekenntnisse gesetzt, denn, wie schon bemerkt, Bekenntnisaussage ist nicht, dass die Absolution ein Sacrament sei, sondern dass Gott sie eingesetzt habe, damit durch sie die Gnade der Sündenvergebung ertheilt werde. Nur wer solches leugnet, wird dem Bekenntnisse in diesem Puncte untreu.

Wie wenig ferner Melanthon, wenn er die Sacramente Zeichen der Gnade nannte, im Sinne hatte, sie damit zu entleeren, bekunden hinlänglich die vorhergehenden Artikel. Da-

---

1) Vgl. Symbol. Bücher S. 165 §. 60; S. 173 §. 41.
2) Vgl. schon *Chemnitz, examen Concil. Trid. ed. Preuss. p.* 426; *J. G. Walch, introductio p.* 457; *J. B. Carpzov, Isagoge p.* 410 sqq.

gegen hat man den Ausdruck *vescimur corpore Domini* nicht als Beweis hierfür zu verwenden. Denn *corpus Domini* oder *Christi* ist, wie z. B. jeder Blick in die vorreformatorischen Bussordnungen zeigt, ganz gleichbedeutend mit *eucharistia*. Als fester, einmal geläufiger Terminus sagt es also über die wirkliche Gegenwart des Leibes Christi im Sacrament nichts aus; ebenso wenig wie das von Luther in gleichem Sinne gebrauchte noch kürzere *panis* in entgegengesetzter Richtung gedeutet werden darf. Die Kelchentziehung wird die Ursache davon gewesen sein, dass man diese einseitigen Ausdrücke als Bezeichnung für das ganze Sacrament gebrauchte.— Die Römischen Theologen, denen die Sacramente die Canäle der Gnadenmittheilung oder Eingiessung waren, stiessen sich daran [1]), dass Melanthon sie „äussere Zeichen und Siegel der Verheissung" nannte. Allein die Ausdeutung, welche man dabei dem Worte „Zeichen" angedeihen liess, und die man neuerdings von anderer Seite her wieder versuchte, ist eine falsche [2]). Jene Bezeichnung, in der die Evangelischen der Römischen Ausartung gegenüber zusammenstimmten, ist allerdings eine einseitige; sie giebt nicht das volle Wesen der Sacramente, nicht den ganzen Zweck von deren Stiftung an; aber sie entleert dieselben auch nicht ihres Inhaltes. Was sie besagt, ist richtig, doch bedarf sie der Ergänzung. Sodann ist klar, dass man nach dem ganzen Zusammenhange die hier stehenden Sätze nicht verwerthen kann, um damit zu beweisen, dass durch die Sacramente kein anderes Heilsgut als die Sündenvergebung mitgetheilt werde. Das wäre Willkür. Wenn Melanthon mit Bezugnahme auf Augustins Ausspruch erklärte, die Wirkung des Wortes und der Gebräuche sei die gleiche, so wollte er damit sagen, welches der vornehmste Zweck war, zu dem Gott diese äussern Zeichen neben dem Worte einsetzte, und wollte abwehren, dass man sie für diesen Zweck als geringer erachte denn das Wort; sie vermitteln ebenso viel wie dieses, bleiben in ihrer Wirkung nicht hinter ihm zurück.

Weit wichtiger als die Zahl der Sacramente war Melanthon die Anerkennung des Satzes, dass zum rechten Gebrauche des Sacramentes der Glaube nöthig sei. Er berührte hiermit eine der ältesten Streitfragen zwischen den Evangelischen und den Römischen [3]), die wieder und immer wieder besprochen ward.

---

1) z. B. Cochleus bei *Andr. Fabricius Harmonia p. 295.*
2) Vgl. meine Einleitung 2, 361—362.
3) Vgl. meine Einleitung 1, 121; 2, 356 ff.

So konnte er denn auch jetzt nichts Neues zur Begründung sagen, sondern verwies einfach auf das Wesen der Sacramente, welches als die rechte Empfänglichkeit den Glauben und zwar die *fides specialis* voraussetze und fordere. Dass er letzteres beifügte (§. 21), geschah nicht ohne guten Grund. Die Römischen Theologen läugneten nämlich, dass nach ihrer Lehre kein Glaube zum rechten Empfange des Sacramentes nöthig sein solle und bezeichneten solchen Vorwurf als eine Verläumdung. Und in der That redeten sie auch vom Glauben als etwas im Empfänger Vorauszusetzenden, aber sie verstanden darunter nicht den Glauben, „da ich selbst gewiss für mich glaube, dass mir die Sünden vergeben sind", sondern ein Fürwahrhalten der Glaubenslehren.

Wenn endlich Melanthon auf die zahllosen Misbräuche hinwies, die aus der Entstellung des Sacramentsbegriffes in der Römischen Kirche erwachsen seien, so that er ihr damit nicht im Geringsten Unrecht. Die ehrlichen unter den Gegnern, die auch zugaben, dass bei vielen Scholastikern viel Verkehrtes über die Sacramente gelehrt sei und so Melanthons Unterscheidung zwischen dem *populus scholasticorum doctorum* (§. 18) und den *veteres scriptores* (§. 23) rechtfertigten, mussten solche Schäden eingestehen und ermahnten zur Abhülfe. So bemerkte Johannes Hoffmeister in seiner Gegenschrift gegen die Apologie [1]: „mir scheint, es sei vor Allem dahin zu trachten, dass unsere Bischöfe die Sacramente der Kirche treu verwalten, deren Kraft und rechten Gebrauch sorgfältig lehren und nicht durch ihre Nachlässigkeit, ja Gottlosigkeit die göttlichen Dinge der Verachtung aussetzen. Weg mit der Habsucht, die hierin der Kirche noch mehr schadet, als der Aberglaube! Weg mit der Saumseligkeit der Prälaten und der Unverschämtheit der Kurtisanen, und wir werden wieder die Sacramente in unserer Kirche aufs Höchste geehrt sehen. Aber wenn es Bischöfe giebt, die nicht wissen, was das Wort Sacrament bedeutet; wenn sie sich schämen, selbst die Sacramente zu verwalten; wenn Alles bei ihnen um Geld feil ist u. s. w: woher soll da den Einfältigen Ehrfurcht vor dem Sacramente kommen? Und gar von den Pfarrern und Predigern redet kaum der hundertste je vor seiner Gemeinde von den Sacramenten; den einen hindert seine Unwissenheit, den andern seine Gleichgiltigkeit. Dabei schweige ich noch ganz über den Luxus, der bei der Verwaltung der Sacramente getrieben wird".

---

[1] *Andr. Fabricii Harmonia p. 297.*

Die Römische Kirche trug auch in diesem Puncte vom Tadel und der Einsprache der Evangelischen wenigstens einigen Gewinn davon.

Die eigentliche Spitze des **vierzehnten** Artikels im Bekenntnisse, vom Kirchenregiment, wonach Niemand in der Kirche öffentlich lehren oder predigen oder Sacrament reichen sollte ohne ordentlichen Beruf, war gegen die Wiedertäufer gerichtet gewesen [1]). Und noch immer betonte besonders Luther, entgegen dem Treiben derselben, die Nothwendigkeit eines klaren ordentlichen Berufes für die amtliche Thätigkeit in der Kirche. Er schrieb eigens gegen die Winkelprediger und Schleicher [2]) und verlangte nicht nur, dass jeder Prediger sich über seinen Beruf ausweisen könne, sondern auch dass er sich mit seiner amtlichen Thätigkeit auf den Ort beschränke, wohin er berufen sei. „Dass die Apostel auch zuerst in fremde Häuser giengen und predigten, des hatten sie Befehl und waren dazu verordnet, berufen und gesandt, dass sie an allen Orten sollten predigen, wie Christus sprach: gehet hin in alle Welt und predigt allen Creaturen. Aber darnach hat Niemand mehr solchen gemeinen apostolischen Befehl, sondern ein jeglicher Bischof oder Pfarrherr hat sein bestimmt Kirchspiel oder Pfarre. — Und solches soll man also fest halten, dass auch kein Prediger, wie fromm oder rechtschaffen er sei, in eines papistischen oder ketzerischen Pfarrherrs Volk zu predigen oder heimlich zu lehren sich unterstehen soll, ohn desselbigen Pfarrherrs Wissen und Willen. Denn es ist ihm nicht befohlen. Was aber nicht befohlen ist, das soll man lassen anstehen. Wir haben genug zu thun, so wir das Befohlene ausrichten wollen. Es hilft sie auch nicht, dass sie fürgeben, alle Christen sind Priester. Es ist wahr, alle Christen sind Priester, aber nicht alle Pfarrer. Denn über das, dass er Christ und Priester ist, muss er auch ein Amt und ein befohlen Kirchspiel haben. Der Beruf und Befehl macht Pfarrherr und Prediger; gleich wie ein Bürger oder Laie mag wohl gelehrt sein, aber ist darum nicht Doctor, dass er in den Schulen öffentlich lesen möcht, oder sich solches Amts unterwinden, er werde denn dazu berufen [3]). — Ich soll unberufen nicht predigen, soll nicht gen Leipzig oder gen Magde-

---

1) Vgl. meine Einleitung 2, 378.
2) WW. 31, 213 ff.
3) WW. 39, 254.

burg gehen, und allda predigen wollen, denn ich habe da kein Beruf noch Amt. Ja, wenn ich hörte, dass zu Leipzig lauter Ketzerei gepredigt würde, so lass sie immerhin machen; es gehet mich nicht an; sie predigen, wie sie wollen; ich habe dahin nichts gesäet, so darf ich auch nichts einschneiden" [1]).

In soweit also konnten die Römischen Theologen mit dem Bekenntnisse und den Erklärungen der Evangelischen ganz zufrieden sein, und so bemerkten sie denn auch, dass in den Worten Uebereinstimmung herrsche. Aber, fügten sie sogleich hinzu, im Verständnis der Worte und in der Praxis gehen wir ganz auseinander. Es fragte sich nämlich: was ist unter ordentlichem Beruf zu verstehen? Und da antworteten die Confutatoren, nur der sei ordentlich berufen, welcher nach der Form des geistlichen Rechtes und nach der heiligen Kirchen Einsetzung, die in der ganzen Christenheit bisher gehalten sei, das Amt empfangen habe. Nur in dieser Meinung sei das Bekenntnis der Fürsten anzunehmen, und sie seien zu ermahnen, bei solchem zu bleiben und Niemand, weder zu einem Pfarrherrn noch zu einem Prediger in ihren Gebieten zuzulassen, er sei denn ordentlich durch die geistliche Obrigkeit nach Haltung der gemeinen Christenheit berufen worden. Damit war der ganze Gegensatz scharf genug bezeichnet. Die Römischen verlangten Beibehaltung der von ihnen als Sacrament gefassten Weihe [2]) und Aufrechterhaltung der bestehenden kirchlichen Hierarchie als einer von Gott gestifteten und zum Bestande der Kirche durchaus nothwendigen.

Auf beides konnten die Evangelischen nicht eingehen.

Dass die Weihe kein Sacrament, sondern eine menschliche Erfindung sei, die sich nicht auf die Schrift stützen könne, hatte Luther schon hinlänglich nachgewiesen, und eben in jenen Jahren sprach er sich hierüber wieder sehr scharf aus. Im Herbste 1533 verfasste er bekanntlich eine eigne Schrift „von der Winkelmesse und Pfaffenweihe" [3]), in welcher er zur Stärkung der

---

1) WW. 48, 139. Dort unmittelbar vorher: „ein Prediger soll diese drei Tugend haben: erstlich, er soll können auftreten; zum andern, soll er nicht stille schweigen; zum dritten, soll er auch wieder aufhören können". Ebenso 43, 7. Mit dem „auftreten können" meint er, ein Amt haben, gewiss sein, dass er berufen und gesandt sei. Ueber den Beruf sonst noch 31, 215, 216, 218; 43, 313; 48, 104, 110, 272; *comm. in ep. ad Gal. 1, 28—34.*

2) Vgl. über sie meine Einleitung 2, 366.

3) WW. 31, 308 ff.

Gewissen noch einmal aus der Schrift den Beweis führen wollte, wie verwerflich beides sei ¹). Wieder gieng er davon aus, dass alle Christen von der Taufe her Priester seien. „Ich sage abermal, wo wir nicht vorhin ohn Bischoff und Chresem rechte Pfaffen sind, so wird uns der Bischoff und sein Chresem nimmermehr zu Pfaffen machen". „Diese unser angeborne und erbliche Priesterschaft wollen wir ungenommen, ungehindert und unverdunkelt, sondern herfürgezogen, ausgerufen und gerühmet haben mit allen Ehren, dass sie leuchten und scheinen soll wie die liebe Sonne. Daher auch der h. Geist im neuen Testament mit Fleiss verhütet hat, dass der Name Sacerdos, Priester oder Pfaffe, auch keinem Apostel noch einigen andern Aemtern ist gegeben, sondern ist allein der Getauften oder Christen Name, als ein angeborner, erblicher Name aus der Taufe; denn unser Keiner wird in der Taufe ein Apostel, Prediger, Lehrer, Pfarrherr geboren, sondern eitel Priester und Pfaffen werden wir alle geboren; darnach nimmt man aus solchen gebornen Pfaffen und beruft oder erwählet sie zu solchen Aemtern, die von unser aller wegen solch Amt ausrichten sollen. Das ist der Grund in dieser Sachen, den Niemand kann umstossen. Und wo die päbstliche Weihe recht wollte thun, sollte sie nichts anders thun, denn solche geborne Pfaffen berufen zum Pfarramt, und nicht neue heiligere und bessere Pfaffen machen, weder die getauften Christen sind". Jene sacramentale Weihe, durch welche ein höherer geistlicher Charakter mitgetheilt werden solle, schände die Taufe. Diese sei ebenso wie das Predigtamt dadurch herabgesetzt. „Soviel an dem Papst und seinen Bischöfen gewest ist, haben sie im Pabstthum den Beruf oder das Pfarramt oder Predigtamt ganz lassen liegen und keins nicht gehabt; dazu haben sie es aufgehoben und zerstöret". Er zeigte den Unterschied zwischen der Römischen Weihe und der christlichen Berufung. „Es soll und kann im Grunde die Weihe nichts anders sein, soll es recht zugehen, denn ein Beruf oder Befehl des Pfarramts oder Predigtamts". Aber „gleichwie der päbstliche wüthige Greuel verstöret hat die Taufe, Sacrament, Predigt des Evangelii, also hat er auch *Ministerium* und die *Vocatio*, Beruf und die rechte Weihe zum Predigtamt oder Pfarramt verstöret durch seinen schändlichen Winkelchresem. Aber hie ist Christus mit seiner Macht und Wunder gewest und hat dennoch wider den leidigen Greuel das Amt und den Beruf zum

---

1) de Wette 4, 494.

Predigtamt in seiner heiligen Stätte erhalten; denn die Pfarren oder Predigtamt sind allezeit ausser und über dem Chresem durch Fürsten, Herren, Städte, auch von Bischöfen selbst, Aebten, Aebtissinnen und andern Ständen verliehen und durch solch Verleihen ist der Beruf und die rechte Weihe zum Ministerio oder Amt blieben. Daneben hat man solche berufene Pfarrherren, so solche Lehen und Amt empfangen, auch präsentirt, das ist zu den Winkelbischöfen geweiset und sie lassen investiren oder einweisen; wiewohl solches nicht der Beruf noch Lehen, sondern Bestätigung solches Berufs und nicht vonnöthen gewest ist. Denn der berufene Pfarrherr wohl ohne solche Bestätigung hätte können sein Pfarramt ausrichten" [1]).

Ist aber die Priesterweihe nichts, ertheilt sie keine besondere Gnade, kein besonderes Vermögen, so fällt damit auch das Amt der Bischöfe als solcher, welche allein die Macht und Befugnis zur Weihe haben sollen, dahin. Das Bischofsamt als ein wesentlich über dem Pfarramt stehendes ist nicht von Gott geordnet. Sobald die Anerkennung der Bischöfe unter diesem Gesichtspunct gefordert ward, musste sie von den Evangelischen schlechthin verweigert werden. Luther wiederholte auch in diesem Jahre auf das Bestimmteste, dass Bischof und Pfarrherr in Bezug auf das Wesentliche ihres Thuns Ein Ding seien, und dass das Amt nicht dem Episkopate, sondern der Gemeinde, der Kirche gehöre. Er berief sich dafür wieder auf Hieronymus und bemerkte: „ordiniren soll heissen und sein berufen und befehlen das Pfarramt, welches Macht hat und muss haben Christus seine Kirche ohn allen Chresem und Platten, wo sie in der Welt ist; sowohl als sie das Wort, Taufe, Sacrament, Geist und Glauben haben muss" [2]). Er erklärte: „ich will hiermit angefangen haben, ihren Chresem und Winkelmessen wiederum zu verstören und solch Aergernis helfen aus dem Reich Christi sammeln, und den Beruf oder rechte Weihe und Ordiniren zum Pfarramt wiederum der Kirchen zusprechen und einräumen, wie sie von Anfang gehabt hat, welche die grossen Bischöfe zu sich allein gerissen, den kleinen Bischöfen oder Pfarrherrn genom-

---

1) Ich kann nicht zugeben, dass, wie Dieckhoff, Luthers Lehre von der kirchlichen Gewalt, behauptet, in der Auffassung des Reformators vom Verhältnisse des kirchlichen Amtes zur Gemeinde und zum allgemeinen Priesterthum in späteren Jahren eine wesentliche Aenderung sich vollzogen habe.
2) WW. 31,. 358 f., 370.

men haben" ¹). Die ganze Hierarchie, sofern sie mit der als Sacrament hingestellten Weihe zusammenhieng, bezeichnete er als etwas Unchristliches, aus der Kirche zu Beseitigendes ²).

Aber eine andere Frage war die, ob man nicht die Bischöfe dulden und sich ihnen unterwerfen solle um der christlichen Ordnung halber. Sie waren einmal bisher die Vertreter derselben. Dass es eine solche kirchliche Gliederung geben müsse, konnten und wollten auch die Evangelischen nicht bestreiten, wennschon sie leugneten, dass sie auf einer bestimmten göttlichen Einsetzung beruhe. Es gehört zur Art eines Gemeinwesens, dass in ihm Ueberordnung und Unterordnung bestehe. Und dies kann sich nicht blos auf die Unterordnung der Gemeindeglieder unter das Amt beschränken. Die Natur der Dinge bringt es mit sich, dass an sich einander gleich stehende und gleichberechtigte Gemeinden, zwischen denen irgend eine Zusammengehörigkeit besteht, sich einer festen Ordnung unterwerfen, wie dass auch die Träger des Amtes in diesen Gemeinden wieder einer Oberaufsicht unterstellt werden.

Dies Bedürfnis, eine Gliederung und Ordnung durchzuführen, empfand man auch bald bei den Evangelischen und suchte ihm nach Kräften abzuhelfen. Besonders durch die Kirchenvisitation kam man in dieser Richtung vorwärts ³). Die Weihe verlangte man, wie schon bemerkt, von den Bischöfen nicht mehr. Wenn Gemeinden, Fürsten oder Magistrate Pfarrer begehrten, so wurden dieselben, meist in Wittenberg, geprüft und zum Predigtamt ordinirt. An solcher von weltlichen Personen ausgehenden Berufung konnte man sich nicht stossen, musste sie vielmehr als etwas durchaus Richtiges ansehen. Es waren ja Christen, welche den Ruf ergehen liessen; dieselbten übten, indem sie dies thaten, ein allgemeines, nur auf geschichtlichem Wege gerade ihnen zugefallenes, Christenrecht aus. Gegen die Vorzeit änderte sich darin im Grunde nichts Wesentliches, denn auch unter der Herrschaft der Römischen Kirche gieng der Ruf für das Seelsorgeramt vielfach von Weltlichen aus ⁴).

Aber wenn nun die Erwählten im Amte waren, so galt es, sie zu beaufsichtigen, zu leiten und nöthigenfalls zu schützen;

---

1) WW. 31, 374; dazu 43, 9; 19, 264; de Wette 4, 632; noch etwas später 5. 183, 235, 377; auch de Wette-Seidemann 6, 178.
2) WW. 31, 340 ff.
3) Vgl. de Wette, 4, 21.
1) Vgl. oben S. 191 und O. Mejer, die Grundlagen des lutherischen Kirchenregimentes, S. 16 ff.

es galt, über dem Leben auch der Gemeinden zu wachen, sie zur Erfüllung ihrer Pflichten anzuhalten, Streitigkeiten zu schlichten und allen Unordnungen vorzubeugen. Dies ist allezeit nöthig und ganz besonders damals lag das Bedürfnis solcher Oberaufsicht klar vor. Die Visitation hatte gezeigt, wie so gar kümmerlich es mit den älteren Geistlichen stand. An tüchtigen Predigern war überhaupt noch Mangel. Es war ja erst wenig über ein Jahrzehnt verflossen, seitdem man in Wittenberg angefangen hatte, wieder evangelische Prediger zu bilden. Die von dort kommenden waren meistens noch jüngere Männer, denen Erfahrung fehlte, und die der Aufsicht bedurften. Es machte sich gerade in jenen Jahren ein Mangel an tüchtigen Geistlichen sehr bemerkbar. An Johann Brismann, der für sich einen Nachfolger nach Livland begehrte, schrieb Luther im August 1531: „wo finde ich solche, die tüchtig sind und die gehen wollen? Nach allen Seiten sehe ich mich um und überall ist grosser Mangel. Es ist jetzt an der Zeit, den Fürsten und Städten in Bezug auf die Pfarrer zu sagen: halte was du hast, damit nicht ein Anderer deinen Pastor nehme. Es giebt Städte, die zwei Jahre lang der Prediger entbehren mussten" [1]).

Mehr noch als die Geistlichen machten die Gemeinden eine scharfe Aufsicht, ein Amt, welches für Erhaltung der Ordnung eintrat, nothwendig. Verwahrlost kamen sie aus der Hand der Römischen Kirche und die Vernachlässigung, unter der sie hatten leben müssen, wirkte nun auf das Uebelste nach. Zur Freiheit waren sie noch nicht reif; so riss denn vieler Orten, sobald der äussere Zwang, den die Bischöfe geübt hatten, wegfiel, arge Zuchtlosigkeit ein, oder richtiger, die schon lange vorhandene trat offen und ungescheut ans Licht. Die häufigen Klagen der Reformatoren hierüber, über den Undank der Christen gegen Gott, nachdem ihnen nun doch das Evangelium rein gepredigt werde, sind bekannt [2]). Man sei satt geworden und fange an, das Evangelium zu hassen, weil es ernstes und frommes Leben fordere [3]). Ganz besonders war Luther aufgebracht

---

1) de Wette 4, 292; ganz ähnliche Klagen 4, 204, 209, 226, 234, 398, 503, 651; Burkhardt, Luthers Briefwechsel S. 324, 342, aus etwas späterer Zeit. Dann opp, 19 268.

2) Vgl. aus jener Zeit z. WW. 18, 151; 40, 194; 48, 189; *comm. in ep. ad Gal.* 158; 3, 31; *opp.* 18, 14.

3) Vgl. de Wette 4, 182, 184, 194, 196, 474, 479, 500, 580, 601, 634; Burkhardt S. 208.

über die Gewaltthätigkeiten und den Uebermuth des Adels [1]), über die Anmaassung der vornehmen Städter und über den Geiz der Bauern [2]). Ueberall in seinen Schriften und Briefen aus jenen Jahren tönen diese Klagen wieder. Die Pfarrer sahen sich oft schlechter Behandlung ausgesetzt und sehr schwer lastete auf vielen von ihnen die leibliche Noth. Da es von oben her an Aufsicht fehlte, griffen viele Adelige habgierig zu und suchten Kirchengut als eine willkommene Beute an sich zu reissen; die Bauern trachteten darnach, sich ihren Verpflichtungen zu entledigen und weigerten sich, Zehnten und andere Abgaben zu leisten. Dann mussten die Pfarrer darben, ja geriethen oft in die bitterste Noth [3]), ein Umstand, dem Luther es mit zuschrieb, dass sich nicht junge Männer in hinreichender Anzahl dem Kirchendienste zuwandten. Selbst eine Stadt wie Braunschweig liess nach des Reformators Urtheil ihre Geistlichen Mangel leiden [4]), vom Lande her aber wurden oft an ihn die jämmerlichsten Klagen gebracht, damit er sie beim Fürsten vertrete [5]).

Auch auf diese Uebelstände hatte man natürlich bei der Visitation geachtet. Man hatte die rechtlichen Verhältnisse der Gemeinden und der Pfarrer ebenso zu ordnen und zu sichern gesucht, wie man auf Förderung der christlichen Erkenntnis und Hebung des Sittenzustandes zu wirken bedacht gewesen war. Um diesem Bemühen nachhaltige Kraft zu geben, hatte man tüchtige Geistliche mit der Aufsicht über kleine Bezirke beauftragt, während in den Städten, zumal in den Reichsstädten, meist Einer an die Spitze des geistlichen Ministeriums gestellt ward. Man pflegte diese Männer als Superintendenten oder Superattendenten zu bezeichnen. Luther nannte solche auch wohl Bischöfe. Er brauchte den letztern Ausdruck in doppelter Bedeutung, für Pfarrer wie für Superintendent und es ist nicht in allen einzelnen Fällen ersichtlich, was er gerade meinte. Wenn

---

1) de Wette 4, 276, 316; WW. 20, 42; 40, 195, 281; 41, 16; 43, 37, 278; 48, 189, 198, 408; 41, 165, 167, 185; *opp. 1, 324; 17, 159; 19, 213, 226, 260; 20, 222.* An manchen dieser Stellen ist auch von den Städtern und Bauern die Rede.

2) WW. 47, 229; *opp. 18, 17; 19, 226, 246, 260; 20, 260.*

3) WW. 20, 23; 18, 192; 43, 196, 200, 278; 48, 38; *comm. in ep. ad Gal. 3, 89; opp. 20, 259, 280.*

4) de Wette 4, 205.

5) Burkhardt, Luthers Briefwechsel S. 197, 199, 340, 344, 352, 369, 429, 452, Stellen auch aus späteren Jahren. Dazu Zeugnisse Melanthons *C. R. 2, 656, 661; 3, 289.*

er 1533 an „die zu Homburg versammelten Bischöfe Hessens" schrieb[1]) so verstand er darunter die dorthin die vom Landgrafen berufenen Pastoren. Nikolaus Hausmann, welcher erster Geistlicher in Zwickau war, nannte er als solchen Bischof der Zwickauer Kirche [2]). Ebenso redete er seinen Freund Bugenhagen, den Parochus von Wittenberg, als Bischof und treuen Pastor der Wittenberger Kirche oder blos als Wittenberger Bischof an [3]). Aber auch in derartigen Fällen, wo es scheinen könnte, als sei ihm Pastor und Bischof schlechthin gleich, meinte er doch mit der letztern Bezeichnung den Pfarrer, insofern er über die Gemeinde und etwa unterstellte Geistliche die Aufsicht führte. Wenn er dagegen Friedrich Mykonius als Bischof von Gotha bezeichnete oder Spalatin als Bischof von Altenburg oder Martin Görlitz als Bischof von Braunschweig, so war leicht ersichtlich, dass er damit eine Aufsichtsstellung meinte, die sich auf ein grösseres Gebiet, bald auf eine Stadt, bald auf einen Kreis, erstreckte und so der bisherigen bischöflichen Stellung, wenigstens nach einer Seite hin, mehr ähnelte [4]). Nannte er doch denselben Görlitz auch Superintendent der Braunschweigischen Kirchen [5]) und denselben Spalatin Bischof und Diener der christlichen Kirchen in Meissen [6]). Wie man sich diese Aufsichtstellung, den Ersatz des bischöflichen Regimentes, dachte, zeigen klar genug die damals von Bugenhagen für niedersächsische Städte ausgearbeiteten Kirchenordnungen [7]).

Die Evangelischen hatten also einen Anfang damit gemacht, in ihren Gebieten für Erhaltung der kirchlichen Ordnung diejenige Fürsorge zu treffen, die sonst den Bischöfen oblag [8]). Aber schon dieser Anfang war nicht möglich gewesen ohne

---

1) de Wette 4, 461.
2) de Wette 4, 215.
3) de Wette 4, 427, 320.
4) de Wette 4, 194, 374, 321.
5) de Wette, 4, 329.
6) de Wette 4, 408. Die Bezeichnung des J. Jonas als *archiepiscopus Saxoniae* war mehr nur scherzend.
7) Vgl. O. Mejer, die Grundlagen des lutherischen Kirchenregimentes S. 41 ff.
8) Wunderliche Misverhältnisse bestanden noch ziemlich lange, an manchen Orten, wo die Reformation begonnen hatte und man doch nicht Macht genug besass, um sich der Jurisdiction der Bischöfe offen und ganz unumwunden zu entziehen, wie z. B. in Breslau; vgl. Köstlin, Johann Hess, der Breslauer Reformator, in der Ztschrft. d. Vereins für Gesch. u. Alterthumsk. Schlesiens Bd. 6 S. 234.

Hülfe und Eingreifen der Staatsgewalt. Man hatte sich an sie wenden müssen und sie hatte sich bereit finden lassen, in der Noth zu helfen. Als Nothbischöfe waren dabei die Vertreter der staatlichen Gewalt bezeichnet [1]), aber sie selbst betrachteten das Wachen über der Erhaltung kirchlicher Ordnung als eine ihnen obliegende Pflicht und darum das Eingreifen in diese äussern Verhältnisse als ein ihnen zustehendes Recht. Die Reformatoren bestritten auch solches Recht durchaus nicht, erkannten es vielmehr, soweit es sich um die äussere Ordnung handle, ausdrücklich an. Aber nun spürte man doch schon manche üble Folgen von dem Einwirken der Höfe und der Magistrate auf die Neugestaltung der Kirche und glaubte, noch Schlimmeres fürchten zu müssen [1]). Da konnte es immerhin als ein günstiger Ausweg erscheinen, wenn es gelang, die bischöfliche Oberaufsicht zu erhalten, ein Ausweg, der ja auch zu dem sonstigen Streben der deutschen Reformatoren, alles irgend Brauchbare aus der kirchlichen Vergangenheit zu bewahren, durchaus stimmte.

So war es gekommen, dass Luther während des Reichstages den Bischöfen dahin lautende Anerbietungen gemacht hatte [3]), und noch dringender und weitergehend war das von Melanthon geschehen. Während Melanthon dann an der Apologie arbeitete, predigte Luther: „wie wir den Gegnern immerdar uns erboten haben, so könnten wir wohl noch Alles mit ihnen halten, wenn sie uns die Freiheit und Unterschied liessen, dass es nicht noth zur Seligkeit noch wider das Evangelium sei, ob mans gleich anstehen lässet, sondern ihnen zu Gefallen halte als ein ander frei, unnöthig Ding, das uns nichts giebt noch nimmt [4])". Und wo er in den nächsten Jahren sich über diesen Punct äusserte, nahm er solches Zugeständnis, dessen Aussichtslosigkeit er freilich klar genug erkannte, nicht zurück [5]).

Der Artikel der Apologie mit seinem Rückweis auf die mehrfach gemachten Anerbietungen und mit seiner Erneuerung desselben Anerbietens entsprach also ganz der Sachlage. Hoff-

---

1) So Luther auch noch in späterer Zeit, de Wette 5, 173. Vgl. darüber O. Mejer a. a. O. S. 119.
2) Vgl. de Wette 4, 276, 316, 627; C. R. 3, 24, 81 aus etwas späterer Zeit.
3) Vgl. oben S. 57 ff.
4) WW. 43, 89.
5) Vgl. WW. 31, 308, 341, 357; opp. 20, 267; 23, 100; comm. in ep. ad Gal. 1, 146, 149, 324, 325.

nung auf Annahme dieses Zugeständnisses konnte man nicht wohl haben, aber darum war es doch gerathen, es zu wiederholen, einmal als Theil der Erklärung, die man bis zum Frühlinge 1531 abgeben sollte, und dann besonders aus Rücksicht auf die auswärtigen Völker (§. 28), von denen man voraussehen musste, dass sie die Beseitigung der bischöflichen Gewalt bei den Evangelischen als offene Empörung beurtheilen würden.

Dabei wird man auf einen Unterschied des lateinischen Grundtextes und der deutschen Uebersetzung aufmerksam machen dürfen. Jener hat das Anerbieten: „wir wollen hiermit noch einmal bezeugt haben, dass wir gern bereit sind, die kirchliche Ordnung und Gliederung zu erhalten, wenn nur die Bischöfe aufhören, gegen unsere Kirchen zu wüthen". In der Uebersetzung fehlt dieses Anerbieten. Sie schliesst schroffer mit dem Satze: „die Bischöfe mögen zusehen, wie sie es verantworten wollen, da sie durch solche Tyrannei die Kirchen zerreissen und wüste machen". Dieser Unterschied lässt sich aus der kurzen Zeit, welche zwischen der Uebersetzung und der Abfassung des Originaltextes liegt, nicht genügend begreifen. Er findet hingegen seinen Erklärungsgrund in dem schon mehrfach erwähnten Umstand, dass man beim lateinischen Texte besonders auch die nichtdeutschen Katholiken im Auge hatte. Um sich vor diesen zu rechtfertigen, wies man auch auf die jedes Maass überschreitende Grausamkeit der Bischöfe hin (§. 27), die alles Auskommen mit ihnen unmöglich mache [1]).

Ueber die Verfassung der Kirche und das Kirchenregiment sagt also die Apologie hier gar nichts aus, was zu dem im betreffenden Artikel des Bekenntnisses Gelehrten noch hinzukäme. Die in Bezug auf die Bischöfe abgegebene Erklärung ist im Grunde nur ein geschichtlicher Bericht, der für die weitere Entwicklung der Kirche in diesem Punct keine Bedeutung hatte. Das von den Evangelischen den Bischöfen und dem Pabste gemachte Anerbieten konnte, wie schon früher ausgesprochen ist, von diesen gar nicht angenommen worden. Wenn sie den Versuch gemacht hätten, unter solchen Bedingungen ihre bischöfliche Gewalt, die einmal nicht mit der Wahrheit besteht und aus der Schrift nicht zu rechtfertigen ist, zu erhalten, so hätten sie selbst eben damit die Hand zu deren Abschaffung geboten. So blieben sie denn fest bei ihrem Standpuncte. Sie verlangten Anerkennung ihrer Gewalt als von Gott geordneter und Gehor-

---

1) Dazu WW. 31, 258 und besonders 20, 15.

sam gegen ihre Gebote als etwas einem Christen schlechthin nothwendiges. Das aber mussten die Evangelischen verweigern. Luther erklärte denn auch bald: „weil unsre Demuth ihnen verschmähet ist, sondern wollen uns schlecht zu ihrem Chresem und andern Gräueln vereidet und gezwungen haben und uns darüber tödten und plagen, solls ihnen hinfort nicht mehr so gut werden; sie sollen ihren Gräuel und Chresem behalten, wir wollen sehen, wie wir Pfarrherren und Prediger kriegen aus der Taufe und Gottes Wort ohn ihren Chresem, durch unser Erwählen und Berufen geordinirt und bestätigt"[1]). Die bischöfliche Verfassung der mittelalterlichen Kirche musste in den Gebieten der Reformation fallen und ein Thor wäre, wer darüber jammern wollte.

Ueber eine neue Kirchenverfassung konnte Melanthon sich hier nicht aussprechen. Die ganze Sache lag doch noch zu sehr im Werden. Man hatte erkannt, dass der christlichen Gemeinde ganz andere Rechte zustünden, als ihr in der Römischen Kirche gelassen waren. Aber in welcher Form diese auszuüben seien, war noch nicht festgestellt. Es drängte dies auch nicht, da die Gemeinden noch zu unreif, ja roh waren. Zunächst blieb es eine der wichtigsten Aufgaben, die Gemeinde zu erziehen, zu bilden und allmählich in die Ausübung der ihr zustehenden Rechte einzuführen. Aber man kann nicht sagen, dass diese Aufgabe in der lutherischen Kirche andauernd ernst genug ins Auge gefasst und dass zu ihrer Erfüllung das Nöthige geschehen sei[2]). Hier liegt ein Versäumnis unserer Kirche vor, das sich bis in die Gegenwart hinein straft.

Man unterschied zwischen der weltlichen und der geistlichen Gewalt, aber im Verwenden dieser Unterscheidung, als es galt, die kirchliche Ordnung neu zu gestalten, war man nicht ganz sicher. Mit der Bitte um Hülfe hatte man sich an die Vertreter der weltlichen Obrigkeit gewandt, und Keiner darf sagen, dass damit etwas Unrechtes geschehen sei. Ohne solchen Beistand war gar nicht vorwärts zu kommen. Auch geschah ja in der Römischen Kirche im Grunde ganz das Gleiche. Der Unterschied bestand nur darin, dass es in dieser Kirche nach den streng kirchlichen Grundsätzen der weltlichen Obrigkeit zur Pflicht gemacht ward, den Geboten der geistlichen Obern ihren

---

1) WW. 31, 357. Noch entschiedener die Schmalkaldischen Artikel.

2) Vgl. H. Schmidt, die Geschichte des Pietismus S. 23.

Arm zur Ausführung zu leihen, während die Reformatoren jene Hülfe als einen christlichen Liebesdienst der in der Gemeinde durch ihre Macht hervorragenden Fürsten für die Zeit der Noth bezeichneten. Aber auch schon im vorigen Jahrhunderte während der vielfachen kirchlichen Nothstände hatte die zu grösserer Selbständigkeit erwachende weltliche Gewalt in einer jenen streng kirchlichen Grundsätzen nicht ganz entsprechenden Weise sich der kirchlichen Ordnung oft angenommen. Sie sah darin etwas, das unter den nun aufkommenden Begriff der „Landespolizei" falle. Es war also durchaus nichts Neues, was jetzt in den evangelischen Kirchengebieten der Noth wegen ganz allgemein geschah, und solche Noth oder richtiger solches Bedürfnis ist für die evangelische Kirche immer vorhanden, so lange sie als Landeskirche besteht, ja bis zu einem gewissen Grad selbst, wenn sie in der Form der Freikirche, als Zusammenschluss einzelner Gemeinden in einem Lande, ihr Dasein hat. Die Römische Kirche besitzt durch ihre Lehre und die darauf gegründete Organisation, insbesondere durch Beichtstuhl und Kirchenbann, eine viel grössere zwingende Gewalt über die ihr Angehörigen, so dass sie des fremden Schutzes bis zu einem gewissen Grade wenigstens entbehren kann. Aber jene Lehre und die darauf sich stützende Organisation ist eine falsche, jene Gewalt ist eine Tyrannei. Die evangelische Kirche darf nach solchem Besitze kein Gelüsten haben. Sie selbst hat keinerlei äussere Macht, um sich gegen Störungen von aussen oder innen zu schirmen. Sie bedarf zur Erhaltung ihrer Ordnung und ihres äusseren festen Bestandes der Beihülfe der weltlichen Gewalt. Das kirchliche Recht z. B. gegenüber den einzelnen Kirchengliedern wird erst völlig durchführbar, wenn die weltliche Gewalt ihm Kraft und Nachdruck verleiht. Dadurch ist für die letztere, abgesehen von dem Rechte, welches sie an sich auf Ueberwachung aller in ihrem Gebiete auftauchenden Gestaltungen und als Vertreterin und Beschützerin der Ordnung hat, ein gewisser Einfluss auf die Entwicklung der Kirche gegeben. Und, wie schon bemerkt, die Reformatoren gestanden auch sogleich der weltlichen Obrigkeit ein Eingreifen in die äussere Ordnung des kirchlichen Lebens als ein Recht zu. Ja dass solcher Einfluss schon in der Reformationszeit bald ein übermächtiger ward, später aber alles Maass überstieg und die Kirche schädigte, ist zum Theil durch die Theologen verschuldet.

Die staatliche Gewalt nahm sich der Kirche in ihrem Nothstande an und half, die Ordnung aufzurichten und zu erhalten.

Und einmal im Besitze dieses Einflusses suchten dann die Inhaber der Staatsgewalt, in den Reichsstädten ebensowohl wie in den landesfürstlichen Gebieten, ihn zu sichern und zu mehren. Sie waren froh, den bisherigen oft unbequemen Einfluss der Bischöfe ausschliessen zu können. Dazu entsprach diese Steigerung der landesherrlichen Gewalt ganz dem Zuge der Zeit. Und nun kamen noch die Theologen und rechtfertigten, ja verlangten das Eingreifen der weltlichen Obrigkeit auch in innere Angelegenheiten der Kirche auf nicht zu billigende Weise.

Man hatte die bürgerliche, staatliche Gewalt gegenüber der Römischen Verirrung als eine von Gott begründete anerkannt, die ihr eignes, selbständiges, nicht erst von der Kirche zu bestätigendes Recht habe [1]), und Luther sprach oft genug aus, dass dies von der Obrigkeit schlechthin gelte, unangesehen, ob ihr Vertreter ein Christ oder Nichtchrist sei [2]). In der Wirklichkeit aber hatte man nun nur mit christlichen, noch genauer evangelischen Fürsten und Rathsherrn zu thun und dadurch geschah es, dass man mehr von ihnen verlangte und ihnen mehr zuerkannte, als man an sich und wenn man rein nach dem richtig erkannten Grundsatze verfuhr, der bürgerlichen Gewalt geben und von ihr nehmen durfte. Luther warnte 1533 vor Erneuerung des sogenannten grossen Bannes, nicht nur weil dies ungehörig sei, sondern auch weil es die Gefahr mit sich führe, dass dann die bürgerliche Obrigkeit als solche sich in die kirchlichen Dinge einmische [3]). Wenn die Fürsten, erklärte er bald darnach wieder, Geistliche anstellten, so thäten sie das nicht als Träger der weltlichen Gewalt; die habe vielmehr einen ganz andern Beruf; sondern sie thäten es als Christen, als Glieder der Kirche [4]). Andrerseits aber schrieb er 1531 dem Mark-

---

1) Vgl. aus dem Jahr 1530 die Auslegung des 82. Psalms, WW. 39, 226 ff.

2) Vgl. besonders aus dem Jahre 1531 WW. 43, 211.

3) de Wette 4, 462: *ea quae politica prohibet excommunicatio, nobis nullo modo est tentanda, primum quod non sit nostri juris nec nisi ad eos pertinet, qui volunt esse veri christiani; deinde quod hoc saeculo excommunicatio major ne potest quidem in nostram potestatem redigi et ridiculi fieremus ante vires hanc tentantes. Nam quod sperare videmini, ut executio vel per ipsum principem fiat, valde incertum est nec vellem politicum magistratum in id officii misceri, sed omnibus modis separari, ut staret vere et certa distinctio utriusque magistratus.*

4) de Wette, Seidemann 6, 179: *vocatio et electio ministrorum praedicationis purae non est proprie et principaliter magistratus, sed ecclesiae. Si magistratus est fidelis et commembrum ecclesiae vocat, non*

grafen Georg von Brandenburg, derselbe möge die Winkelmesse nicht wieder aufrichten lassen und fügte hinzu: es wäre fein, dass Ew. Fürstliche Gnaden aus weltlicher Oberkeit geböte, beide Pfarrherrn und Pfarrkindern, dass sie alle bei einer Strafe müssten den Katechismum treiben und lernen, auf dass sie Christen sein und heissen wollen, auch gezwungen würden zu lernen und wissen, was ein Christ wissen soll, Gott gebe, er gläube daran oder nicht"[1]). Den Braunschweiger Rath liess er ermahnen, den Irrlehrer Campanus nicht in der Stadt zu dulden[2]). Ueberhaupt verlangte er, und zwar in vollster Uebereinstimmung mit den andern Wittenberger Theologen[3]), dass die weltliche Obrigkeit den Irrlehrern entgegentrete und sie nicht aufkommen lasse. Die Begründung dieses Verlangens war, dass die Obrigkeit, die über der Erfüllung des ganzen göttlichen Gesetzes zu wachen habe, auch den Gehorsam gegen die erste Tafel, sonderlich das erste Gebot, erzwingen müsse. „Hier fragt sichs, sagt Luther in einer Hauptstelle[4]), weil die Götter oder Oberkeit neben den andern Tugenden sollen Gottes Wort und die Prediger fördern, ob sie auch den widerwärtigen Lehrern oder Ketzereien sollen wehren und sie strafen, weil man Niemand soll noch kann zum Glauben zwingen". In der ausführlichen Antwort heisst es dann, einige Ketzer seien aufrührerisch; sie lehrten öffentlich, dass man keine Obrigkeit leiden solle, dass kein Christ im Stande der Obrigkeit sitzen dürfe, u. s. w. Diese seien straks und ohne Zweifel zu strafen von der Obrigkeit, denn sie seien nicht schlecht allein Ketzer, sondern auch Aufrührer. Luther hatte die Wiedertäufer im Auge, deren Verbreitung besonders auch Melanthon in Schrecken setzte und ihn geneigt machte, strengere Maassregeln anzurathen. Weiter heisst es dann: „wo etliche wollten lehren wider einen öffentlichen Artikel des Glaubens, der klärlich in der Schrift gegründet und in aller Welt geglaubt ist von der Christenheit, gleichwie die, so man die Kinder lehrt im Credo, als wo Jemand lehren wollte, dass Christus nicht Gott sei, sondern ein schlechter Mensch,

---

quia est magistratus, sed quia est commembrum ecclesiae. Regnum enim meum non est de hoc mundo, sed magistratus hujus mundi habet constituere principes, milites, equites etc.

1) de Wette 4, 307.
2) de Wette 4, 321.
3) C. R. 2, 710 sq. Dem entspricht Symbol. Bücher S. 231 §. 44.
4) WW. 39, 250, damit vgl. de Wette 4, 92 und Melanthons sehr ähnliche Ausführung C. R. 2, 710—715.

und gleich wie ein anderer Prophet, wie die Türken und die Wiedertäufer halten, die soll man auch nicht leiden, sondern als die öffentlichen Lästerer strafen, denn sie sind auch nicht schlecht allein Ketzer, sondern öffentliche Lästerer. Nun ist ja die Obrigkeit schuldig, die öffentlichen Lästerer zu strafen, als man die straft, so sonst fluchen, schwören, schmähen, lästern, schelten, schänden, verläumden". Ja sogar: „ebenso soll die Oberkeit auch strafen oder ja nicht leiden die, so da lehren, Christus sei nicht für unsere Sünde gestorben, sondern ein jeglicher solle selbst dafür genug thun". Das Entscheidende ist ihm hierbei das „öffentlich lehren"; das dürfe nicht geduldet werden und dessen Unterdrückung durch weltliche Gewalt sei kein Gewissenszwang. Sodann, wenn in einer Pfarre, Stadt oder Herrschaft die Papisten und Lutherischen, wie man sie nenne, gegen einander schrieen und wider einander predigten über etlichen Artikeln, da beide Theile die Schrift für sich haben wollten, sei dennoch Zwiespalt nicht wohl zu leiden. Zunächst rieth Luther den Seinen, zurückzutreten, wo man sie nicht gerne hören wolle. Wolle aber oder könne kein Theil schweigen, „so thue die Oberkeit dazu und verhöre die Sache und welchs Theil nicht bestehet mit der Schrift, dem gebiete man das Stillschweigen". — „Denn es ist nicht gut, dass man in Einer Pfarre oder Kirchspiel widerwärtige Predigt in das Volk lässt gehen; denn es entspringen daraus Rotten, Unfriede, Hass und Neid, auch in andern weltlichen Sachen".

An einer andern Stelle fasste Luther die Begründung in etwas anders, indem er sagt [1]): „es heisst: du sollst Gott lieben von ganzem Herzen, von allen Kräften, von ganzem Gemüth. Das muss je so viel heissen, was ein jeglicher vermag zu thun für Gottes Ehre, wider Gottes Unehre, das ist er schuldig zu thun, ein jeglicher nach seiner Maasse, ein Hausknecht für seine Person, ein Hausvater für sein ganz Haus, ein Fürst für sein Land, und so fortan, ein jeglicher für das, des er mächtig ist, auf dass er also aus allen Kräften Gott liebe. Dazu stimmen auch die Sprüche der Schrift, Ps. 2: und nun seid klug, ihr Könige, und lasst euch züchtigen ihr Richter im Lande, dienet dem Herrn mit Furcht. Hie will er, dass auch die Könige und Fürsten Gott dienen sollen. Nun sind ja Könige und Fürsten nicht *privati homines*, sondern sie sollen dienen, so muss alles mit dienen, was sie als Könige und Fürsten vermö-

---

4) de Wette 4, 92.

gen, so ferne sie immer können? — Auch bestätigt solches die Erfahrung und Historie. Denn woher haben bisher Kaiser und Könige befohlen Gottesdienst und gestiftet in ihren Ländern, denn dass sie sich schuldig dazu erkennet haben aus allen Sprüchen der Schrift; und woher wollte jetzt Kaiser Karl die Macht haben, zu gebieten seinen Unterthanen, Gott so oder so zu dienen, wo er nicht für sich hätte die Schrift, dass er schuldig wäre, aus allen Kräften Gott zu lieben? Sollten Fürsten nicht mit allen Kräften dazu thun müssen, so dürfte auch kein Bürger noch Knecht aus seinen Kräften dazu thun müssen".

So begründete er die Forderung, dass die weltliche Obrigkeit über der kirchlichen Ordnung zu wachen und für deren Erhaltung bis zur Bewahrung der reinen Lehre hin einzustehen habe, auf doppelte Weise, nämlich aus der Christenpflicht der Fürsten, für Gottes Reich zu thun, was sie können, und aus der Pflicht der Obrigkeit, Ruhe im Lande zu erhalten und das ganze Gesetz Gottes zur Geltung zu bringen und zum Gehorsam dagegen zu nöthigen.

Luther machte sich selbst den naheliegenden Einwurf, dass er darin der weltlichen Obrigkeit eine Macht überwiesen habe, die sie auch zur Unterdrückung der evangelischen Predigt benützen könne: „ob hiezu wollte gesagt werden, Kaiser Karl wäre auch gewiss, dass der Papisten Lehre recht sei, darum er billig darzuthun soll mit allen Kräften nach demselbigen Gebot Gottes, dass unsre Lehre als ketzerisch aus seinem Reich vertilget werde". Aber was er darauf antwortete, entkräftete den Einwand wahrlich nicht: „das muss man lassen gehen und Gott Richter lassen sein, aber gleichwohl wissen wir, dass er des nicht gewiss ist noch gewiss sein kann, weil wir wissen, dass er irret und wider das Evangelium strebet. Denn wir sind nicht schuldig zu glauben, dass er gewiss sei, weil er ohne Gottes Wort und wir mit Gottes Wort fahren, sondern er ist schuldig, dass er Gottes Wort erkenne und dasselbe gleichwie wir mit allen Kräften fördere".

Mit alledem war der bürgerlichen Gewalt viel zu viel in kirchlichen Dingen zugestanden. Um zu erklären, wie es dazu kam, muss an Verschiedenes erinnert werden. Die Reformatoren dachten, wenn sie den Regierenden solche Befugnisse zusprachen, natürlich nur an christliche Fürsten in christlichen Völkern, und indem sie so auf die Personen sahen, verwischten und verschoben sich ihnen zu schnell die Begriffe, um welche es sich handelte. Zu einem reinen Erfassen dieser letztern in ihrem Wesen kam es nicht. Diese Trübung ward noch dadurch gefördert, dass die Theologen stehen blieben bei der damaligen Anschauung vom Verhältnisse der Fürsten zum Lande und seinen Bewohnern. Darnach wurden die Fürsten als die Herren des Landes betrachtet, denen dies gehöre, wie etwa einem Bauer sein Acker, eine Anschauung, aus der sich dann freilich eine sehr weitgehende Macht der Fürsten ableiten liess [1]. Eng zusammen damit hieng die auch im grossen Katechismus vorkommende [2] falsche Vergleichung des Fürsten mit einem Hausvater. Indem man ihn als „Landesvater" fasste, musste man ihm wieder sehr umfangreiche, aber ungehörige Befugnisse zuschreiben. Der Fürst ist weder Landesherr noch Landesvater, und man irrte daher, indem man jene Bezeichnungen streng nahm und darnach seine Rechte und Pflichten bemaass. Es war vornehmlich ein, dann allerdings sehr lange gehegter, Irrthum, dass man der weltlichen Obrigkeit die Aufgabe beilegte, Gehorsam gegen die erste Tafel zu erzwingen [3].

Dass die evangelische Kirche unter dem Drucke der Verhältnisse, in welcher sie lebte, den Vertretern der staatlichen Gewalt mancherlei Rechte und Befugnisse einräumte, welche denselben an sich und rein auf ihr Amt gesehen, nicht zukamen, ist begreiflich, ja natürlich. Derartige Fragen werden in der Entwicklung der Geschichte nie gleich zu Anfang grundsätzlich entschieden und ganz klar gestellt. Aber es lässt sich auch nicht leugnen, dass man in solchem Einräumen, zeitgeschichtlichen Irrthümern folgend, zu weit gieng. Und ein Hauptfehler war, dass man die sich neu bildenden Verhältnisse zu schnell als die richtigen nahm und nach ihnen die Theorieen entwarf, mit welchen man sie wieder rechtfertigte und deckte. Hätte man sich davor, diese vorübergehenden Gebilde in dem Sinne als lutherisch-kirchlich zu betrachten, in welchem das Bekenntnis lutherisch ist!

Der fünfzehnte Artikel von den Kirchenordnungen hatte im Bekenntnis so entgegenkommend gelautet, dass man wohl hoffen durfte, billige und christlicher Wahrheit noch zu-

---

1) Vgl. O. Mejer a. a. O. S. 16.
2) Symbol. Bücher S. 412 §. 141. Man sollte diese Beziehung des vierten Gebotes auf die Obrigkeit endlich aufgeben. Der Satz: „denn aus der Eltern Oberkeit fliesst und breitet sich aus alle andre", ist falsch.
3) Vgl. von Scheurl, Zeitschr. für Protestantismus und Kirche Bd 49 S. 317 ff. und Sammlung kirchenrechtlicher Abhandlungen S. 316 ff.

gängliche Gegner würden ihm ihre Anerkennung nicht versagen; und man hatte sich zu solchem Entgegenkommen nicht erst zwingen müssen. Lag es doch in dem erhaltenden Charakter der deutschen Reformation, den geschichtlichen Zusammenhang in den Dingen des äussern kirchlichen Lebens soweit wie irgend möglich zu bewahren. Man kannte den Werth von festen Ordnungen und Gebräuchen für das Gemeindeleben und war nicht gewillt, um des Misbräuchlichen willen, welches man beseitigen musste, auch all des Guten sich zu entschlagen. Aber jenes Hoffen auf Verständigung war ein vergebliches. Die Römischen Theologen nahmen das Zugeständnis an, dass man die Kirchenbräuche erhalten wolle, die ohne Sünde bleiben könnten, aber bei dem für die Evangelischen entscheidenden Puncte traten sie mit scharfer Verneinung auf.

In der bisherigen Behandlung der kirchlichen Ordnungen und Gebräuche fanden die Evangelischen Einen Grundschaden, nämlich den, dass das Beobachten derselben als ein mehr oder weniger verdienstliches und durch den Gehorsam gegen die Kirche erfordertes, also schlechthin nothwendiges hingestellt ward. Dies mussten sie verwerfen; sie mussten verlangen, dass die Kirche solchen seelengefährlichen Irrthum nicht fördere, sondern ihm mit aller Kraft entgegenarbeite. Und eben dies, das, worauf Alles ankam, verweigerten die Confutatoren. „Es ist ein irrig Ding, erwiederten sie, so gesagt wird, dass die Menschensatzung, so aufgesetzt sein zur Versöhnung Gottes und Genugthuung für die Sünd, streben wider das Evangelium". Hiermit erkannten sie also ausdrücklich an, dass der Gehorsam gegen die kirchlichen Ordnungen und Gebräuche dem Christen zu seiner Seligkeit dienlich sei und ihn Gott wohlgefällig machen solle. Ganz dasselbe sprachen dann auch diejenigen Theologen aus, welche gegen die Apologie schrieben [1]). Ueberall, bemerkt Cochleus, könne man sehen, wie es sich dabei um das falsche und wahrhaft teuflische Dogma von der Rechtfertigung allein aus dem Glauben handle.

Dadurch, dass die Confutatoren so auftraten, erleichterten sie Melanthon das Herz. Wir wissen, welche Noth ihm die Frage gemacht hatte, ob man den von den Bischöfen vertretenen Traditionen den Gehorsam aufkündigen dürfe [2]). Noch in unserm Artikel (§. 3 und §. 49) klingt die Furcht vor den

---

1) Andr. Fabricii *Harmonia* p. 310 sq.
2) Vgl oben S. 54.

Bedenken wider, die dabei in ihm aufgestiegen waren. Luther hatte sie ihm damals zu widerlegen und zu benehmen gesucht; aber man darf vielleicht zweifeln, dass Luther das gelungen sei. Wenigstens fühlt sich in den Worten Melanthons noch eine gewisse Furcht durch, solchen Bedenken wieder zu begegnen und ihnen abermals Stand halten zu müssen. Seine Worte haben an dieser Stelle ein weit mehr persönliches, individuelles Gepräge als sonst, und das entsprach ganz der Sachlage. In der evangelischen Kirche nämlich hegte man keinerlei Zweifel, dass die zu den Traditionen eingenommene Stellung durchaus die richtige sei.

Zum 15. Artikel hatten die Confutatoren ihre Forderung, dass die Kirchengebräuche beibehalten werden sollen, nicht weiter begründet, sondern auf spätere Erklärungen verwiesen und diese Begründung folgte dann zum 26. Artikel „vom Unterschied der Speisen". Der Kern der Begründung war [1]), dass Gott der Kirche Gewalt ertheilt habe, heilsame Ordnungen einzuführen und Gesetze zu erlassen, die als seine Gebote zu betrachten seien und denen darum kein Christ ohne schwere Sünde den Gehorsam verweigern dürfe. Diese Forderung des Gehorsams gegen die kirchlichen Obern war es gewesen, die Melanthon bedenklich gemacht hatte, indem er glaubte, ihr noch ein gewisses Recht beilegen zu müssen. Aber eben sie war hier von den Gegnern nicht ausgesprochen. So konnte er sie zunächst beiseite lassen und ihre Widerlegung für einen andern Zusammenhang aufsparen. Er musste ja ohnehin da von ihr reden, wo von der Gewalt und dem Rechte der kirchlichen Obern überhaupt zu handeln war.

So war die Aufgabe im gegenwärtigen Artikel für ihn in der That eine sehr einfache. Er hatte den Widerspruch zwischen der bisherigen Anschauung von den menschlichen Satzungen in der Kirche und der Grundlehre des Christenthums hervorzukehren und dadurch jene zu widerlegen. Ganz dasselbe hatte er schon im 26. Artikel des Bekenntnisses gethan; so konnte er sagen, dass er hier nur eine Wiederholung des dort Ausgeführten gebe (§. 2), nach welcher dann weiterhin in der Apologie eine besondere Behandlung dieses Bekenntnisabschnittes nicht mehr nöthig war. Die Vergleichung zeigt, dass diese Aussage richtig ist; es begegnen uns hier dieselben Gedanken, wenn auch in etwas anderer Reihenfolge. Die Gegner, sagt

---

2) *C. R. 27, 160.*

Melanthon, treten, indem sie die Verdienstlichkeit des Cäremonienwesens behaupten, auf den jüdischen Standpunct zurück und verfallen damit dem Urtheil über diesen (§. 3—5). Nach der Schrift steht fest, dass Gott uns nicht um unserer Werke, sondern nur um Christi willen gnädig sein will (§. 6). Dem widerspricht aber die Lehre der Gegner von den Traditionen schlechthin (§. 7—11), und auch diejenige Fassung dieser Lehre kann man nicht gelten lassen, wonach die Beobachtung der Gebräuche dem schon Gerechtfertigten Gnade erwerbe (§. 12). Wer diese letztere Auffassung geltend gemacht und somit Melanthon Anlass zu solcher Abwehr gegeben hatte, lässt sich nicht mit Bestimmtheit sagen. Es war ein auf Römischem Boden naheliegender Ausgleichungsversuch. — Wie nicht auf die Schrift, so können sich die Gegner auch nicht auf die Väter berufen. Wenn diese in der Kirche Gebräuche einführten, hatten sie dabei ganz anderes im Auge (§. 13). Ueberhaupt fehlt es ihnen für ihr Thun an einer Autorität, welche dem Gewissen der Christen genügen und es beruhigen könnte. Sie treiben Menschenwerk und können nicht bewähren, dass es Gott gefalle (§. 14—17). Oder richtiger, solche Erhebung des Cäremonienwesens ist antichristlich. Es wird damit ein neuer Gottesdienst aufgerichtet und eben das beschreibt der Prophet Daniel als ein Kennzeichen des antichristlichen Reiches (§. 18 — 19). Der Wortlaut der prophetischen Stelle bietet Anlass, wieder auf die Väter zurückzukommen und den Widerspruch des Thuns der Gegner mit dem Thun jener zu betonen (§. 20—21). Das Cäremonienwesen hat unläugbar einen guten Schein, aber wegen des Zuges der Menschen zur Selbstrechtfertigung birgt es stets eine Gefahr; es verführt sie gar leicht (§. 22—24). Wenn es sie aber so verführt hat, hilft es dazu, die wirklichen Gebote Gottes herabzusetzen und giebt dieselben der Verachtung Preis (§. 25 — 26). Und die Gewissen gerathen nun erst in rechte Noth, denn die Christen kommen dabei nie zur Sicherheit darüber, ob sie wirklich genug gethan haben (§. 27 — 28). Gegen jenen bestechenden Schein des Cäremonienwesens muss man sich mit dem Worte Gottes waffnen. Das verbietet alles Vertrauen auf Satzungen, selbst auf die von Gott durch Mose gegebenen, wieviel mehr auf menschliche Anordnungen (§. 29—30). Die Bischöfe haben keinerlei Befugnis, etwas zu gebieten, das zur Rechtfertigung dienen solle. Um der Gewissensnoth, welche damit angerichtet wird, zu begegnen, hat man bei den Römischen Milderungsversuche gemacht und manches nachgelassen. Aber das hilft nichts.

Nach der Schrift sollen die Christen von solchem Joche ganz frei bleiben; die falsche Werthung der Gebräuche und Satzungen muss durchweg aufgegeben werden (§. 31—37). Dagegen will man die alten Cäremonien in ihrem richtigen Verstande auch in der evangelischen Kirche beibehalten. Was die Gegner von der hier herrschenden Unordnung verbreitet haben, ist Verläumdung. Die evangelische Kirche kann in Allem, was heilsame kirchliche Gebräuche und zweckmässige Einrichtungen betrifft, sehr wohl den Vergleich mit der Römischen aushalten (§. 32—44). Die Kasteiung des Fleisches endlich wird der Hauptsache nach von Gott selbst durch das auferlegte Kreuz vollzogen. Mit dem aber was Menschen in dieser Beziehung zur Selbstzucht zu thun haben, steht es in der evangelischen Kirche besser als in der Römischen (§. 45—48).

Kurz die Gegner haben durch den Gesichtspunct, unter welchen sie die Frage rückten, die Behandlung derselben leicht gemacht. Die Evangelischen müssen dem von jenen Geforderten auf Grund der Schrift scharf widersprechen, erbieten sich aber, wenn man die Cäremonien anders fasst, des Friedens wegen zu allem billigen Entgegenkommen (§. 49—52).

Das Entscheidende in dieser Darlegung war also, dass man evangelischerseits die kirchlichen Gebräuche nicht als Mittel, durch welche Gottes Wohlgefallen erworben werde, ansehen und behalten könne und wolle. Dies genügte zur Abwehr des gegnerischen Begehrens vollständig. Dagegen traf ein Gegengrund, den Melanthon in obigem Zusammenhang gegen die Römischen Theologen vorbrachte, nicht so, dass er auf sie hätte Eindruck machen müssen. Er bemerkte, sie hätten für ihre Satzung keine rechte Autorität, sie könnten sich dafür nicht auf das Wort Gottes berufen. Aber es ward ihnen von ihrem Standpuncte aus leicht, diesem Einwurf sich zu entziehen. Sie fassten ja das Wort der jeweiligen Kirche als Wort Gottes auf, und so konnten ihnen die von der Kirche herrührenden Ordnungen nicht als menschliche gelten, sondern hatten für sie göttliche Autorität. Jener Gegengrund gehörte eigentlich als Folgerung an einen andern Ort, dahin, wo von der Gewalt der Kirche und der Bischöfe die Rede war.

Auch der Schriftbeweis, den Melanchthon für den Satz, dass das Pabstthum ein Stück des antichristlichen Reiches sei, beibrachte, war nicht gerade glücklich [1]), und nicht darnach ange-

---

1) Andr. Fabricii *Harmonia p. 331*.

than, Jemand zu überzeugen. Die offene Behauptung über diesen Charakter des Pabsthumes begegnet in den symbolischen Schriften hier zum ersten Male und kehrt später bekanntlich in der noch schärferen Fassung wieder, dass der Pabst der rechte Antichrist sei [1]). Man hat aus der Anerkennung dieser Aussage wohl ein Stück lutherischer Rechtgläubigkeit machen wollen; allein das ist thöricht. So viel ist wahr, dass in dem Pabstthume etwas Widerchristliches steckt, ja dass es selbst in dem innersten Kern seines Wesens widerchristlich ist. Aber damit ist über sein Verhältnis zu dem von der Schrift in Aussicht gestellten Antichrist der Endzeit noch nichts gegeben. Die Reformatoren glaubten, das Ende stehe unmittelbar bevor und sie sahen damals keinen grimmigeren Feind der göttlichen Wahrheit als den Pabst. Daher glaubten sie in ihm den Antichrist erkennen zu müssen, in ihrem Glauben dadurch gestärkt, dass manche Schriftaussagen über den Antichrist auf das Pabstthum passten.

Völlig im Rechte befand sich hingegen Melanthon, wenn er unter den hervorragenden Mängeln im Leben der Römischen Kirche das Fehlen des eigentlichen kirchlichen Jugendunterrichtes und das Darniederliegen der Predigt betonte [2]). Das Mittelalter hatte für das Erstere nichts Genügendes gethan und auch, als Melanthon schrieb, geschah dafür in der Römischen Kirche nichts von Belang. Erst mit dem Tridentinum trat eine wirkliche Besserung ein. Und was das Predigtwesen betraf, so sagte Melanthon nicht, dass überhaupt nicht, sondern dass in vielen Gegenden nur wenig gepredigt sei, was vornehmlich von den ausserdeutschen Ländern gilt [3]). Und dann, dass das noch

---

1) Luther hatte 1530 in der Auslegung von Daniel 12. diesen Charakter des Pabstthums als des Antichristenthums zu zeigen gesucht, WW. 41, 294 ff., und man merkt deutlich den Einfluss jener Darlegung auf Melanthon.

2) Für den Sprachgebrauch von κατήχησις vgl. von Zezschwitz, System der christlich kirchlichen Katechetik II, 1 §. 10—12. Dazu II, 2, 2. Hälfte S. 22. Darnach wäre in unserem Texte *puerorum* als das Wesentliche und Entscheidende besonders zu betonen. Zur geschichtlichen Bemerkung Melanthons vgl. ebendort 2. Aufl. S. 291 ff.; Kerker, die kirchliche Reform in Italien unmittelbar vor dem Tridentinum, in der Tübinger theologischen Quartalschrift 1859 S. 20 Dann Sarpi, Historie des Tridentinischen Concils, herausgeg. v. Rambach, 6, 308 und Vorrede S. 64 f.

2) Vgl. z. B. Kerker a. a. O. S. 14, von der Diöcese Verona: „das Predigtamt fast ganz eingegangen". Ueber die Verbreitung der Predigt

übliche Predigen kein Verkündigen des Evangeliums sei. Gerade dies aber wird durch die vorhandenen Predigtsammlungen aus der letzten Zeit des Mittelalters und dem Anfange der Reformation hinreichend bestätigt.

Der sechzehnte Artikel **vom weltlichen Regiment** war von den Confutatoren gebilligt worden. Sie nahmen ihn als nur gegen die Wiedertäufer gerichtet und giengen darüber hinweg, dass er in seinem zweiten Theile offenbar auch die mönchische Verachtung des weltlichen Lebens und der weltlichen Stände straft. Nur Cochleus machte in einem Privatgutachten hierauf aufmerksam [1]). So erwähnte denn Melanthon in dem ersten Entwurf der Apologie diesen Punct auch gar nicht. Späterhin aber hielt er es für nothwendig, weitläufiger hierauf zurückzukommen. Was ihn dazu veranlasste, hat er am Schluss des Artikels ganz deutlich ausgesprochen. Es war die Rücksicht auf die auswärtigen Völker, die, wie wir schon mehrfach gesehen haben, ihn bei Abfassung der Apologie besonders bestimmte.

Er wusste, dass man im Auslande die Evangelischen als Verstörer der bürgerlichen Ordnung, als Aufständische verhasst zu machen suchte, wusste auch, dass dies Vorgeben ein ihnen besonders gefährliches war [2]). Strebten doch auch vornehmlich in Frankreich und England die regierenden Gewalten damals eifrigst darnach, alle bisher noch entgegenstehende Selbständigkeit niederzudrücken. Wenn ihnen also wahrscheinlich gemacht werden konnte, dass die Evangelischen Umsturzgedanken ver-

---

vgl. **Kerker**, die Predigt in der letzten Zeit des Mittelalters mit besonderer Beziehung auf das südwestliche Deutschland, in der Tübinger theol. Quartalschrift 1861, S. 372 ff., 1862 S. 267. Hier ist der Nachweis geliefert, dass das Urtheil vieler Protestanten oft ein zu weit gehendes war. — In der Entgegnung auf Melanthons Vorwurf sagt **Alphons Virvesius**: *nostri concionatores (de concionatoribus loquor, non de vendinugis cauponatoribus, quorum utique magnus est numerus)* etc. *Andr. Fabricii Harmonia* p. 322. Ueber den damaligen Mangel an brauchbaren Predigern vgl. des **Erasmus** 1535 geschriebenen, dem Bischof Stadion von Augsburg gewidmeten *Ecclesiastes* p. 52 und 93. Auch in der Römischen Kirche war jeder Pfarrer oder Seelsorger zum Predigen verpflichtet, vgl. *Ulr. Surgant, Manuale Curatorum* edit. an. *1506, 14*[b]; aber diese Pflicht ward oft verabsäumt oder schlecht erfüllt.

1) *Coelestini Histor. Comit.* 2, 235ᵃ.
2) Vgl. Symbol. Bücher S. 290 §. 22.

folgten — und man benützte dazu den Bauernkrieg, den man immer als Werk der Reformatoren hinstellte, — so musste erwartet werden, dass sie sich gegen die Evangelischen erklären und zu deren Unterdrückung helfen würden. Um dem entgegen zu arbeiten, hatten schon im Februar 1531 die evangelischen Fürsten sich an die Könige jener beiden Länder gewandt und unter Berufung auf ihr Bekenntnis jenen Vorwurf als einen gänzlich unbegründeten abgewiesen [1]). Zu demselben Zwecke, die Evangelischen im Auslande zu vertheidigen, schrieb Melanthon den vorliegenden Artikel.

Wer irgend Luthers deutsche Schriften zu lesen vermochte, wusste, wie sehr er allezeit zum Gehorsam gegen die weltliche Obrigkeit ermahnt, wie dringend er vor dem Aufruhr gewarnt hatte. Die Evangelischen hatten ein Recht, wie in jenem Schreiben an die beiden Könige geschah und wie Luther es oft aussprach [2]), sich des zu rühmen, das seit langen Jahrhunderten die obrigkeitliche Gewalt und alle weltlichen Stände nicht so in ihrem eigenen selbständigen Rechte und als göttliche Ordnungen anerkannt seien als von ihnen. Durch die Lehre der Römischen Kirche war diese Selbständigkeit und dieses Recht verkümmert, ja geleugnet worden [3]). Es war ja keine Uebertreibung, wenn Luther 1530 schrieb [4]): „Vor Zeiten, da Päbste, Bischöfe, Pfaffen und Mönche in solchem Regimente sassen, dass sie mit kleinen Bannbriefen Könige und Fürsten zwingen und treiben konnten, wo sie hin wollten, ohn alles Widersetzen und Gegenwehre, ja dass Könige und Fürsten keinem Mönche oder Pfaffen, wie gering derselbige Brodwurm war, durften ein Haar krümmen, mussten sie darüber das leiden, dass ein grober Esel auch auf der Kanzel mochte Könige und Fürsten ausfilzen und seine Lust an ihnen büssen nach allem Muthwillen. Und solches musste dennoch gepredigt heissen, dawider niemand muken durfte [5]). Und lag weltliche Oberkeit ganz und gar unter den geistlichen Riesen und Tyrannen, dass solche lose, grobe Leute mit Füssen

---

1) *C. R. 2, 476: intelleximus etiam, doctrinam, quam coram C. Majestate confessi sumus, accusari apud Reg. D. V., quod improbet magistratus et doceat politicas ordinationes contemnere. Hanc contumeliam ipsa confessio refutat.*

2) Vgl. WW. 31, 236, 251.

3) Vgl. meine Einleitung 2, 401 ff.

4) WW. 39, 226, in der Vorrede zur Auslegung des 82. Psalms, wo er ausdrücklich von der weltlichen Obrigkeit und ihrem Rechte handelte.

5) Zu mucken wagte.

über sie herliefen. So mächtiglich herrschte der eine Kanon: *siquis suadente* [1]). Dazu kein Verstand noch Unterricht vorhanden war, was weltliche Oberkeit und wieweit sie vom geistlichen Regiment geschieden wäre. Daher sich die weltlichen Herren nirgend wussten an den Geistlichen zu rächen, denn dass sie ihnen aus der Maassen feind waren, ihnen übel nachredeten und wo sie konnten, heimliche Tücke bewiesen oder durch die Finger sahen, dass Andre es thaten".

Luther zeigte, entgegen der Römischen Verdrehung, dass die Obrigkeit wie die ganze staatliche Ordnung eine dem natürlichen Leben angehörige göttliche Stiftung sei, welche nicht erst der kirchlichen Bestätigung bedürfe [2]). Er verlangte deshalb vom Christen Gehorsam gegen ihre Gebote, unangesehen, ob die Vertreter der obrigkeitlichen Gewalt Heiden oder Christen seien. Alles aufrührerische Wesen, alle Umsturzgedanken verwarf er [3]); der Christ müsse, wenn sein Gewissen ihm den Gehorsam in einem Falle verbiete, leiden.

Gerade nach dem Augsburger Reichstage in den Monaten, während welcher Melanthon an der Apologie arbeitete, hatten die Theologen Gelegenheit, jene Grundsätze zu bewähren. Unter den Evangelischen schwebten bekanntlich damals Verhandlungen über einen festeren Zusammenschluss für den Fall des Krieges. Da dieser Krieg gegen den Kaiser wäre zu führen gewesen, wandte man sich mit der Frage an die Theologen, ob solcher Widerstand gegen ihn recht sei. Er war doch einmal das Haupt des Reiches, die Obrigkeit desselben, und die andern Fürsten und Stände befanden sich nicht als Gleichberechtigte ihm gegenüber, sondern standen zu ihm im Verhältnis von Unterthanen. Die Antwort der Theologen lautete abmahnend [4]). Luther erklärte wiederholt, dass er nicht zum Kriege rathen

---

1) Es war ein auf der Synode zu Clermont festgestellter, 1131 auf der Synode zu Rheims und 1439 auf dem zweiten Lateranconcil wiederholter Kanon, welcher die Erhebung des Klerus über die Laien durch das Maass der Strafe für die Ermordung eines Klerikers zeigte; vgl. Hefele, Conciliengeschichte 5, 364, 391; *Corpus juris canon.* ed. *Boehmer*, p. 702.

2) Vgl. WW. 40, 217 von 1530 und 18, 272. Gott hat die Obrigkeit geordnet und er allein ist es auch, der sie erhält, nicht ihre eigne Macht, WW. 41, 18, 235.

3) Wie er gegen falsche Vorwürfe den Begriff „Aufruhr" fasste, vgl. WW. 25, 13; 31, 231; dazu 25, 91, 98, 106.

4) de Wette-Seidemann, 6, 126.

dürfe [1]), wiewohl er auch, wenn die Gegner angriffen, den Widerstand der Evangelischen nicht als Aufruhr wolle beschimpfen lassen. Die Juristen dagegen vertheidigten den Widerstand und verlangten Rüstung dafür. Es kam in Torgau zu einem scharfen Gespräch darüber [2]), und die Theologen überliessen die Entscheidung, insofern es sich dabei um weltliche Dinge und Rechte handelte, den Juristen. Luther berichtet uns hierüber in einem Briefe an Link [3]): „dass ihr nächst geschrieben und gebeten habt, euch zu berichtigen ob es wahr sei, dass wir sollen gerathen haben, dass man dem Kaiser Widerstand thun möge, wie euch zugeschrieben wäre, hierauf gebe ich euch zu erkennen, dass wirs in keinem Wege gerathen haben. Aber da Etliche waren, die da sagten, diese Dinge giengen die Theologen nicht an, man sollt sie auch darum nicht fragen noch sie sichs annehmen, sondern die Juristen, die sagten, man möchte sich wehren; sagte ich für mich und meine Person: ich rathe es nicht als ein Theologus, aber wenn die Juristen könnten aus ihren Rechten anzeigen und beweisen, dass es recht sei, da mögen sie zusehen und es verantworten. Denn so der Kaiser das in seinen Rechten verordnet hat, dass man ihm in diesem Falle möge widerstehen, so nehme er auch für gut und leide das Recht, das er gegeben, gesetzt oder bestätigt und bewilligt hat, allein dass ich nichts rathe oder urtheile von diesem Rechte, so die Gegenwehr erlaubt und zulässt, sondern bleibe in meiner Theologie. Das habe ich gerne nachgelassen und hat mich kein Hehl, dass ein Fürst und Regent sei eine weltliche Person, und was er also thut, das einer Oberkeit gebührt und die Rechte ordnen, dasselbe thut er nicht als ein Christ, welche weder ein Fürst, Oberkeit, Mann noch der Personen eine ist, so in der Welt sind. So nun eine Oberkeit als eine Oberkeit dem Kaiser widerstehen und sich und ihre Unterthanen schützen mag vor unrechter Gewalt, darüber mögen sie richten, ich lasse sie es walten und verantworten auf ihre Gewissen. Wahrlich einem Christen gebührt es nicht, als der der Welt abgestorben ist und mit Welthändeln gar nicht zu schaffen hat noch damit um-

---

1) WW. 25, 11, 29, 50.
2) de Wette 4, 221.
3) de Wette-Seidemann 6, 127; wörtlich so lateinisch 4, 213. Das Datum an ersterer Stelle ist offenbar falsch, vgl. 4, 221 und *C. R.* 2, 471, wo der Anlass der von Nürnberg kommenden Anfrage genannt wird.

gehet" ¹). Man liess denn auch die Theologen bald in Ruhe und fragte nicht mehr ²). Und sie beschränkten sich darauf, dem Frieden das Wort zu reden, wo sie nur konnten. Luther bezeugte sein Misfallen selbst an der Neubefestigung Wittenbergs ³), indem er befürchtete, dass man nun auf Wall und Mauern, statt auf Gottes Hülfe vertrauen und sich zum Uebermuthe möchte fortreissen lassen.

Die Thatsachen der damaligen Gegenwart boten keinen Grund zu der Beschuldigung, dass die Predigt des Evangeliums die bürgerliche Ordnung in ihrer Entwicklung störe, dass die evangelische Kirche staatsgefährlich sei. Die bisherigen Verhältnisse, auch das Verhältnis des Staates zur Kirche, mussten sich allerdings ändern, weil sie durch Römischen Irrthum verderbt waren. Es begann durch Anregen der Reformation eine tiefgehende Wandelung, in deren Vollzuge wir noch stehen. Aber diese Wandelung war keine Gefährdung der staatlichen Ordnung und der obrigkeitlichen Gewalt, sondern eine Sicherung derselben. Ihre Selbständigkeit und ihr eigenthümliches Recht ward nun erst anerkannt und die Geltendmachung desselben nicht als eine Gewaltthat und als Erhebung gegen Gott, sondern als eine Pflicht bezeichnet. Diese Wandelung vollzog sich nicht blos in den Gebieten der evangelischen Kirche, sondern machte sich auch bei den Gegnern bemerklich; wie denn Luther an der vorher schon benützten Stelle fortfährt ⁴): „Nu aber das Evangelium an Tag kommen und klärlich Unterschied giebt zwischen weltlichem und geistlichem Stande, und lehret dazu, dass weltlicher Stand sei eine göttliche Ordnung, der Jedermann gehorchen und sie ehren solle: da sind sie fröhlich worden, dass sie los und frei sind und die geistlichen Tyrannen die Pfeiffen einziehen müssen und sich das Spiel gleich umkehret, dass itzt wiederum Pabst, Bischöfe, Pfaffen und Mönche müssen die Fürsten und Herren und den Adel fürchten und ehren, geben und schenken, fasten und feiern, und fast wie ihre Götter zu Füssen anbeten". Die evangelischen Theologen liessen sich durch das nun beginnende selbstbewusste Auftreten der weltlichen Gewalt, unter dem hie und da auch sie, und zwar, wie wir früher sahen,

---

1) Ebenso de Wette 4, 233.
2) *C. R. 2, 471, 486, 495.*
3) Burkhardt, Luthers Briefwechsel S. 193; WW. 18, 193; 48, 246; *opp. 19, 274.*
4) WW. 39, 226.

nicht immer ganz unverschuldet zu leiden hatten, nicht beirren. Sie blieben bei der als richtig erkannten Unterscheidung und es konnte ihnen nur erwünscht sein, wenn diese auch bei den Römisch gesinnten Juristen im In- und Auslande mehr Anerkennung fand. Je entschiedener die staatliche Gewalt sich freimachte von der Oberherrschaft der Kirche, d. h. der Römischen Hierarchie, um so mehr war die Ruhe und das Dasein der evangelischen Kirche gesichert. Man konnte hoffen, dass die weltlichen Fürsten sich mehr von den staatlichen Rücksichten würden leiten lassen.

Aus diesen Gesichtspuncten wird es zu erklären sein, dass Melanthon in der Apologie die wiedertäuferischen Irrthümer nicht weiter berücksichtigte, sondern mit kurzer Erwähnung nur Karlstadts [1]) und Wiklefs [2]) sich gegen die mönchische, d. h. römisch-kirchliche Anschauung vom bürgerlichen und staatlichen Leben wandte. Was er aussprach, war klar und scharf und ist für die evangelische Kirche in aller Zeit maassgebend. Besonders beachtet sein will der Satz: „dass wir den Gesetzen sollen gehorsam sein und der Oberkeit, darunter wir wohnen, es seien Heiden oder Christen, und dass wir in solchem Gehorsam unsere Liebe erzeigen sollen". Hierin spricht sich der Gegensatz zum Römischen Standpunct am Schärfsten aus, und auch unter den evangelischen Christen hat es ja oft solche gegeben, die sich dadurch beschwert fühlten. Dennoch bleibt das Gesagte wahr und wird nur zum Schaden der Kirche selbst ausser Acht gesetzt. Die darin gelegene Beschränkung jenes Satzes, dass der Gehorsam nur soweit geleistet werden darf, als es ohne Sünde geschehen kann, ist eine für Christen so selbstverständliche, dass Melanthon sie hier nicht noch eigens wiederholte. Wie ernst man es damit nahm und wie wenig man sich zum blinden und unbedingten Gehorsam verpflichtete, zeigte Luther eben damals, indem er die Deutschen warnte, dem Kaiser Heerfolge zu leisten, wenn er sie zur gewaltsamen Unterdrückung des Evangeliums aufbieten würde [3]). Durch solchen Gehorsam

---

1) Warum Karlstadt hier erwähnt wird, ist nicht recht zu sehen. Uebrigens kämpfte auch Luther 1530 gegen die Forderung, das mosaische Gesetz solle bei den Christen eingeführt werden, WW. 40, 301 ff.

2) Die ausdrückliche Verwerfung des Wiklef'schen Satzes ist vielleicht mit Rücksicht auf den zu gewinnenden englischen König geschehen. Zur Sache vgl. Lechler, Johann von Wiclif und die Vorgeschichte der Reformation, 1, 378, 586.

4) WW. 25, 24, 29, 47.

würden sie sich einer Sünde schuldig machen. Dabei will nicht vergessen sein, dass die Römischen jene Beschränkung übermässig ausdehnten und das Schriftwort, man müsse Gott mehr gehorchen als den Menschen misbrauchten und misbrauchen. Das Gebot schon der Kirche ist ihnen ein Gebot Gottes; dadurch erheben sie die Kirche, d. h. die Hierarchie wieder zur Herrschaft über die staatliche Ordnung. Ohne Schriftgrund bezeichnen sie vieles als Sünde, was die weltliche Gewalt verlangen und erzwingen darf, ja zur Erfüllung ihrer Gottgesetzten Aufgabe erzwingen muss.

Den **siebzehnten** Artikel des Bekenntnisses **von der Wiederkunft Christi zum Gerichte** hatten die Gegner einstimmig gelobt und als richtig anerkannt. Es war also von ihrer Seite kein Grund gegeben, darüber hier ein Weiteres zu sagen. Und auch bei den Evangelischen war nichts vorgekommen, was ihnen die Erkenntnis von der Zukunft der Kirche gemehrt hätte. Sie erwarteten keinen langen Lauf der Geschichte mehr. Luther vor Allem hoffte auf ein baldiges Hereinbrechen des jüngsten Tages. „Die Welt — so begann er 1530 die Vorrede zu seiner Uebersetzung des Propheten Daniel, die er damals ausgehen liess, um die Christen für das Ende zu trösten[1]) — die Welt läuft und eilet so trefflich sehr zu ihrem Ende, dass mir oft starke Gedanken einfallen, als solle der jüngste Tag ehe daher brechen, denn wir die h. Schrift gar aus verdeutschen konnten. Denn das ist gewiss, dass wir in der h. Schrift nicht mehr zeitlichs Ding zu gewarten haben, es ist Alles aus und erfüllet. Das Römisch Reich ist am Ende, der Türk aufs Höchst kommen, die Pracht des Pabstthums fällt dahin und knaket die Welt an allen Enden fast, als wollt sie schier brechen und fallen. Denn dass itzt dasselbig Römisch Reich unter unserem Kaiser Carolo ein wenig aufsteiget und mächtiger wird, denn es lange Zeit her gewesen ist, dünkt mich, es sei die Letze und vor Gott eben ein Ding, als wenn ein Licht oder Strohhalm gar ausgebrannt itzt verlöschen will, so giebts eine Flamme von sich, als wollts allererst recht anbrennen, und eben mit demselbigen gehets aus: gleichwie die Christenheit itzt auch thut mit so hellem Evangelio". Was sollte man bei solcher Erwartung sich Gedanken über die Gestaltung der kirchengeschichtlichen Zukunft machen? Dass Luther von einer Erneuer-

---

1) WW. 41, 233.

ung Israels vor der Endzeit nichts wissen wollte, ist bekannt. Während Melanthon sich hierüber schüchterner aussprach [1]), erklärte er gerade damals wieder mit aller Bestimmtheit, dass, was in der Schrift über Israel geweissagt sei, von der Kirche und nur von ihr gelte [2]). Vor dem jüdischen Wahne, dass nach Vertilgung aller Gottlosen das Messianische Reich als ein mächtiges Weltreich erstehen werde, warnte er im Hinblick auf die Wiedertäufer mit grossem Nachdrucke [3]), und erinnerte die Gläubigen daran, dass Leiden ihres Königes Hoffarbe sei [4]).

So lag es für Melanthon nahe, in der Apologie, wie er auch im ersten Entwurfe that, diesen Punct ganz zu übergehen; er hatte weder etwas zu widerlegen noch zu berichtigen noch hinzuzufügen. Dennoch nahm er die positive Aussage des Bekenntnisses fast wörtlich wieder auf, nachdem er die den Wiedertäufern geltende Abweisung schon dem vorhergehenden Artikel eingefügt hatte [5]). Die Aufnahme wird also zu erklären sein aus der Rücksicht auf diejenigen Christen, besonders im Auslande, welchen man die Ketzerei der Evangelischen nicht schlimm genug darstellen konnte. Melanthon musste jeder Lehrpunct erwünscht sein, hinsichtlich dessen die Rechtgläubigkeit der Evangelischen von den Gegnern so offen und unumwunden anerkannt war. Schon früh hat man, und wie es scheint richtig, über Melanthons Gedanken so geurtheilt. Einer der ältesten

---

1) In der neuen Erklärung des Römerbriefes zu C. 11; C. R. 15, 700: *addit vaticinium de conversione Judaeorum, quod fortasse ita intelligendum est. Futurum ut subinde usque ad finem mundi aliqui ex Judaeis convertantur. Nescio enim, an hoc velit, restare adhuc aliquam conversionem magnae multitudinis circa finem mundi. Id quum sit mysterium, Deo committamus.*

2) WW. 41, 422 in der Uebersetzung und kurzen Erläuterung von Ezechiel 38 und 39.

3) Besonders in der Auslegung des Propheten Jesaja 1532 –34, *opp. 23, 151* und öfter.

4) Vgl. die ganze Predigt WW. 17, 40 ff.; dann 25, 100; 31, 259 ff.; *comm. in ep. ad Gal. 2, 344.*

5) Vgl. Symbol. Bücher S. 216 §. 59. Für die Erklärung des kurzen Artikels kann also ganz auf das zur Augustana Bemerkte verwiesen werden; siehe meine Einleitung 2, 413 ff. Zur dortigen Schlussermahnung vgl. Vilmar, die Augsburgische Confession S. 150 Ich bemerke hier noch, dass „sich eräugen" im deutschen Text des Bekenntnisses „hervortreten, offenbar werden" heisst; Dietz, Wörterbuch zu Dr. Martin Luthers deutschen Schriften 1, 553.

unter den Gegenschriftstellern sagt¹): „Die Verfasser der Apologie haben gehandelt, wie kluge Fischer zu thun pflegen, denn die halten den Fischen wohl betäubende Lockspeisen vor, um sie desto schneller einzufangen. So heben auch diese bald aus der Schrift, bald aus dem Symbolum Einzelnes hervor, was den Katholiken annehmbar ist, um die Meinung zu erwecken, dass man auch ihre übrige Lehre nicht zu verwerfen brauche".

Verwunderlich ist die Zustimmung, welche der **achtzehnte Artikel des Bekenntnisses, von dem freien Willen**, bei den Confutatoren fand ²). In dem Satze, „dass der Mensch etlichermaassen einen freien Willen habe äusserlich ehrbar zu leben und zu wählen unter den Dingen, so die Vernunft begreift", sahen sie ein Zurückweichen von der Lehre Luthers und das Einnehmen der richtigen Mittelstellung zwischen den Pelagianern und Manichäern, welche auch die der Römischen Kirche sei. Sie begnügten sich damit, eine Reihe von Schriftworten anzuführen, welche für diese Stellung sprechen und den freien Willen vertheidigen sollten. Noch bei den Theologen, welche gegen die Apologie schrieben, hielt sich dies verwunderlich günstige Urtheil ³). Der Einzige unter ihnen, der nun schärfer sah und was er bemerkte aussprach, war Cochleus. Und Melanthon hatte ihm dies Erkennen des grossen Unterschiedes in der beiderseitigen Lehre nicht gar schwer gemacht. Ihm musste allein aus jenen von den Gegnern angeführten Schriftworten klar werden, wie wenig man ihrerseits der Schriftwahrheit sich zugewandt hatte, und nun durfte er den Irrthum nicht bestehen lassen, als ob Uebereinstimmung vorhanden sei. Das hätte die Wahrheit gefährdet.

Er richtete seine Erwiederung ähnlich wie beim zweiten Artikel so ein, dass er für die Evangelischen die Kirchlichkeit ihrer Lehre in Anspruch nahm, dagegen den Römischen Theologen vorwarf, dass sie mit vielen Scholastikern vom wahren Kirchenglauben abgewichen seien. Und auch hier ist wieder zu sagen, dass er mit letzterem Recht hatte, wenn er unter dem Kirchenglauben das verstand, was alle wahren Christen, die *boni et pii viri*, als Ergebnis ihrer Erfahrung aussprechen mussten. Hingegen stand die damals auf den Kanzeln und in den Schulen

---

1) Andr. Fabricius in seiner *Harmonia* p. 347.
2) C. R. 27, 118; *Coelestini Histor. Comit.* 2, 235ₐ: *catholicus est*; 9, 36ᵇ: *concordat*.
3) *Andr. Fabricii Harmonia* p. 350 sqq.

geläufige Lehre auf Seiten der Gegner und wenn diese den so bestehenden Unterschied nicht schärfer betonten, so lag das daran, dass ihnen der wahre Begriff von Freiheit und freiem Willen ebenso abhanden gekommen war, wie sie der rechten Erkenntnis vom Wesen der Sünde entbehrten.

Melanthon entnahm aus den Worten der Confutatoren selbst, dass sie nicht, wie sie vorgaben, die rechte Mitte hielten zwischen Pelagianern und Manichäern, sondern in der That sich dem Pelagianismus zuneigten. Und dass er ihnen damit nicht zuviel that, bekundete z. B. Cochleus in seiner Erwiederung auf die Apologie [1]). Er trat ausdrücklich für den Satz ein, dass der Mensch die Gebote Gottes *quoad substantiam actus* aus eigenen Kräften erfüllen könne. Was er unter der Hülfe Gottes verstand, die dazu nur nöthig sei, besagt das von ihm angeführte Wort Pauli: in ihm leben, weben und sind wir. Er läugnete ferner, dass der Mensch, welcher ohne Beihülfe der Gnade die Werke des göttlichen Gesetzes vollbringe, sündige. Wenn die Gebote Christi heilig, gut und christlich seien, wie solle dann der sündigen, der die vom Gesetze vorgeschriebenen Werke thue? Er wollte nicht zugeben, dass die von der Gnade noch nicht berührten Herzen der Gottesfurcht und des Vertrauens auf Gott entbehrten. Juden und Türken hätten doch gewiss den h. Geist nicht und stünden auch nicht unter der Gnade, und doch fänden

---

1) *Andr. Fabricii Harmonia p. 352: damnant eos qui hominem propriis naturae viribus docent posse praecepta Dei facere quoad substantiam actus. Videntur autem hominis naturam et mentem, opus utique bonum et imaginem Dei, nimis deprimere atque a naturali bonitate sua, quam a Deo habet et qua ratio ad optima deprecatur, ut ait in Ethicis Aristoteles, dejicere; et ipsum Deum Optimum Maximum summa bonitate clementiaque et misericordia privare, dum imputant ei, quod imposuerit homini praecepta factu impossibilia. — Potest igitur homo legem Dei facere suis viribus quoad substantiam actus, licet non possit meritorie absque gratia Dei. — — Non concedimus praeterea falsum esse, ut ait Apologia, quod peccent homines, qui faciunt opera praeceptorum extra gratiam. Nam quod Paulus de lege Mosi affirmat, hoc nos fiducialius de praeceptis Christi affirmare possumus. Lex quidem sancta est, inquit, et mandatum sanctum et justum et bonum. Si ergo longe perfectius praecepta Christi sancta sunt et justa et bona, quomodo peccant si, qui opera praeceptorum ejus faciunt? — — Nec etiam ea admittimus universaliter, quae hic crebro repetit, ut solet, Apologia, quod humana corda, quae gratiam Dei non habent, sint sine timore Dei, sine fiducia erga Deum, nec credant, se exaudiri, sibi ignosci, se juvari et servari a Deo.*

sich viele unter ihnen, die nicht ohne alle Gottesfurcht, nicht ohne alles Gottvertrauen seien. Ja selbst ein Christ, der in eine Todsünde falle, gehe darum noch nicht aller Furcht vor Gott, alles Vertrauens zu ihm ledig. Denn wenn er Gott nicht fürchtete, würde er sich nicht um seine Sünde bekümmern und sie nicht bereuen, sondern nur um so mehr aller Sündenlust nachjagen. Und wenn er kein Vertrauen auf Gottes Güte und Erbarmen hätte, würde er keine Busse thun und keine Vergebung suchen, sondern wie Kain und Judas verzweifeln. — Man sieht, es fehlte hier an der christlichen Erfahrung und am christlichen Verständnis.

Die Ausführung in der Apologie bietet nichts Neues neben dem Artikel im Bekenntnisse, und ebenso wenig wird irgend etwas zurückgenommen oder berichtigt [1]). Melanthon beschränkt sich darauf, dem Misverständnisse des dort Gesagten zu wehren. Er betont noch mehr als an jenem Orte geschehen war, dass der Mensch eine gewisse Wahlfreiheit habe. Dies zu lehren, das Bewusstsein der Verantwortlichkeit zu schärfen, diene dazu, dass „weltliche, äusserliche Zucht" erhalten werde. Aber um so genauer begränzt er auch das Gebiet, auf dem diese Wahlfreiheit sich bewege, und bemerkt, dass sie nicht einmal da eine unbeschränkte sei, sondern allezeit durch die Sünde sich gehindert sehe. Und dann tritt er der falschen Uebertragung dieser Wahlfreiheit auf das Gebiet der Heilsgeschichte, das Verhältnis des Sünders zum erlösenden Gott, entgegen. Auf diesem Gebiete läugnet er das Vermögen des Sünders zum Guten schlechthin.

Auch hier ist die Bestreitung des freien Willens nur auf die Thatsache der Erbsünde gegründet und wird dadurch von allen philosophischen Elementen rein gehalten [2]). Der entscheidende Beweis ist der Schrift entnommen und auf die christliche Erfahrung wird als Bestätigung dieses Beweises verwiesen.

Der neunzehnte Artikel von der Ursache der Sünde war im Bekenntnisse hinzugefügt, um den ausdrücklichen Vor-

---

1) Vgl. meine Einleitung 2, 136 ff.
2) Vgl. Luther aus jenen Jahren, *opp.* 1, 76, 106; *comm. in ep. ad Gal.* 1, 6, 7, 92; 2, 83; über die Beschränktheit der menschlichen Freiheit selbst in natürlichen Dingen *opp.* 21, 64; auch 132 — 135 ist zu beachten

wurf abzuwehren, dass die Evangelischen Gott zum Urheber der
Sünde machten. Dies konnte durch die Fassung des Artikels
als gelungen erscheinen, indem die Gegner keine weiteren Einwendungen erhoben. Aber in Wirklichkeit stand es doch so,
dass sie nicht etwa nun die evangelische Lehre von jenem Vorwurfe frei sprachen, sondern meinten, im Bekenntnisse sei die
bisherige Lehre Luthers und seiner Genossen, auch Melanthons,
aufgegeben¹). Es stand ähnlich wie beim vorigen Artikel. Auch
hier musste das wenn schon auf einem Irrthum beruhende Zugeständnis der Gegner dem Verfasser der Apologie erwünscht
sein. Konnte es doch dazu dienen, jenen auch aus einem Irr-
thume fliessenden und darum in sich unberechtigten Vorwurf in
seiner Wirkung zu schwächen. Dass man aber diesen Vorwurf
bald wieder erheben würde, war vorauszusehen, denn die evangelischen Theologen, Luther vor Allem, lehrten über den freien
Willen gerade so wie vorher ²), und eben dieser Lehre hatte
man ja den Vorwurf gemacht, dass nach ihr nothwendiger
Weise Gott Urheber der Sünde sein müsse.

Auf eine theologische Erörterung der Frage, welches der
letzte Quell der Sünde sei, liess Melanthon sich hier so wenig
wie im Bekenntnisse ein ³). Es kam nur darauf an, durch
ausdrückliche Aussage festzustellen, dass die von den Gegnern
gezogene Folge aus der Läugnung des freien Willens eine unrichtige sei. Die Wahl der dafür gebrauchten Worte war, wie
eine Vergleichung zeigt, jetzt eine noch sorgfältigere. Durch
das Hinzufügen des *unus ac solus* und des dem deutschen, also
für Ausländer nicht verständlichen, Texte in der Augustana entsprechenden *universam* ward die Möglichkeit ausgeschlossen, den
Evangelischen die manichäische Lehre von einem doppelten
Principe aufzubürden. Die Verantwortlichkeit für das Böse,
welches persönliche Wesen thun, wird lediglich ihnen selbst zu-
gewiesen, denn es geht von ihrem Willen aus ohne eine von
Gott kommende Nöthigung. Auf eine solche hätte man etwa
aus dem *non adjuvante Deo* des Bekenntnisses schliessen können,

---

1) *Andr. Fabricii Harmonia p. 355.*
2) Vgl. S. 206 Anm. 2; dazu Stellen über die Unterscheidung des
verborgenen und des sich offenbarenden Gottes und seines geheimen und
offenbarten Willens *opp. 1, 16. 19, 20, 24; 19, 22, 76, 224, 262.* Brenz
hatte in dem schon erwähnten Commentar zum Propheten Amos sich
ganz im Sinne Luthers ausgesprochen, auf dessen Schrift *de servo arbitrio* er verwies; *Brentii opp. 4, 1113.*
3) Vgl. meine Einleitung 2, 423 ff.

besonders wenn man es ohne den deutschen Text nahm. Dies wird der Grund gewesen sein, weshalb Melanthon jene Worte hier ausliess. Der Frage, woher denn der Wille böse oder verkehrt geworden sei, ging er nicht weiter nach. Und mit Recht. Die Schrift bleibt dabei stehen, den Teufel als den Urheber der Sünde zu bezeichnen und ein Weiteres gehört demgemäss auch nicht in das Bekenntnis der Kirche.

Bei der Besprechung des vierten Artikels hatte Melanthon ausdrücklich auch den zwanzigsten Artikel **von den guten Werken** herbeigezogen, wie es dem Inhalte durchaus entsprach. Der Gegenstand war dort hinlänglich abgehandelt. Das erklärte Melanthon auch hier zu wiederholten Malen und fügte sachlich nichts Neues hinzu. So empfängt man den Eindruck, dass er bei der Neubearbeitung der Apologie für den Druck, als er an den gegenwärtigen Punct kam, die von den Gegnern gebotene Handhabe benutzen wollte, um die ganze Verwerflichkeit ihrer Lehre aller Welt noch einmal vorzuhalten. Er gab das deutlich genug zu erkennen, indem er schrieb, dass es sich für ihn hier nicht um eine Disputation handle, sondern dass die *indignitas rei* ihm eine Klage auspresse (§. 88). Und die Gegner merkten solche Absicht sehr wohl. Er häuft — schrieb Cochleus[1]) — Klagen zusammen, um die Völker zum Hasse gegen die katholischen Priester aufzureizen.

Die Confutatoren hatten mit Rücksicht auf den Anfang des Artikels im Bekenntnisse: den Unsern wird mit Unrecht aufgelegt, dass sie gute Werke verbieten. Denn ihre Schriften u. s. w." zwischen den Fürsten, deren Bekenntnis im Vorhergehenden vorliege, und den evangelischen Theologen, die nun entschuldigt werden sollten, unterschieden [2]). Sie hatten dabei, wie noch Varianten der Confutatio zeigen [3]), offenbar die Absicht, jene Theologen in ein recht schlechtes Licht zu stellen. Darauf er-

---

1) *Andr. Fabricii Harm.* p. 373.
2) *C. R.* 27, 121: *in articulo vigesimo, qui non tam continet confessionem Principum et civitatum, quam excusationem concionatorum, unum duntaxat est, quod ad Principes et civitates pertinet, de bonis scilicet operibus, quod non mereantur remissionem peccatorum, quod ut superius rejectum et improbatum est, ita et nunc rejicitur et improbatur.*
3) *Ibid. Amplius quoniam articulus vicesimus non continet confessionem Principum, sed excusationem concionatorum, de quibus C. M. plura enormia, impia et horrenda auditu intelligit actu alienissima a fide, unum duntaxat judicat C. M. ad Principes pertinere.*

wiederte Melanthon, indem er im gegenwärtigen Artikel möglichst scharf zwischen den Verfassern der Confutatio und der Kirche unterschied und jene als ganz abgefallene hinstellte, denen darum kein rechter Christ beistimmen könne. Er benützte dazu die Unvorsichtigkeit der Gegner, mit der sie hier den Satz, dass gute Werke die Seligkeit nicht verdienten, rund heraus und ohne Umschweife verworfen hatten. Dadurch sei erwiesen, dass sie noch viel schlimmer seien als die Scholastiker, die man doch auch tadeln müsse. Hierin that er ihnen zu viel [1]), wie weiterhin besonders Cochleus betonte [2]). Aber das Wesentliche seines Vorwurfs, dass sie nämlich Prediger der Werkgerechtigkeit seien, die Ehre Christi verkleinerten und dem Glaubensbewusstsein der Kirche widersprächen, blieb darum doch durchaus richtig und konnte nicht widerlegt werden.

Im Bekenntnisse war der einundzwanzigste Artikel vom Dienst der Heiligen in versöhnlicher Gesinnung sehr kurz gefasst. Es war vorausgeschickt, dass und inwiefern man der Heiligen zu gedenken habe, und dann einfach ausgesprochen, es lasse sich aus der Schrift nicht beweisen, dass man sie anrufen und Hülfe bei ihnen suchen solle. Gegen dies Letztere aber hatten sich die Confutatoren mit grosser Schärfe und ziemlicher Weitläufigkeit erklärt und damit gezeigt, welche Wichtigkeit sie diesem Puncte beilegten. Sie bezeichneten den Standpunct der Evangelischen als einen, der als oft von der Kirche verdammt nie von den Fürsten hätte zugelassen werden dürfen. Indem sie ihn eine Erneuerung des Albigensischen, Waldensischen, Pikardischen, Katharischen nannten, suchten sie ihn in eine möglichst verhasste Gesellschaft zu bringen. Sie behaupteten, nicht nur die Autorität der gesammten Kirche und die Uebereinstimmung aller Väter spreche für die Heiligenverehrung, sondern auch die h. Schrift. Der Versuch, dies letztere nachzuweisen, fiel freilich sehr schwach aus und offenbarte die ganze Jämmerlichkeit und zügellose Willkür ihrer Schriftbehandlung. Die Entgegnung war durchweg eine derartig nichtige, dass sie wohl

---

1) Vgl. oben S. 121.

2) Er machte auch darauf aufmerksam, dass man den Ausdruck *mereri* nicht zu sehr pressen dürfe; derselbe sei oft gleichbedeutend mit *accipere aut obtinere aut consequi aut adipisci*; *Andr. Fabricii Harmonia p. 377.* In der Sache wird dadurch freilich nicht viel geändert, wie eben die vorhergehenden Ausführungen des Cochleus bekunden.

Unwillen erregen musste. Und diesen Unwillen merkt man denn Melanthon auch an. Nach wenigen einleitenden Worten, die aber schon das Verfahren der Confutatoren scharf rügen (§. 1 — 3), wiederholt er ganz kurz, was bereits im Bekenntnis über die rechte den Heiligen zu erweisende Ehre gesagt war (§. 4 —7), und macht das Zugeständnis, dass die Engel für uns beten und dass die Heiligen im Himmel für die Kirche im Allgemeinen Fürbitte einlegen (§. 8 — 9). Dann aber verwendet er er den weitaus grössten Theil seines Artikels dazu, die Gegner zu bekämpfen und zu widerlegen. Die Polemik ist hier das Ueberwiegende. Er zeigt zunächst, dass die Anrufung der Heiligen deshalb eine unberechtigte sei, weil die Schrift sie nicht lehre und man also auch mit keiner Zuversicht und Freudigkeit sich an sie wenden könne (§. 11—13). Noch viel weniger aber sei es zu dulden, dass man aus den Heiligen Mittler und Versöhner mache, und das geschehe von den Gegnern (§. 14 —15). Die Confutatoren hatten es geleugnet [1]) und so erwuchs für Melanthon die Pflicht, es zu beweisen. Dabei geht er von dem, was zu einem Versöhner (*propitiator*) gehöre, aus und zeigt, dass sich dies nur bei Christo finde (§. 16—20). Die Römischen hingegen stellen die Heiligen neben Christum, ja wenden ihnen mehr Vertrauen zu. Man kann das aus ihren Schriften belegen, z. B. aus denen Biels, und ebenso aus den üblichen Absolutionsformeln (§. 21 - 26). Dass Maria an die Stelle Christi tritt, ist eine offenkundige Thatsache (§. 27—28). All das widerspricht aber der Schrift wie den Vätern und ist deshalb zu verwerfen (§. 29—31). Daran knüpft Melanthon den Hinweis auf weitere Misbräuche, die mit dem Heiligendienst in Verbindung stehen oder aus ihm erwachsen sind, Misbräuche, welche theilweise einen heidnischen Charakter an sich tragen (§. 32—37).

Die Erwähnung dieser Ausartungen giebt ihm Anlass zu einer dem ganzen vorhergehenden Theil der Apologie geltenden Schlussbemerkung [2]). Die Confutatoren hatten unbedingte Annahme des kirchlichen Gebrauches der Heiligenverehrung ge-

---

1) *C. R. 27, 127: etsi fatetur, unum esse mediatorem redemtionis, Caesarea Magistas cum tota ecclesia, tamen sunt multi mediatores intercessionis.* Christus heisst dort *advocatus noster primarius et quidem maximus*.

2) Im ersten Entwurfe fehlt sie, *C. R. 27, 289*; dagegen findet sich dort die Ueberschrift *Secunda pars*, und für diesen zweiten Theil eine kurze Einleitung.

fordert, und mit keinem Worte die so weit verbreiteten Misbräuche erwähnt oder gar getadelt. Das hält Melanthon ihnen als Unredlichheit vor. Durchweg thun sie, als ob in der Römischen Kirche Alles zum Besten bestellt sei, während doch schon seit langem die Klagen, besonders über die Entartung der Schultheologie, ertönen. Sie wollen keine Besserung und arbeiten dadurch einem allgemeinen Umsturze vor. Um so mehr aber wird es Sache des Kaisers sein, ihnen nicht den Arm zu leihen, sondern nach dem von Gott ihm gegebenen Berufe die reine Lehre zu schirmen und zu verbreiten (§. 38—44).

Diese eingehende Widerlegung der Römischen Lehre war es also, was die Apologie hier zum Bekenntnisse hinzufügte, während Melanthon das, was bei den Evangelischen über diesen Punct selbst gelehrt ward, nicht weiter bewies; es war nicht besonders angegriffen und galt auch bei den Evangelischen als etwas Nebensächliches. Während der letzten Jahre war selten in den Schriften der reformatorischen Theologen davon die Rede. Auch Luther hatte sich 1530 in seinem Sendschreiben vom Dollmetschen und Fürbitte der Heiligen sehr kurz darüber gefasst[1]). Dass Melanthon nun in diesem Kampfe dem Gegner zu viel gethan habe, kann man nicht sagen. Er erklärte, sich für seine Widerlegung nicht an den im täglichen Leben getriebenen Unfug, sondern an die Lehre der Schultheologen halten zu wollen. Besonders auf Gabriel Biel berief er sich (§. 23), dessen Erläuterung des Messkanons bei Beginn der Reformationszeit zu den gelesensten Büchern gehörte[2]). Nun hatte zwar auch Biel es ausgesprochen, dass man die Heiligen nicht als die eigentlichen Geber der erbetenen Güter ansehen dürfe, sondern nur als Fürsprecher[3]); aber dass die Verdienste der Heiligen, d. h. hier

---

1) WW. 65, 119 ff.

2) *Sacri canonis missae tam mystica quam literalis expositio.* Vgl. darüber Linsenmann, Gabriel Biel und die Anfänge der Universität zu Tübingen, in der Tübinger theol. Quartalschrift 1865, S. 218. Es waren 89 *lectiones*, die z. B. in der Baseler Ausgabe von 1510 in engem Druck 269 Folioblätter füllten. Aus diesem grösseren Werke wurden Auszüge angefertigt und verbreitet. Von der Heiligenverehrung handeln *lect.* 30 und 31.

3) *Ibid. ed. Bas. fol. 52: in hac commemoratione sanctorum observat ecclesia, quod antiquitus fieri solebat: ut in orationibus patrum memoria recoleretur, quatenus eorum meritis suffragantibus facilius, quod petebant, impetrarent. — Non tamen invocantur sancti tanquam datores bonorum, pro quibus oramus, sed ut intercessores apud Domi-*

überall nicht der Seligen im Allgemeinen, sondern der ausgezeichnet Gerechten, vor Allem der Märtyrer, den Betenden zu Gute kommen sollten, lehrte doch auch er, und damit waren eben die Heiligen zu Versöhnern gemacht und Christi Ehre beeinträchtigt.

Aber auch die Stellung von Fürsprechern, an welche man sich zu wenden habe, durften die Evangelischen den Heiligen nicht zugestehen. Selbstverständlich konnten sie, wenn hiervon überhaupt die Rede sein sollte, den Begriff „Heilige" nicht so eng begränzen wie die Römischen [1]), sondern mussten an alle im Glauben Verschiedenen denken. Jedoch auch dann fehlte ihnen für das Recht, sie anzurufen und um ihre Fürsprache zu bitten, ein fester Schriftgrund. „Ihr wisset, schrieb Luther, dass Gott mit keinem Worte geboten hat, weder Engel noch Heilige um Fürbitt anzurufen, habt auch in der Schrift des kein Exempel. — Weil uns aber im Gottesdienst nichts gebührt vorzunehmen ohne Gottes Befehl, und wer es vornimmt, das ist eine Gottesversuchung, darum ists nicht zu rathen noch zu leiden, dass man die verstorbenen Heiligen um Fürbitte anrufe oder anrufen lehre; sondern solls vielmehr verdammen und meiden lehren" [2]). Die Schrift also stellte Luther auch für diese Frage als das Entscheidende hin, und dasselbe geschah mit der grössten Bestimmtheit in der Apologie durch den ganzen Artikel. Wir wollen die Heiligen nicht anrufen, weil die Schrift nichts davon sagt.

Darnach sind denn auch die Zugeständnisse zu beurtheilen, welche Melanthon, durch die Confutation veranlasst, den Gegnern machte. Bei dem einen bemerkte er selbst, dass es des Rückhaltes in der Schrift entbehre, und so kann die Aussage, dass die Heiligen im Himmel für die ganze Kirche ingemein beten, in keiner Weise als Bekenntnisaussage gelten [3]). — Für

---

num, ut eorum precibus adjuvemur ad consecutionem ejus, quod postulamus.

1) Auch bei ihnen schimmerte der ursprüngliche Begriff von *sancti* noch immer durch, wie sich z. B. auch in der Berufung auf das *credo sanctorum communionem* im Symbol zeigt.

2) Dazu WW. 17, 192 ff.

3) Ueber noch offene Aufgaben vgl. Vilmar, die Augsburgische Confession S. 169. Richtig bemerkt C. H. Rieger, Betrachtungen über das neue Testament, 4, 408: „Er gehört unter die beschwerlichen Folgen, die uns von dem groben Misbrauch, den man anderwärts mit Anrufung und Fürbitte der Heiligen getrieben hat, noch jetzt nachgehen, dass

das andere Zugeständnis, dass nämlich die Engel für uns beten, war den Confutatoren nach Melanthons Ansicht die Beibringung einer Schriftstelle in Sacharja 1, 12 gelungen. Aber ob dies richtig sei, ist eine Frage der Schriftwissenschaft [1]). Jedenfalls kann jenes nicht als Bekenntnisaussage gelten. Letztere beschränkt sich darauf, dass man die Heiligen zu ehren habe, und auf die Verneinung der Römischen Lehre.

Bei den Vergleichsverhandlungen in Augsburg hatte es sich gezeigt, dass die Römischen mit besonderer Hartnäckigkeit an den von den Evangelischen getadelten Misbräuchen festhielten. Sie fühlten, was daran hieng. Sobald sie hier in etwas nachgaben und änderten, wich ihnen der Boden unter den Füssen und der bisherige Kirchenbau brach zusammen.

Der erste der angegriffenen Misbräuche war die im **zweiundzwanzigsten** Artikel besprochene **Kelchentziehung**. Das Bekenntnis hatte sich für die evangelische Uebung einfach auf die Schrift berufen, die lange Geltung derselben in der Kirche betont und den Römischen Brauch als eine unberechtigte Neuerung bezeichnet. In dieses letzte setzten die Gegner ein. Es handelte sich bei dem ganzen Streit weit weniger um den vorliegenden Punct, als um die Frage, welches die entscheidende Autorität in der Kirche sei. Die Römischen befanden sich hinsichtlich der Kelchentziehung in ziemlicher Verlegenheit. Dieselbe war ihnen besonders für die Erhebung des Priesterstandes von hohem Werthe. Dass es aber mit einem Schriftbeweise für sie sehr mislich stehe, mussten sie fühlen und dazu konnten sie nicht leugnen, dass den Böhmen der Genuss unter beiden Gestalten als berechtigt zugestanden war. So verlangten sie denn als Geringstes

---

man auch gegen die lautere Schriftwahrheit scheu ist und von derselben nicht rein genug reden kann, ohne zu besorgen, es schlage sich etwas von selbigen unreinen Begriffen dazu".

1) Luther erwähnt solche Fürbitte der Engel in seiner Michaelispredigt 1530 nicht; WW. 17, 177—189. Ebenso wenig in den drei Michaelispredigten des nächsten Jahres WW. 17, 190—221. Dass letztere Predigten 1531 gehalten wurden und nicht 1533, wie die Erlanger Ausgabe annimmt, schliesse ich aus 17, 210, wo der im August 1532 verstorbene Herzog Johann noch als lebend erwähnt wird. Die erstgenannte Predigt ist 1530 in Koburg gehalten, nicht 1531, wie jene Ausgabe annimmt. Man sieht es 17, 181 aus dem „jetzt zu Augsburg". Es ist der WW. 65, 119 in Aussicht gestellte Sermon.

das Zugeständnis, dass die Kelchentziehung kein Unrecht, sondern wohl berechtigt sei. Wenn man das leugne, verdamme man die ganze Kirche und, deuteten sie an, diese Verdammung würde der Kaiser als auch ihm geltend sehr übel nehmen [1]). Sie bemühten sich also, es als nebensächlich hinzustellen, in welcher Weise man das Sacrament geniesse [2]). Melanthon, der damals sehr im Nachgeben begriffen war, schien nicht abgeneigt, auf jene Forderung einzugehen [3]). Dem Cardinal Campegius schrieb er, von Verdammen sei ja gar keine Rede. Die Billigung der evangelischen Sacramentsfeier stellte er als eine von Rom zu erbittende Nachsicht hin, welche diesem sich auch aus Zweckmässigkeitsgründen empfehle. Das über die Sache Entscheidende erwähnte er gar nicht. Mit um so grösserer Bestimmtheit that dies Luther.

Er schrieb an den Kurfürsten [4]): „dass die Widersacher von uns begehren zu lehren, dass einerlei Gestalt des Sacraments auch recht sei, und soll nicht geboten, sondern indifferens sein und frei, beide oder eine Gestalt zu gebrauchen: wissen E. K. F. G. wohl, dass unser Hauptstück eins ist, dass man nichts lehren noch thun soll, es sei denn gewiss mit Gottes Wort gefasset, damit wir nicht, wie St. Paulus sagt, ungewiss laufen und Fehlstreich thun. Denn es hat also noch Mühe genug, wenn wir im gewissen Worte gehen, dass wir bleiben. So ist je das gewiss, dass einerlei Gestalt des Sacraments ein lauter Menschenfund und gar nicht mit Gottes Wort bestätigt, sondern das Widerspiel, nämlich beider Gestalt sind mit hellen klaren Worten Gottes bestätigt. Darum können wir nicht willigen noch lehren, dass einerlei Gestalt recht sei. Denn da stehet Christi Wort, Matth. 15: sie dienen mir mit Menschenlehren. Ohne was dies noch ist, dass man Christi Wort indifferens will machen, das er so herzlich, ernstlich befohlen hat: solches

---

1) Vgl. oben S. 52.
2) *Coelestini Histor. Comit. 3, 36*[b].
3) *C. R. 2, 246: romana ecclesia nihil faceret alienum sua clementia, si permitteret nobis uti utraque specie sacramenti, praesertim quum non damnamus alios et fateamur, in specie panis verum corpus Christi contineri aut per concomitantiam sanguinem adeoque integrum Christum; in specie vini itidem integrum Christum. Ac videtur res augere reverentiam erga sacramentum ac religionem populi, qui libentius utitur integro sacramento.* Zu letzterem *C. R. 2, 294*; zu ersterem ergänzend *C. R. 2, 304.*
4) De Wette 4, 141; dazu 4, 146 und 160.

thut zu meinem Gedächtnis. Auch so glauben sie selbst nicht, dass indifferens sei, denn sie haben Viele darüber verbrannt, verjagt, verfolget und für grosse Ketzerei verdammt. Darum müssen wir nicht allein Gottes und unser, sondern auch ihrer selbst halben nicht zulassen, dass es indifferens sei. Denn damit müssen wir sie schelten als Mörder und Bösewicht, die ein indifferens hätten für Ketzerei verdammt und verfolget. Weil sie nun selbst nicht glauben, dass indifferens sei, so können wirs viel weniger also lehren; es sei denn dass sie widerrufen und wiederbringen alle, die sie verfolgt haben. Und ist fein, dass sie klagen, sie können das Volk nicht halten, wo wir nicht lehren, dass sie auch Recht haben. Solche weise Ursache höre ich gerne. Gerade als müsste Gott sein Wort darum lehren lassen, dass sie ihr Volk halten und Tyrannen bleiben möchten".

Das lautete anders. Der Standpunct des Bekenntnisses war hiemit rund und rein gewahrt [1]). Und bald ermannte sich sich auch Melanthon wieder. Er sah, dass alle Zugeständnisse der Gegner nur Scheinwerk seien. In der Confutatio, der eigentlichen maassgebenden Antwort, hatten sie sich rein ablehnend verhalten und die dann folgenden Vergleichverhandlungen führten ja auch zu keinem Ziele.

Die Confutatoren erklärten, man dürfe die Kelchentziehung keinen Misbrauch nennen; die Kirche habe diesen Gebrauch geheiligt. Dafür spreche die Schrift, wo sie vom Brodbrechen rede, dafür die Gewohnheit der alten Kirche. Es sei immer ein Unterschied zwischen Laiencommunion und Priestercommunion gewesen, ein Unterschied, auf den schon das alte Testament hinweise. Wohl habe man einst vielerorten auch den Laien beide Gestalten gereicht, aber aus reiflichen Gründen sei man davon abgegangen, und als dann die Ketzer jenes als ein Recht gefordert, habe die Kirche vom h. Geiste geleitet, den Laien den Kelch untersagt. Daher müsse man auch jetzt, unbeirrt durch die nichtigen Gegengründe der Evangelischen, von ihnen Gehorsam gegen solche Anordnung verlangen und vor Allem das Fronleichnamsfest mit der Procession aufrecht erhalten. Es war ganz dieselbe Weise, wie auch sonst die Kelchentziehung von den Römischen Theologen vertreten ward [2]); irgendwelche

---

1) Aehnlich Osiander in seinem Gutachten, *Coelestini*, *Histor. Comit.* 3, 86 [b].

2) Vgl. meine Einleitung 2, 442 ff. und die Gegenschriften gegen die Apologie, *Andr. Fabricii Harmonia* p. 410 sqq.

neue Gründe waren nicht beigebracht. So hatte denn Melanthon auch nichts Neues zu widerlegen. Er trat in der Apologie nur schärfer auf und wies auf die Willkür, ja theilweise Abgeschmacktheit der gegnerischen Beweise hin, die er im Bekenntnis mit schonendem Schweigen übergangen hatte. Als das Entscheidende stellte er das Schriftwort an die Spitze. Darnach ist das ganze Sacrament für alle Christen bestimmt. Das ist Gottes Ordnung (§. 1—5). Die Gegner, statt ihr Abweichen von von dieser Ordnung zu entschuldigen, nehmen es als ein Recht in Anspruch. Aber die Schriftstellen, welche sie dafür anführen, beweisen nichts, und auch was sie aus dem Leben der alten Kirche beibringen, ist zum Theil entstellt (§. 6—8). Ihr eigentlicher Grund ist menschliches Belieben und priesterliche Herrschsucht (§. 9—13). Dabei decken sie sich mit dem Namen der Kirche, aber die Kirche maasst sich nicht an, die Ordnungen Christi für etwas Indifferentes zu erklären, und man hat überall keinen Grund, das was Priester festsetzen, darum für ein Kirchengebot zu halten (§. 14—27).

Diese Darlegung erinnert stark an jenes von Luther dem Kurfürsten zugeschickte Gutachten, welches ohne Zweifel auch Melanthon mitgetheilt ward. Es war in dieser Frage volles Einvernehmen zwischen den evangelischen Theologen, sowohl hinsichtlich der Begründung des eigenen Standpunctes wie hinsichtlich der Abwehr des gegnerischen. Ein Zeugnis davon ist auch eine bald nach Veröffentlichung der Apologie abgegebene gemeinsame Erklärung. Da heisst es: ob man uns auch anmuthen wollte, wir sollten lehren, dass Eine Gestalt des Sacraments zu nehmen und zu reichen auch recht sei, sowohl als beide Gestalt zu geben und zu nehmen, damit wir nicht die ganze Christenheit verdammen: hie können wir in keinem willigen oder billigen, dass die Bischöfe einerlei Gestalt zu gebieten oder zu verbieten Recht und Macht haben mögen, auch solcher Frevel vor Gott nimmermehr entschuldigt kann werden, weil Christus und Paulus Wort klärlich da stehet und beider Gestalt stiften. Nun soll kein Mensch, spricht St. Paulus, Gottes Testament ändern oder dazu thun. Aber damit wollen wir die, so einerlei Gestalt zu nehmen gedrungen worden sein und das ungern gethan, nicht verdammen, wiewohl sie unrecht gethan, sondern Gottes Barmherzigkeit befehlen, welcher auch wohl mehr und grössere Sünde täglich vergibt seinen betrübten und armen Sündern, der kann seinen Heiligen die Sünde auch wohl vergeben haben. Aber solche arme Sünder sind die Bischöfe nicht, weil sie solchen Frevel und Gewalt nicht erkennen, sondern als für Recht und Artikel des Glaubens vertheidigen. Darum sie hierin keine Vergebung der Sünde zu hoffen, sondern schlecht verdammt sein müssen" [1]).

Die Schrift ist die letzte entscheidende Autorität und sie gebietet, auch den Laien den Kelch zu geben. Das war der Standpunct der Evangelischen. Die vom h. Geiste geleitete Kirche hat die höchste Autorität. Das wiederholten in tausend Wendungen die Römischen [2]). Da war eine Verständigung nicht möglich und ist nicht möglich. Die scharfen Worte Luthers über das Verfahren der Römischen Hierarchie mit dem Sacramente behalten noch heute ihre Gültigkeit.

Im Artikel der Apologie fiel dem für Ketzereien scharfsichtigen Cochleus auf, dass fast durchgängig von *altera* oder *utraque pars* geredet werde [3]). Das sei jedenfalls eine Abweichung vom gewöhnlichen Sprachgebrauch und lasse auf neue Irrlehren schliessen. Denn es gewinne den Anschein, dass damit die Gegenwart des ganzen Christus unter jeder der beiden Gestalten geleugnet werden solle. Man wird bezweifeln dürfen, dass Melanthon dies wirklich im Sinne hatte [4]). Kurz vorher hatte er den Gegnern noch die Concomitanz zugegeben und viele derselben glaubten noch weiterhin, dass die Evangelischen darin mit ihnen übereinstimmten [5]). Immerhin ist es gut, dass die schriftwidrige Lehre von der Concomitanz, die im Bekenntnis nicht offen zurückgewiesen ist, doch auch im Wortlaute derselben keinen Anhalt gefunden hat.

Als Luther während des Reichstages von der Coburger Feste aus an die in Augsburg versammelten Geistlichen schrieb, ermahnte er sie auch, das Cölibatsgesetz aufzugeben [6]). „Nun, liebe Herren, wollt ihr fromm sein und wohlthun, so zwingt euch in diesem Stück zur Busse über alle dem wüsten unaus-

---

1) de Wette 4, 283.
2) *Nos quidquid ecclesia ausa est intermittere constanter asserimus, non esse Christi mandatum*, so lautet der Schlusssatz der Gegenschriften gegen die Apologie; *Andr. Fabricii Harmonia p. 421.*
3) *Andr. Fabricii Harmonia p. 415.*
4) Vgl. oben S. 157.
5) *Andr. Fabricii Harmonia p. 418: tantum cum illis agimus, qui de sacramento eucharistiae catholice credunt, sed non perinde religiose et pacifice utuntur.*
2) WW. 24, 360.

sprechlichen Jammer der Unzucht allerlei Gestalt in aller Welt, welcher aus dieser verfluchten Päbstlichen Neuigkeit erwachsen ist, welche auch euch allen auf dem Halse liegt und liegen bleibt, wo ihr nicht dazu thut und ändert". Er durfte wohl so mahnen, denn die weitverbreitete Unsittlichkeit im geistlichen Stande war eine allgemein bekannte Thatsache. Ueber wenig Schäden der Kirche waren so viele und so berechtigte Klagen laut geworden wie über diesen. Aber Luther ward nicht gehört. Die Confutatoren ergiengen sich mit besonderer Breite über den **dreiundzwanzigsten** Artikel vom **Ehestand der Priester**. Sie wiesen es zurück, dass der Cölibat der Priester ein Misbrauch sei und erklärten vielmehr, die Priesterehe sei schlechthin zu verwerfen; man dürfe eine solche Schande nicht auf dem h. Reiche sitzen lassen [1]). Dem entsprechend lautete dann auch der Reichstagsabschied. Die verheiratheten Priester sollten sogleich von ihren Stellen entfernt werden. Die welche ihre Weiber von sich liessen und Busse thäten, sollten sich zur kirchlichen Wiederherstellung an ihre Obern wenden. Die Ungehorsamen seien aus dem Lande zu jagen oder sonst zu bestrafen [2]). Das entflammte Luthers Zorn erst recht. Als er gegen das kaiserliche Edict schrieb, griff er mit den derbsten Worten diesen Abschnitt desselben an [3]). Und auf Melanthons Entgegnung in der Apologie übte jenes Verfahren offenbar einen ähnlichen Einfluss aus [4]). Der erste Entwurf der Erwiederung, den er noch während des Reichstages schrieb und ehe er den ganzen Wortlaut der Confutatio kannte, war um Vieles ruhiger und milder [5]).

Die Gegner hatten es Melanthon nicht so gar schwer gemacht, sie zu widerlegen. Die Gründe, welche sie für den Cölibat vorbrachten, waren dieselben, die man immer zu hören gewohnt war und welche die Evangelischen schon oft bestritten hatten [6]). Dazu hatte er den Vortheil, dass aus dem Cölibate

---

1) *C. R. 27, 141: Principes tolerare non debent in perpetuam Romanii imperii ignominiam et infamiam, sed conforment se potius universali ecclesiae neque moveantur ab his, quae eis suggeruntur.*

2) *Annales ecclesiastici, ed. Raynald. XX, 594.*

3) WW. 25, 77.

4) Wenn er begonnen: *in tanta infamia inquinati coelibatus*, so war das die Antwort auf jenes *ignominia et infamia* in der Römischen Confutatio. Die Stelle hatte ihn besonders aufgeregt.

5) *C. R. 27, 292.*

6) Vgl. die ausführliche Darlegung in meiner Einleitung 2, 451 ff.

der Priester wirklich ein allgemeiner Nothstand erwachsen war,
dessen Beseitigung gerade die besten unter den Christen, vor
Allem die Nichtgeistlichen, forderten. Diesen Vortheil benutzte
er, indem er sich an die öffentliche Meinung wandte und Alle,
auch die nicht theologisch Gebildeten, zum Urtheile aufforderte.
„Dieser Artikel ist so klar, dass er auf beiden Seiten gar nahe
keiner Rede darf; allein wer ehrbar und gottfürchtig ist, der
kann hie bald Richter sein". So gestaltete sich der Artikel der
Apologie in etwas anders als der des Bekenntnisses. An letzterem Orte hatte Melanthon es mehr nur entschuldigt, dass „sich
etliche Priester bei den Evangelischen in ehelichen Stand begeben", und nach Abweisung der Römischen Gegengründe die
Hoffnung ausgesprochen, dass der Kaiser die, welche eines ihnen
nach Gottes Wort zustehenden Rechtes sich bedient hätten, nicht
strafen werde. Jetzt trat er entschiedener auf und verfuhr in
der Widerlegung eingehender. Das Gebahren der Gegner ist
ein schlechthin unverschämtes, indem sie die Priesterehe eine
Schande nennen und vom Kaiser eine Verletzung göttlicher, natürlicher und kirchlicher Rechte verlangen (§. 1—4) [1]). Und
dabei sind sie doch nur Heuchler und kämpfen nicht für die
Frömmigkeit, sondern für ihre Herrschaft (§. 5). Den Hauptabschnitt des Artikels (§. 6—61) bildet dann der Nachweis, warum die Evangelischen das Cölibatsgesetz nicht billigen und
sich ihm nicht unterwerfen können. Die Ehe ist begründet in
der göttlichen Schöpfungsordnung, welche allen Menschen gilt,
und in eine Gottesordnung darf kein Mensch aufhebend eingreifen. Der Einwand der Gegner, dass jene Ordnung nur für die
Anfangszeit gegolten habe, ist ein in sich nichtiger (§. 7—8).
Das eheliche Leben ist also ein Stück des von Gott gegründeten natürlichen, mithin für Alle gültigen, Rechtes und hat nach
dem Falle noch eine weitere Bedeutung, indem es zu einem Zü-

---

1) Zu §. 2 vgl. den Anfang der zweiten Satire bei Juvenal: *ultra
Sauromatas fugere hinc libet, et glacialem Oceanum, quoties aliquid de
moribus audent, Qui Curios simulant et Bacchanalia vivunt.* Ein durchaus treffender Hinweis. Dagegen wünscht man die im nächsten §. dem
Kaiser gesagte Schmeichelei weg. Doch ist daran zu erinnern, dass die
Evangelischen nicht wussten, wie es in dem Punct mit dem Kaiser stand.
Wie fast in Allem, beurtheilten sie ihn auch hierin zu gut. Sein Beichtvater kannte ihn besser; vgl. Heine, Briefe an Kaiser Karl V, S. 3 u.
55. Das *vetera quaedam vaticinia* geht auf die sog. Sibyllinischen Weissagungen, wo es 8, 169 und zwar offenbar vom Messias heisst: καὶ τότε

gel der sündigen Lust wird (§. 9 – 13 ¹). Auch fehlt dafür das ausdrückliche Schriftgebot, nach dem die Gegner fragen, nicht. Denn 1. Cor. 7, 12 gilt allen Menschen, welche nicht die besondere Gabe der Enthaltsamkeit haben. Enthaltsam sein lässt sich nicht erzwingen (§. 14—22). Die alten kirchlichen Kanones gestatten den Priestern den Ehestand; der Cölibat als Gesetz ist erst eine Neuerung (§. 23—25). Die Vertheidigung desselben mit dem Scheine der Heiligkeit ist nichts als Heuchelei (§. 26—50). Die Gegner selbst müssen zugeben, dass nach der Schrift die Ehe der Gläubigen rein ist, weil durch das Wort geheiligt (§. 28—34) Reinheit im Sinne des Unangefochtenseins von böser Lust ist noch durchaus nicht mit der Ehelosigkeit verbunden (§. 35). Und will man den Cölibat als eine verdienstliche Heiligkeit betrachten, so ist das erst recht zu verwerfen (§. 36—49) ²). Ein Hauptgrund endlich gegen den erzwungenen Cölibat ist das daraus erwachsene öffentliche Aergernis und die damit verbundene Gefahr der Seelen. Beides sollte dem Pabste hinlängliche Ursache sein, dies Kirchengesetz aufzuheben (§. 51 — 59 ³). Nachdem so der Standpunct der Evangelischen, die Verwerfung des Cölibatsgesetzes, genügend gerechtfertigt ist ⁴), folgt noch die kurze Besprechung einiger

---

ἁγνός ἄναξ πάσης γῆς σκῆπτρα κρατήσει Εἰς αἰῶνας ἅπαντας, ἀποψθιμένους ἀνεγείρας.

1) Luther hob in seinem Handexemplar die Stellen, welche von der Ehe als einer nicht ohne schlimme Folgen zu verletzenden Naturordnung handelten, durch rothe Striche und einige derbe Bemerkungen hervor; C. R. 27, 598 sqq.

2) In der nächsten Auflage ward §. 45 noch ein Hinweis eingefügt auf die vielen absurden Mönchspredigten, welche den Cölibat als *angelicum vitae genus* feierten.

3) *Ab arboribus* §. 57; besonders bei Unterdrückung des Bauernaufstandes durch den schwäbischen Bund war dies mehrfach vorgekommen. — Johann Hoffmeister war ehrlich genug, auch hier zu schreiben: *multa hic congerunt adversarii, quae verissima esse non imus inficias. Quid igitur pronuntiemus? Articulus hic sicut et proximus, de quo jam disputavimus, ad jus positivum pertinet, id quod neminem negare putamus. Exspectanda itaque et in hoc negotio fuerat sententia ecclesiae. Recte haud dubie Pium Papam dixisse credimus, fuisse causas cur adimeretur sacerdotibus conjugium, sed multo majores esse causas, cur reddi debeat. Haec igitur Pontificis sententia ponderanda est.* Andr. Fabricii Harmonia p. 441.

4) Die §§. 60 und 61 schliessen sich wieder mit §. 5 und 6 zusammen und runden so den Abschnitt ab.

Hauptgründe der Gegner. Sie berufen sich auf eine Offenbarung [1]. Allein das ist nur eine Offenbarung, welche Cyprian empfangen zu haben behauptete und deren Inhalt mit Schriftworten in Widerspruch steht (§. 62—63). Sie verlangen dann von den Priestern Reinheit; diese ist keine äussere, oft nur scheinbare, sondern die des Herzens (§. 64—66). Besonders viel glauben sie gesagt zu haben, wenn sie die Priesterehe als Jovinianische Ketzerei bezeichnen. Aber sie wollen damit im im Grunde nur Hass aufregen. Das Zusammenwerfen der Evangelischen mit Jovinian ist eine Unredlichkeit (§. 67—69). So vertheidigen die Gegner ein schlechtes und schädliches Gesetz mit nichtigen Gründen, während auf Seiten der Evangelischen das klare Wort Gottes steht (§. 70—71).

Man hat diesem Artikel Oberflächlichkeit und Einseitigkeit vorgeworfen[2], allein damit ist doch zuviel gesagt gesagt, wenngleich man zugestehen muss, dass manche Einzelheiten zu beanstanden sind und dass eine erschöpfende Behandlung der ganzen Frage nicht vorliegt. Aber zu solcher war auch hier gar nicht der Ort. Das darf man, um billig zu urtheilen, nicht vergessen. Hier war die Aufgabe zunächst die, den Standpunct der Evangelischen als einen nicht blos zulässigen, sondern als den richtigen, den der Gegner als den falschen zu erweisen. Die Behauptung der Evangelischen aber gieng dahin, dass auch die Geistlichen wie alle andern Menschen ein Recht auf die Ehe haben und dass es ein Unrecht sei, um ihres Standes willen ihnen dieselbe zu verbieten. Dabei ward ausdrücklich anerkannt, dass nach der Schrift das ehelose Leben unter Umständen den Vorzug verdiene, aber in ihm bleiben zu können, sei eine besondere Gabe und dürfe nicht durch Gesetz erzwungen werden (§. 40 und 69). Den entscheidenden Beweis für das Recht der Priesterehe bietet die Schrift und eben dieselbe verwirft den Cölibat als Kirchengesetz. Nur menschliche Willkür, kirchliche Autorität hat ihn allmählich als solches eingeführt. So ist es im Grunde wieder der Gegensatz von Schriftautorität und Kirchenautorität, um den es sich hier handelt.

Jene beiden Aussagen, dass nach der Schrift den Geistlichen die Ehe erlaubt sei und dass es ein Unrecht sei, ihnen dieselbe

---

1) *C. R. 27, 140: S. Martyr Ciprianus testatur, sibi a Domino revelatum et cum severitate injunctum, ut clericos studiose admoneret, ne cum feminis commune haberent domicilium.*

2) Vilmar, die Augsburgische Confession S. 177.

zu verbieten, bilden den eigentlichen Bekenntnisinhalt des Artikels. Auf ein Weiteres kam es zunächst nicht an; dies beides aber konnte auch als gewisse, aus der Schrift gewonnene Erkenntnis der evangelischen Kirche nun zum andern Male vor aller Welt ausgesprochen werden, in der begründeten Hoffnung, dass alle redlichen Christen darin zustimmen würden. Dass für die Behauptung wie für die Verneinung ein genügender Schriftbeweis beigebracht worden sei, wird Keiner leugnen können.

Der Höhepunct des römisch-katholischen Gottesdienstes war die **Messe**. Die Evangelischen mussten daher erwarten, dass hinsichtlich dieser, die sie angegriffen hatten, ein Hauptkampf entbrennen würde. Sie wussten, dass der Kaiser ganz besonders an der Messe hieng. Deshalb bemühte sich auch Melanthon für den **vierundzwanzigsten** Artikel des Bekenntnisses um eine möglichst vorsichtige Abfassung. Und er glaubte darin genug gethan zu haben [1]. Begann er doch gleich mit der Erklärung, dass die Evangelischen keineswegs die Messe abgeschafft hätten; nur die Misbräuche seien beseitigt; besonders bestreite man, dass die Messe ein Opfer sei für die Lebendigen und die Todten, dadurch Sünde wegzunehmen und Gott zu versöhnen. Statt dessen lese man, welches der rechte Brauch des h. Sacramentes sei und stimme in seinem Feiern ganz mit der alten Kirche zusammen.

Melanthon hatte wirklich auch hier sehr maassvoll geschrieben und man hörte, dass einzelne Römische Kirchenfürsten einer Reformation auch der Messe nicht abgeneigt seien [2]. Aber, wenn er die allgemeine Stimmung unter den Päbstlichen in Rechnung brachte, musste er sich doch sagen, dass auf eine Vereinbarung in diesem Puncte nicht zu rechnen sei; besonders würden die Gegner die Privatmesse durchaus festhalten wollen [3]. Er bat Luther um Bezeichnung der Grenze, bis zu welcher man im Nachgeben gehen dürfe. Und dieser gab solche Grenzbestimmung scharf und klar. Es war von Einigen auf der Gegenseite als Vermittelungsvorschlag der Gedanke ausgesprochen, man könne die ganze Messe lassen, aber nicht als Versöhnungsopfer, sondern als Dankopfer, als eine Gedächtnisfeier des Ver-

---

1) *C. R. 2, 194.*
2) *C. R. 2, 155.*
3) *C. R. 2, 141, 146.*

söhnungstodes Christi¹). Aber auch davon wollte Luther nichts wissen. Das sei nur ein guter Vorwand, um schlechte Lehre und alte Misbräuche festhalten zu können. Erst müsse man überhaupt die Lehre, besonders die Lehre von Glauben und Werken, wieder rein haben, dann könne man über die Cäremonien handeln, könne ohne Gefahr auch das Sacrament als Dankopfer in der Kirche feiern ²). „Die Privatmessen darf man unter keinem Namen beibehalten. Wenn das überall rechtschaffene Leute sind, die sie als Danksagung festhalten wollen, so werden sie dabei von fleischlichen Gedanken versucht. Zum Danksagen ist in der allgemeinen Messe hinreichend Raum; wer danken will, kann es in jedem Werk, zu jeder Zeit, an jedem Ort; dazu braucht man die Privatmessen nicht. Sie bringen Gefahr und Aergernis, auch wenn man sie in bester Meinung belassen will, wie einst der Ephod Gideons. Sodann hat Christus auch nur eine allgemeine Messe eingesetzt, alle seine Worte stehen im Plural, sie wenden sich an die Gemeinde und gelten ihr. Es genügt nicht zu sagen: ich habe eine gute Absicht; man muss sagen können, ich habe das Wort Gottes für mich. Wir dürfen, wie ich oft gesagt habe, nicht eine neue Danksagung und einen neuen Gottesdienst ohne Gottes Wort aufrichten" ³). Luther erfreute sich ganz der Zustimmung von Melanthon ⁴) und von Brenz ⁵). In der Confutatio war die Privatmesse vertheidigt und bei den folgenden Verhandlungen verlangten die Römischen die Anerkennung derselben, während die Evangelischen für sich die evangelische Messe forderten ⁶). Aber Luther wollte nicht einmal irgend welche Billigung jener zugestehen. „Die Winkelmessen sind ein Menschenfündlein, ohne Gottes Wort aufkommen, ohne was sonst der Misbrauch drinnen ist. Dass sie aber fürgeben, sie wollen nicht zwingen, dass wir sie sollen aufrichten, sondern dass wirs nicht verbieten:

---

1) *C. R. 2, 210.*-
2) de Wette 4, 103.
3) de Wette 4, 113. Den Einfluss dieses Briefes auf Melanthon siehe *C. R. 2, 349.*
4) *C. R. 2, 208—214*; auch *217*. Dies offenbar von Mel. stammende Gutachten *de missa* ist von wesentlicher Bedeutung für den Artikel in der Apologie und muss als eine Vorarbeit dafür angesehen werden.
5) *Coelestini Histor. Comit. 2, 277.* Pressel hat in seiner „Ueberschau des Briefwechsels und der Bedenken des Johann Brenz", *Anecdota Brentiana p. XI* dies Bedenken ganz übersehen.
6) Vgl. oben S. 51.

wir wehren ihnen nichts; aber dass wirs billigen sollten, das können wir nicht thun. Denn wo man ein einiges Menschenwerk zulässt, da muss man die andern auch zulassen. Darum ist das der nächste Weg. Lassen wir die Winkelmesse zu, so mögen wir flugs das ganze Evangelium lassen fahren und eitel Menschenwerk annehmen" [1]).

Alle Verhandlungen hierüber zerschlugen sich. Melanthon trat in dem Entwurf der Apologie, der in Augsburg übergeben werden sollte, schon um Vieles schärfer auf. Er bewegte sich hier weit mehr in Bekämpfung der Gegner als in Vertheidigung des evangelischen Standpunctes [2]). Im Reichstagsabschiede hiess es dann, dass die ganze Messe unverändert wie bisher im ganzen Reiche gefeiert werden solle[3]). Das gab Luther Anlass, hiergegen zu eifern, und allen, welche jenen Abschied annehmen würden, vorzuhalten, dass sie damit alles Sündlichen in der Messe sich theilhaft und schuldig machen würden [4]). Und auch Melanthon war bei der Neubearbeitung der Apologie um so mehr genöthigt, diesen Punct ins Auge zu fassen. Hatte er aber für die Abfassung des Bekenntnisses das Vorurtheil zu berücksichtigen gehabt, in welchem die Messe einmal beim christlichen Volke noch stand, so durfte er dessen auch jetzt nicht vergessen, wo er für einen möglichst grossen Leserkreis schrieb[5]). Er wusste, dass es den Evangelischen bei den auswärtigen Völkern sehr schaden würde, wenn man diesen die Meinung beibringen könnte, dass jene die Messe verachteten und ausser Uebung kommen liessen. Dies musste er bei seiner Antwort auf die Confutatio hauptsächlich abzuwehren suchen[6]).

---

1) de Wette 4, 142; vgl. 170.
2) *C. R. 27, 296 sqq.*, wo besonders auch die verschiedenen Nachbesserungen zu beachten sind.
3) *Annales ecclesiastici*, ed. *Raynald. XX, 594: similiter etiam communes et privatae missae quoad cantum, institutionem et observationem majoris et minoris canonis necnon alias precationes, vestes, caeremonias, constitutiones et ordinationes omnino prout hactenus laudabiliter in catholica ecclesia observatum fuit et adhuc observatur, celebrari et in his omnibus nulla mutatio vel novitas fieri debet.*
4) WW. 25, 38, 70.
5) Vgl. Symbol. Bücher S. 262 §. 61, S. 270 §. 99.
6) Das zusammenfassende Urtheil an der Spitze des Artikels *C. R. 27, 146: quidquid in hoc articulo ponitur de sacratissimo Missae officio, quod S. Romanae et apostolicae convenit ecclesiae, approbatur. Quidquid autem adjicitur, quod communis et universalis ecclesiae orthodoxae ob-*

Die Confutatoren hatten es nicht gewagt, den so vorsichtig abgefassten Artikel des Bekenntnisses unumwunden zu verwerfen, aber sie wiesen dann doch alles das zurück, worauf es den Evangelischen ankommen wussten. Sie wollten nichts von Einführung der Landessprache in die Messfeier wissen, vertheidigten, dass für die Messen gezahlt ward und verdammten besonders die Abschaffung der Privatmesse. Sie behaupteten den Opfercharakter der Messe, dessen Bestreitung nur ein Erneuern alter Ketzerei, der des Aerius, sei [1]). Die dafür vorgebrachten Beweise waren die gewöhnlichen, welche die Römischen Theologen aus der Schrift und den Vätern herauszulesen pflegten [2]). Dabei schienen sie ein Zugeständnis zu machen mit der Bemerkung, dass die Messe auch ein Erinnerungsopfer und eine Dankfeier sei [3]). Aber in unmittelbarem Anschlusse daran forderten

---

servationi contrarium est, rejicitur, quia Deum graviter offendit, christianam unitatem laedit, ac dissensiones, tumultus ac seditiones in sacro Romano imperio suscitat.

1) In der Confutatio stand *C. R.* 27, 150: *quod iterum insinuant, in Missa Christum non offerri, velut ab antiquo damnatum et a fidelibus exclusum omnino rejiciendum est. Haec enim antiquissima haeresis fuit Arianorum, inquit Augustinus, qui negabant, in missa oblationem fieri pro vivis et mortuis.* Die Bezeichnung „Arianische" Ketzerei war nicht ein Versehen oder gar nur ein Schreibfehler, aber allerdings eine gewisse Flüchtigkeit und Ungenauigkeit des Urtheils. Die Römischen Theologen scheinen Augustin, auf den sie sich beriefen, vor sich gehabt zu haben. Da heisst es, *de haeresibus cap. 53. edit. Migne* 8, 40: *Aeriani ab Aerio quodam sunt, qui quum esset presbyter, doluisse fertur, quod episcopus non potuit ordinari et in Arianorum haeresin lapsus propria quoque dogmata addidisse nonnulla, dicens offerri pro dormientibus non oportere* (die in die älteren Ausgaben übergegangene Lesart war: *dicens orare vel offerre pro mortuis oblationem non oportere), nec statuta solemniter celebranda esse jejunia, sed quum quisque voluerit, jejunandum, ne videatur esse sub lege. Dicebat etiam presbyterum ab episcopo nulla differentia debere discerni.* — Schon Ephiphanius κατὰ αἱρέσεων cap. 75 hatte den Aerius zum Arianer gemacht, Ἀρειανὸς τὸ πᾶν. Im ersten Entwurf der Apologie wehrte auch Melanthon noch den Vorwurf des Arianismus ab, *C. R.* 27, 296, 298. Später, als er zu Hause bei Augustin hatte nachsehen können, besserte er stillschweigend in „Aerianische Ketzerei", eine Berichtigung, die dann auch Cochleus hinnahm, *Andr. Fabricii Harmonia p.* 472.

2) Vgl. meine Einleitung 1, 460.

3) *C. R.* 27, 156: *neque abnuitur, Missam esse memoriam passionis Christi et beneficiorum Dei, quoniam et hoc figura de agno paschali, qui simul victima et memoriale fuit, approbat Exod. XII. Et non solum ver-*

sie doch, dass die evangelische Form der Messe abgeschafft und Alles wieder wie früher hergestellt werde. Davon hänge Ruhe und Friede des Reiches ab. — So war Melanthon ein ziemlicher Stoff zur Beantwortung gegeben, und doch konnte er am Schlusse des Artikels sagen, dass er sich kurz gefasst habe. Er durfte es im Hinblick auf die Ausführlichkeit, mit der sonst in den Streitschriften der letzten Jahre die Messe von den Gegnern behandelt war [1]). Auch unterliess er nicht zu bemerken, dass er sehr maassvoll geschrieben und lange nicht alle mit der Messe verbundenen Misbräuche erwähnt habe. Er wusste, dass man aller Orten über solche klagte (§. 7), und bemühte sich, wenn auch auch nicht die Geistlichen, so doch alle rechtschaffenen Christen für die Evangelischen zu gewinnen (§. 7 und 41). Zu diesem Zwecke unterschied er wieder zwischen den Gegnern und der Kirche und suchte zu erweisen, dass die Evangelischen sich mit letzterer hinsichtlich alles Wesentlichen in Einklang befänden. Zu dem Zwecke begann er wieder mit der Erklärung, dass man die Messe nicht abgeschafft habe, sondern mit aller Ehrerbietung feiere, auch die rechten christlichen Cäremonien beibehalte. Wenn er hier von „Messe" redete, so darf man sich daran nicht als einer zu weit gehenden Nachgiebigkeit stossen. Die Sacramentsfeier ward ja in der That bei den Lutherischen noch so genannt. Im Bekenntnis hatte er unter den getroffenen Veränderungen als eine merkliche die bezeichnet, „dass an etlichen Orten deutsche Gesänge, das Volk damit zu lehren und zu üben, neben lateinischem Gesang gesungen werden". Jetzt nahm er das Geständnis, dass dies eine Aenderung sei, insofern zurück, als er die Behauptung aufstellte, dass fast überall das Volk je etwas in seiner Sprache gesungen (§. 4). Dies war jedenfalls zu viel behauptet [2]). Die Verschiedenheit der Aussagen aber lässt sich vielleicht daraus erklären, dass Melanthon das Bekenntnis ursprünglich als Sächsische Confession abfasste und für dies Kirchengebiet mochte jene erste Aussage für die der Reformation unmittelbar vorhergehende Zeit volle Richtigkeit haben. In Augsburg hatte er reiche Gelegenheit, über die Gebräuche

---

bis et sacramento, sed etiam gestibus ac vestibus sacris in ecclesia catholica repraesentatur; sed in memoriam victimae ecclesia offert denuo eucharistiam in mysteriis Deo, patri omnipotenti.

1) Vgl. Symbol. Bücher S. 251 §. 14.

2) Vgl. Hoffmann von Fallersleben, Geschichte des deutschen Kirchenliedes bis auf Luthers Zeit, 2. Aflg. S. 370.

weit herum in Deutschland und ausserhalb des Reiches Erkundigungen einzuziehen und mochte dadurch seine neue Behauptung für begründet erachten.

Als zweiten Punct erwähnte er, dass man nur die öffentliche Messe halte, wenn das Volk mit communicire. Das sei aber auch keine Neuerung, wie noch hinlängliche und klare Spuren aus der altkirchlichen Zeit bekundeten (§. 6—8). Dann gieng er über auf den von den Gegnern versuchten Nachweis, dass die Messe ein Opfer sei, und erwiederte, sie hätten eben nicht nachgewiesen, dass dieselbe als ein vollzogenes Werk *(ex opere operato)* Gnade ertheile und in ihrer Hinwendung auf Andere diesen Vergebung der Sünden, der Schuld und Strafe erwerbe. Das sei aber die eigentliche Hauptfrage, um die sich Alles drehe. Und da habe man zu beachten, dass die Gegner, wenn sie vom Opfer redeten, mit dem Worte spielten und so die Sache verdeckten[1]) (§. 9—15). Gegen diese Bezeichnung des Streitpunctes eiferte später besonders Cochleus[2]). So werde in der Römischen Kirche nicht von der Messe gelehrt. Vielmehr darum handle es sich, dass jene Lehre, die Messe sei eine Darbringung und ein Opfer, was von den Lutheranern, Zwinglianern, Anabaptisten und andern Abtrünnigen geleugnet werde. Zudem lehre man, dass die Messe ein gutes Werk sei[3]). Aber eben seine hieran geknüpften Ausführungen zeigen, dass Melanthon mit seiner Angabe des Kernpunctes Recht hatte und Cochleus sich im Irrthum befand. Was dieser als den Hauptwerth der Messe bezeichnete, ihre Eigenschaft als an Verdienstlichkeit und Wirkungskräftigkeit alle andern überragendes gutes Werk, eben das brandmarkte Melanthon als den schnödesten Misbrauch, als schlechthin zu beseitigende Verirrung. Cochleus hielt sich an den Ausdruck *opus operatum* und meinte, dass die Messe ein solches sei und *ex opere operato* wirke, lehrten ja die Lutherischen auch. Wer das leugne, trete einfach in die Reihe der

---

1) Zu §. 14 vgl. *C. R. 2, 209,* wo wörtliche Uebereinstimmung.
2) *Andr. Fabricii Harmonia p. 473.*
3) *Nos praeterea dicimus et firmissime credimus et verissime affirmamus missam esse bonum opus, a Christo institutum, ab apostolis et omnibus s. sacerdotibus tot retro saeculis pie et salubriter usitatum, et in universa Christi ecclesia in hanc usque diem rite observatum atque utiliter pro fidelibus Christi tam vivis quam pro mortuis celebratum, quo nullum est sanctius, religiosius, salubrius et Deo gratius et magis acceptum sub sole in toto orbe terrarum.*

Donatisten [1]). Aber er hatte hier nur das Verhalten des verwaltenden Priesters zum Sacramente im Auge, nicht wie die Evangelischen, wenn sie die Wirkung *ex opere operato* verwarfen, das Verhalten des Empfängers zum Vollzuge des Sacramentes, das Fehlen des aneignenden Glaubens.

Um dann den Gegnern das Spielen mit einem mehrdeutigen und nicht recht erklärten Worte abzuschneiden, verfuhr Melanthon streng methodisch und erläuterte den Opferbegriff [2]). Der Darbringungen oder Opfer gebe es nur zwei Arten, nämlich das Sühnopfer und das Dankopfer. Erstere Art finde ihre Wahrheit allein im Opfer Christi; nur dieses versöhne wirklich. Alle andern Opfer seien Dankopfer; hierhin gehöre aber im Grunde das ganze christliche Leben, die Früchte des Glaubens. Von einem sühnenden Werke oder Opfer könne seitens des Christen keine Rede mehr sein. Dagegen spreche die ganze Schrift im alten wie im neuen Testamente (§. 16—30). Auch die von den Gegnern angeführten Stellen würden nur richtig verstanden, wenn man erkenne, dass sie vom Dankopfer des christlichen Lebens, des Leidens und des Bekennens redeten (§. 31—40). Es müsse also eine Verläumdung genannt werden, dass bei den Evangelischen das immerwährende Opfer abgeschafft sei. In Wirklichkeit stehe dies bei ihnen weit besser in Uebung als bei den Gegnern, denn diese hätten nur die Cäremonie beibehalten und sachlich etwas ganz Anderes, ein Verwerfliches, untergeschoben, so dass man gerade bei ihnen den Gräuel der Verwüstung finde, von dem Daniel schreibe [3]). Bei den Evangelischen dagegen sei der rechte Brauch des Sacraments und die Predigt des Evangeliums und auch im Aeussern vernachlässige man nichts (§. 41—51). Hieran knüpfte Melanthon die Erläuterung noch einiger von den Confutatoren angezogenen Schriftstellen (§. 52—59), um dann

---

1) *Recte dicimus ac docemus, missam secundum se ex opere operato semper valere et bonam esse, etiamsi sacerdos celebrans missam non sit bonus, sed indigne celebrans et re sacratissima abutens judiciumque sibi manducans et bibens.*

2) *Genus: caeremonia vel opus sacrum.*
    Species: 1) *sacramentum, opus in quo Deus nobis aliquid exhibet.*
        2) *Sacrificium, opus quod nos Deo reddimus.*
    Sacrificii duae species: 1) *propitiatorium;*
        2) εὐχαριστικόν.

3) Dies hatten die Confutatoren von den evangelischen Gebieten gesagt; *C. R. 27, 152.*

mit wenigen zusammenfassenden Worten den Beweis abzuschliessen, dass die Messe nach der Schrift nicht *ex opere operato* vor Gott gerecht mache und nicht als etwas Verdienstliches für Andere könne dargebracht werden. Die neue mönchische[1]) Lehre der Gegner mit den vielen sich daran anschliessenden Misbräuchen lasse sich mit keinem Worte aus der Schrift vertheidigen (§. 60—65). Aber auch auf die Väter dürfe man sich für sie nicht berufen. Im Allgemeinen widerspreche dem schon, dass bei den Vätern die Erdichtung von der Verdienstlichkeit eines blos vollzogenen Werkes nicht vorkomme. Die volle Widerlegung gab Melanthon dann, indem er den rechten Gebrauch des Sacramentes und in wiefern dasselbe etwa als Opfer gelten könne, darlegt (§. 68—74)[2]), und dann zeigte, dass eben hiermit die Väter übereinstimmten (§. 75—77). Anlass zu einer längern Abschweifung bot noch die Berufung der Gegner auf den Namen der Messe[3]). Melanthon entwickelte, dass daraus ebenso wenig für die Verdienstlichkeit der Messe etwas folge wie aus dem griechischen Kanon (§. 78—88). Den Schluss endlich machte die Widerlegung der gegnerischen Behauptung, dass die Messe auch den Todten helfe und sie aus dem Fegfeuer befreien könne (§. 89—96). Dabei gieng er über die Frage, ob es ein Fegfeuer gebe, in einer Weise, die einer Läugnung gleichkam, hinweg[4]). Für die Verwerflichkeit der Seelenmessen aber war ihm der entscheidende Grund das gänzliche Schweigen der Schrift darüber.

Vergleicht man nun den Artikel des Bekenntnisses mit dem der Apologie, so scheint der letztere sachlich in der That die eine Erweiterung zu bieten, dass in ihm die Messe auch ein Dankopfer genannt wird (§. 38 u. 74). Bei den Verhandlungen in Augsburg hatten die evangelischen Theologen dies Zugeständnis verworfen als immerhin gefährlich. Jetzt scheute sich Melanthon nicht mehr es zu machen, nachdem er so scharf und

---

1) Zu §. 62 vergl. *C. R. 2, 209*.

2) In dem *dicemus et nos* §. 67 wird nicht das *nos* zu betonen sein, indem man dann keinen rechten Gegensatz hätte; der Ton liegt vielmehr auf *de usu sacramenti*. Hierauf blickt dann §. 75 zurück. Zu §. 68 vgl. *C. R. 2, 208*. Darnach sind die *quidam belli homines* die Zwinglianer.

3) Zu §. 80 vgl. *C. R. 2, 215*.

4) Zu §. 90 vgl. Luthers Widerruf vom Fegfeuer von 1530, WW. 31, 184 ff., eine Schrift, die Mel. offenbar bei diesem Abschnitt vor Augen hatte, vgl. z. B. auch §. 95 mit Luther WW. 31, 205 u. 206.

rein alles Verdienstliche von dieser Art des Opfers abgeschieden hatte, und auch Luther widersprach dem nicht. Es war die Anerkennung Einer Seite der Sacramentsfeier, mit welcher zurückzuhalten nun kein genügender Grund mehr vorlag, welche auszusprechen vielmehr gerade für den Zweck der Apologie angemessen erschien.

Das Mönchsthum hat in der falschen Entwicklung der Kirche, welche diese einschlug, eine ganz nothwendige Stellung. Es musste bei der einmal herrschenden Anschauung vom geistlichen Leben zu einer solchen Gestaltung desselben kommen. Auch wird ja von keinem Verständigen geleugnet werden, dass die Mönche in der Blüthezeit des Klosterwesens Grosses geleistet haben, nicht blos im Dienste der Kirche, deren bevorzugte Werkzeuge sie waren, sondern auch zum Besten der allgemeinen Bildung, für die Erziehung der noch rohen Völker. Aber damit ist das Mönchsthum überhaupt noch nicht gerechtfertigt. Jene Entwicklung der Kirche war eine Entartung und so ist auch gerade das Eigenthümliche des Mönchswesens eine Verkehrung des Christlichen[1]). Erinnert man sich aber der bedeutenden Leistungen der Mönche in der Vergangenheit, so darf man dabei nicht vergessen, dass Gott auch der Fehler der Menschen sich bedienen kann und bedient, um durch sie Heilsames zu wirken. Sobald die Kirche zur evangelischen Wahrheit zurückzukehren und ihr ganzes Leben der Schrift wirklich zu unterstellen begann, musste das Mönchsthum fallen. Eine blose Reformation desselben nach der Schrift war und ist nicht möglich, weil es selbst der Schrift widerspricht. In der evangelischen Kirche haben Klöster mit durch unauflösliche Gelübde gebundenen Bewohnern keine Stätte. Der Gang der Reformation zeigte dies auch schnell und so konnte das Bekenntnis nicht umhin, es im **siebenundzwanzigsten** Artikel offen auszusprechen, dass „die Klostergelübde nicht und unbündig seien". Als Begründung dieses Urtheils diente nicht der Hinweis auf die allgemein gefühlte und beklagte Verkommenheit des Klosterlebens, sondern die Unchristlichkeit der Gelübde selbst, ihr Widerspruch gegen die Schrift und die Grundwahrheiten des Christenthums. Dies wollten freilich die Confutatoren nicht gelten lassen. Sie wiederholten in

---

[1] Nicht blos die Entartung des Mönchsthums, vielmehr die *vota monastica* selbst mit ihrem Grundgedanken; gegen Zöckler, die Augsburgische Confession S. 264 f.

weitläufigen Ausführungen alle die Gründe, die man bisher für die Gelübde und die Aufrechterhaltung des mönchischen Zwanges vorzubringen gewohnt war, und behaupteten einfach, es sei nichts von dem widerlegt¹). Aber eben diese ihre Vertheidigung musste den evangelischen Theologen wieder zeigen, dass sie durchaus Recht gehabt hatten, und das Auftreten der Mönche auch während des Reichstages bot ihnen wahrlich keinen Anlass, dieselben irgendwie zu schonen. Sie hatten keine erbitterteren Gegner als jene, bei denen es sich um das Dasein handelte ²).

Neues war an Gründen seitens der Evangelischen nicht wohl vorzubringen³). Es kam nur darauf an, das schon so oft Gesagte wieder möglichst klar so hinzustellen, dass es für die noch Empfänglichen Ueberzeugungskraft gewänne. Eigenthümlich ist die Einleitung des Artikels, die Erzählung von dem Franziskaner Johann Hilten, mit welcher Melanthon 1529 zu Marburg durch Friedrich Mykonius bekannt geworden war und der man in Wittenberg ziemliche Bedeutung beilegte⁴). Der an sich so unwichtige Bericht fand hier seine Stelle als Theil des Nachweises, dass der Fall des Mönchsthumes im Grunde Keinem unerwartet kommen könne. An Zeichen, welche dies voraussehen liessen, habe es bis in die Gegenwart hinein nicht gefehlt (§. 1—9). Als eigentlichen Streitpunct stellte dann Melanthon die Frage hin, ob die mönchischen Gelübde einem Christen erlaubt seien, um darnach die verneinenden Hauptgründe der Evangelischen zu nennen und bei Gelegenheit einige Einwendungen der Gegner zu widerlegen (§. 9—10). Zum Ersten ist kein Gelübde erlaubt, womit der Gelobende sich Sündenvergebung bei Gott verdienen oder für seine Sünde genugthun

---

1) *C. R. 27, 168*: *quamvis multa atque varia ex aliquorum suggestione in hoc articulo afferantur, omnibus tamen maturo consilio perpensis, quum vota monastica fundata sint in sacris literis N. et V. T. atque sanctissimi viri miraculis clari atque admirabiles in his religionibus cum multis millenis millibus vixerint atque tot saeculis per universum orbem christianum a catholica recepta sint ecclesia et approbata eorum vivendi instituta et regulae, nullo pacto tolerandum est, quod vota licentiose sine omni timore Dei solvantur.* Dies der entscheidende Anfang des Artikels der Confutation.

2) Vgl. oben S. 64 u. 90.

3) Man berief sich sogar im Bewusstsein, dass das dort Gesagte genüge, auf Luthers frühere Schrift *de votis monasticis*; vgl. meine Einleitung 1, 264; 2, 473.

4) Vgl. de Wette 3, 514; *C. R. 1, 1108*; aus späterer Zeit 7, *1007*.

will. Darauf zwecken aber die Mönchsgelübde ab (§. 11—20). Zum Andern sind Gehorsam, Armuth und Ehelosigkeit nur leibliche Uebungen; im Mönchsthume aber werden sie ohne Schriftwort zu einem Gottesdienste gemacht[1]). Man erhebt sie zum höchsten Thun als Erfüllung der evangelischen Räthe und misst ihnen bei, dass sie das ewige Leben verdienen[2]). Neuerdings haben einige der Gegner wohl etwas besonnener geredet und das Mönchsleben nicht den Stand der Vollkommenheit, sondern den Weg zur Vollkommenheit genannt. Aber das letztere soll bei Christen jeder Lebensberuf sein, und die Verdienstlichkeit des Klosterlebens halten auch jene noch immer fest. Sie berufen sich wohl darauf, dass man die Welt verlassen soll. Um jedoch dem Wort des Herrn recht zu folgen, muss man solches nicht selbstwillig thun, sondern soll warten, bis Gott dazu aufruft (§. 21—50). Zum Dritten ist das Gelübde der Ehelosigkeit ein widernatürliches und darum in sich unberechtigtes (§. 51—52). Zum Vierten machen die vielen im Klosterleben herrschenden Gottlosigkeiten, deren man sich nicht mitschuldig machen darf, vom Mönchsstande frei (§ 53—56). Zum Fünften dienen Vielen die Kanones selbst als genügender Grund zum Austritte (§. 57). An diese Aufzählung der Gründe, aus denen man mit gutem Gewissen das Klosterleben verlassen könne, schloss Melanthon dann noch die Besprechung einiger Haupteinwürfe der Gegner (§. 58—68), und wies in kurzem Schlussworte noch einmal auf das eigentlich Entscheidende hin (§. 69—70). Das Mönchsleben ist ein selbstgewählter Gottesdienst, der sich nicht auf die Schrift stützen kann. Es ist ein Leben, welches geführt wird mit der Absicht, darin etwas besonders Vollkommenes zu leisten und mit ihm die Seligkeit sich zu verdienen. Damit war und ist sein Urtheil gesprochen; für alle „christlichen frommen Herzen" brauchte man nichts Weiteres hinzuzufügen. Die Gegner aber, die in der Werkgerechtigkeit und dem Streben nach eigenem Verdienst keine Sünde, sondern das rechte christliche Verhalten sahen, wurden auch durch das Gebotene nicht überzeugt. In ihren Gegenschriften gegen die Apologie vertheidigten sie das Mönchsleben in seinem ganzen Umfange und mit seinem Grundschaden[3]). Ueber die Mönchsgelübde war, wie schon Eck

---

1) WW. 40, 321; 48, 106,
2) WW. 43, 3.
3) Vgl. die sehr weitläufigen Erörterungen bei *Andr. Fabricius, Harmonia* p. 509—551. Ganz ohne Scheu wiederholt da p. 514 Johannes a Daventria: *quod docent monachi, monasticam vitam mereri remissio-*

in seinem Augsburger Gutachten bemerkte [1]), keine Verständigung möglich [2]); und sie wird nie möglich sein.

Die meisten Artikel des Bekenntnisses haben in der Apologie, wie Zweck und Veranlassung der letzteren begreiflich macht, eine etwas ausführlichere Behandlung erfahren. Der **achtundzwanzigste** Artikel dagegen, **von der Bischöfe Gewalt**, ist verkürzt. Dies erklärt sich hinlänglich daraus, dass die im Bekenntnis berührten Gegenstände theilweise schon in Artikel 14 und 15 der Apologie genügende Erledigung gefunden haben. — Der Artikel des Bekenntnisses beginnt mit der Unterscheidung der geistlichen und der weltlichen Gewalt, bestimmt den Inhalt und die Grenzen der ersteren und folgert daraus, dass sie die letztere weder störe noch hindere (§. 1—19). Er sagt ferner, dass der geistlichen Gewalt Gehorsam zu leisten sei, wenn sie sich auf das beschränke, was ihr zukomme, während man ihr bei Ueberschreitung ihrer Grenzen Widerstand zu leisten habe. Wo sie in Sachen, die ihr kraft menschlicher Rechte überlassen seien, sich säumig bezeige, gebühre es der weltlichen Gewalt, solches sich anzunehmen (§. 20—29). Vornehmlich wird dann gezeigt, dass die Bischöfe kein Recht haben, irgend Cäremonien als nothwendigen Bestandtheil gottesdienstlicher Uebung aufzuerlegen; das widerspreche der Schrift und hebe die christliche Freiheit auf. Sobald sie sich beschieden, die Gewissen nicht durch solche Gesetze zur Sünde zu zwingen, sei man bereit, ihnen allen Gehorsam zu leisten (§. 30—78).

Die Confutatoren erklärten sich mit besonderem Nachdruck gegen den letzten Punct. Sie verlangten zwar auch, dass dem Klerus alle bisherigen Privilegien und Rechte erhalten würden; aber am meisten lag ihnen doch daran, die geistliche Gewalt in dem Umfange, in welchem man sie in Rom verstand [3]), unbeschränkt und ungehemmt zu bewahren. Man erkannte die

---

nem peccatorum et justificationem, evangelicae doctrinae nihil adversatur, immo sacris literis undequaque consonum est. Etwas zurückhaltender äussert sich Cochleus p. 522 und 525, und Alphons Virves p. 542. Dass das Mönchsleben der Stand der Vollkommenheit sei, bleibt stehen, p 525.

1) **Coelestini** *Histor. Comit.* 3, 37ª.
2) Luther behandelte bald darnach die Frage noch einmal sehr scharf, WW. 31, 270 ff., als er sich gegen den von Herzog Georg ihm gemachten Vorwurf des Eidbruchs zu vertheidigen hatte.
3) Vgl. **meine Einleitung** 2, 478 ff.

Gefahr, welche von hier aus der ganzen römischen Hierarchie drohte. Diese brach zusammen, wenn sie die Beschränkung ihres göttlichen Rechtes zugestand, welche im Bekenntnis als die schriftgemässe verlangt war. Eck bemerkte in seinem Gutachten: „dieser Artikel würde den Nerv der kirchlichen Zucht durchschneiden, alle Ordnung aufheben und Ungehorsam und Empörung begünstigen",[1]).. Und bei den Verhandlungen in Augsburg wollten die Römischen, wie sich oben zeigte [2]), als die Grundlage erst den Satz festgestellt wissen, dass die Bischöfe das Recht hätten, allgemein verbindliche Kirchengesetze zu erlassen. Nur wenn dies anerkannt sei, könnten sie auf Verhandlungen über die andern als misbräuchlich getadelten Puncte eingehen. So war es natürlich, dass Melanthon bei seiner Antwort auch vornehmlich diese Frage in's Auge fasste. Er wies kurz zurück, dass man im Bekenntnis die Freiheiten, Vorrechte und Besitzthümer der Geistlichen angegriffen habe (§. 1—2). Statt so grundlos zu klagen hätten die Gegner lieber auf die begründeten Klagen über die schlechte geistliche Amtsführung achten und da Abhülfe schaffen sollen (§. 3—5). Der eigentliche Streitpunct bleibe nun, ob die Bischöfe Macht hätten, Gesetze zu geben, deren Erfüllung das ewige Leben zu verdienen helfe. Dies hätten die Gegner wieder, ohne es zu beweisen, behauptet (§. 6). Als entscheidend stellte er dem entgegen, dass der Mensch nur durch den Glauben um Christi willen Vergebung der Sünden empfange und dass alle Menschensatzungen nichts nütze seien, Gott zu versöhnen. Darum sei ein solches Recht, wie es für die Bischöfe beansprucht werde, schlechthin in der christlichen Kirche undenkbar. Die geistliche Gewalt sei durch das Wort Gottes bestimmt und begränzt; in ihm liege die Norm, wonach sie gehandhabt werden solle. Dabei bleibe den Bischöfen das Recht, zur Aufrechterhaltung der Ordnung Gesetze zu erlassen, durchaus unbenommen, nur sollten sie die Gewissen nicht verstricken (§. 7—16). Hieran fügte Melanthon die Widerlegung einiger von den Gegnern angezogener Beweisstellen und erwähnte zum Schluss den Vorwurf, dass die evangelische Lehre Spaltung in der Kirche angerichtet habe (§. 17 bis 27).

---

1) *Coelestini Histor. Comit. 3, 37*ª: *articulus septimus discordat cum ecclesia, quia aufert ei regimen et potestatem statuendi pro subditis, ut ordinentur in vitam aeternam, quae potestas semper fuit in ecclesia.* Aehnlich C o c h l e u s, *ibid. 2, 241*ᵇ.

2) Vgl. oben S. 49.

Man sieht, der Artikel ist in der That sehr einfach und klar und nicht so geheimnisvoll, wie man ihn genannt hat, um allerlei aus ihm herauslesen zu können [1]). Auch hier ist von einem reformatorischen Verfassungsideale gar keine Rede. Es handelt sich lediglich um den Nachweis, dass die Vertreter der geistlichen Gewalt, die Inhaber der *jurisdictio ecclesiastica*, kein Recht haben, Ordnungen zu erlassen, deren Innehalten zur Seligkeit heilsam, deren Verletzung eine von der Gnade ausschliessende Sünde sei. Zu diesem Nachweise genügte die Erinnerung an die evangelische Grundlehre von der allein Gerechtigkeit und ewiges Leben schenkenden Gnade. Mit ihr stand jenes für die Bischöfe beanspruchte Recht in unauflösbarem Widerspruch. Wenn Melanthon noch den andern Gegengrund hinzufügte, Menschensatzungen seien nichts nütze und ihre Erfüllung helfe bei Gott nichts, so entzogen sich die Gegner dem leicht auf Grund ihrer Lehre, dass der Geist Gottes ebenso allezeit in den Bischöfen wie einst in den Aposteln gesetzgebend wirke, dass also die Verordnungen der geistlichen Gewalt keine Menschensatzungen, sondern auch göttliche Gebote seien. Diesem letzteren begegnete die Vertauschung des Ausdrucks „Menschensatzungen" (§. 6), mit dem andern „Satzungen ausser des Evangelii" (§. 9), also der Rückgang auf die Schriftautorität. Aber für die vorliegende Frage war die Entscheidung erst vorhanden durch Erinnerung daran, dass auch in der Schrift keine Gebote zum Erwerben der Gerechtigkeit und Seligkeit gegeben seien, durch Rückgang auf die Lehre von der Rechtfertigung aus Glauben. Erst sie schneidet dem Römischen Episkopat die Wurzeln ganz ab.

Auch hier ward den Bischöfen wieder Unterwerfung unter ihre Obergewalt angeboten, wenn sie dieselbe nicht zur Gefährdung der Seelen misbrauchen und das Evangelium freilassen wollten; aber das Zugeständnis beruhte nicht auf der Voraussetzung, dass die bischöfliche Verfassung die allein richtige, die im göttlichen Worte vorgeschriebene kirchliche Gliederung sei. Vielmehr bemerkte Melanthon ausdrücklich, dass man die

---

1) Ebenso steht es mit dem ersten Entwurf des Artikels, *C. R. 27, 310 sqq.* Dort wird unterschieden zwischen *potestas ecclesiastica* und *ecclesiastica politia et gradus in ecclesia.* Dann heisst es: *quid sentiamus esse potestatem ecclesiasticum juxta evangelium, exposuimus in confessione nostra. Est enim mandatum de evangelio docendo, de administratione sacramentorum, de remittendis et retinendis peccatis. Haec potestas partim ordinis partim jurisdictionis appellatur.*

politia canonica, also die hierarchische Organisation der Kirche, nur nicht tadele, sie in ihrem Werth lasse (§. 12). Er betonte, dass die darin den Bischöfen angewiesene Stellung nicht der Schrift entstamme, sondern eine rein menschliche Ordnung sei[1]), und zeigte, dass das Thun, welches das Evangelium ihnen zuweise und welches den eigentlichen Inhalt ihres Amtes ausmache, ein ganz anderes sei, nämlich das Thun des Predigtamtes. Es darf hier am Schlusse der Apologie noch einmal wiederholt werden: das Bekenntnis bezeichnet nicht irgend eine Form der Verfassung als nothwendig.

Der letzte Satz wendet sich zum Anfange zurück. In der Vorrede war über die Behauptung der Gegner geklagt, dass der Evangelischen Bekenntnis aus der Schrift widerlegt sei. Jetzt am Ende seiner mühsamen Arbeit konnte Melanthon in getroster Zuversicht erklären, man überlasse allen Gottesfürchtigen und Frommen das Urtheil über die Wahrheit jener Behauptung.

3.
Nächste Geschichte der Apologie.

Im April des Jahres 1531 erschien die von den Freunden Melanthons sehnlich erwartete[2]) Apologie im Drucke, eine Quartausgabe, und zwar gemeinsam mit der ersten von ihm selbst veranstalteten Ausgabe des lateinischen und deutschen Bekenntnistextes. Aber obwohl er lange und ernst an ihr gearbeitet hatte, war er doch mit seinem Werke noch nicht ganz zufrieden, sondern begann gleich nach Vollendung des Druckes mit einer neuen Ueberarbeitung. Schon am 7. Juni theilte er Brenz mit[3]), dass abermals gedruckt werde und dass er sich bemühe, die Lehre von der Rechtfertigung noch klarer darzu-

---

1) Vgl. *C. R. 2, 376* v. September 1530: *jurisdictio et obedientia sacerdotum tantum sunt res politicae, quae episcopis consuetudine et ordinatione humana debentur. Igitur merito reverentia et honor aliquis illis fuit exhibitus.*

2) *Spengleriana*, herausgeg. von M. M. Mayer, S. 80: „wir warten mit Begierden — der nützlichen Philippi apologia." Br. Spenglers an Veit Dietrich v. 3. Febr. 1531. Ebend. S. 85: „Alle gutherzigen Christen warten Philippi Melanchthons Apologia, davon man nun so lang gesagt hat, mit freuden. So hör ich auch Doctor Luther stee in arbait dieselben Apologiam Teutsch in Druck zu geben." Br. v. 22. Apr.

3) *C. R. 2, 504, 506.*

stellen¹), und um die Mitte des September konnte er die neue Octavausgabe als Geschenk versenden.²). In diesen beiden ersten Ausgaben erschien zunächst nur der lateinische Text der Apologie. Man behauptet zwar gewöhnlich das Gegentheil³); allein diese Behauptung beruht auf einem Irrthum. Man hat sich dadurch täuschen lassen, dass auf dem Titel der ersten Sammlung steht: lateinisch und deutsch. Aber man hat kein Recht, hieraus den Schluss zu ziehen, dass auch die deutsche Uebersetzung der Apologie gleich mit erschienen sei. Es wäre das ein ähnlicher Fehler wie die andere aus dem Titel jener Sammlung gemachte Folgerung, dass schon im Jahre 1530 die erste von Melanthon selbst veranstaltete Ausgabe des Bekenntnisses in die Hände der Leute gekommen sei. Der etwa im November 1530 gedruckte Titel lautet:

CONFESSIO FIDEI
exhibita inuictiss. Imp. Carolo V.
Caesari Aug. in Comicijs
Augustae.
Anno
M. D. XXX.
Addita est Apologia Confessionis.
Beide, Deudſch
vnd Lateiniſch.
Psalm. 119.
Et loquebar de testimonijs tuis in conspectu Regum, & non confundebar.
WITEBERGAE.

Dieser Titel⁴) besagt, dass Melanthon damals, also im November 1530, beabsichtigte, zugleich mit dem lateinischen auch den deutschen Text der Apologie zu veröffentlichen. Und das erscheint nur als natürlich. Hatte Melanthon doch auch den ersten Entwurf, der noch in Augsburg dem Kaiser angeboten ward, gleich in beiden Sprachen verfasst. Aber nun ward ihm

---

1) Vgl. oben S. 122.
2) *C. R. 2, 540.*
3) Auch der so genaue Bindseil, *C. R. 26, 235.*
4) Der verwunderliche Umstand, dass in dieser Ausgabe das erste Blatt von Bogen G, mit welchem die Apologie beginnt, Druckfehlerberichtigungen für die späteren Bogen R und T bringt, erklärt sich daraus, dass die ersten Bogen der Apologie umgedruckt wurden; vgl. oben S. 111.

während des Druckes der lateinische Text unter den Händen ein ganz anderer und die Veröffentlichung zog sich über Erwarten hinaus. Erst nach Ablauf eines halben Jahres war der Druck vollendet und da konnte es nicht als gerathen erscheinen, das Ausgeben des Buches noch der deutschen Uebersetzung wegen zu verzögern. Es würde mehrere Monate gekostet haben, da Melanthon während der Arbeit am lateinischen Texte natürlich nicht ins Deutsche hatte übersetzen können. Er hätte damit erst jetzt beginnen können und die Uebersetzung wäre dann erst noch zu drucken gewesen. Den Evangelischen aber musste daran gelegen sein, möglichst bald mit ihrer Vertheidigung aufzutreten, besonders auch vor den auswärtigen Nationen, welche man davon abhalten wollte, dem Kaiser etwa Beistand zu leisten. Für diesen letzten Zweck war eine deutsche Uebersetzung ohnehin überflüssig. Die deutsche Bearbeitung jenes Entwurfes der Apologie aber konnte man nicht mehr mitdrucken, da sie in keiner Weise zum jetzigen lateinischen Texte passte. So liess man denn zunächst diesen mit dem Bekenntnisse allein ausgehen [1]).

---

[1]) Ich möchte vermuthen, ohne es doch noch sicher beweisen zu können, dass von dem lateinischen Text in der Quartausgabe zunächst nur wenige Exemplare, etwa an Freunde, verschickt wurden. Die Ausgabe, welche der Kurfürst von Mainz im November 1531 an den Kaiser schickte, war nach den *Monum. Vatic. p. 91*, die Octavausgabe. Der Kurfürst wird aber die erste Ausgabe erhalten und überschickt haben, die dem grossen Publicum zugänglich ward. Ferner begann Cochleus, der ja von Kampfbegier brannte, mit seinen Gegenschriften im October 1531, wo die Octavausgabe und die vollendete Quartausgabe eben erschienen waren. Er schreibt am 6. Oct. 1532: *contra Apologiam Phil. Mel. scripsi ante annum Philippicas tres, quas protinus edere intendebam*. Man sieht, er hatte es eilig. Da er in Dresden lebte, musste er Alles, was in Wittenberg erschien, bald zu Gesicht bekommen So liegt der Schluss nahe, dass vor dem September 1531 nichts von der Apologie in die Oeffentlichkeit und unter das Volk kam. Wenn der Landgraf von Hessen am 7. Oct. 1531 an die Vermittler schreibt: *nostre confession et apologie dicelle* (Lanz, Correspondenz des Kaisers Karl V., 1, 556), so ist damit offenbar die in Augsburg überreichte, noch nicht die gedruckte gemeint. Nur durch obige Annahme erklärt sich auch der sonst so auffällige Umstand, dass von der Quartausgabe ohne deutschen Text, die im April 1531 erschienen sein müsste, kein Exemplar mehr vorhanden ist. (Doch vgl. *C. R. 26, 253*). Ist meine Vermuthung richtig, so bleibt immerhin die Quartausgabe die *editio princeps*, wennschon die Octavausgabe mit dem verbesserten lateinischen Texte einige Tage früher veröffentlicht ward.

Der deutsche Text, welcher bald darnach auch der ersten Quartausgabe in gleichem Formate, aber mit neuer Bogenzählung beigefügt ward, beruht auf dem lateinischen Texte der zweiten, der Octavausgabe, konnte also vor der Vollendung dieser gar nicht gedruckt werden. Die Octavausgabe erhielt allein den lateinischen Text und gieng aus vor Vollendung des Druckes der Uebersetzung. Wenigstens schickte Melanthon am 14. September dem Markgrafen Georg von Brandenburg die „neuerlich wieder ausgegangene und gebesserte" Apologie [1]) und schrieb doch am 26. September einem Andern, dass die Drucker in Wittenberg noch mit der deutschen Apologie beschäftigt seien [2]).

Man hat nun, durch einige Stellen in Melanthons Briefen veranlasst, die Meinung ausgesprochen, dass Luther daran gedacht habe, eine deutsche Uebersetzung der Apologie zu liefern. Aber mit Recht ist diese Meinung schon von verschiedenen Forschern als eine irrthümliche zurückgewiesen [3]). Der einfache Wortlaut jener Briefstellen führt darauf, dass Luther eine selbständige Arbeit über denselben Gegenstand beabsichtigte. Auf seine Schriften über den Reichstagsabschied und die wider den Meuchler zu Dresden können sich nämlich jene Worte nicht beziehen, da alle diese damals bereits herausgekommen waren. Luther scheint den Gedanken gefasst zu haben, als er Melanthons Apologie las [4]). Wie er die Confession eine Leisetreterin genannt hatte, wird ihm auch diese Vertheidigung derselben eine zu milde und sanfte gewesen sein. Er meinte, solche Gegner müsse man nicht „mit Baumwolle angreifen". Allein seine Absicht kam trotz des Mahnens der Freunde wie z. B. Spalatins [5]) nicht zur Ausführung; er war noch auf länger hinaus zu sehr durch andere Dinge in Anspruch genommen [6]). Aber selbst wenn Luther damals eine solche Schrift verfasst hätte, so wäre Melanthon dadurch von der ihm zustehenden Aufgabe nicht befreit worden. Er arbeitete nicht nach seinem Belieben, sondern im Auftrage der evangelischen Stände, zu-

---

1) *C. R. 2, 540.* Möglich ist immerhin, dass Mel. hier nur so zu sagen Aushängebogen übersandte.
2) *C. R. 2, 541.*
3) *C. R. 28, 5.*
4) *C. R. 2, 494* v. 8. April: *Lutherus nunc instituit apologiam Germanicam;* ebenso 2, 501: *nunc instituit etiam germanicam ἀπολογίαν.* Vgl. oben S. 236 Anm. 2.
5) de Wette 4, 310.
6) Vgl de Wette 4, 237, 312, 323, 331.

nächst des Kurfürsten von Sachsen, und ein Stück dieser ihm aufgetragenen Arbeit war auch eine deutsche Apologie. Als der Druck des lateinischen Textes vollendet war, musste er daran denken, möglichst bald auch den deutschen folgen zu lassen. Nun war aber auch jetzt durch den Neudruck des lateinischen Textes, an welchem er besserte, seine Zeit sehr gekürzt. Da konnte es ihm nur erwünscht sein, wenn er Hülfe erhielt. Und noch in anderer Beziehung musste er über solche Hülfe sich freuen. Das Bekenntnis hatte er gemeinsam mit den andern in Augsburg anwesenden evangelischen Theologen gearbeitet und auch den ersten Entwurf der Apologie werden diese vor der Ueberreichung gelesen und gebilligt haben. Den für den Druck bestimmten Text aber musste er dann allein abfassen, was er deshalb auch in der in seinem Namen beigefügten Vorrede aussprach [1]). Wenn er jetzt für den deutschen Text einen Gehülfen fand, so war ihm das eine Stärkung und gegen etwaige Anfechtungen ein Schutz. Dieser Gehülfe war der im Uebersetzen so gewandte Justus Jonas [2]), dem Melanthon selbst in Feinheit und Deutlichkeit des deutschen Ausdruckes gern den Vorrang einräumte. Jonas war es nicht gewohnt, sich dabei sklavisch an das Wort zu binden, sondern übersetzte frei. So that er auch hier. Sodann folgte er nicht dem schon gedruckten Texte, sondern hielt sich mehr an den eben unter der Presse befindlichen der zweiten Ausgabe. Und endlich liess er es geschehen, dass Melanthon selbst an der Uebersetzung noch fortwährend änderte und besserte. So ist es gekommen, dass der deutsche Text sich von dem lateinischen, dem er beigefügt ward, an manchen Stellen nicht unbedeutend unterscheidet. Die Uebersetzung ward nämlich, wie erwähnt, nicht mit der zweiten, der Octavausgabe, verbunden, mit deren lateinischem Texte sie weit mehr stimmte, sondern mit der vorangehenden Quartausgabe. Und es hält nicht schwer, zu erkennen, warum dies geschah. Auf dem Titel der letztern war von vornherein auch der deutsche Text angekündigt [3]). So konnte die mit jenem Titel eingeleitete

---

1) *C. R. 2, 496. Quamquam initio Apologiam instituimus communicato cum aliis consilio: tamen ego inter excudendum quaedam adjeci. Quare nomen meum profiteor, ne quis queri possit, sine certo autore librum editum esse.*

2) Jonas war im März und April von Wittenberg abwesend, konnte sich also in der Zeit mit Uebersetzen nicht befassen; vgl. de Wette 4, 229, 230, 245; *C. R. 2, 493.*

3) In: „Beide, Deudsch und lateinisch", wird freilich „Beide" nicht

Sammlung nicht wohl abgeschlossen werden ohne Hinzufügung auch der deutschen Bearbeitung. Am Schlusse des lateinischen Theiles steht:

F I N I S.
Impressum per Georgium Rhau.
M. D. XXXI.

Diesen lateinischen Theil liess Melanthon, wie schon erwähnt, wahrscheinlich zuerst allein ausgehen, um das nächste Bedürfnis zu befriedigen; aber der andere Theil musste dann in demselben Formate folgen; ja möglicher, obwohl mir nicht wahrscheinlicher, Weise ward der deutsche Text der Augustana, welcher ja fertig vorlag und gleichzeitig gedruckt werden konnte, auch gleich mit ausgegeben. Auf dem Titel dieses war dann aber wieder die Uebersetzung auch der Apologie versprochen und erst mit ihrem Drucke war die ganze Sammlung vollendet [1]). Dies letztere mochte etwa im October 1531 der Fall sein, so dass die ganze Arbeit fast ein Jahr kostete. Melanthon hatte keine Mühe gespart, um etwas möglichst Vollkommenes zu liefern und die bald laut werdenden Urtheile der Feinde wie der Freunde zeigten, dass ihm Grosses gelungen war.

Die besten Stimmungsberichte aus den Römischen Kreisen giebt uns Cochleus, der vielgeschäftige, aber erfolglose theologische Vorkämpfer Roms in Deutschland. Zwei vertrauliche Briefe desselben an Lorenz Truchsess von Pommersfelden, Domdechant zu Mainz [2]), lassen in erwünschtester Weise auch die nächsten Wirkungen der Apologie erkennen. Wir sehen daraus,

---

auf *Confessio* und *Apologia* gehen, sondern auf „Deudsch und lateinisch"; aber das Ganze: „Beide, deudsch und lateinisch" gilt offenbar für die zwei fraglichen Urkunden. Die Sammlung sollte einen lateinischen und einen deutschen Theil enthalten, wie denn auch dem lateinischen Texte der Augustana nicht der deutsche Text derselben, sondern erst der lateinische Text der Apologie folgt.

1) Für alle weiteren literargeschichtlichen Fragen ist auf die äusserst genauen Untersuchungen von Bindseil im *C. R.* zu verweisen, von dem ich nur in der Einen Annahme abweiche, dass die *editio princeps* der beiden Bekenntnissschriften zunächst unvollständig, d. h. jedenfalls ohne den deutschen Text der Apologie erschien; vgl. *C. R. 27, 381*. Für letztere Annahme vgl. schon J. C. Bertram, Litterarische Abhandlungen, Halle 1781 ff. Drittes Stück S. 187.

2) Abgedruckt bei Riederer, Nachrichten zur Kirchen-, Gelehrten- und Büchergeschichte, 3. Stück S. 330 ff. Die Briefe sind vom 6. Oct. und vom 27. Dec. 1532.

wie ganz besonders die Verfasser der Confutatio durch das Erscheinen der Apologie in Aufregung versetzt wurden. Sie fühlten sich vor aller Welt blos gestellt. Ihre eigne Arbeit, die Confutatio, war nicht veröffentlicht und konnte deshalb nach keiner Seite hin eine Wirkung ausüben. Dies Zurückhalten und Verheimlichen Seitens des Kaisers musste den Verfassern schaden und sie in der öffentlichen Meinung herabdrücken. Luther hatte es schon ausgesprochen, man habe nicht gewagt, die Confutatio auszugeben, weil sie gar ein so jämmerliches Machwerk sei. Und dass man sie immer noch dem Drucke entzog, musste als Bestätigung dieses Urtheils ausgelegt werden. Nun kam Melanthon mit einer so feinen und durchgearbeiteten Schrift und zeigte mit theilweise wörtlicher Anführung gegnerischer Stellen, wieviel Verkehrtes und Unchristliches die Verfasser der Confutatio geschrieben hätten. Dazu gieng ja durch seine ganze Arbeit das Bestreben, sie als die von der Kirche, auch der katholischen Kirche, Abgefallenen hinzustellen. Der von Melanthon in der Apologie geführte Schlag drohte für sie ein vernichtender zu werden.

Es war wohl natürlich, dass diese Männer den Wunsch hegten, die Confutatio möchte jetzt sobald als möglich veröffentlicht werden, damit man erkennen könne, ob die Verfasser derselben wirklich so ganz vom katholischen Glauben abgefallen seien. Der Kurfürst von Mainz schrieb deshalb im November 1531 an den Kaiser und bat ihn, zu verfügen, dass solche Veröffentlichung im kaiserlichen Namen geschehe [1]). Man habe dies ja schon in Augsburg ins Auge gefasst gehabt und müsse es nun, nachdem Bekenntnis und Apologie der Evangelischen erschienen, eiligst zur Ausführung bringen, um grösseres Uebel zu vermeiden. Die Confutation war einmal im Namen des Kaisers und der zu ihm haltenden Stände vorgelesen. So musste es als geboten erscheinen, darzuthun, dass sie nicht ein so ganz unkatholisches Machwerk sei. Und in der That war im nächsten Jahre auf dem Reichstage zu Regensburg, wie Cochleus berichtet, ernstlich davon die Rede. Johann Faber, Johann Eck, Wolfgang Redorfer und ein Vierter wurden beauftragt. Doch kam es auch jetzt nicht zum Drucke [2]).

---

1) Lanz, Correspondenz des Kaisers Karl V., 1, 602. Hierzu stimmt *Monumenta Vaticana*, ed. *Laemmer*, p. 91.

2) Vgl. *Monumenta Vaticana p. 140*. Den Grund davon erkennt man bei Buchholtz, Gesch. d. Regierung Ferdinands I, Bd. 4, 44. Die

Dann hörte man, dass die kaiserlichen Hoftheologen schon angewiesen seien, eine Widerlegung der Apologie Melanthons zu schreiben. Aber die Römischen in Deutschland erwarteten davon nicht viel; und wohl mit Recht. „Ich sehe nicht, bemerkt Cochleus, was jene trefflichen Männer gegen die Apologie werden schreiben können, sie, die keine Ruhe haben, immer dem wandernden Hofe des Kaisers folgen müssen und als Spanier die deutschen Schriften der Ketzer, in denen doch das meiste Gift steckt, nicht verstehen. Dazu weiss ich, wie wenig manche von ihnen zur Arbeit aufgelegt sind. Was soll ich davon denken? Ich fürchte sehr, dass der Teufel unsern Fürsten solche Gedanken eingiebt, damit nur gegen die Apologie, die deutsch und lateinisch überall verbreitet wird und schadet, nichts erscheine".

Unter solchen Umständen schien es richtig, ja nöthig zu sein, dass die Verfasser der Confutatio einzeln für sich auftraten, um sich zu rechtfertigen und Melanthon zu widerlegen. Und an ihrem Eifer lag es nicht, wenn auch auf diesem Wege zunächst so wenig geschah. Cochleus, der allezeit fertige, griff sogleich zur Feder und schrieb drei an den Kaiser gerichtete philippische Reden gegen die Apologie, denen er bald noch eine vierte hinzufügte, und ebenso scheint der in Würzburg lebende Bartholomäus Usingen, der frühere Lehrer Luthers, sich mit einer Gegenschrift beschäftigt zu haben. Aber als es dann zum Drucke kommen sollte, zeigten sich neue Schwierigkeiten. Schon das Widerlegen, klagte Cochleus, sei eine misliche Arbeit; denn schreibe man kurz, so riefen die Evangelischen, es sei nichts widerlegt; gehe man auf die Sache ein und entkräfte alle ihre Beweise, so würde das von nur Wenigen oder gar von Niemandem gelesen. Der schlimmste Uebelstand aber bestehe darin, dass alle Buchdrucker und Buchführer lutherisch seien [1]). Wenn also die Römischen etwas veröffentlichen wollten, so müssten sie es auf eigne Kosten thun. Er erzählt dem Lorenz Truchsess

---

kaiserlichen Unterhändler meldeten, Widerlegung der Apologie und Druck der Confutation würde den vom Kaiser gewünschten Abschluss des Religionsfriedens in Nürnberg hindern.

1) Ziemlich gleichzeitig, am 4. Apr. 1531, schrieb Oekolampad an Farel: *typographi hodie nihil minus quam rem Christi juvare student.* *Herminjard, Correspondance des Réformateurs dans les pays de langue française, 2, 326.* Es fand eben auf dem Büchermarkt eine Ueberfüllung mit Theologie statt.

von den bisher immer noch vergeblichen Mühen, die er mit seinen Gegenschriften gegen die Apologie gehabt habe. Da er für seine Reden in Leipzig keine Drucker fand und selbst kein Geld hatte, nahm er sie im März 1832 mit nach Regensburg, wohin er den Herzog Georg zum Reichstage begleitete[1]). Er zeigte sie dort dem Cardinal Campegius, der sie lobte und es ebenso sehr billigte, dass Cochleus, dem jene Reden zu weitläufig gerathen waren, an Ort und Stelle eine kürzere Widerlegung aufsetzte. Aber bei diesem Loben blieb es; Geld zum Drucke gab auch der Cardinal nicht her. Und doch schien die Veröffentlichung einer Gegenschrift so gar nöthig. Briefe aus Rom meldeten, dass die Apologie auch dort sehr Vielen wohlgefalle und dass man durchaus ein Gegengift brauche[2]). Der Pabst hatte dort den Cardinal Cajetan, der seit seiner Rückkehr vom Augsburger Reichstage sich mit Arbeiten gegen die Ketzer beschäftigte, beauftragte, etwas gegen das „Lutherische Gift" zu schreiben und der Cardinal kam dem mit Abhandlungen über einzelne Lehrpuncte nach[3]). Die beiden auf dem Regensburger Reichstage anwesenden Legaten aber meinten, auch von Deutschland her müsse etwas geschehen und forderten Cochleus auf, in der Kürze etwas Entsprechendes aufzusetzen. Er gehorchte und schrieb eine allgemein gehaltene Widerlegung, „Geplänkel gegen die Apologie"[4]), welche er dem kaiserlichen Prokanzler Granvella widmete und in Abschrift überreichte. Aber weder dies noch die Aufforderung der Legaten nützte ihm. Sie waren zufrieden, etwas nach Rom an den Pabst schicken zu können. Geld zum Drucke erhielt er abermals nicht[5]), sondern

---

1) *Monumenta Vaticana p. 108*: *il nostro Cochleo, vere pius, bonus et doctus*; Bericht Aleanders nach Rom. Weitere Empfehlungen desselben, *ibid. p. 119*.

2) Aleander hatte dies gleich von dem mit verlockendem Gifte erfüllten Buche gefürchtet und daher zu grosser Vorsicht gemahnt; *Monumenta Vaticana p. 91 und 122*; besonders auch Heine, Briefe an Kaiser Karl V, S. 257.

3) *Annales ecclesiastici, ed. Raynaldus, XX, 613*. Jäger, der Kampf Cajetans gegen die luth. Lehrreform, in der Zeitschr. für die histor. Theol. 1858, S. 455. Im Mai 1532 erschien der *tractatus de fide et operibus adversus Lutheranos*.

4) *Velitatio in Apologiam Philippi Melanchthonis*, vollendet im Juni 1532; im Drucke 5 Bogen.

5) *Ego exemplar unum tradidi Domino Grandvellae. Quid de eo amplius actum sit, ignoro. Credo tamen, repositum in sudarium, forsitan*

musste, was er geschrieben, missmuthig in der Mappe nach Dresden wieder mit zurücknehmen.

Cochleus begab sich dann nach Halle, wo er mehrere Gesinnungsgenossen wusste und fand dort, dass Michael Vehus und ein Predigermönch bereits etwas gegen die Apologie angefertigt hatten. Einen dritten, den bekannten Humanisten Crotus Rubianus, der sich jetzt Rom wieder zugewandt hatte, ermahnte er, gleichfalls zu schreiben [1]); und Crotus leistete solcher Ermahnung Folge. Aber auch von diesen Schriften gelangte keine unter die Presse. So stand es, als Cochleus jenen Brief an Lorenz Truchsess von Pommersfelden schrieb. Er hatte gehört, dass dieser eine Schrift des Bartholomäus Usingen gegen Melanthons Apologie auf seine Kosten zum Drucke befördern wolle und suchte ihn nun auf alle Weise in diesem guten Vorhaben zu bestärken. Truchsess möge des gedenken, dass Gott ihn so reich gesegnet habe und dass er von dem Empfangenen einst werde Rechenschaft ablegen müssen. Wolle er das Verliehene zur Ehre Gottes anwenden, so könne er jetzt nichts Besseres thun, als die Kirche in ihrem Kampfe gegen die Ketzer unterstützen. Er möge ihm etwas zum Drucke seiner Arbeiten gegen die Apologie schicken [2]). Allein auch hier fand Cochleus keine Erhörung; wenigstens klagte er im zweiten Briefe, mit welchem er dem Gönner ein eben veröffentlichtes Psalterium überschickte, noch eben so laut über dieselbe Noth [3]). Erst im Jahre 1534 gelang es ihm, einen Theil seiner Gegenschriften, jenes „Geplänkel" und die „Philippiken" an die Oeffentlichkeit zu bringen. Er eignete sie Polnischen Bischöfen zu, weil er hörte, dass viele Polen in Wittenberg studirten, und weil er fürchtete, dass von ihnen Luthers Lehre durch Melanthons Namen gedeckt in jenem Reiche

---

in latrinam (salva reverentia) et nihil amplius de eo cogitatum. Sic agitur in curiis Principum.

1) *C. R.* 2, 635.

2) *Habet hic circa Apologiam R. D. V. locum et opportunitatem bene merendi coram Deo et hominibus, si aliquid subsidii eam in rem conferre velit. Quod si libri commode vendi queant, poterat subsidium illud restitui. Nemo enim nostrum ex eo labore lucrum quaerit.*

3) *In Apologiam quoque Philippi scripsi multa et adhuc plura scribam Deo volente, sed quid prodest scribere, si edere non possim? Ad psalterii editionem vir unus, ut dixi, mutuavit 200 fl. Ad libros contra Lutheranos non scio, an reperire possim aliquem, qui mutuaret 20 fl. Hinc fit, ut pars nostra fere tota sileat, propter malitiam impressorum et negligentiam praelatorum.*

möchte eingeschleppt werden. Die Apologie zeige, dass Melanthon sich ganz von Luther habe gefangen nehmen lassen und dass auf einen Rücktritt desselben zur Römischen Kirche nicht mehr zu hoffen sei[1]). Durch seine Gelehrsamkeit, seine Schreibweise, seine angenommene Milde aber sei er ein viel gefährlicherer Gegner. Um so mehr müsse man vor ihm warnen, zumal jetzt, wo er so deutlich das Streben bekunde, auf die auswärtigen Nationen, bei denen Luthers Name verhasst sei, zu wirken. — Man sieht, auf der Römischen Seite fürchtete man den Eindruck, den die Apologie auf alle für die Wahrheit noch empfänglichen Gemüther zu machen so wohl geeignet war.

Von Seiten der Evangelischen ward mehr durch Thaten als durch Worte bekundet, wie sie die Apologie wertheten. Spengler schrieb am 17. Mai 1531: „wir haben die Apologiam mit höchsten Freuden empfangen, guter Hoffnung, die werde noch bei unsern Nachkommen viel Nutz und Guts schaffen"[2]). Brenz erachtete sie für des Kanons würdig[3]). Und Luther verwies 1533 die bedrängten Leipziger Christen neben dem Bekenntnisse auf die Apologie[4]). Aber wichtiger als diese Aeusserungen einzelner, wenn auch noch so angesehener Männer war das Urtheil, welches Namens der evangelischen Kirche von ihren Vertretern ausgesprochen ward. Melanthon hatte der Schrift seinen Namen vorgesetzt; aber damit war keineswegs gemeint, dass sie lediglich als eine Privatäusserung oder gar als Darlegung einer Melanthonischen Theologie angesehen werden sollte. Er that es nur, weil er den in Augsburg von den andern Theologen und den Ständen gebilligten Entwurf umgearbeitet hatte und diese seine neue Arbeit vor dem Drucke nicht mehr der Prüfung und Billigung Anderer unterstellen konnte. Er wollte mit Vorsetzung seines Namens angeben, an wen man sich zunächst halten solle, wenn man an irgend etwas Anstoss nähme. Im Uebrigen zeigte er bei der Arbeit, zu welcher er beauftragt war, durchweg, dass er sich bewusst war, im Namen der evan-

---

1) Diese Rückkehr Melanthons hofften Viele besonders seit dem Augsburger Reichstag. Auch der Cardinal Campegius hatte sich mit dieser Hoffnung getragen; *Monumenta Vaticana p. 91, 97*, Lanz, Correspondenz des Kaisers Karl V, 1, 559 vom Oct. 1531. Dazu oben S. 21.
2) Spengleriana, herausgeg. v. M. Mayer S. 86.
3) *C. R. 2, 510;* vgl. oben S. 124 Anm. 2.
4) WW. 31, 267.

gelischen Kirche von ihrer Lehre Zeugnis abzulegen. Und sehr bald ward nachträglich seiner Arbeit die kirchliche Bestätigung zu Theil, welche sie vorher nicht hatte erhalten können.

Das Panier, um welches die Evangelischen sich sammelten und unter welchem sie der Römischen Partei entgegentraten, war ihr in Augsburg überreichtes Bekenntnis. Dies ward aufgepflanzt, als es mit dem Sichsammeln weiter gedieh. Bei den Verhandlungen im Winter 1531 — 32, die zur Gründung des Schmalkaldischen Bundes führten, ward bekanntlich die Unterschrift der Augustana zur Bedingung der Bundesgenossenschaft gemacht. Und als man sich so fest zusammengeschlossen hatte, galt es auch bald wieder, den Römischen gegenüber zu treten und dem Bekenntnis zum Evangelium das Recht im Reiche zu erringen. Dabei ward aber neben das Bekenntnis von Augsburg als durchaus gleichen Inhaltes die Apologie gestellt. Der Landgraf Philipp berief sich in einem Schreiben vom 7. Oct. 1531, welches er Namens der Evangelischen an den Kurfürsten von der Pfalz richtete [1]), der zusammen mit dem Erzbischof von Mainz die Vermittelung übernommen hatte, auf die Confession und deren Apologie, die man nicht aus der Schrift werde widerlegen können. Er dachte dabei an die in Augsburg überreichte Apologie, den ersten Entwurf, denn von einem andern wusste man damals gegnerischerseits noch nichts. Als der Kaiser dann nach Anfang des neuen Jahres den Unterhändlern Vollmacht und Anweisung gab, machte er die Zugeständnisse abhängig von dem Bleiben der Evangelischen von der in Augsburg schriftlich übergebenen Confession und Assertion" [2]). Hier ist „Assertion" schwerlich als zweiter Ausdruck für das Bekenntnis zu nehmen, sondern es wird wieder jenen ersten Entwurf der Apologie bezeichnen [3]). Bei den Verhandlungen selbst, die im Frühlinge in Schweinfurt geführt wurden, hielten die fürstlichen Vermittler sich streng an ihre Vollmacht und verlangten, dass die Evangelischen in Nichts über das hinausgehen

---

1) Lanz, Correspondenz des Kaisers Karl V, 1, 556.

2) Lanz, Staatspapiere zur Geschichte Kaisers Karl V, abgedr. in der Bibliothek des literarischen Vereins in Stuttgart 9, 82: *la confession et assertion baillée de leur part a Auspourg par escript touchant la foy.* Und S. 93: *ils peullent demorer en leur foid et exhibuee confession et assertion sains rien innouer jusques au future concile.*

3) Dem Kaiser war damals die gedruckte Apologie schon in die Hände gekommen, doch konnte er sie, die in seinen Augen noch gar keine rechtliche Bedeutung hatte, nicht wohl meinen.

sollten, was sie in ihrer zu Augsburg übergebenen „Confession und Assertion" ausgesprochen hätten [1]). Die Evangelischen sahen hierin eine Gefahr und verlangten genauere Bestimmungen. Darüber zogen sich die Verhandlungen in die Länge, und nun ward von den Evangelischen als das, wodurch ihr Lehren und kirchliches Handeln bestimmt und beschränkt sein solle, neben dem Bekenntnis die Apologie hingestellt. Sie knüpften damit an an die in Augsburg überreichte und vom Kaiser nicht angenommene Urkunde, meinten aber natürlich jetzt dieselbe, wie sie in Melanthons neuer Bearbeitung gedruckt vorlag. Eine andere Apologie gab es für sie nun nicht. Dass die Vermittler an diesem Ausdrucke Anstoss nahmen und ihn als eine Neuerung nicht gelten lassen wollten, sondern die Beibehaltung des Wortes „Assertio" verlangten, darf nicht so sehr befremden. Sie waren vom Kaiser angewiesen, die Evangelischen darauf zu verpflichten, dass sie bei der „Confession und Assertion" bleiben sollten. Man muthete ihnen also etwas zu, das über den Wortlaut ihrer Vollmacht hinausgieng. Aber die Evangelischen beharrten bei dem, was sie aufgestellt hatten, indem sie erklärten, die Apologie sei das Seitenstück des Bekenntnisses und stimme mit ihm in der Lehre ganz überein, oder wie Brenz schrieb: „die Confession trägt die Apologie auf dem Rücken mit ihr" [2]). Sie verpflichteten sich, über solche Confession, Assertion und Apologie, auch was denselben nach rechtem, christlichem und billigem Verstand gemäss, keine weitere noch andere Neuerung, auch keine Ceremonien, so derselben Confession oder Apologie zuwider oder ungemäss, vorzunehmen".

Damit war der Apologie von den Vertretern der evangelischen Kirche die Bestätigung zu Theil geworden, welcher sie nach aussen hin noch bedurfte. Sie war als die ächte und treue Erklärung des Bekenntnisses und darum auch als gültige und entscheidende Norm für die evangelische Kirche anerkannt. Von jetzt an stand sie neben der Augustana und man berief sich vor den Gegnern ebenso auf sie wie auf jene. Es waren zwei zu-

---

[1] *Seckendorf, histor. Lutheranismi lib. III sect. 4 §. 9* redet von *Confessio et Assensio*. Ihm folgt Walch, Luthers Werke 16, 2185 ff. Auch Plank, Gesch. d. prot. Lehrbegriffs 3, 1, 218 hat „Assension". Allein hier liegt offenbar ein Fehler vor. Die Erklärung, welche Seckendorf von *assensio* giebt, hat keinen rechten Sinn; er hat sich verlesen. Man sieht dies deutlich auch aus den Urkunden, welche Pressel, *Anecdota Brentiana* mittheilt; vgl. dort S. 127 und 128.

[2] *Anecdota Brentiana p. 132.*

sammengehörige Zeugnisse von der Wahrheit. Und die Römischen sagten sich sehr bald, was es mit dieser Erneuerung des Bekenntnisses auf sich hatte. Sie merkten, dass damit die Lossagung von Rom auf einen viel schärferen Ausdruck gebracht war, und dass sie eine gutwillige Rückkehr der Evangelischen nicht mehr erhoffen durften [1]). Die Apologie, scharf gegen Rom, freundlich gegen die von Rom zu unterscheidende katholische Kirche, ist das ihrer Entstehungszeit ganz entsprechende Mittelglied zwischen der Augustana, dem milden, entgegenkommenden Ausgleichungsversuche, und den Schmalkaldischen Artikeln, der klaren Urkunde des völligen, unheilbaren Bruches.

Bei der Zusammenkunft in Schweinfurt verlangten die Römischen Unterhändler von den evangelischen Ständen die Zusage, dass bei ihnen in Sachen des Glaubens nichts geneuert oder ein Weiteres gepredigt und irgendwie veröffentlicht werde, als was ihr in Augsburg überreichtes Bekenntnis enthalte. Dabei lag derselbe Gedanke zu Grunde, aus welchem heraus man schon auf dem Reichstage nach Verlesung der Confession die Evangelischen gefragt hatte, ob sie sich auf das Vorgetragene beschränkten oder ob sie noch weitere Beschwerden und Wünsche hätten [2]). Man wollte sie streng an den einmal festgesetzten Wortlaut binden und alles Weitergehen, besonders alles weitere Aendern im kirchlichen Leben abschneiden. Es war derselbe Gedanke, aus dem heraus man dann so unzählige Male den Evangelischen vorgeworfen hat, sie seien nicht beständig in ihrem Glauben und änderten nach Belieben, weshalb man auch nicht sicher mit ihnen verhandeln könne [3]). Natürlich widersetzten sich die Evangelischen wie in Augsburg so in Schweinfurt solcher Beschränkung. Sie verlangten und erreichten bei dem Versprechen, sich an ihre Bekenntnisse binden lassen zu wollen, den Zusatz, es solle nichts gelehrt werden, als was diese Schriften enthielten und was ihnen nach rechtem christlichen und billigen Verstande gemäss wäre; es solle keine weitere Neuerung vorgenommen werden, so derselben Confession zuwider

---

1) *Monumenta Vaticana* p. *131 sqq.*
2) Vgl. oben S. 23.
3) Dieser Gedanke beherrscht z. B. das im Obigen so oft benutzte Werk des Andreas Fabricius, die *Harmonia Confessionis Augustanae, doctrinae evangelicae consensum declarans*. Er wollte nachweisen, *eos, qui confessionem illam profitentur, doctrinis variis abduci*.

oder ungemäss wäre ¹). Ihre Erklärung gieng dahin, sie könnten es nicht dulden, „dass ihre Lehre und Gottes Wort eingezogen, geringert und die Prediger darauf verknüpft würden, nichts anders als nach dem Buchstaben der Confession zu lehren, und dass sie nicht frei und vollständig wider alle unrechte Lehre, Misbräuche, Sünde und Laster schreiben dürften" ²). Ganz in demselben Sinne sprach sich Brenz in einem Gutachten aus: „wo die Gegenpartei diese Gefährd und Arglist sucht, dass sie die christlichen Stände straks in den Buchstaben der zugelassenen Lehre verstricken will, (welches doch von ihr ausdrücklich nicht vorgegeben), so wird der Sache hiermit nicht geholfen, obschon das Wort Apologie bei der Confession steht, nachdem eben als wohl in der Apologie als in der Confession viel nothwendiger Consequenzen, so aus der christlichen Lehre *de justificatione fidei et traditionibus humanis* beschliesslich erfolgen, mit den Buchstaben nicht begriffen sein. Und wer wollte oder möchte solche Consequenz allzumal in den Buchstaben verfassen, dieweil nicht allein in den vorigen Zeiten, sondern auch noch täglich aus Anrichtung des Satans Irrthümer einfallen, so nach der rechten Lehre *de justificatione fidei et traditionibus humanis* zu richten und zu urtheilen sind, dass man demnach sich als wenig mit dem Buchstaben der Apologie als der Confession verstricken lassen kann. So ist es auch in dem Handel des Glaubens Gewohnheit, dass man die Artikel des Glaubens in ein kurze Summa verfasst und die nöthigen Sequelen dem gesunden Verstand der Gläubigen heimstellt" ³).

Einmal also wollten die Evangelischen sich die selbstverständliche Freiheit gewahrt wissen, fernerhin auch alles das, was sich an ihr vorgelegtes Bekenntnis als einfache Folgerung oder als weiter entwickelte Heilserkenntnis anschliessen würde, zu lehren. Sie liessen sich neuen Irrthümern gegenüber nicht die Hände fesseln. Und dann wollten sie auch insofern sich nicht an den Buchstaben der Urkunden gebunden wissen, dass sie den Wortlaut gar nicht hätten ändern dürfen. Des Inhaltes

---

1) Der päbstliche Legat Aleander schrieb darüber, *Monumenta Vaticana p. 131: Il primo articulo è che voleno integramente si gli conceda il vivee secundo la loro Confession di Augusta con Appologia di Melanthon ut jacet, usque ad minimum Jota, et non solum hoc, verum etiam quidquid conforme est vel reduci potest ad illam Confessionem et Apologiam. Il che sarria un chaos di errori.*

2) *Seckendorf, Histor. Lutheranismi Lib. III, Sect. 4 §. 9.*

3) *Anecdota Brentiana p. 132.*

ihres Glaubens waren sie sich gewiss. Schrift, Kirche und eigene Erfahrung gaben ihnen dafür Zeugnis. Die Thatsachen, bei denen es sich um ihr Heil handelte, standen ihnen fest, und sie wussten, dass sie dieselben richtig erkannt hatten. Besonders in der Lehre von der Rechtfertigung allein aus Gnaden durch den Glauben hatten sie den allentscheidenden Mittelpunct erfasst. Aber ihr Bekenntnis war keine einfache Aussage von Thatsachen mehr wie etwa das apostolische Symbol, sondern es legte Heilserkenntniss dar, welche gewonnen war im Kampfe gegen Irrthümer; es sprach solche Erkenntnis aus mit Bezugnahme auf diese Irrthümer und als Abwehr und Widerlegung derselben. So schon die Augustana und so noch vielmehr die Apologie. Mit diesem Charakter der neueren, so viel umfangreicheren Bekenntnisse war es gegeben, dass ihr Wortlaut der Vervollkommnung fähig, ja an manchen Stellen bedürftig blieb. Man hat zu beachten, dass der Zeitpunct ihres Abschlusses so zu sagen ein willkürlicher war. Sie mussten übergeben oder veröffentlicht werden, ehe die Bekenner den Ausdruck bis zur vollen Reife und bis zum Höhepunct der ihnen möglichen Vollendung gebracht hatten. Diese wussten, dass sie etwas in der Form der Verbesserung Bedürftiges ausgeben liessen. Melanthon schickte die gedruckte Apologie Luther zu mit dem ausdrücklichen Wunsche, sie zu bessern [1]). Und wie er selbst mit dem Bessern begann und lange damit fortfuhr, ist bekannt. Er wollte die Form der Lehre klarer und durchsichtiger und die Lehre selbst dadurch fasslicher machen. Er wünschte besonders das durch die Abwehr der Gegner bedingte Schulmässige und Theologisch-Wissenschaftliche mehr abzustreifen [2]). So lange sich das Aendern hierauf beschränkte und also ein wirkliches Bessern war, konnte man es ruhig geschehen lassen. Gefahr trat erst ein, wenn man den Inhalt des Bekenntnisses änderte, ohne das angeblich Fehlerhafte desselben aus der Schrift vollständig beweisen zu können. Dem musste Einhalt gethan werden. Aus solchem Grunde vornehmlich gieng man später wieder strenger auf den ersten Wortlaut der Bekenntnisschriften zurück und blieb bei dem stehen. Man durfte dies, weil man zugleich anerkannte, dass er als solcher nicht schlechthin binde:

---

1) *C. R. 26, 235; 27, 401.* Er schrieb auf das Titelblatt: *D. Doctori Martino. Et rogo, ut legat et emendat.*

2) Vgl. *C. R. 2, 619, 624, 625, 657, 861, 871, 872: apologiam recudo et fere totam novam facio, ut habeat minus sophistices; 873.*

weil man zwischen dem mehrfach mangelhaften Ausdruck, der Form des Bekenntnisses und dem durch die Schrift bezeugten Inhalte unterschied.

Ein Binden oder Verpflichten auf die Bekenntnisse begann nämlich jetzt bei den Evangelischen, welches durchaus verträglich war mit jener Freiheit, die sie für sich in Anspruch nahmen. Von aussen durch das erwähnte Verlangen des Kaisers angeregt, thaten sie, was bei weiterer Entwicklung und Befestigung ihrer kirchlichen Zustände ohnehin von selbst kommen musste.

Als die erste Kirchenvisitation in den Sächsischen Landen zur Durchführung gelangte, bemerkte Luther zum „Unterricht der Visitatoren an die Pfarrherren", man könne zwar denselben nicht als strenges Gebot ausgehen lassen nach Weise der päbstlichen Decretalien, sondern als Zeugnis und Bekenntnis des Glaubens; aber — fügte er hinzu — man hoffe, dass alle Pfarrer um der Liebe willen solcher Visitation sich unterwerfen würden. Wenn sich Etliche muthwilliglich dawidersetzen und ohne guten Grund ein Sonderliches machen wollten, so müsse man dieselben sich lassen absondern und werde auch den Kurfürsten um Hülfe angehen [1]). Damit begann man, die Geistlichen zu gleicher Lehre zu verpflichten. Die Anschauung, dass es zur Erhaltung des Friedens nöthig sei, in Einem Gebiete nur einerlei Lehre zuzulassen, war einmal allgemein verbreitet und herrschte. Sie wirkte zusammen mit der andern, dass es Pflicht der bürgerlichen Obrigkeit sei, die christliche Wahrheit nicht nur zu schützen, sondern sie auch mit Beseitigung aller Irrlehre zur alleinherrschenden zu machen, zusammen mit dem durchaus kirchlichen Grundsatze, dass das Lehren in der Kirche als Sache nicht des persönlichen Beliebens, sondern des übertragenen Amtes nach fester Norm und in gleichem Sinne zu geschehen habe. Was man bisher als für die eigenen Gebiete ganz selbstverständlich geltend angenommen hatte, dass nämlich in der christlichen Kirche christlich, evangelisch, biblisch gelehrt werden müsse, das sprach man jetzt, da die Zeitverhältnisse es erforderten, klar aus und verlangte von allen denen, welche das Lehramt in der Kirche begehrten, ehrliche Unterwerfung unter dies Gesetz und die ausdrückliche Zusicherung, ihm nachleben zu wollen.

---

1) *C. R. 26, 45.* Dazu vergl. Richter, die evang. Kirchenordnungen des 16. Jahrhunderts 1, 102, den Befehl an die Pfarrer und Prediger.

Die Verpflichtung, dass die Geistlichen nichts „Sonderes machen", sondern rein und einträchtig nach dem Worte Gottes predigen sollten, hatte für Niemand etwas Verletzendes, ward von Keinem beanstandet. Wir begegnen ihr als einer ganz selbstverständlichen in den ersten Kirchenordnungen, z. B. 1528 in der Braunschweiger [1]), 1229 in der Baseler [2]), 1530 in der Rostocker Rathsordnung [3]), 1531 in der Kirchenordnung der Stadt Goslar [4]). Auch die Römischen hatten im Grunde hiergegen nichts einzuwenden. Aber nun fragte es sich, was denn reine Lehre, was schriftgemässe Predigt sei. Diese Frage konnte gar nicht ausbleiben und sie musste beantwortet werden. Als von Wittenberg her die Forderung erging, der christlichen Gemeinde sollten keine Menschenfündlein, sondern nur das lautere Wort Gottes verkündet werden, stimmten die Vertreter Roms dem im Allgemeinen zu, wünschten aber, um das „lauter" näher zu bezeichnen, den Zusatz„ man solle das Evangelium predigen nach Auslegung der Lehrer, von der christlichen Kirche angenommen und approbirt". Das wies Luther zurück, denn damit mache man die Kirche und ihre Lehrer wieder zu Herren über die Schrift. Gottes Wort sei klar und lege sich selbst aus. So lehrte man denn fortan in den evangelischen Gebieten, wie man die Schrift aus der Schrift verstand. Die Anleitung zu solchem rechten Schriftverständnisse ertheilten die Wittenberger Theologen in mündlicher Ueberweisung und durch den Druck und die christliche Erfahrung wie das Schriftstudium Vieler gab ihnen Zeugnis, dass solche Lehre die richtige sei. Eine genauere, schärfere Fassung derselben schien vor der Hand für das Bedürfnis im eigenen Lande nicht nöthig zu sein, zumal seitdem man die Visitationsordnung und die Katechismen Luthers hatte. Aber bald trieb der Gegensatz gegen Rom dazu, das, was biblische Lehre sei, auf einen kurzen und scharfen Ausdruck zu bringen. Es geschah in dem Bekenntnis, welches in Augsburg überreicht und in der Apologie vertheidigt ward. Und gleich darnach zeigte sich auch in den evangelischen Gebieten selbst das Bedürfnis, genau anzugeben, was man unter reiner Lehre nach der h. Schrift, wie sie die Geistlichen verkündigen sollten, verstehe. Es traten nämlich verschiedenartige Irrlehrer

---

1) Richter a. a. O. 1, 109ᵇ.
2) Richter a. a. O. 1, 120ᵇ.
3) Richter a. a. O. 1, 145ᵃ.
4) Richter a. a. O. 1, 154ᵇ.

auf, welche sich auch mit der Schrift zu decken suchten und kein Bedenken trugen, jene ganz allgemein gehaltene Verpflichtung einzugehen. Um derartige also zum Besten der Gemeinden abzuwehren, musste man die Verpflichtung schärfer fassen, wie solches anderswo schon geschehen war. In Bern z. B. hatte man bereits 1528 die sogenannten zehn Schlussreden als Norm des Lehrens für alle Prädicanten hingestellt¹). Und in der vornehmlich von Bucer verfassten und 1531 veröffentlichten Kirchenordnung der Stadt Ulm heisst es: „In Stadt und Land soll nichts gepredigt werden, als was von Gott in heil. Schrift bezeugt und den 18 Artikeln gemäss ist"²). Zu ähnlichen Bestimmungen kam man jetzt auch im Gebiete der lutherischen Kirche. Als Melanthon im September 1532 seine neue Auslegung des Römerbriefes dem Kurfürsten Albrecht von Mainz widmete, erklärte er in der Zuschrift³), nachdem einmal die alte von den Mönchen in die Kirche eingeschleppte Lehrform verdientermaassen gefallen sei, müsse man daran denken, der Nachwelt eine gewisse, feste Gestalt der christlichen Lehre zu hinterlassen, sonst würden unendliche Streitigkeiten nicht ausbleiben. Sein Commentar selbst sollte in gewissem Grade auch diesem Zwecke dienen, konnte aber natürlich, eben weil es ein Commentar war, dafür doch nicht genügen. Es war auch gar keine neue Arbeit nöthig; was man brauchte, hatte man schon. Es galt nur, das Vorhandene recht zu verwenden. Und dies geschah gleich im nächsten Jahre, nachdem bereits während der Schweinfurter Verhandlungen Brenz in einem Gutachten bemerkt hatte: „die christlich Lehr ist in Summa in der Confession begriffen und ist auch dem christlichen Volk gerathen, dass die Prediger ein Summarium haben, darnach sie sich richten können"⁴). Es tauchten nicht nur immer von Neuem Wiedertäufer und Sacramentsschwärmer auf, sondern nun auch Be-

---

1) Richter a. a. O. 1, 104ᵇ. Ueber die Schlussreden vgl. Zwingl. *opp.* II*ᵃ*, 76.

2) Richter a. a. O. 1, 157 ᵃ. Ueber die 16 Artikel vgl. Seckendorf, Ausführliche Historie des Lutherthums, deutsch von Frick S. 1219, wo wenigstens ihr Inhalt angegeben ist.

3) *C. R.* 2, 614.

4) *C. R.* 2, 615: *mitto tibi exemplum narrationis epistolae ad Romanos scriptae, quae testis est vocem doctrinae eandem in nostra academia et ecclesia sonare, quam coram audivisti.*

5) *Anecdota Brentiana p. 136.*

streiter der Dreieinigkeitslehre ¹). Das veranlasste Luther, Jonas und Bugenhagen zu dem Antrage, es solle Allen, welchen man in Wittenberg ein Zeugnis für die Anstellung im Predigtamte ausstellte, das Gelübde abverlangt werden, dass sie die reine Lehre des Evangeliums nach den alten Symbolen und dem Augsburgischen Bekenntnisse allezeit verkündigen wollten ²). Dem Antrage ward Folge gegeben und bei der bald darnach wieder aufgenommenen Visitation legte man auch den schon im Amte befindlichen Geistlichen die Verpflichtung auf, sich bei ihrem Lehren nach der Confession zu richten. Noch im Sommer des Jahres 1533 ward dieselbe Lehrnorm in die von Melanthon verfassten Statuten der theologischen Facultät aufgenommen ³), und bei der gleichzeitigen Erneuerung der Doctorpromotionen ward im Doctoreide neben den alten Symbolen auch das Augsburgische Bekenntnis erwähnt ⁴). Bugenhagen, Cruciger

---

1) *C. R. 12, 7*: *tunc vagabuntur multi fanatici homines, qui subinde nova deliramenta spargebant, Anabaptistae, Servetus, Campanus, Stenkfeldius et alii.* So schrieb Mel. 1553, also 20 Jahre später. In seinen und Luthers gleichzeitigen Briefen wird der fragliche Beschluss nicht erwähnt.

2) *Ibid. p. 6*: *petimus ut hi, quibus tribuimus testimonium, adfirment, se amplecti incorruptam evangelii doctrinam et etiam sic intelligere, ut in symbolis apostolico, Niceno et Athanasiano commemoratur, et ut in confessione, quam ecclesiae nostrae exhibuerunt Carolo imperatori in conventu Augustano anno 1530, recitatur, et promittant in ea sententia se Deo juvante constanter perseveraturos esse et fideliter facturos officium in ecclesia. Item si incident controversiae novae, de quibus non exstant perspicua judicia, ut deliberent cum aliis senioribus in nostra ecclesia et conjunctis.* Unter den Büchern, die in Sachsen zum Inventar jeder Pfarre gehörten und aus dem Pfarrvermögen angeschafft werden sollten, werden auch genannt: „Confessio und Apologia Deutsch und Lateinisch"; Richter a. a. O. 1, 228 ᵇ.

3) *Liber Decanorum facultatis Theologicae Academiae Vitebergensis*, ed. Foerstemann, p. 152: *ut in ecclesiis totius ditionis nostrae et in puerilibus scholis ita in academia, penes quam semper debet esse praecipua gubernatio et censura doctrinae, volumus puram evangelii doctrinam, consentaneam confessioni, quam Augustae anno MDXXX Imperatori Carolo exhibuimus: quam doctrinam certo statuimus esse verum et perpetuum consensum catholicae ecclesiae Dei: pie et fideliter proponi, conservari et propagari.*

4) *Ibid. p. 158*: *ego promitto Deo aeterno patri Domini nostri Jesu Christi, conditoris generis humani et ecclesiae suae, cum filio suo Domino nostro Jesu Christo et Spiritu sancto, me Deo juvante fideliter serviturum esse ecclesiae in docendo evangelio sine ullis corruptelis et con-*

und Aepinus waren die ersten, welche den Eid in dieser neuen Form ablegten [1]).

So war in Sachsen mit der Durchführung des schlechthin Nothwendigen der Anfang gemacht und bald folgte man in andern Theilen der evangelischen Kirche dem gegebenen Beispiele. Die erste Kirchenordnung, in welcher es geschah, ist, soweit ich sehe [2]), die im Jahre 1535 erschienene Pommersche. Es war die erste, welche Bugenhagen nach jenen Vorgängen in Wittenberg verfasste und einführte. Hierbei ist besonders beachtenswerth, dass mit der Augustana sogleich die Apologie verbunden ward. „Die Prediger — heisst es — sollen also lehren vom Glauben, Werken und Sacramenten, wie das Bekenntnis sammt der Apologie vor kaiserlicher Majestät und ganzem Reich zu Augsburg von den evangelischen Fürsten bekannt, innehält" [3]). In der gleichzeitigen Vorschrift, die von den Niedersächsischen Theologen zu Hamburg vereinbart ward, war noch nur von dem Bekenntnis die Rede [4]).

Eine ähnliche Bestimmung wünschte Brenz in dem für die evangelische Kirche neu gewonnenen Herzogthum Würtemberg zur Geltung zu erheben. In dem Vorschlage, welchen er 1535 für die einzuführende Kirchenordnung machte, schrieb er: „nachdem die rechte wahrhaftige göttliche Lehre, so uns zur Frömmigkeit und Seligkeit nothdürftig in der h. Biblia, beide altes und neues Testaments, gründlich und vollkommlich durch den h. Geist verfasst ist, so soll die Biblia allein die rechte Schnur und Regel sein, nach welcher in der Kirche alle Predigt, Lesen, Singen, Beten und Sacramentreichen angerichtet werde. Und dieweil in der Zwiespaltung der Religion ein jeglich Partei sich der Bibel berühmt und Einer die Sprüche und Inhalt der biblischen Bücher dahinaus, der Andre dorthinaus ziehet, so sollen dieselben biblischen Bücher nach Einleitung und Anweisung der Confessio und Apologie, von dem Kurfür-

---

stanter defensurum esse symbola, apostolicum, Nicenum et Athanasium et perseveraturum esse in consensu doctrinae comprehensae in confessione Augustana, quae per hanc ecclesiam exhibita est Imperatori anno MDXXX.

1) *Ibid. p. 28.*

2) Die zu Augsburg überantwortete Confession, welche in der 1534 verfassten Strassburger KO. als Norm genannt wird — vgl. **Richter** a. u. O. S. 1, 232 b), — ist offenbar die Tetrapolitana.

3) **Richter** a. a. O. 1, 248 b.

4) Vgl. meine Einleitung 1, 2 Anm. 3.

sten zu Sachsen, auch andern Fürsten und Ständen des Römischen Reichs kaiserlicher Majestät auf dem Reichstag zu Augsburg übergeben, verstanden, gepredigt und ausgelegt werden"¹).
So der Vorschlag von Brenz. Aber er ward bei der im nächsten Jahre veröffentlichten ersten Würtembergischen Kirchenordnung nicht berücksichtigt ²). Wahrscheinlich hintertrieb Ambrosius Blaurer die Nennung der lutherischen Bekenntnisschriften ³).

Ueberhaupt darf man nicht denken, dass nun die beiden Urkunden gleich in allen Kirchenordnungen genannt worden seien. Das geschah erst allmählich. Aber der Anfang war gemacht, und diejenigen Landeskirchen, welche zunächst die Nennung der Bekenntnisse in ihren Kirchenordnungen noch unterliessen, wollten sich damit keineswegs in Widerspruch zu ihnen setzen. Man begnügte sich vielfach noch damit, besonders die Katechismuspredigt einzuschärfen, „weil — wie es in der Hannoverschen Kirchenordnung von 1536 heisst — nichts so nützlich ist, als den Katechismum oft und fleissig handeln" ³).

Die jetzt aufkommende Verpflichtung der Geistlichen auf das Bekenntnis der Kirche, welcher sie dienten, als die Norm ihres Lehrens war ein durchaus nothwendiges und wesentliches Stück der kirchlichen Ordnung. Das Bedürfnis hatte sehr bald hierzu geführt und dies Bedürfnis ist ein bleibendes ⁴). Die Kirche kann solche Verpflichtung nicht aufgegeben, ohne sich zu schädigen.

Indem man die Verpflichtung auf die Bekenntnisse einführte, dachte man nicht daran, für die Geistlichen eine ihr Gewissen verletzende Tyrannei aufzurichten, noch den Grundsatz zu beseitigen, dass der Schrift allein in Glaubenssachen die letzte entscheidende Autorität zustehe. Man wollte nur die Gemeinde schützen und die Ordnung aufrecht erhalten.

Von solchen, die dazu geneigt sind, ihre eigenen Gedanken zu predigen, wird freilich die Verpflichtung als ein lästiger Zwang empfunden. Aber darum haben sie noch kein Recht zu der Klage, dass in der Gemeinde eine unchristliche Tyrannei

---

1) *Anecdota Brentiana p. 160*; cf. p. 169.
2) Richter a. a. O. 1, 266 ff.
3) Hartmann und Jäger, Johann Brenz 2, 25. J. Hartmann, Johannes Brenz, S. 155. Derselbe, Ehrhardt Schnepff, S. 44.
4) Richter a. a. O. 1, 274 a.
5) Vgl. meine Einleitung 1, 6 ff.

aufgerichtet werde. Gerade der Gemeinde soll ihre Freiheit durch das gewahrt werden, was solche Lehrer für sich als Tyrannei fühlen. Als Osiander in seinen letzten Lebensjahren offen auf Irrwege gerieth und nun Widerspruch erfuhr, überschüttete er die Wittenberger mit Vorwürfen und Klagen wegen der von ihnen aufgebrachten Verpflichtung auf das Bekenntnis¹). Aber es ward Melanthon nicht schwer, nachzuweisen, dass er damit im Unrechte sei. Von Anfang an habe man es in der christlichen Kirche so gehalten, nur solche zum Lehramte zuzulassen, die geprüft seien und ausdrücklich erklärt hätten, das lautere Evangelium lehren zu wollen. Die Willkür und Voreiligkeit der Lehrer bringe den Gemeinden Gefahr. Daher habe man Schranken gezogen, um zur Bescheidenheit und Besonnenheit zu ermahnen ²).

Dass an eine Buchstabenknechtschaft nicht gedacht ward, bewies Melanthon selbst hinlänglich durch seine Behandlung der Bekenntnisschriften, bewies das Verhalten der übrigen Theologen, die an Aenderungen des Wortlautes keinen Anstoss nahmen, so lange nur der Inhalt unverändert blieb. Und ebenso wenig ward durch die Stellung, welche man dem Bekenntnisse anwies, das Ansehen der Schrift irgend gefährdet. Cruciger stellte dies zur Genüge klar, als er auf Veranlassung des Tridentinischen Concils 1546 eine Vorlesung über das Nicenische Symbolum hielt ³). Schon in der Ankündigung bemerkte er: „ich werde zuerst von den Symbolen selbst reden, woher sie kommen, welche Autorität den Synoden zustehe, ob sie Zeugen der von früher überlieferten Lehre oder aber Urheber einer neuen Meinung seien". Und als er zwei Jahre darnach die Vorlesungen veröffentlichte, bildete die Beantwortung dieser Fragen einen Haupttheil seiner Schrift ⁴). Symbole, der kurz

---

1) *C. R. 12, 6: hanc nostram consuetudinem reprehendit Osiander, extenuat symbola, postea inquit constitui tyrannidem et seditiosas conspirationes, quum nolumus docentes a confessione nostra dissentire, item quum non concedimus singulis ἰδιοβουλεύειν et pronunciare suo judicio de novis controversiis.*

2) *C. R. 12, 7: quantum humana diligentia cavere potuit, voluit hic senatus bona ingenia de modestia commonefacere et metas ostendere, extra quas non temere erumpendum esset, voluit et frenare, quantum posset, minus quietos.* Vgl. diese ganze 1553 gehaltene Rede.

3) *C. R. 6, 43.* Er wiederholte sie im nächsten Jahre, *C. R. 6, 712.*

4) *Enarrationis symboli Niceni articuli duo, Prior de Synodis, alter de tribus personis divinitatis. Caspar Cruciger. Wittebergae, Ex officina Johannis Lufft. MDXLVIII.* Auf der Leipziger Universitätsbibl.

gefasste Ausdruck des Gemeindeglaubens, seien der Kirche nöthig, um die Reinheit und Einheit der Lehre zu erhalten¹). Die Synoden aber, von denen solche Symbole ausgiengen, setzten dabei nicht irgend neue Glaubensartikel. Vielmehr was zu glauben sei, erfahre der Mensch allein aus der in der Schrift niedergelegten göttlichen Offenbarung. Die Synoden legten nur Zeugniss ab für eine überkommene Lehre als eine schriftgemässe und deshalb auch ihnen feststehende ²). Und solches Thun sei nöthig, um Irrthümer abzuweisen und die rechte Lehre zu erhalten, um Irrlehrer zu strafen und die Schwachen zu stärken. Immer werde es in der Kirche solche Lehrgerichte geben müssen. Aber das Ansehen und das Urtheil der Synoden sei nicht, wie man in Rom behaupte, ein höchstes, sondern ein beschränktes, und zwar durch die h. Schrift ³). Dieser stehe allein die letzte Entscheidung zu. Und es bedürfe auch keines weiteren neben ihr; denn dem Glauben sei die Schrift verständlich und klar

---

und auf der Nürnberger Stadtbibliothek, letzteres das von Mel. seinem Freunde Hieron. Baumgärtner geschenkte und C. R. 6, 901 in einem Briefe vom 8. Mai erwähnte Exemplar. Ich ersehe nicht, mit welchem Rechte Bindseil im C. R. 23, 197 sqq. die ganze Schrift Melanthon beimisst. In seinen Vorbemerkungen steckt ein Irrthum. Allerdings veröffentlichte Cruciger 1548 den einleitenden Abschnitt über die Symbole und Concile in besonderer, sowohl lateinischer als deutscher, Ausgabe (letztere bei Georg Rhaw), dann aber fügte er in einer andern Ausgabe desselben Jahres, der zu Anfang der Note erwähnten, auch noch ein Stück seiner Auslegung des Nicaenums bei. Bindseil hätte das schon aus C. R. 6, 900, 901 und besonders 7, 578 schliessen können. Diese Ausgabe enthält das, was C. R. 23, 197—254 (institutus est) zu lesen ist. Erst das folgende ward von Melanthon 1550 hinzugefügt und ist dessen Eigenthum. Dabei bleibt immerhin möglich, dass Letzterer auch an der Bearbeitung des Anfangs stark betheiligt war. Man kennt seine Dienstfertigkeit und Uneigennützigkeit, und weiss, wie sehr Andre ihn in Anspruch nahmen.

1) *Crucigeri enarratio fol. 2ª: ideo symbola condita sunt in ecclesia Dei, ut doctrinae summa breviter comprehensa semper in conspectu sit, et docti et indocti non mutilam doctrinam, sed quasi corpus integrae doctrinae secum in mente circumferant et hac confessione se erudiant et confirment et eam in omni invocatione intueantur.*

2) *Ibid. fol. 6ᵇ: synodi non gignunt nova dogmata, sed tantum profitentur sententias prius in scriptis propheticis et apostolicis traditas et ostendunt, quomodo intelligant haec dicta prophetica et apostolica et testantur, hunc intellectum ab apostolicis ad posteros transmissum esse.*

3) *Ibid. fol. 12ª: omni tempore sciamus ecclesiam audiendam quidem esse, sed credendum verbo Dei; cf. fol. 23ᵇ.*

und Gott lasse den Glauben in der Kirche nie ganz untergehen, sondern erhalte immer Einige, die in gläubigem Gehorsam seinem Worte sich hingäben [1]).

Diese den evangelischen Grundsätzen allein entsprechende Darlegung über das Verhältnis der Symbole zur Schrift und die Stellung der kirchlichen Lehrer zu beiden ward allgemein als richtig anerkannt. Sie gefiel so, dass Melanthon sie nach dem Tode Crucigers abermals herausgab mit einer Widmung an die Geistlichen in Sachsen und den benachbarten Gegenden, in welcher er auch seinerseits das Gleiche kurz aussprach [2]).

Damit war auch gesagt, wie man die Augustana und ihre Apologie zu betrachten habe. Diese Bekenntnisschriften wurden zwar damals noch nicht Symbole genannt. Das geschah erst später. Aber thatsächlich waren sie schon in der evangelischen Kirche zum Range von Symbolen erhoben. Sie waren Zeugnisse von dem aus der Schrift erwachsenen rechten Glauben der Kirche. Als solche haben sie dauernden Werth und bleibende Geltung. Sie zeigen, wie allezeit in der Kirche, wenn sie die evangelische bleiben will, gelehrt werden muss.

---

1) *Ibid. fol. 18 a: nec illud verum est, quod dicitur, literam ambiguam esse. Et quamquam inimici veritatis proprie dicta variis cavillationibus eludere possunt, tamen sicut Deus semper servat aliquem coetum, qui est vera ecclesia, ne desint ullo tempore testes de vera doctrina, seu multi seu pauci, ita illa vera ecclesia inter caetera dona spiritus sancti et hoc habet, quod re ipsa est fides, qua mentes cedunt verbo Dei, nec anteferunt humanam sapientiam.*
2) *C. R.* 7, 575.

Berichtigung:

S. 96 Z. 18 v. ob. lies antitrinitarischen.
S. 103 Z. 2 v. u. lies 56.